职业教育国家在线精品课程配套教材

高等职业教育计算机类课程
新形态一体化教材

高等职业教育“新专标”
计算机类课程系列教材

数字平面制作

编　著　曾　丹　胡　蓉　马晓卉
参　编　崔　爽　谢　蓓　岳　伟　李红霞　赵旭菁
　　　　邓水清　丑铁刚　周艳婷　周　莉　田海研

中国教育出版传媒集团
高等教育出版社·北京

内容简介

本书为高职计算机类职业教育国家在线精品课程配套教材，也是高等职业教育计算机类课程新形态一体化教材。

本书面向平面制作零基础读者，将数字平面制作方法及技巧与 Photoshop 软件操作结合，淡化理论，注重实践。全书共分为六个模块，包括图像编辑、图像修饰、图像选取、色彩调整、文字编辑、图像合成模块。每个模块下各有 8 个项目，各项目操作步骤条理清晰、好学易用，学习者在完成项目的同时，可以掌握软件操作方法。

本书主要选用湖南大众传媒职业技术学院教师与长沙可甜可盐文化传播有限公司合作的典型项目案例，由湖南大众传媒职业技术学院视觉艺术学院专业教师编写。他们长期在一线从事高职数字媒体技术专业课程教学工作，具有丰富的设计项目制作经验。本书是他们多年教学和平面制作工作的总结。本书配套数字课程“数字平面制作”获评国家职业教育在线精品课程。

本书配有微课视频、课程标准、授课计划、教学课件 PPT、案例素材等丰富的数字化学习资源。与本书配套的数字课程“数字平面制作”在“智慧职教”平台（www.icve.com.cn）上线，学习者可登录平台在线学习，授课教师可调用本课程构建符合自身教学特色的 SPOC 课程，详见“智慧职教”服务指南。教师如需获取本书配套教辅资源，请登录“高等教育出版社产品信息检索系统”（xuanshu.hep.com.cn）免费下载。

本书内容丰富，实用性强，可作为高等职业院校数字媒体技术、计算机应用技术、动漫制作技术等专业“数字平面制作”课程的教材，也可作为平面设计爱好者的参考用书。

图书在版编目（CIP）数据

数字平面制作 / 曾丹，胡蓉，马晓卉编著. -- 北京：高等教育出版社，2025.9

ISBN 978-7-04-062111-2

Ⅰ. ①数… Ⅱ. ①曾… ②胡… ③马… Ⅲ. ①图像处理软件－高等职业教育－教材 Ⅳ. ① TP391.413

中国国家版本馆 CIP 数据核字（2024）第 083322 号

Shuzi Pingmian Zhizuo

策划编辑 傅 波　　责任编辑 傅 波　　封面设计 赵 阳　　版式设计 杨 树
责任绘图 易斯翔　　责任校对 陈 杨　　责任印制 赵义民

出版发行	高等教育出版社	网　　址	http://www.hep.edu.cn
社　　址	北京市西城区德外大街 4 号		http://www.hep.com.cn
邮政编码	100120	网上订购	http://www.hepmall.com.cn
印　　刷	山东润声印务有限公司		http://www.hepmall.com
开　　本	787mm×1092mm　1/16		http://www.hepmall.cn
印　　张	18.5		
字　　数	470 千字	版　　次	2025 年 9 月第 1 版
购书热线	010-58581118	印　　次	2025 年 9 月第 1 次印刷
咨询电话	400-810-0598	定　　价	69.00 元

物 料 号　62111-00

“智慧职教”服务指南

“智慧职教”（www.icve.com.cn）是由高等教育出版社建设和运营的职业教育数字教学资源共建共享平台和在线课程教学服务平台，与教材配套课程相关的部分包括资源库平台、职教云平台和App等。用户通过平台注册，登录即可使用该平台。

● 资源库平台：为学习者提供本教材配套课程及资源的浏览服务。

登录“智慧职教”平台，在首页搜索框中搜索“数字平面制作”，找到对应作者主持的课程，加入课程参加学习，即可浏览课程资源。

● 职教云平台：帮助任课教师对本教材配套课程进行引用、修改，再发布为个性化课程（SPOC）。

1. 登录职教云平台，在首页单击“新增课程”按钮，根据提示设置要构建的个性化课程的基本信息。

2. 进入课程编辑页面设置教学班级后，在“教学管理”的“教学设计”中“导入”教材配套课程，可根据教学需要进行修改，再发布为个性化课程。

● App：帮助任课教师和学生基于新构建的个性化课程开展线上线下混合式、智能化教与学。

1. 在应用市场搜索“智慧职教+”App，下载安装。

2. 登录App，任课教师指导学生加入个性化课程，并利用App提供的各类功能，开展课前、课中、课后的教学互动，构建智慧课堂。

“智慧职教”使用帮助及常见问题解答请访问help.icve.com.cn。

前言

“数字平面制作”这门课程主要介绍Photoshop软件的操作方法。Photoshop是一款优秀的图形图像处理软件，广泛运用于平面设计、网页设计、数码后期制作等领域，是各类数字平面设计师必须掌握的一款软件。本书摒弃了传统的软件类图书讲菜单、工具的教学方式，采用模块化课程体系，通过理论联系实际的项目引导式教学法，将Photoshop的操作方法及技巧与项目结合，淡化理论，注重实践，案例操作步骤条理清晰，好学易用，使学习者在完成项目的同时，掌握软件操作方法，真正做到寓教于乐，是一本非常适合零基础读者学习Photoshop软件的教材。

一、本书内容

本书对接行业新要求及Photoshop相关考证要求，由浅入深，层层递进，将真实项目引入课程，融入传统文化、时政热点、家国情怀、工匠模范、科技创新等思政元素，开发了图像编辑、图像修饰、图像选取、色彩调整、文字编辑、图像合成6个模块。对接校园、都市、乡村真实需求，选用贴近生活的真实项目，把Photoshop的操作方法及技巧与项目结合。

模块一　图像编辑。落实立德树人根本任务，深入探究Photoshop美育和德育的内在逻辑，寓道于教、寓德于教、寓教于乐，通过解决校园生活中的一些细小、常见问题带领读者进入Photoshop的世界，适应Photoshop的操作方法。通过将校园项目、生活实践项目与时政热点进行融合，以专题嵌入式、隐形渗透式等手段实现课程思政的目标。在传授学生专业知识和技能的同时，帮助学生树立正确的价值取向，形成正确的软件设计素养和设计协同意识。

模块二　图像修饰。将生活中常用的照片人脸修复、合影背景修复、模糊的照片变清晰、人像美化等项目引入课程，引导学生关注科技发展，关注生活，关注身边的小事，学习榜样，养成良好的学习习惯；提升审美能力，提高创造美的技能，提供美的服务。

模块三　图像选取。将插画绘制、抠图换背景、抠取传统绘画主体图像等项目引入课程，在传授专业知识和技能的同时，帮助学生树立正确的价值取向，形成正确的软件设计素养和设计协同意识；引导学生热爱祖国、热爱生活，培养创新精神，提升审美能力。

模块四　色彩调整。主要通过制作复古人像效果、双色人像效果、为淘宝服装替换颜色、调出不同色调的图像等项目服务人文都市建设，引导学生热爱祖国，关注都市发展，关注美好事物，帮助学生树立正确的价值取向，提升审美能力，提高创造美的技能，同时也提供美的服务。

模块五　文字编辑。本模块将包装主题文字设计、弧形文字设计、画册段落文字设计、广告云朵文字设计、夕阳发光文字设计等项目引入课程，通过专题嵌入式、元素化合式、隐形渗透式等手段实现课程思政的目的。在传授学生专业知识和技能的同时，主要引导学生关注时政，关注时尚元素，培养学生的创新意识，提升审美能力。

模块六　图像合成。本模块主要将时尚剪纸风格海报制作、宣传册封面设计、民宿装饰画设计、庆传统新年动态海报等系列项目引入课程，引导学生深入生活、扎根人民、热爱祖国、热爱家乡，关注时政，树立正确的人生观、艺术观和创作观，培养学生的劳动精神、创新精神、专业精神和精益求精的职业精神。

二、主要特色

1. 内容全面丰富

本书内容涵盖了Photoshop绝大部分工具、命令的相关功能及运用，内容全面，项目丰富，既适合初学者也适合有一定基础者参考使用。

2. 资源配套齐全

本书为职业教育国家在线精品课程“数字平面制作”配套教材，微课视频、授课计划、教学课件、案例素材等教学资源一应俱全，与本书配套的课程资源在“国家职业教育智慧教育平台”上线，搜索“数字平面制作”即可找到，加入在线课程学习，随时随地可以交流、解决问题。

3. 项目典型实用

本书既有典型实用的小案例，又有涵盖平面设计、数码照片处理、动漫设计领域的综合实践项目，便于学习者借鉴学习。

4. 师资经验丰富

本书主要选用湖南大众传媒职业技术学院教师与长沙可甜可盐文化传播有限公司合作的典型项目案例，由湖南大众传媒职业技术学院教学经验丰富的专业教师团队编写，编者大都具有行业工作经验，在书中融入了大量的经验与技巧，让学习者少走弯路。

本书编写团队长期扎根于教学一线，具有丰富的平面设计经验，团队拥有1门职业教育国家在线精品课程，6门省级在线精品课程。本书由曾丹、胡蓉、马晓卉编著，曾丹负责全书的统筹工作及模块一、模块二的编写，马晓卉、丑铁刚负责模块三的编写，崔爽、赵旭菁负责模块四的编写，胡蓉、谢蓓负责模块五的编写，李红霞、邓水清、岳伟、周莉、周艳婷负责模块六的编写。田海研及企业骨干主要参与研讨与真实案例的提供。

由于时间仓促，书中难免存在不妥之处，请各位专家、同行、读者批评指正。

编者

2025年7月

目录

模块六　图像合成

模块一

图像编辑

导学：如何快速编辑图片

[模块导读]

平时人们在拍照时常会遇到角度不对、主体偏移、大小不合适等问题，这些问题使用 Photoshop 都能快速解决。Photoshop 是图形图像处理、平面设计以及数字艺术设计等行业的必备工具之一。想要熟练掌握 Photoshop 的使用方法，首先需要了解一些软件的相关知识，并对软件的运行方式有一定的认识，进而逐步适应软件的工作方式，循序渐进地学习软件基本操作方法。

本模块主要通过解决校园生活中的一些细小、实用的问题带领大家进入 Photoshop 的世界，初步掌握 Photoshop 的操作方法，并为后面学习使用 Photoshop 进行平面设计做准备。

[素养提升]

本模块深入探究美育和德育的内在逻辑，通过寓道于教、寓德于教、寓教于乐的方式，把校园项目、生活实践项目与时政热点进行融合，在传授专业知识和技能的同时，帮助学生树立正确的价值取向，形成正确的软件设计素养和设计协同意识；引导学生关注生活，关注身边的小事，养成良好的学习习惯，提升审美能力，提高创造美的技能，也提供美的服务。

项目1

开启 Photoshop 之旅

微课 1-1 Photoshop 工作区域

微课 1-2 Photoshop 图像编辑

微课 1-3 Photoshop 文件格式

[项目分析]

开启 Photoshop 的学习之旅。了解 Photoshop 的工作区域及基本操作方法，能迅速找到 Photoshop 界面的各个组成部分并说出它们的作用，养成良好的操作习惯和学习习惯。

[项目实施]

1. 新建文件

打开 Photoshop 之后，在起始页面单击“新建”按钮，或者执行“文件 / 新建”命令（快捷键 Ctrl+N）后，弹出“新建文档”窗口，如图 1-1-1 所示。该窗口大体分为 3 部分：顶端是预设的尺寸选项卡；左侧是预设选项或最近使用过的项目；右侧是自定义选项设置区域。如果要新建一个 A4 幅面的空白文档，选择“打印”选项卡，然后在左侧列表框中选择 A4 选项，即可在右侧区域查看相应的尺寸。接着单击“创建”按钮可完成文件的新建。如果要制作比较特殊的尺寸，则需要自己进行设置，直接在窗口右侧对“宽度”和“高度”等参数进行设置即可。

- 宽度 / 高度：设置文件的宽度和高度，其单位有“像素”“英寸”“厘米”“毫米”“点”和“派卡”6 个选项。
- 分辨率：用来设置文件的分辨率大小，有“像素 / 英寸”和“像素 / 厘米”两种单位。新建文件时，文档的宽度与高度通常与实际印刷的尺寸相同（超大尺寸文件除外）。在不同情况下，对分辨率的要求会不一样。通常来说，图像的分辨率越高，印刷出来的质量就越好。一般设置印刷品的分辨率为 150 ~ 300dpi，高档画册、相册的分辨率为 350dpi 以上，$1m^2$ 以内大幅喷绘广告的分辨率为 70 ~ 100dpi，巨幅喷绘的分辨率为 25dpi，多媒体显示图像分辨率为 72dpi。当然，分辨率的数值并不是一成不变的，需要根据计算机以及印刷精度等实际情况进行设置。
- 颜色模式：设置文件的颜色模式以及相应的颜色深度。

- 背景内容：设置文件的背景内容，有“白色”“黑色”“背景色”“透明”“自定义”5 个选项。
- 高级选项：展开该选项组，在其中可以进行“颜色配置文件”以及“像素长宽比”的设置。

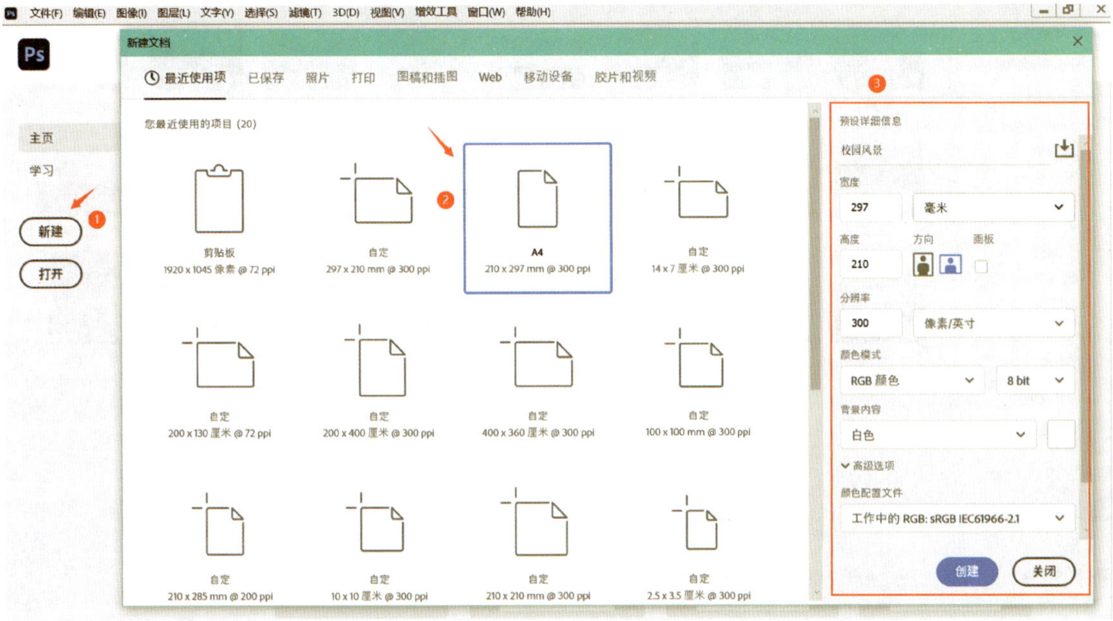

图 1-1-1

2. 打开文件

在 Photoshop 中打开已有文件，有 4 种方法，如图 1-1-2 所示。

执行“文件 / 打开”命令（快捷键 Ctrl+O），如图 1-1-3 所示。也可以是单击左侧窗格的“打开”按钮，或者单击“选择一项”，都可以在弹出的窗口中找到文件所在的位置，单击选择需要打开的文件，接着单击“打开”按钮，如图 1-1-4 所示。也可以直接将图片拖曳至 Photoshop。最后打开的文件效果如图 1-1-5 所示。

图 1-1-2

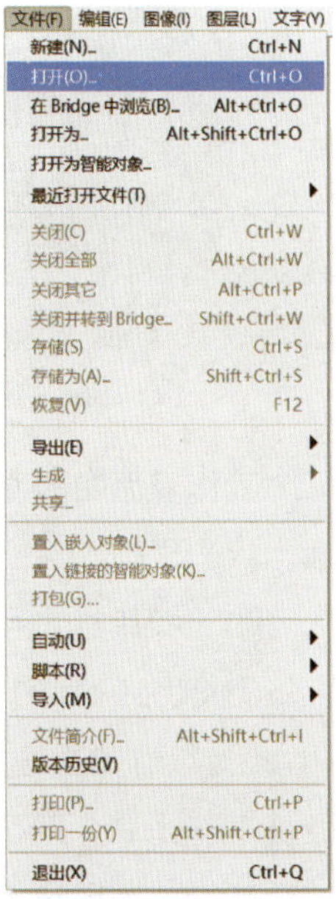

图 1-1-3

图 1-1-4

图 1-1-5

3. 工作区域

工作界面如图 1-1-6 所示。主要包括菜单栏、工具选项栏、标题栏、工具箱、图像窗口、面板、状态栏等。编辑窗口左侧是工具箱，右侧是面板。

（1）菜单栏

Photoshop 的菜单栏位于界面顶部，包含“文件”“编辑”“图像”等 12 个菜单项，包含了 Photoshop 的主要功能。单击任意一个菜单项，会弹出相应的下拉菜单，其中包括很多命令，选取任意一个命令即可实现相应的操作。在命令后还有一些英文字母组合，这些字母组合表示命令的快捷键，在键盘上直接按这些快捷键即可执行相应命令。对于菜单命令，本书采用类似“执行

图 1-1-6

‘图像 / 调整 / 色阶’命令”来表示先单击菜单栏中的“图像”菜单项，接着将光标移至“调整”命令处，在弹出的子菜单中单击“色阶”命令，如图 1-1-7 所示。

（2）工具箱

工具箱位于 Photoshop 工作界面的左侧，默认设置为一个竖条，如图 1-1-8 所示，单击工具箱上方的 » 按钮可将工具箱变为并列的两竖排，如图 1-1-9 所示。工具箱由多个小图标

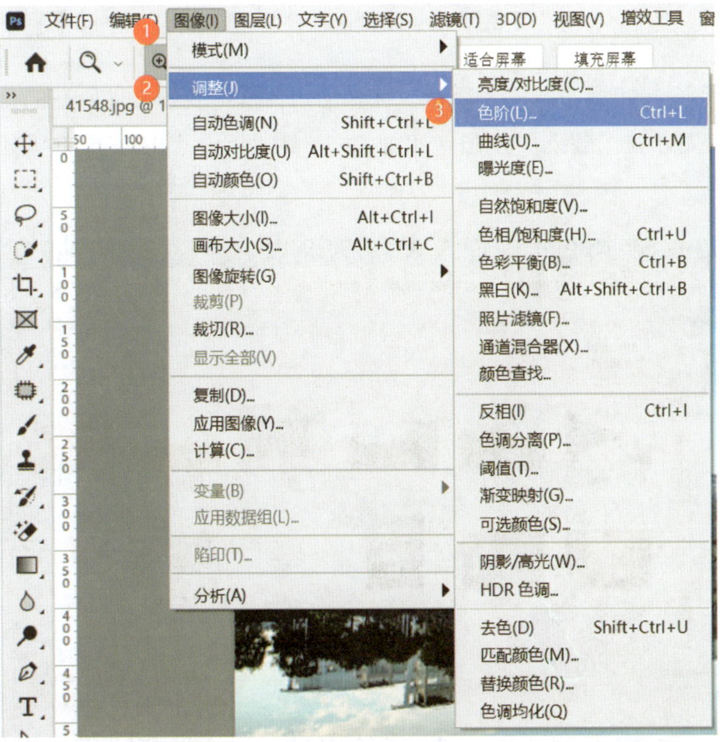

图 1-1-7

图 1-1-8

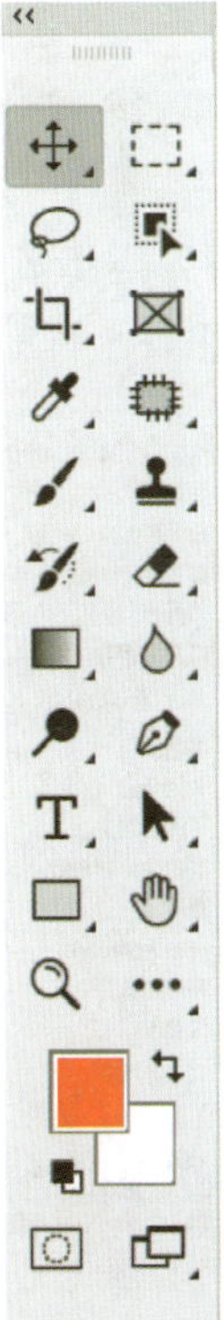

图 1-1-9

组成，每个小图标都代表一种工具，包含用于创建和编辑图像、图稿、页面元素等工具。相关工具将进行分组，包含 Photoshop 的各种图形绘制和图像处理工具，如对图像进行编辑、选择、移动、绘制、查看的工具，在图像中输入文字的工具等。大部分工具的右下侧都有一个黑色的小三角，单击此小三角即可将与这个工具类似而又隐藏的工具显现出来。

（3）工具选项栏

工具选项栏位于菜单栏的下方。选择某个工具之后，工具选项栏显示当前所选工具的选项，随所选工具的不同而变化。不同的工具有不同的参数，有些参数对于几种工具是通用的，如“羽化”参数项对于选框、椭圆、套索和磁性套索等工具都是通用的，而有些设置是某一种工具特有的。在工具选项栏中列出的通常是单选按钮以及下拉菜单、参数数值框等。

（4）面板

面板主要用于配合对图像进行编辑、对操作进行控制以及设置参数等。默认情况下，面板位于图像窗口的右侧。面板堆叠在一起，单击面板名称即可切换到相应的面板。将光标移至面板名称上方，按住鼠标左键拖曳即可将面板与窗口进行分离。如果要将面板堆叠在一起，可以拖曳该面板到界面上方，当出现蓝色边框后释放鼠标即可。

在 Photoshop 中有多个面板，但在实际工作中频繁使用的只有其中几个，如“图层”面板、“通道”面板、“路径”面板、“历史记录”面板、“动作”面板、“画笔”面板等。通过在“窗口”菜单中选择相应的命令，即可将其打开或关闭。例如，执行“窗口 / 动作”命令，即可打开“动作”面板，如图 1-1-10 所示。

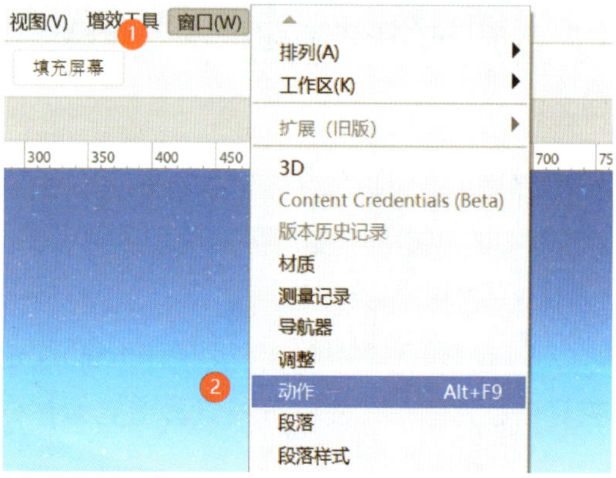

图 1-1-10

4. 置入文件

执行“文件 / 置入嵌入对象”命令，如图 1-1-11 所示。在弹出对话框中找到文件所在的位置，单击选择需要置入的文件，接着单击“置入”按钮，如图 1-1-12 所示。置入文件效果如图 1-1-13 所示。

图 1-1-11

图 1-1-12

图 1-1-13

5. 编辑文件

① 调整大小。将光标置于置入文件右上方的节点上，按住鼠标左键往图的中心点位置拖曳，并移动到画布的下方，如图 1-1-14 所示。

② 调整图层样式。按 Enter 键确认之后，在图层面板中，将图层的混合模式调整成“正片叠底”，如图 1-1-15 所示。最后呈现效果如图 1-1-16 所示。

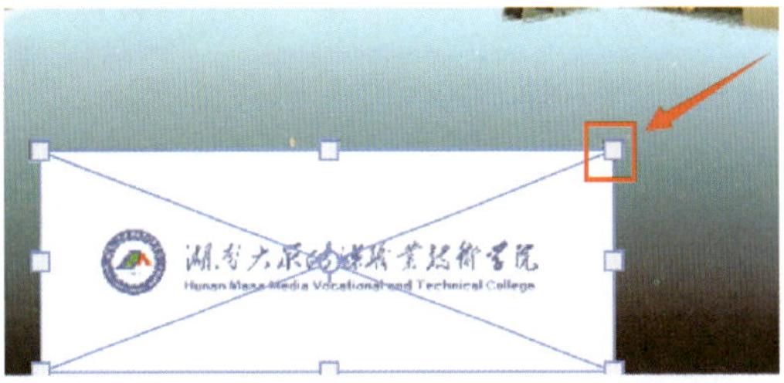

图 1-1-14

图 1-1-15

图 1-1-16

6. 存储文件

在完成图像编辑操作后需要对图像进行保存，大家要养成随时保存的好习惯。保存文件主要有两种方法。

方法 1：通过“存储”命令。执行“文件 / 存储”命令（快捷键 Ctrl+S），即可对正在编辑的图像进行保存。需要注意的是，如果是新文件还未保存过，则会打开“存储为”对话框。

方法 2：通过“存储为”命令。执行“文件 / 存储为”命令（快捷键 Ctrl+Shift+S），弹出“另存为”对话框，在对话框中进行存储操作。注意，在“保存类型”下拉列表中可以看到有多种格式可供选择，如图 1-1-17 所示，但并不是每种格式都经常被用到。选择哪种格式才是正确的呢？下面介绍几种常见的图像格式。

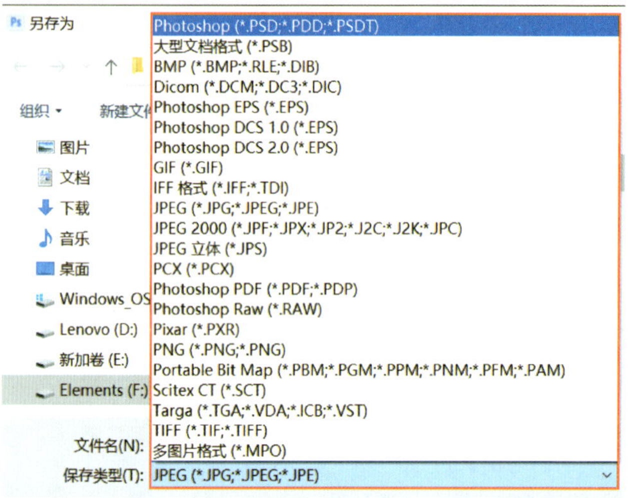

图 1-1-17

（1）PSD：Photoshop 源文件格式（保存所有图层内容）

在存储新建的文件时，默认的文件格式为“Photoshop（*.PSD；*.PDD；*.PSDT）”。PSD 格式能够保存所有的图层、蒙版、通道、路径、未栅格化的文字、参考线、注释等。保存图像时，若其中包含层，一般都采用 PSD 格式保存，以便随时进行修改。PSD 格式文件可以应用在多款 Adobe 软件中，在实际操作中也经常会直接将 PSD 格式文件置入到 Illustrator、InDesign 等平面设计软件中。除此之外，AE、PR 等影视后期制作软件也可以使用 PSD 格式文件。

选择该格式，单击“保存”按钮，在弹出的“Photoshop 格式选项”对话框中选中“最大兼容”复选框，可以保证在其他版本中能够正确打开该文件。接着单击“确定”按钮即可。也可以选中“不再显示”复选框，接着单击“确定”按钮，就可以每次都采用当前设置，并不再显示该对话框，如图 1-1-18 所示。

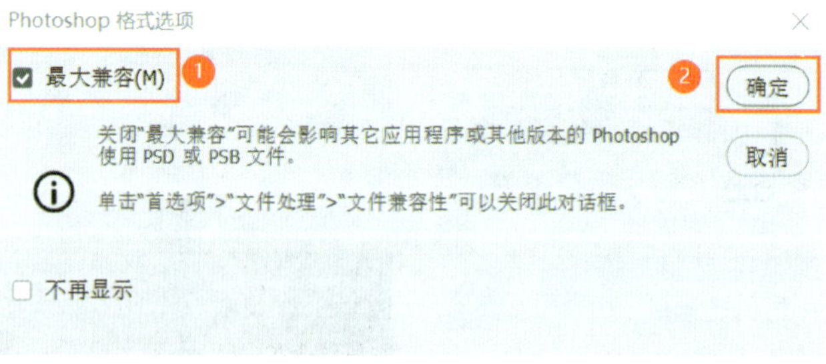

图 1-1-18

（2）GIF：动态图片（输出图像到网页最常用的格式）

采用 LZW 算法压缩的格式，支持透明背景和动画，被广泛应用在网络中。常用于表情包、搞笑动图的制作。选择这种格式，在弹出的“GIF 存储选项”对话框中可以进行“调板”“颜色”等设置。选中“透明度”复选框，可以保存图像中的透明部分，如图 1-1-19 所示。

（3）JPEG（最常用的图像格式，方便存储、浏览和上传）

该格式的图像通常用于图像预览和一些超文本文档中，最大的特色就是文件较小，经过高倍率的压缩，是目前所有格式中压缩率最高的，但在压缩过程中会以失真的方式丢失一些数据，所以保存后的图像没有原图像质量好。

存储时选择 JPEG 格式，会将文档中的所有图层合并，并进行一定压缩，存储为一个在绝大多数计算机、手机等电子设备上可以轻松浏览的图像格式。选择此格式并单击“保存”按钮之后，在弹出的“JPEG 选项”对话框中可以进行图像品质的设置。“品质”数值越大，图像质量越高，文件也就越大。设置完成后单击“确定”按钮即可，如图 1-1-20 所示。

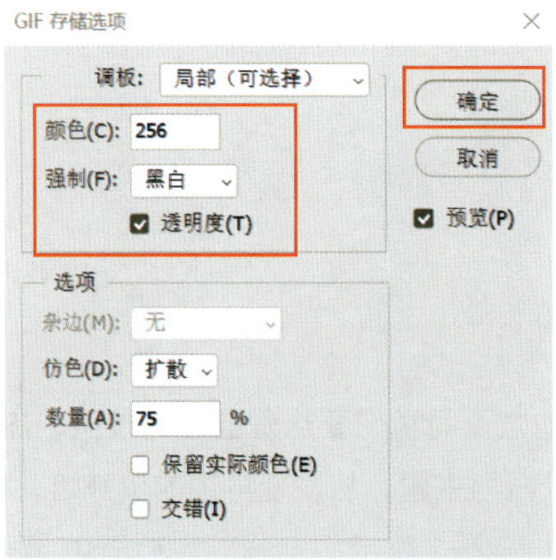

图 1-1-19

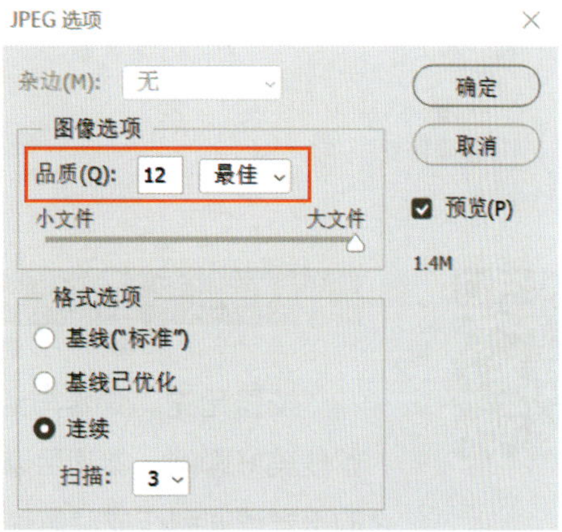

图 1-1-20

（4）PDF（电子书常用）

PDF 文件是由 Adobe Acrobat 软件生成的文件格式，该格式文件可以存储多页信息，其中包含文档、图形的查找和导航功能。使用该软件不需要排版或图像软件即可获得图文混排的版面。PDF 格式支持 RGB、索引颜色、CMYK、灰度、位图和 Lab 颜色模式，并且支持通道、图层等数据信息，还支持 JPEG 和 Zip 的压缩格式。

（5）TIFF（高质量，保存通道和图层）

该格式应用特别广泛，支持 RGB、CMYK、Lab、索引颜色、位图和灰度的颜色模式，并且在 RGB、CMYK 和灰度 3 种颜色模式中还支持通道、图层和路径的功能。

（6）BMP（Windows 标准的位图式图形文件格式）

该格式支持 RGB、索引颜色、灰度和位图颜色模式，但不支持 Alpha 通道。

7. 关闭文件

在编辑完成并保存图像文件之后，就需要关闭图像。这里主要介绍 3 种关闭方法。

方法 1：通过“关闭”命令。选择“文件 / 关闭”命令（快捷键 Ctrl+W），或单击文档窗口右上角的关闭按钮可以关闭当前文件，但不会关闭其他的图像文件。

方法 2：通过“关闭全部”命令。选择“文件 / 关闭全部”命令（快捷键 Ctrl+Alt+W），可关闭所有的文件。

方法 3：通过“退出”命令。选择“文件 / 退出”命令或单击文档窗口右上角的关闭按钮可以关闭文件并退出 Photoshop。

[项目拓展]

操作题：练习 Photoshop 的文件打开、编辑、保存、关闭操作。

项目2

制作青春校园明信片

微课 1-4
制作青春校园明信片

[项目分析]

校园是充满青春与活力的地方，同学们要热爱自己的校园、热爱生活，留住美好瞬间。本项目以青春校园为主题，从发现身边的美开始，将校园里的美好瞬间制作成明信片，如图 1-2-1 所示。

图 1-2-1

[项目实施]

① 打开明信片模板，如图 1-2-2 所示。

② 执行“文件 / 置入嵌入对象”菜单命令，如图 1-2-3 所示。将校园风光素材图片置入画面中，如图 1-2-4、图 1-2-5 所示。

图 1-2-2

图 1-2-3

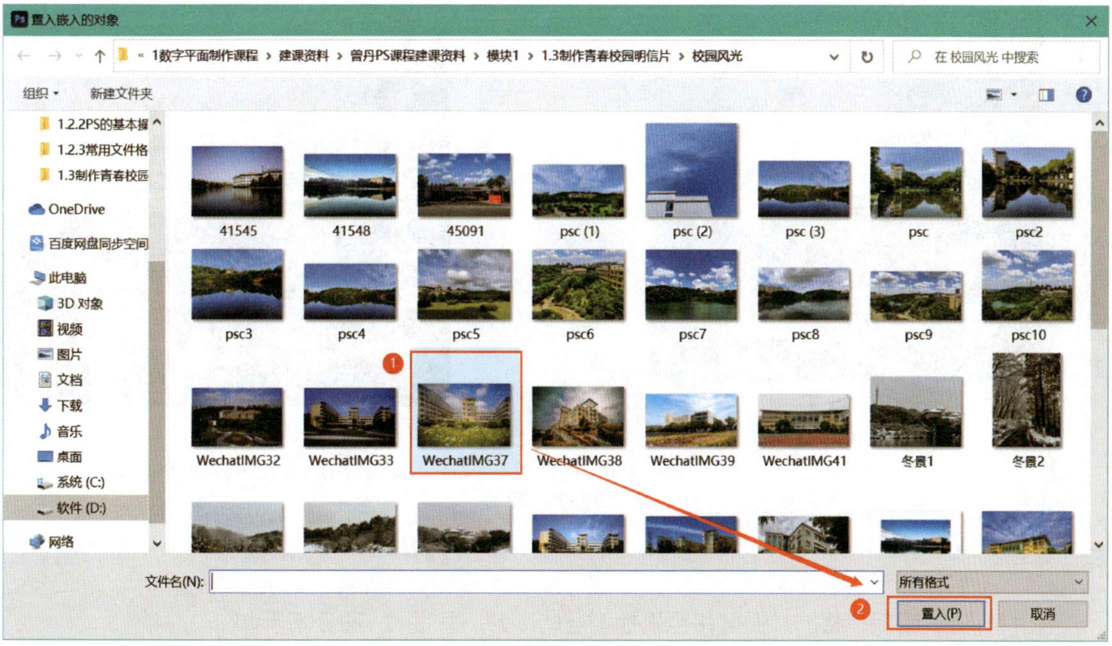

图 1-2-4

图 1-2-5

③ 拖曳置入图片 4 个角的任意一个角点，将图片拉大，直到可以将镂空区域覆盖，如图 1-2-6 所示。再按 Enter 键确认，效果如图 1-2-7 所示。

图 1-2-6

图 1-2-7

④ 打开图层面板，将图片图层移至模板图层的下方，如图 1-2-8 所示。

⑤ 调整图片大小和位置，最后效果如图 1-2-9 所示。

图 1-2-8

图 1-2-9

[项目拓展]

操作题：在课程资料中下载素材，或自己到校园拍摄几张漂亮的校园风景照片，做成明信片。

项目3

调整图像尺寸及方向

微课 1-5
Photoshop
图像旋转

[项目分析]

通过简单的图像处理，掌握调整图像大小、画布大小的方法；能熟练地调整图像的尺寸；在素材选择及调整图像中提升审美能力，培养细致认真的专业精神。

微课 1-6
Photoshop
图像尺寸

[项目实施]

① 改变画布尺寸。图像的显示区域被称为画布，改变画布的尺寸可以影响图像的显示情况。打开图片，如图 1-3-1 所示，执行“图像 / 画布大小”命令，打开“画布大小”对话框，将画布加大一些的效果如图 1-3-2 所示，画面加大的部分被背景色填充，多了一个黑框。如果将画布修改得小一些，效果如图 1-3-3 所示，将弹出一个被剪切的提示框，画面直接被裁掉了一些。

图 1-3-1

② 改变图像尺寸。生活当中，经常遇到要调整图像大小的情况，使用 Photoshop 中的“图像 / 图像大小”命令可以进行调整。打开需要调整的图片，执行“图像 / 图像大小”命令，如图 1-3-4 所示。弹出的对话框，

如图 1-3-5 所示，调整相关参数，直至满足需要的像素尺寸。单击“等比例缩放”按钮，图像调整大小之后不会变形。

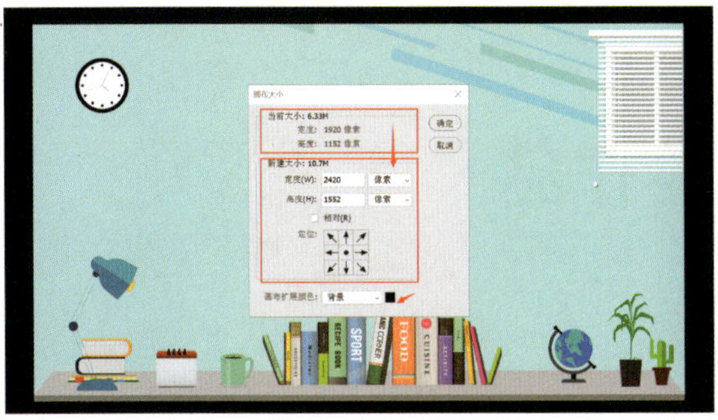

图 1-3-2

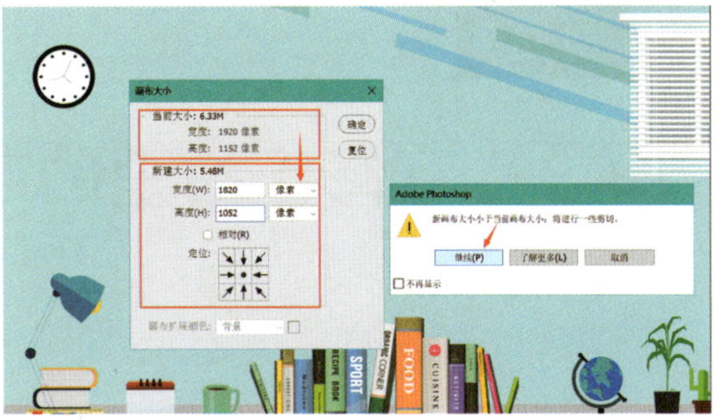

图 1-3-3

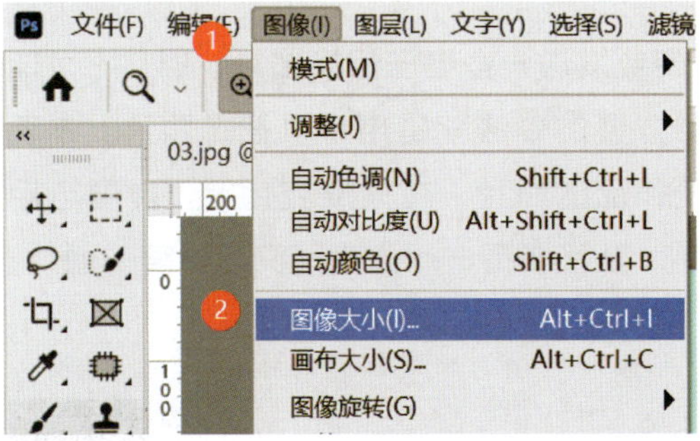

图 1-3-4

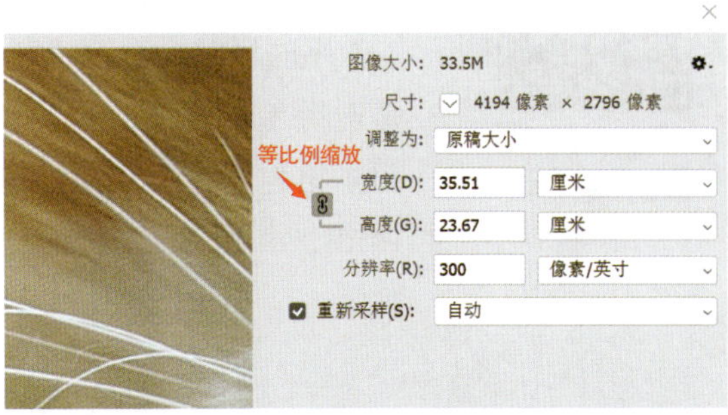

图 1-3-5

[技巧提示]

执行“图像→图像大小”命令时，可通过下列任一操作修改图像预览效果。

① 要更改预览窗口的大小，请拖曳“图像大小”对话框的一角并且调整其大小。

② 要查看图像的其他区域，请在预览内拖曳图像。

③ 要更改预览显示比例，请按住 Ctrl 键（在 Windows 中）或 Command 键（在 macOS 中）并单击预览图像以增大显示比例。按住 Alt 键（在 Windows 中）或 Option 键（在 macOS 中）并单击以减小显示比例。单击之后，显示比例的百分比将简短地显示在预览图像的底部附近。

④ 要更改像素尺寸的度量单位，请单击“尺寸”附近的三角形并从菜单中选取相应的度量单位。

⑤ 要保持最初的宽高比例，请确保启用“约束比例”选项。如果要分别缩放宽度和高度，请单击“约束比例”图标以取消它们的链接。

注意：可以从“宽度”和“高度”文本框右侧的列表中选取度量单位以更改宽度和高度的度量单位。

[项目拓展]

1. 思考题：调整图像的大小可以调整其比例和分辨率吗？
2. 操作题：找一张风景图片，调整图像的大小及方向。

项目4

修正拍歪的手绘作品

微课 1-7
修正拍歪的手绘作品

[项目分析]

平时经常会遇到临时需要上传或发送一些电子扫描图片，但又不可能随时携带扫描仪的情况，此时最方便的办法就是用手机拍摄照片。本项目素材为用手机拍摄的写生手绘作品的照片，有角度变化等，需要运用 Photoshop 进行旋转和透视裁剪，从而获得一张漂亮而又不失真的图片，如图 1-4-1 和图 1-4-2 所示。

图 1-4-1

图 1-4-2

[项目实施]

① 启动 Photoshop，打开素材图片，如图 1-4-1 所示，分析图片中存在的问题。由于拍摄角度问题，图片中的手绘作品出现一定的倾斜，有一定透视关系，需要进行修正。

② 旋转调正图片。执行“图像 / 图像旋转 / 逆时针 90 度”命令，如

图 1-4-3 所示，效果如图 1-4-4 所示。

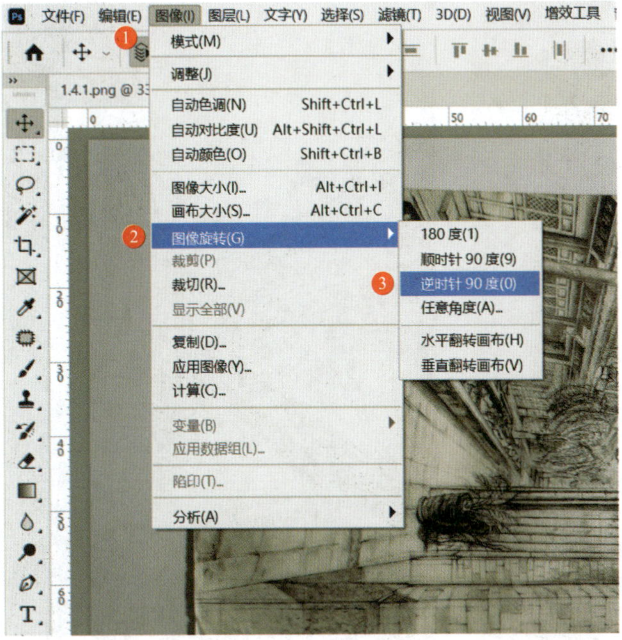

图 1-4-3

图 1-4-4

③ 透视裁剪修正角度。单击透视裁剪工具按钮（快捷键 Shift+C），如图 1-4-5 所示，根据手绘作品的角度，单击鼠标依次拉出 4 个控制点，配合点与点之间的辅助线，使之与手绘作品的透视相符，以完成一个透视裁剪框，如图 1-4-6 所示，按 Enter 键确定之后，效果如图 1-4-7 所示。这样就基本完成了手绘作品的校正。

图 1-4-5

图 1-4-6

图 1-4-7

④ 使用裁剪工具删除多余部分。如果需要去除多余背景或不整齐的部分，可以直接选择裁剪工具，拉出裁剪框，如图 1-4-8 所示。按 Enter 键确定之后，效果如图 1-4-9 所示。

图 1-4-8

图 1-4-9

⑤ 使用色阶调整图像的对比度。执行“图像 / 调整 / 色阶”命令，如图 1-4-10 所示，弹出如图 1-4-11 所示对话框，进行相应设置之后按 Enter 键确定。

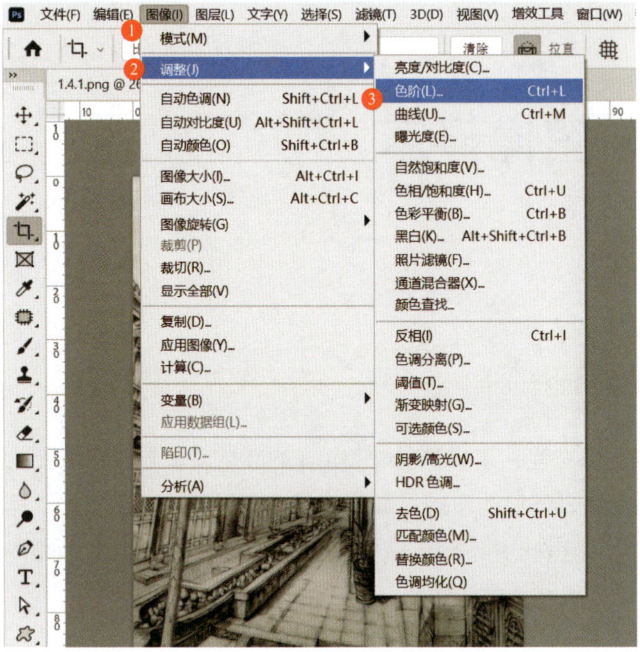

图 1-4-10

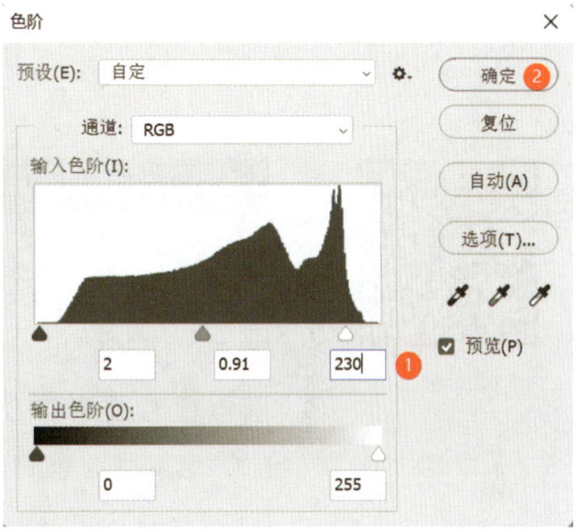

图 1-4-11

⑥ 最终效果如图 1-4-12 所示。

图 1-4-12

[项目拓展]

操作题：用手机拍摄一本书或一张手绘作品并进行校正。

项目5

颜色填充与图像显示

微课 1-8
颜色设置与填充

微课 1-9
图像显示

微课 1-10
辅助工具

[项目分析]

通过对画面颜色的填充等，了解 Photoshop 的颜色设置与颜色填充的方法，了解标尺、参考线、网格的作用，掌握使用缩放工具、抓手工具、导航器查看图像的方法；能灵活进行颜色填充与图像显示，提升色彩感知能力，培养职业素养、精益求精的专业精神。

[项目实施]

1. 设置前景色和背景色

前景色和背景色设置按钮 在 Photoshop 工具箱的底部，通过该组按钮可以观察当前使用的“前景色 / 背景色”，也可以使用该组按钮来设置“前景色 / 背景色”。在默认情况下，前景色为黑色，背景色为白色。前景色 / 背景色的设置是经常使用的操作，单击“前景色 / 背景色”按钮即可弹出“拾色器”对话框，可选取一种颜色作为前景色 / 背景色。单击“切换前景色和背景色”图标 可以切换所设置的前景色和背景色（快捷键 X）。单击“默认前景色和背景色”图标 可以恢复默认的前景色和背景色（快捷键 D）。

前景色通常用于绘制图像、填充和描边选区等，背景色常用于生成渐变填充和填充图像中已抹除的区域。一些特殊滤镜也需要使用前景色和背景色，例如“纤维”滤镜和“云彩”滤镜等。

设置前景色 / 背景色还可以从“色板”“颜色”面板中获取。

2. 使用拾色器

使用拾色器可以精确地选择需要的色彩，在 Photoshop 中经常会使用拾色器来设置颜色。在拾色器中，可以选择用 HSB、RGB、Lab 和 CMYK4 种颜色模式来指定颜色。其使用方法非常简单，首先需要在“颜色滑块”中确定当前颜色的可选范围，然后在“色域”中单击即可选定颜色，单击“确定”按钮即可完成选择。如果想要精确地设置颜色，直接在“颜色值”区域输入数值即可，如图 1-5-1 所示。

● 色域 / 所选颜色：在色域中拖曳鼠标可以改变当前拾取的颜色。

● 新的 / 当前：“新的”颜色块中显示的是当前所设置的颜色；“当前”颜色块中显示的是上一次使用过的颜色。

● 溢色警告：由于 HSB、RGB 以及 Lab 颜色模式中的一些颜色在 CMYK 印刷模式中没有等同的颜色，所以无法准确地印刷出来，这些颜色就是常说的“溢色”。出现警告以后，可以单击警告图标下面的小颜色块，将颜色替换为 CMYK 颜色。

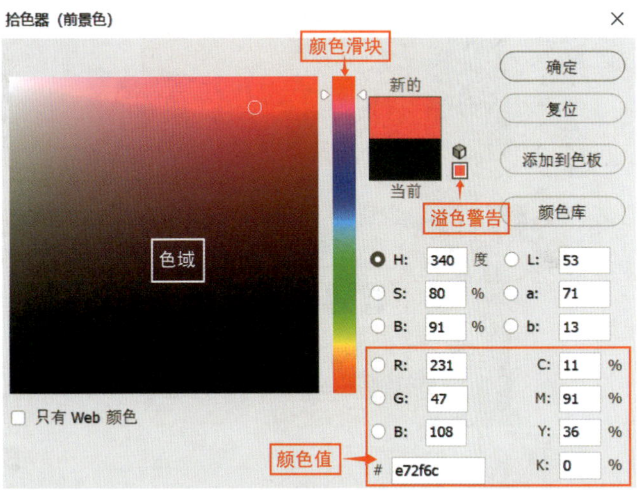

图 1-5-1

● 非安全 Web 安全色警告：这个警告图标表示当前所设置的颜色不能在网页上准确地显示出来。单击警告图标下面的小颜色块，可以将颜色替换为与其最接近的 Web 安全色。

● 颜色滑块：拖曳颜色滑块可以更改当前可选的颜色范围。在使用色域和颜色滑块调整颜色时，对应的颜色数值会发生相应的变化。

● 颜色值：显示当前所设置颜色的数值。可以输入数值来精确地设置颜色。

● 只有 Web 颜色：选中该复选框以后，只在色域中显示 Web 安全色。

● 添加到色板：单击该按钮，可将当前设置的颜色添加到“色板”面板中。

● 颜色库：单击该按钮，可以打开“颜色库”对话框。

3. 吸管选取颜色

选择工具箱中的“吸管工具”按钮，如图 1-5-2 所示吸管工具的选项中，可以在“取样大小”下拉列表中设置吸管取样范围的大小。选择“取样点”选项时，可以选择像素的精确颜色；选择“3×3 平均”选项时，可以选择所在位置 3 像素区以内的平均颜色；选择“5×5 平均”选项时，可以选择所在位置 5 像素区域以内的平均颜色；其他选项以此类推。在“样本”下拉列表中可以设置从“当前图层”或“所有图层”中采集颜色。选中“显示取样环”复选框后，可以在拾取颜色时显示取样环。

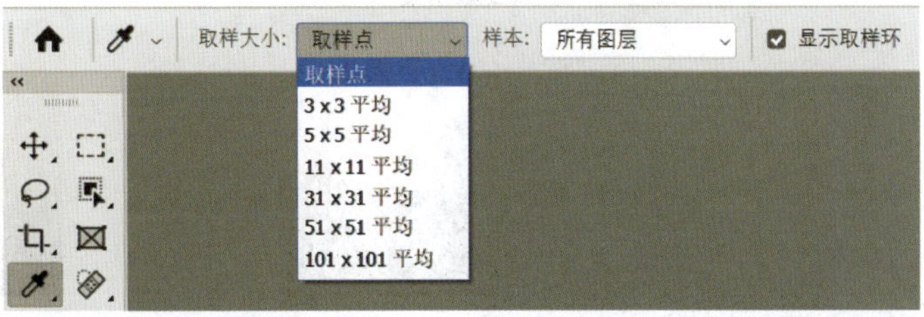

图 1-5-2

4. 改变前景色或背景色

在画面中单击即可将当前颜色设置为前景色，如图 1-5-3 所示。按住 Alt 键单击吸取可将当前颜色设置为背景色，如图 1-5-4 所示。

5. 使用“颜色”面板

执行“窗口 / 颜色”命令，打开“颜色”面板，如图 1-5-5 所示。显示了当前设置的前景色和背景色，可以在该面板中设置前景色和背景色。图 1-5-6 为选择“RGB 滑块”吸色改变前景色的效果。图 1-5-7 为选择“CMYK 滑块”吸色改变前景色的效果。图 1-5-8 为“建立 Web 安全曲线”改变前景色的效果。

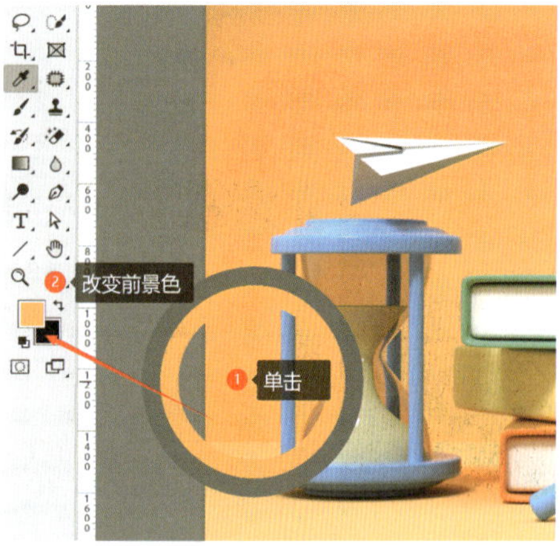

图 1-5-3

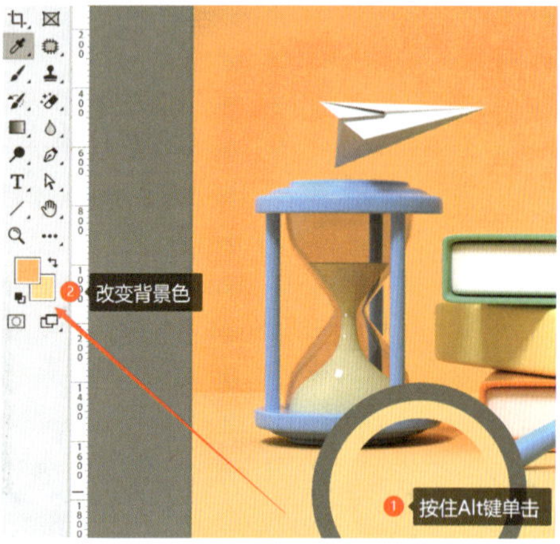

图 1-5-4

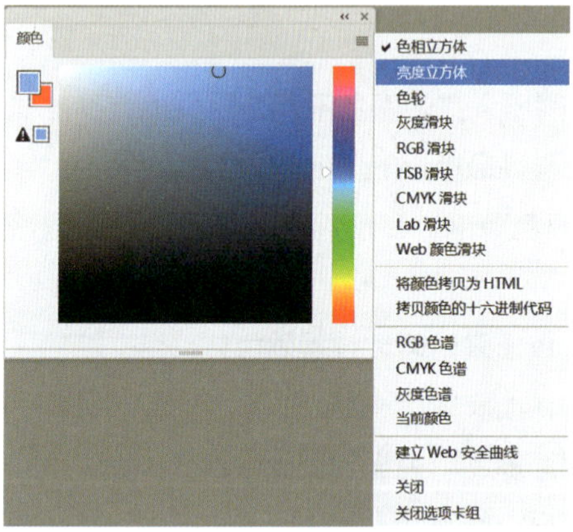

图 1-5-5

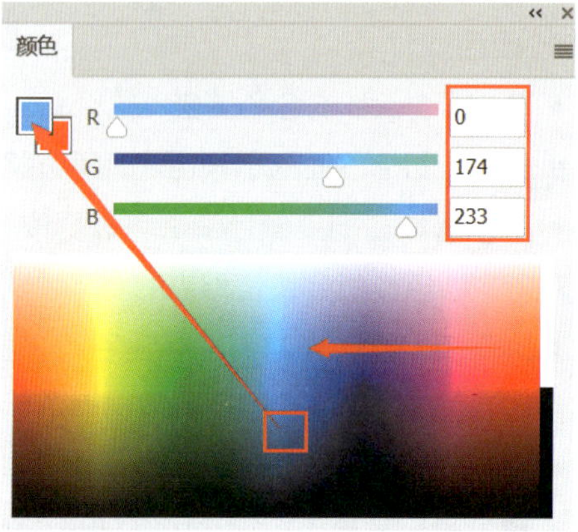

图 1-5-6

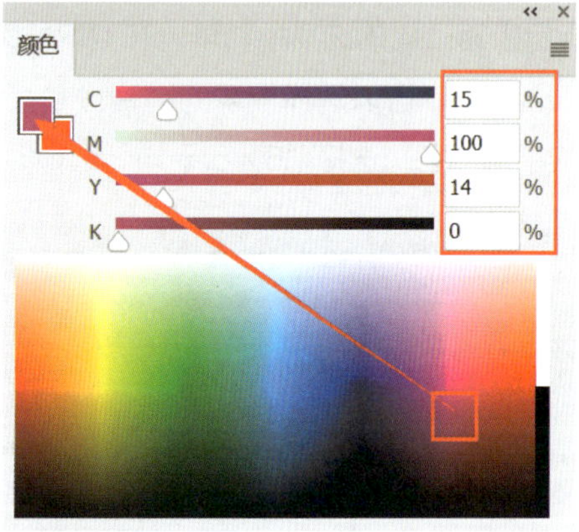

图 1-5-7

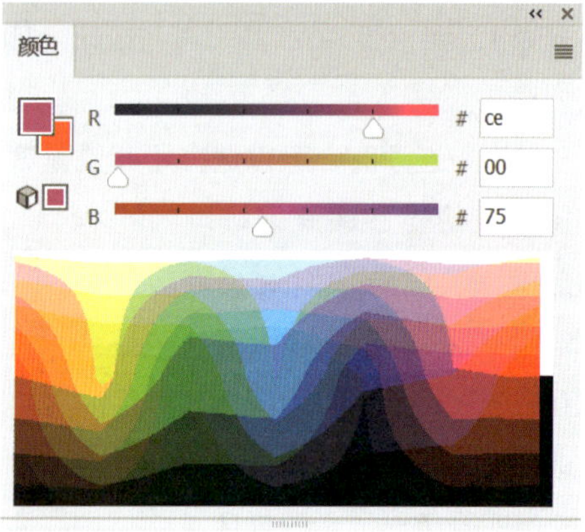

图 1-5-8

6. 使用“色板”面板

“色板”面板可以用于调用颜色、存储颜色、管理颜色。执行“窗口 / 色板”命令，打开“色板”面板，单击右上角的菜单按钮可以弹出下拉列表，是色板的基本操作，如图 1-5-9 所示。单击相应的颜色即可将其设置为前景色。按住 Alt 键单击即可设置为背景色。

7. 填充颜色

（1）快速填充

填充前景色可以使用快捷键：Alt+Delete。

填充背景色可以使用快捷键：Ctrl+Delete。

（2）填充命令

使用“填充”命令可为整个图层或对图层中的一个区域进行填充。

执行“编辑 / 填充”命令（快捷键 Shift+F5），弹出“填充”对话框，如图 1-5-10 所示，首先需要设置填充的内容，然后可以设置当前填充内容与该图层上像素混合的模式和不透明度。未被删格化的图层、智能图层、3D 图层不能执行填充命令。

（3）油漆桶填充

使用油漆桶工具可以在图像中填充前景色或图案，右击工具箱中的“渐变工具”按钮，在弹出的子菜单中选择“油漆桶工具”命令，工具选项栏如图 1-5-11 所示。在“油漆桶工具”的选项栏中，首先需要在填充模式的下拉列表中选择“前景”或“图案”选项，如果选择“前景”选项，则使用当前的前景色进行填充；如果选择“图案”选项，则可以从右侧的工具图案列表中选择一个合适图案。

- 模式：用来设置填充内容的混合模式。
- 不透明度：用来设置填充内容的不透明度。
- 容差：用来定义必须填充的像素的范围，将容差设置大一些可填充大面积的区域。
- 连续的：选中该复选框后，只填充图像中处于连续范围内的区域；取消选中该复选框后，可以填充图像中的所有相似像素。
- 所有图层：选中该复选框后，可以对所有可见图层中的合并颜色数据填充像素；取消选中该复选框后，仅填充当前选择的图层。在画面中单击即可填充。如果对空图层进行填充，那么填充的为整个画面。对于有内容的图层，填充的就是与鼠标单击处颜色相近的区域。
- 消除锯齿：选中该复选框可以平滑填充选区的边缘。

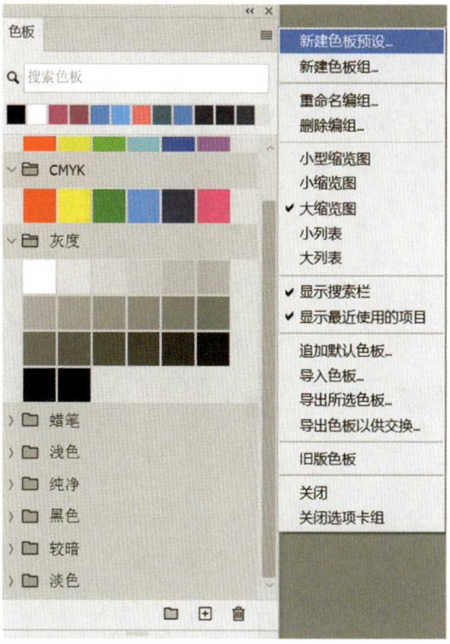

图 1-5-9

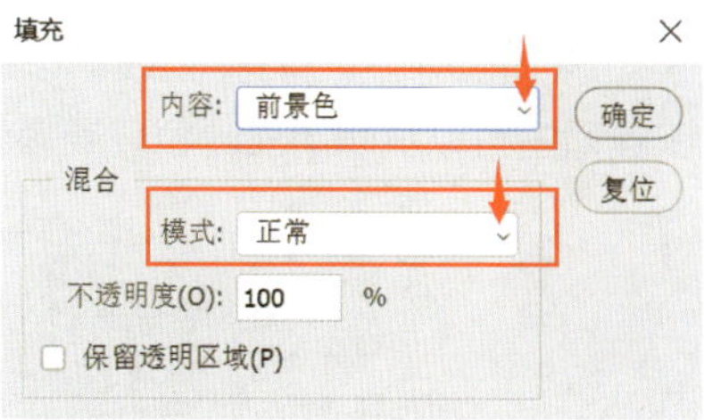

图 1-5-10

图 1-5-11

（4）渐变填充

使用渐变工具可以在整个文档或选区内填充渐变色，并且可以创建多种颜色间的混合效果。渐变工具的应用非常广泛，它不仅可以填充图像，还可以用来填充图层蒙版、快速蒙版和通道等。

单击工具箱中的“渐变工具”按钮，其选项栏如图 1-5-12 所示。首先需要在选项栏中单击“渐变颜色条”，编辑一种渐变颜色；然后设置合适的渐变类型；接着设置混合模式、不透明度等参数；设置完毕后在画面中按住鼠标左键并拖曳光标即可进行填充，如图 1-5-13 所示。

图 1-5-12

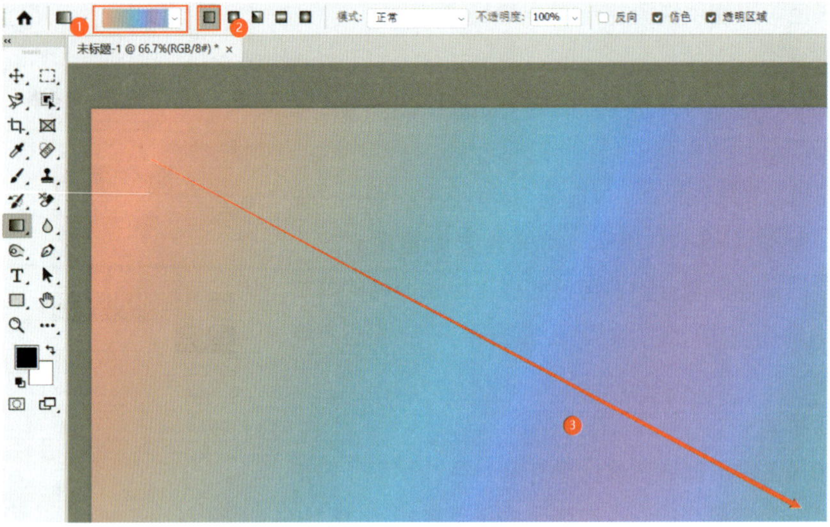

图 1-5-13

● 渐变颜色条：显示了当前的渐变颜色，单击右侧的倒三角图标，弹出对话框，如图 1-5-14 所示，可以选择颜色。如果直接单击渐变颜色条，则会弹出“渐变编辑器”窗口，在该窗口中可以编辑渐变颜色，或者保存渐变颜色等，如图 1-5-15 所示。

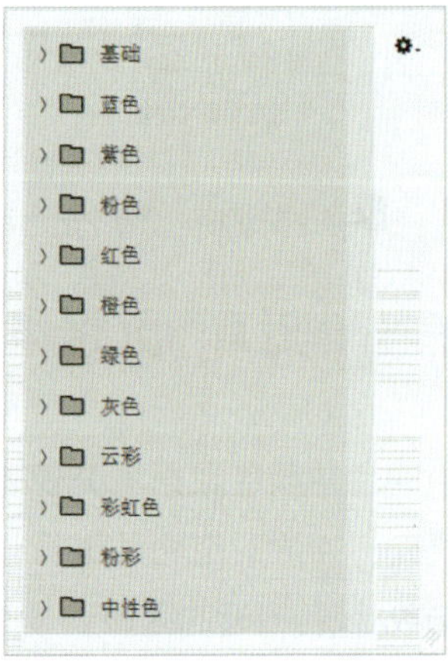

图 1-5-14

图 1-5-15

● 渐变类型：激活“线性渐变”按钮，可以直线方式创建从起点到终点的渐变，如图 1-5-16 所示；激活“径向渐变”按钮，可以圆形方式创建从起点到终点的渐变，如图 1-5-17 所示；激活“角度渐变”按钮，可以创建围绕起点以逆时针扫描方式的渐变，如图 1-5-18 所示；激活“对称渐变”按钮，可以使用均衡的线性渐变在起点的任意一侧创建渐变，如图 1-5-19 所示；激活“菱形渐变”按钮，可以菱形方式从起点向外产生渐变，终点定义菱形的一个角，如图 1-5-20 所示。

● 模式：用来设置应用渐变时的混合模式。

● 不透明度：用来设置渐变色的不透明度。

● 反向：转换渐变中的颜色顺序，得到反方向的渐变效果。

● 仿色：选中该复选框时，可以使渐变效果更加平滑。

● 透明区域：选中该复选框时，可以创建包含透明像素的渐变。

图 1-5-16

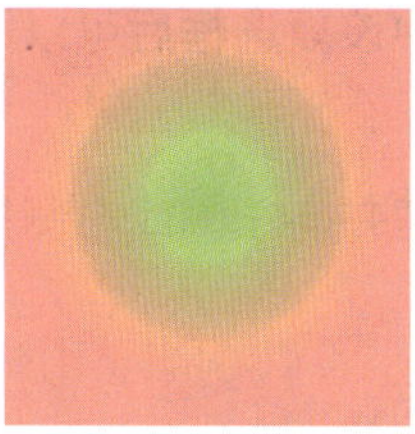

图 1-5-17

图 1-5-18

图 1-5-19

图 1-5-20

渐变编辑器除了在使用渐变工具时能够用到之外，在“渐变叠加”图层样式以及形状图层的填充描边设置中也能用到。渐变编辑器主要用来创建、编辑、管理、删除渐变。打开渐变编辑器后首先可以在“预设”中选择合适的渐变预设，如果不满意可以通过调整色标改变渐变效果，如图 1-5-21 所示。

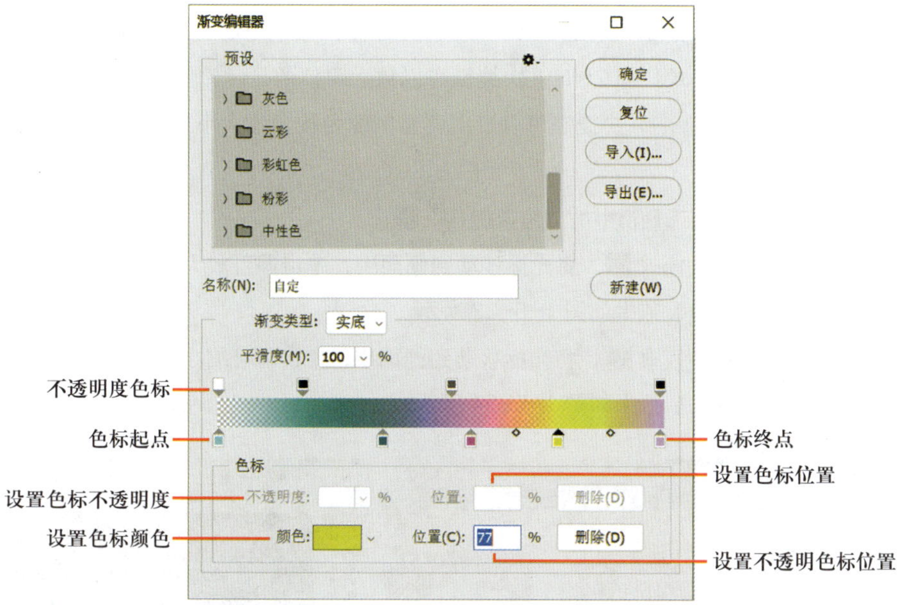

图 1-5-21

在“预设”选项组中显示 Photoshop 预设的渐变效果。单击相应菜单按钮，可以载入 Photoshop 预设的一些渐变效果，单击“载入”按钮可以载入外部的渐变资源；单击“存储”按钮可以将当前选择的渐变存储起来，以备以后调用。

“渐变类型”包含“实底”和“杂色”两种。“实底”渐变是很常用的渐变方式，其中“平滑度”用于设置渐变色的平滑程度，拖曳不透明度色标可以移动它的围绕位置。在“色标”选项组下可以精确设置色标的不透明度和位置。“杂色”渐变包含了在指定范围内随机分布的颜色，其颜色变化效果更加丰富。

8. 用缩放工具缩放显示图像

在 Photoshop 中编辑图像文件时，有时要缩小画面看整体，有时要放大看局部细节，可以使用工具箱中的“缩放工具”和抓手工具。“缩放工具” 工具选项栏如图 1-5-22 所示。

图 1-5-22

- 调整窗口大小以满屏显示：选中该复选框后，在缩放窗口的同时会自动调整窗口的大小。

● 缩放所有窗口：如果当前打开了多个图像文件，选中该复选框后可以同时缩放所有打开的图像窗口。

● 细微缩放：选中该复选框后，在画面中按住鼠标左键并向左侧或右侧拖曳鼠标能够以平滑的方式快速放大或缩小窗口。

● 100%：单击该按钮，图像将以实际像素比例进行显示。

● 适合屏幕：单击该按钮，可以在窗口中最大化显示完整图像。

● 填充屏幕：单击该按钮，可以在整个屏幕范围内最大化显示完整图像。

[技巧提示]

如果当前使用的是放大模式，按住 Alt 键可以切换到缩小模式；如果当前使用的是缩小模式，按住 Alt 键可以切换到放大模式。按 Ctrl++ 快捷键可以放大窗口的显示比例；按 Ctrl+- 快捷键可以缩小窗口的显示比例；按 Ctrl+0 快捷键可以自动调整图像为按屏幕大小显示；按 Ctrl+1 快捷键可以按实际像素比例显示。

① 打开图像素材，单击工具箱中的“缩放工具”。

② 在选项栏中选择放大模式，将光标移动到画面中，单击即可放大图像显示比例，多次单击继续放大，快捷键为 Ctrl++，效果如图 1-5-23 所示。

③ 在选项栏中选择缩小模式，将光标移动到画面中，单击即可缩小图像显示比例，多次单击继续缩小，快捷键为 Ctrl+-，效果如图 1-5-24 所示。

图 1-5-23

图 1-5-24

9. 用抓手工具查看画面局部

当画面显示比例比较大时，有些局部细节可能无法看到，这时可以使用工具箱中的“抓手工具”，在画面中按住鼠标左键拖曳到想要显示的部位。也可以直接按住 Space 键（空格）快速切换到抓手工具状态，松开 Space 键会自动切换回原来的工具。

① 打开素材图片，如图 1-5-25 所示。

图 1-5-25

② 用放大工具将图片进行放大，直至显示不全，如图 1-5-26 所示。随后选择抓手工具，按住鼠标左键往上拖曳画面，平移直至显示想要显示的局部效果，如图 1-5-27 所示。

图 1-5-26

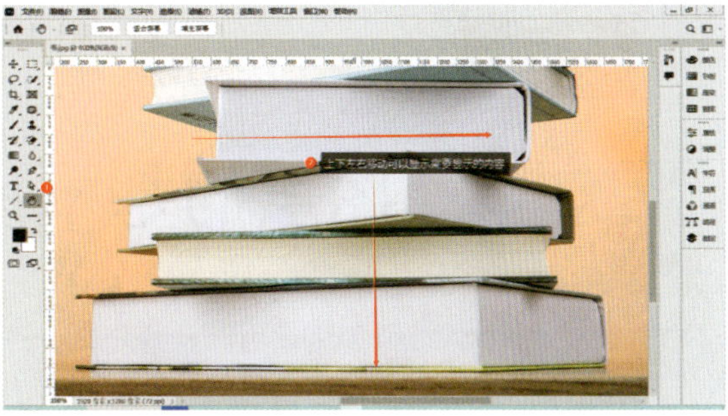
图 1-5-27

10. 使用旋转视图工具

使用旋转工具时，在英文输入状态下，按快捷键 R，或者长按左侧工具栏中的“抓手工具”按钮，在弹出菜单中选择“旋转视图工具”选项，然后就可以通过拖曳鼠标左键来旋转画布了。

如果想快速回到原来的角度，只需单击上方选项栏中的“复位视图”按钮即可。

11. 使用导航器查看图像

当图像没有显示完整时，可通过“导航器”面板对图像的隐藏部分进行查看。执行“窗口 / 导航器”命令，打开“导航器”面板。鼠标光标置于缩略图上并拖曳，移动图像的位置，如图 1-5-28 所示。如果图片是完整显示，将鼠标光标置于缩略图上光标不会变为抓手形状。

图 1-5-28

[技巧提示]

在“导航器”面板下方拖曳缩放滑块可对图像进行缩放。向左拖曳将缩小图像，向右拖曳则放大图像。

[项目拓展]

操作题：练习颜色填充与图像显示的各种操作方法。

项目6

图层的基本操作管理

微课 1-11
初识图层

微课 1-12
变换变形

[项目分析]

通过处理校园风景、学习用品图片等，掌握图层的基本概念和基础知识，认识图层面板；能熟练运用图层，调整图片的大小、图层样式等；培养精益求精的职业精神，提升欣赏美和创造美的能力。

[项目实施]

1. 初识图层

Photoshop 以“图层”为基础操作单位。图层是 Photoshop 进行一切操作的载体。图层，顾名思义，就是“图”与“层”，实际就是以分层的形式显示图像。图层就像多层透明玻璃纸，每层都可以进行独立的编辑，而不会影响其他层中的内容，层与层之间可以随意地调整堆叠方式，将所有图层叠放在一起则显现出图像的最终效果。接下来介绍“图层”面板。

执行“窗口 / 图层”命令，打开“图层面板”，如图 1-6-1 所示。图层面板常用于新建图层、删除图层、选择图层、复制图层、调整图层顺序等，还可以用于调整图层混合模式和图层样式。

- 图层过滤：可以用来对图层进行过滤，即图层过多时可以用此命令对图层进行精准的筛选。在左侧的“类型”下拉列表中可以选择筛选方式，并可以根据不同的要素筛选图层。默认设置为“类型”，在其列表右侧可以选择特殊的筛选方式。
- 混合模式：主要用来设置图层之间的特殊效果，对不同混合模式下的图层进行组合会产生不同的效果。默认模式为“正常”，单击“正常”右侧的下拉按钮，子菜单中提供了多种图层混合模式。
- 锁定：使用锁定透明像素按钮 意味着图像编辑只针对不透明像素的部分进行，透明像素部分将不会被修改；使用锁定图像像素按钮 意味着该图层不透明像素部分已被锁定而无法进行编辑，透明像素部分则可以进行编辑；锁定位置按钮 表示图像位置无法移动，但可被编辑；防止在画板内外自动嵌套按钮 ，当图层或组移出画板边缘时，图层或组会在图层视图中移除画板，为了防止这种事情发生，可以在图层视图中开启锁定；锁定全部按钮 ，即透明像素部分、图像像素部分和位置全部锁定，处于此状态下的图层无法进行编辑。

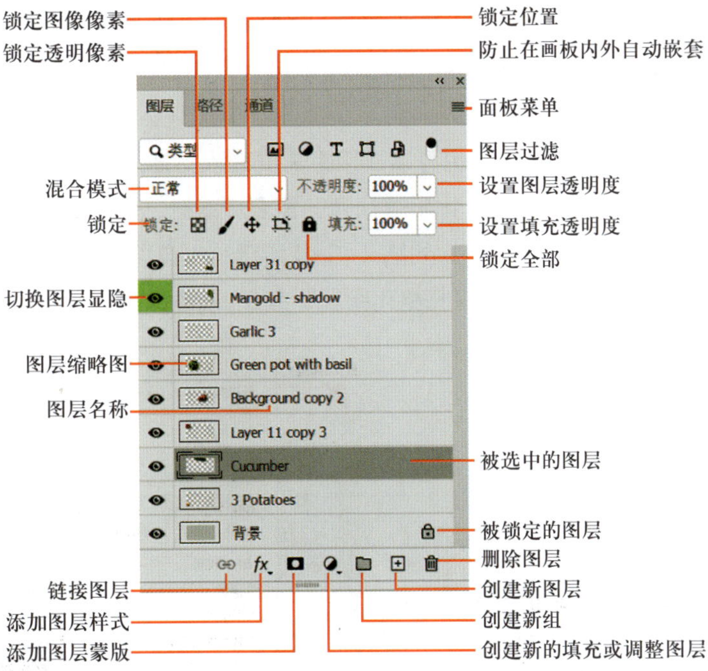

图 1-6-1

- 设置图层透明度 不透明度: 100% ：可以设置当前图层的填充不透明度。
- 设置填充透明度 填充: 100% ：用来设置图层的填充透明度，修改不会影响整个图层的样式。
- 处于显示 / 隐藏状态的图层：当该图标显示为 时，表示是可见的图层，此时可以对图层进行编辑；若该图标显示为 时，表示是隐藏的图层，此时不能对图层进行编辑。
- 链接图层 ：当希望同时对几个图层进行相同的操作时，可以按住 Ctrl 键选中需要被编辑的多个图层，再单击链接按钮即可；若要取消链接，选中被链接的图层再次单击链接按钮，即可取消链接。
- 添加图层样式 fx：在弹出的菜单中选择相应命令，即可添加图层的样式，该样式只会作用于当前图层。
- 添加图层蒙版 ：蒙版功能是 Photoshop 的核心功能之一，单击该按钮可以添加蒙版。蒙版的使用将在之后的内容中详述。
- 创建新的填充或调整图层 ：单击该按钮，在弹出的菜单中选择相应命令，即可创建新的填充或调整图层，该效果会运用到当前图层以下所有图层。
- 创建新组 ：当图层过多时我们往往会将图层分组以方便管理，这时可以单击创建新组按钮，也可按快捷键 Ctrl+G 创建新组。
- 创建新图层 ：可用来增加新的空白图层，也可按快捷键 Ctrl+Shift+N 创建新图层。
- 删除图层 ：可用来删除图层，也可在选中图层的状态下直接按 Delete 键进行删除。

2. 新建图层

新建图层是图层操作中最基本的命令，可以按图层面板中的 按钮实现；也可以使用快捷键 Ctrl+Shift+N，在弹出的对话框中单击“确定”按钮即可，如图 1-6-2 所示。若希望在当前图层的下一层新建图层，则需要在按住 Ctrl 键的同时单击“创建新图层”按钮。

新建后的图层将被自动命名为“图层 1”“图层 2”“图层 3”……

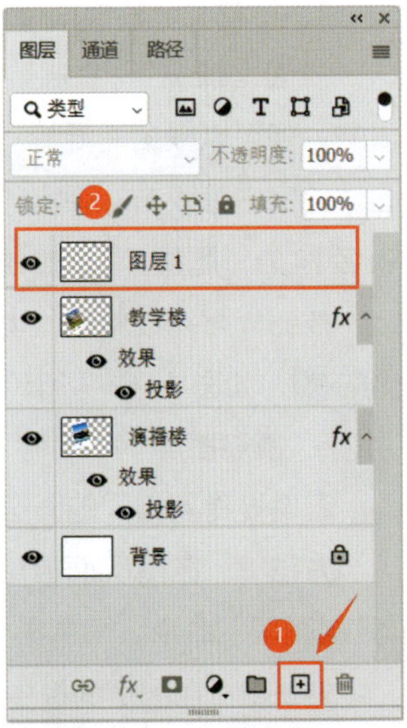

图 1-6-2

在图层较多的文档中，修改图层的名称有助于快速找到图像对应的图层。在图层名称上双击，激活名称对话框，等文字变蓝之后可以进行名称的修改。

3. 栅格化图层

除新建图层外，也可以直接将需要的素材拖入 Photoshop 中添加图层，但这些图层是不能直接被编辑的，如图 1-6-3 所示。需要将素材“栅格化”以编辑图层。可以在工具属性栏中选择“图层 / 栅格化”命令，如图 1-6-4 所示；也可以在图层面板中选中该图层，右击该图层，在弹出的快捷菜单中选择“栅格化图层”命令，如图 1-6-5 所示。

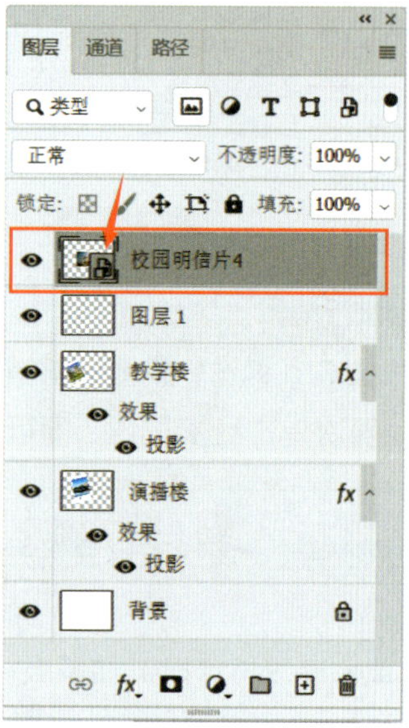

图 1-6-3

图 1-6-4

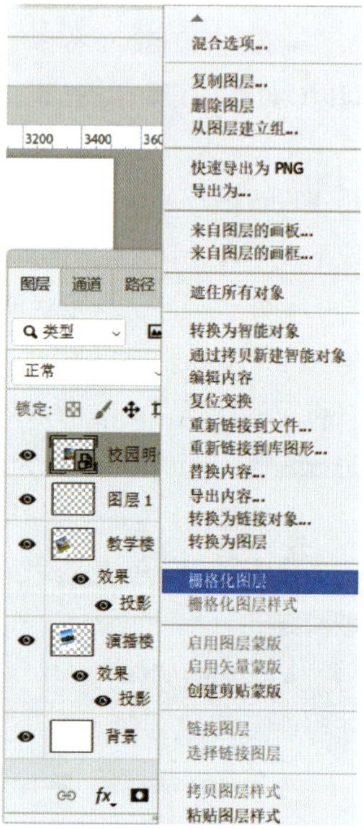

图 1-6-5

4. 将背景层转换成普通图层

在通常情况下，“背景”图层是被锁定而无法编辑的，但可以根据需要将其转换成普通图层。在背景图层的空白处双击，弹出“新建图层”对话框，其默认名称为“图层 0”，如图 1-6-6 所示，单击“确定”按钮即可完成转换。也可以直接单击背景图层右侧的 🔒，如图 1-6-7 所示。

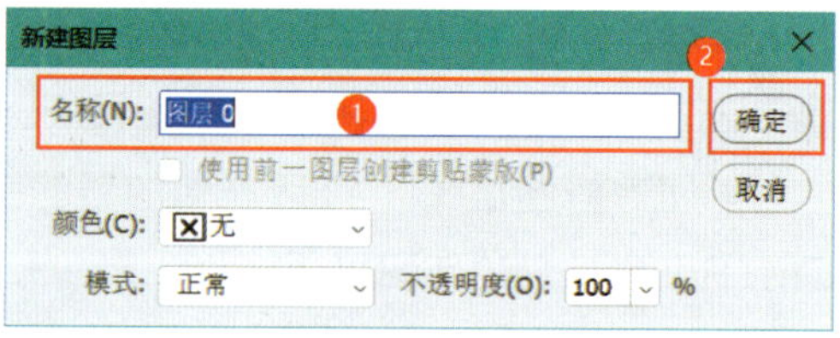

图 1-6-6

5. 复制图层

若需要得到相同的图层，一般采用复制图层的方法。

方法 1：在图层面板中，找到需要复制的图层，在其空白处右击，在弹出的快捷菜单中选择“复制图层”命令，再单击“确认”按钮即可，如图 1-6-8 所示。

方法 2：在图层面板中，找到需要复制的图层，左键按住图层不放，拖曳鼠标移动至编辑栏中的“创建新图层”按钮上松开即可，如图 1-6-9 所示。

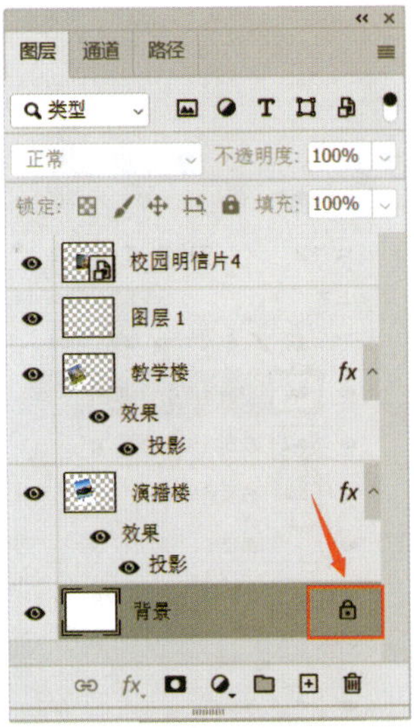

图 1-6-7

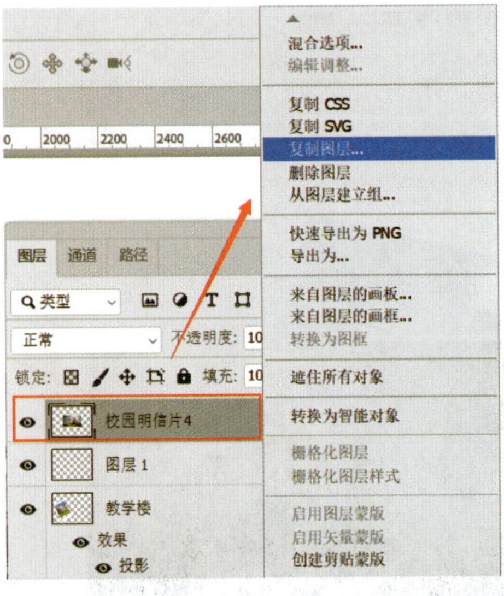

图 1-6-8

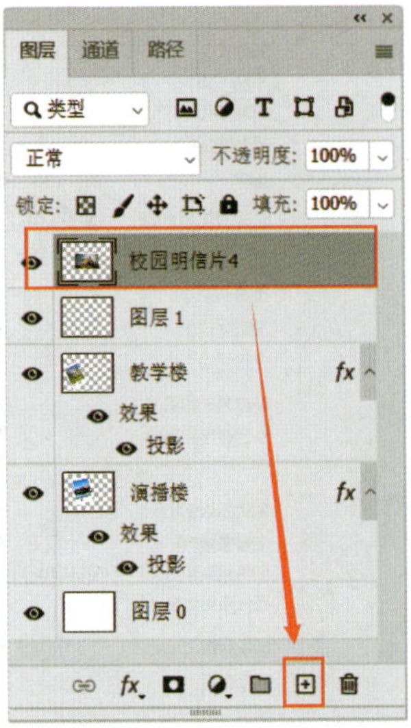

图 1-6-9

方法 3：在图层面板中，单击需要复制的图层，再使用快捷键 Ctrl+J。

方法 4：将光标放到图层上，当光标变成箭头状态时按住 Alt 键进行拖曳，即可得到复制的图层。

6. 移动图像的位置

使用工具箱中的“移动工具” 可以移动选区或图层，选择“移动”工具（快捷键 V），使用选项栏自定义工具设置（如“对齐”或“分布”），以获得所需效果。单击要移动的某个元素（如图层、选区或画板），如图 1-6-10 所示。

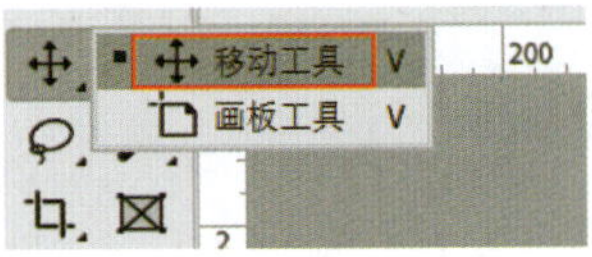

图 1-6-10

操作方法：单击需要移动的图层，拖曳到相应位置，效果如图 1-6-11 所示。若有多个图像需要进行对齐处理，移动某个图层时，会出现辅助对齐线引导对齐，效果如图 1-6-12 所示。

图 1-6-11

图 1-6-12

7. 调整图层排序

在图层概念中曾提到图像是由图层按照一定顺序排列形成的，不同的图层顺序最终显示的图像效果将会不同，修改图层的顺序主要有两种方式：其一是在工具属性栏中选择“图层 / 排列”命令，可将图层置顶、上移一层或下移一层，如图 1-6-13 所示；其二是在图层面板中拖曳调整图层的顺序，如图 1-6-14 所示。调整图层顺序后的效果如图 1-6-15 所示。

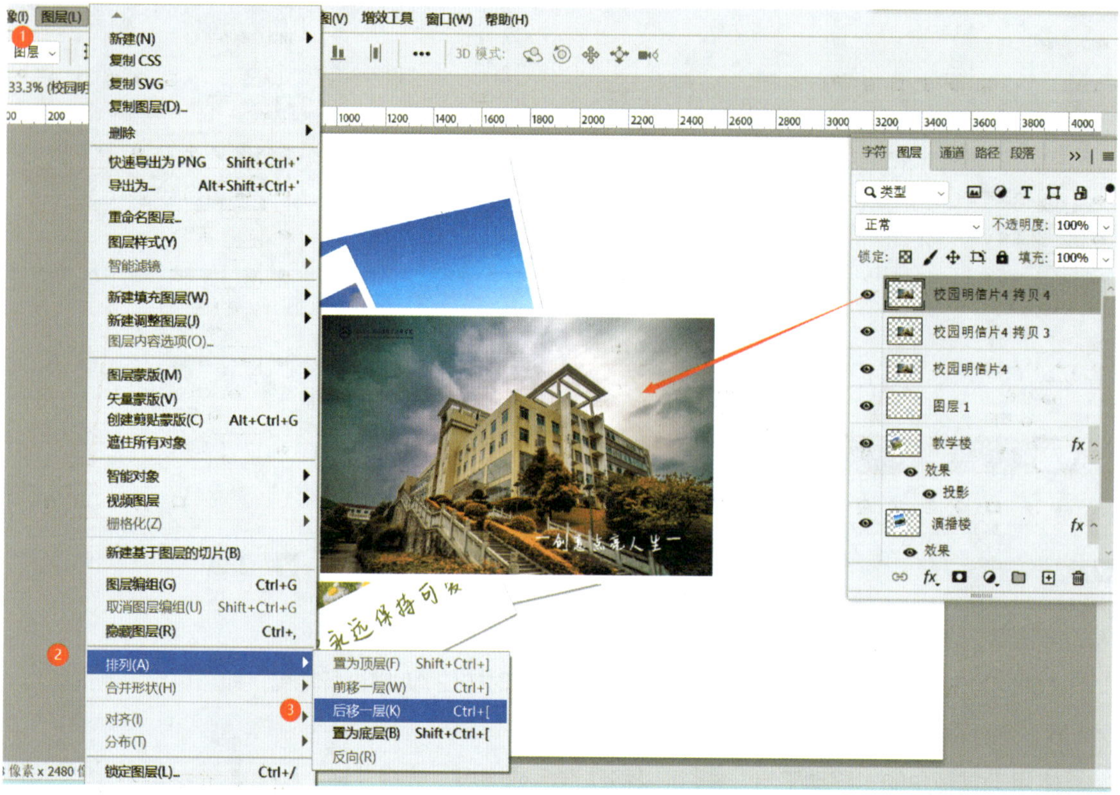

✔图 1-6-13

✔图 1-6-14

8. 删除图层

对于不需要的图层，可以删除。

方法 1：在图层面板中，找到需要删除的图层，在其空白处右击，在弹出的快捷菜单中选择“删除图层”命令，再单击“确认”按钮即可。

方法 2：在图层面板中，找到需要复制的图层，左键按住图层不放，拖曳移动至编辑栏中的“删除图层”按钮上松开即可。

方法 3：在图层面板中选中需要删除的图层，再单击编辑栏中的“删除图层”按钮即可。

方法 4：在图层面板中选中需要删除的图层，按 Delete 键也可删除图层。

9. 隐藏与显示图层

若图层较多而不方便删除时，可以将暂时不需要编辑的图层进行隐藏。在图层面板中，每个图层的前面有一个“眼睛”图标，表示该图层可见，单击该“眼睛”图标会切换成“空白”，表示该图层被隐藏，如此可以进行图层隐藏与显示的切换。另外，按住 Alt 键单击图层的“眼睛”区域，则可对除背景层外其他所有图层进行隐藏与显示的切换操作，如图 1-6-16 所示。

图 1-6-15

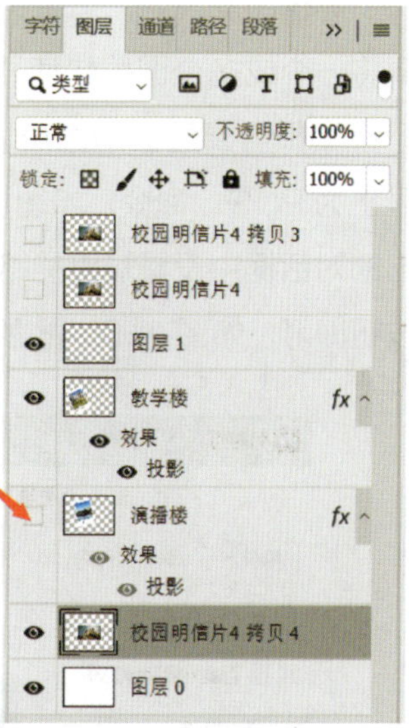

图 1-6-16

10. 合并图层

在处理图片时往往使用多个图层，以减少文件大小且便于管理，可以对确定不会再修改的图层进行合并。值得注意的是，在合并后的图层中，所有透明区域的交叠部分都会保持透明。

合并图层分为向下合并、合并可见图层、拼合图像和盖印图层 4 种类型。

- 向下合并：当前图层需要与其下方图层合并时，可以选择当前图层执行“图层 / 向下合并”命令（快捷键 Ctrl+E），每执行一次命令则向下合并一层。
- 合并可见图层：顾名思义，是将当前所有的可见图层合并，执行“图层 / 合并可见图层”命令即可，所有的图层都会合并到“背景”图层中。
- 拼合图像：将图层面板中的所有可见图层进行合并，执行“图层 / 拼合图像”命令即可，所有的图层都会合并到“背景”图层中。若图层面板中有隐藏图层，则使用命令时会弹出一个提示对话框，提示用户是否扔掉隐藏图层。
- 盖印图层：可以将多个图层的内容合并到一个新的图层中，同时保持原图层不变。选中多个图层，然后按快捷键 Ctrl+Alt+E，可以将这些图层中的图像盖印到一个新图层中。按快捷键 Ctrl+Shift+Alt+E 可以将所有图层中的图像盖印到一个新图层中。

11. 链接图层

在编辑图层时，若要同时对几个图层进行统一操作，可以将这几个图层链接在一起。选择需要进行链接的图层，执行“图层/链接图层”命令；也可以在图层面板中，选中需要被链接的图层，单击编辑栏中的链接图层按钮 ，被链接的图层会出现 图标。若要取消某一图层的链接，可以选中该图层，再单击“链接图层”图标，该层将取消链接；若要取消全部链接，则须选中全部被链接的图层，再单击链接图层图标 。

12. 导出图层内容

要将一个或多个图层快速导出为 PNG 格式，可以选择需要导出的图层，执行“文件/快速导出为 PNG”命令，如图 1-6-17 所示。在弹出的对话框中设置输出的路径并单击“确定”按钮即可，如图 1-6-18 所示。

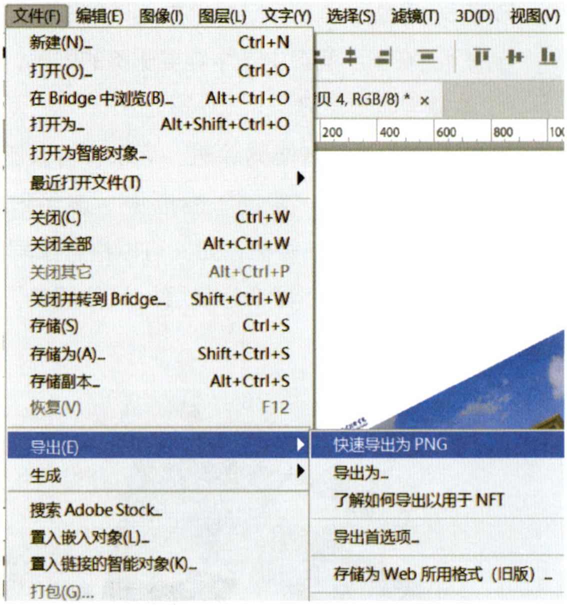

图 1-6-17

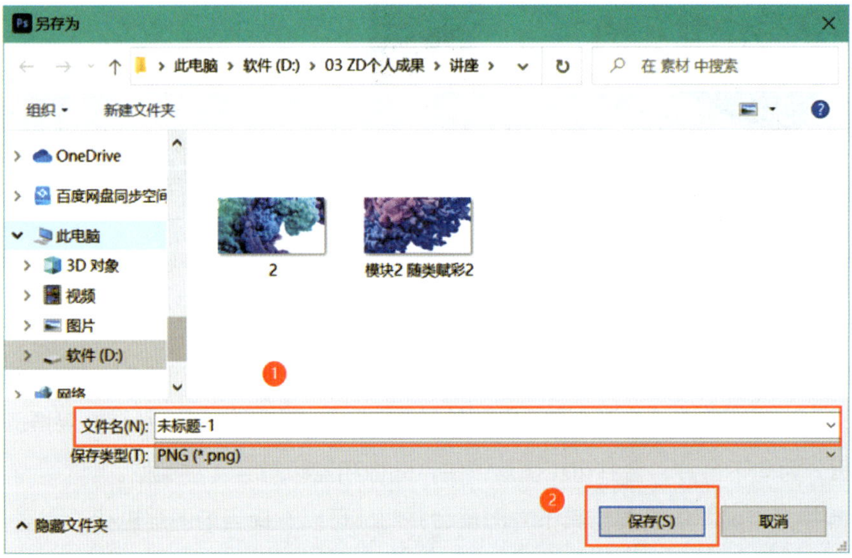

图 1-6-18

[技巧提示]

Photoshop 提供了多种用于变换的命令，如“编辑”菜单下的“变换”可分为缩放、旋转、斜切等，如图 1-6-19 所示。

① 缩放：可以相对于变换对象的中心点对图像进行缩放。执行“编辑/变换/缩放”命令，按住鼠标左键并拖曳定界框上、下、左、右边框上的控制点，即可进行等比例放大或缩小的操作，如图 1-6-20 所示。按住 Alt 键拖曳控制点可以由外向中心点等比例缩放，如图 1-6-21 所示。如果要进行不等比例的变换可以按住 Shift 键拖动控制点，如图 1-6-22 所示。

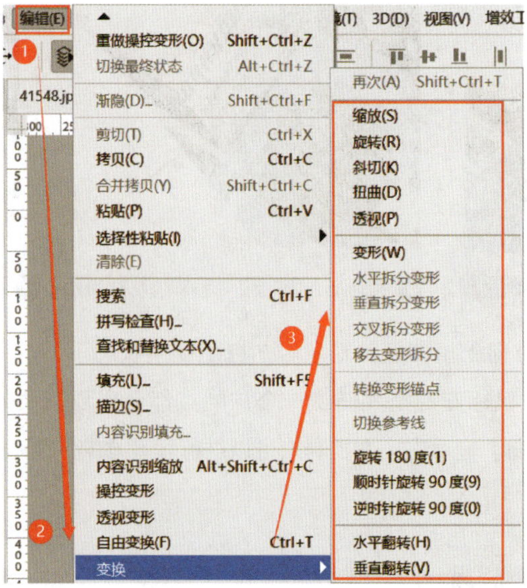

图 1-6-19

图 1-6-20

图 1-6-21

图 1-6-22

② 旋转：可以围绕中心点转动变换对象。执行“编辑 / 变换 / 旋转”命令，将光标移动至 4 个角点处的任意控制点上（或图像的外围），如图 1-6-23 所示，当其变为弧形的双箭头形状后，按住鼠标左键拖曳即可进行旋转，效果如图 1-6-24 所示。

图 1-6-23

图 1-6-24

③ 斜切：可以在任意方向、垂直方向或水平方向上倾斜图像。在自由变换状态下（快捷键 Ctrl+T），右击，在弹出的快捷菜单中选择“斜切”命令，然后按住鼠标左键拖曳控制点，即可看到变换效果，如图 1-6-25、图 1-6-26、图 1-6-27 所示。

图 1-6-25

图 1-6-26

图 1-6-27

④ 扭曲：可以在各个方向上扭曲变换对象。在自由变换状态下，右击，在弹出的快捷菜单中选择“扭曲”命令，然后按住鼠标左键拖曳任意一个控制点都会出现扭曲效果，如果拖动上、下控制点，可以进行水平方向的扭曲。拖动左、右控制点可以进行垂直方向的扭曲。具体效果如图 1-6-28 ~ 图 1-6-31 所示。

图 1-6-28

图 1-6-29

图 1-6-30

图 1-6-31

⑤ 透视：可以对变换对象应用单点透视。在自由变换状态下，右击，在弹出的快捷菜单中选择“透视”命令，然后拖曳任何一个点都可以产生透视效果，效果如图 1-6-32 ~ 图 1-6-34 所示。

图 1-6-32

图 1-6-33

图 1-6-34

⑥ 变形：可以对图像局部内容进行扭曲。在自由变换状态下，右击，在弹出的快捷菜单中选择“变形”命令，拖曳控制点进行变形。还可以变形网格线，拖曳网格线也能进行变形，如图 1-6-35、图 1-6-36 所示。

图 1-6-35

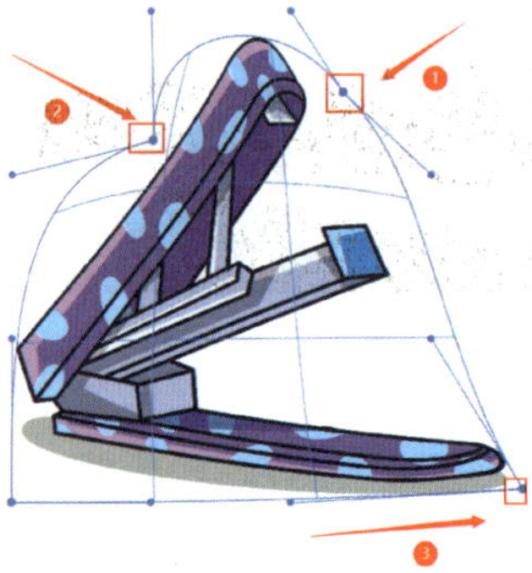

图 1-6-36

⑦ 旋转特定角度：可以对图像进行特定角度的旋转。在变换的子菜单中包含“旋转 180 度”“顺时针旋转 90 度”“逆时针旋转 90 度”3 个特定角度旋转命令，原图及效果如图 1-6-37 ~ 图 1-6-40 所示。

图 1-6-37

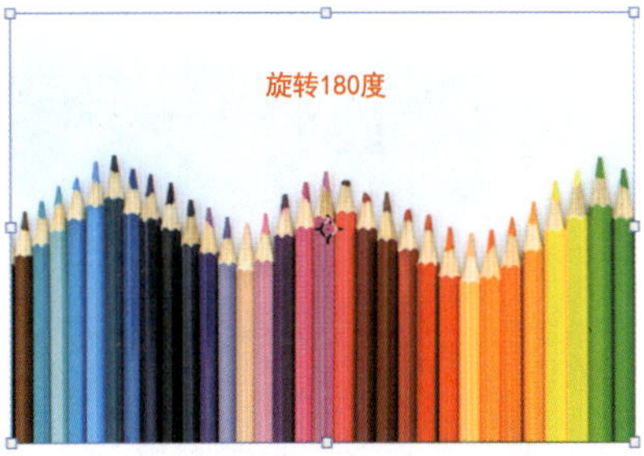

图 1-6-38

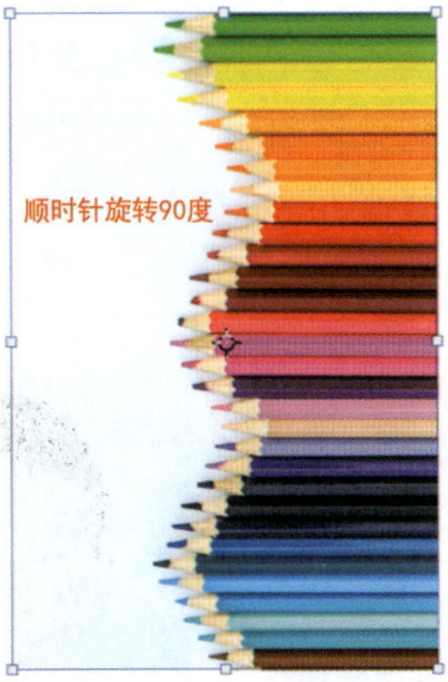

图 1-6-39

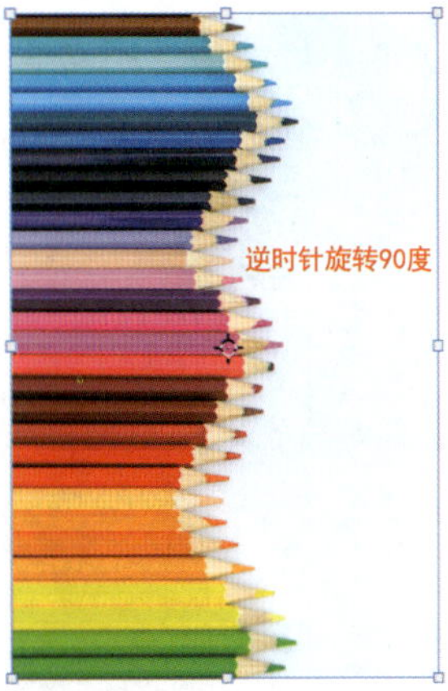

图 1-6-40

⑧ 水平 / 垂直翻转：可以对图像进行水平或垂直翻转。原始图像见图 1-6-41，水平翻转后的效果见图 1-6-42，垂直翻转后的效果见图 1-6-43。

图 1-6-41

图 1-6-42

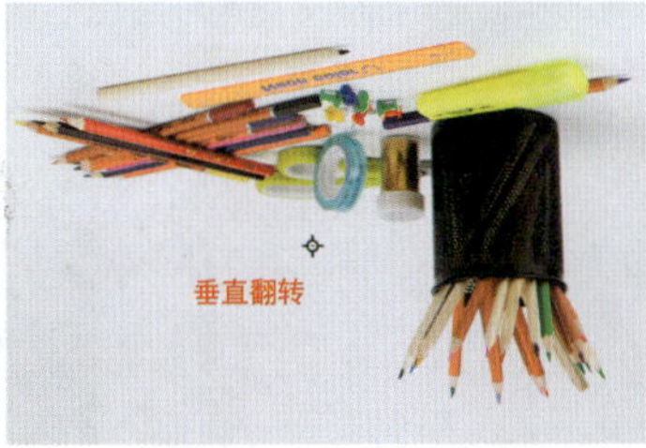

图 1-6-43

[项目拓展]

操作题：校园随手拍几张照片，置入一个图层，对其进行大小、图层的调整。

项目7

制作一寸学生证件照

微课 1-13
制作 1 寸学生证件照

[项目分析]

生活中当遇到考试、招聘、提交表格等情境需要提交多张一寸照片时，可以用普通照片进行排版和制作，通过处理图 1-7-1，得到图 1-7-2 所示的一寸照片，掌握修改尺寸、复制图层等，完成在 5 寸相纸上的 8 张一寸照片的排版，如图 1-7-3 所示。

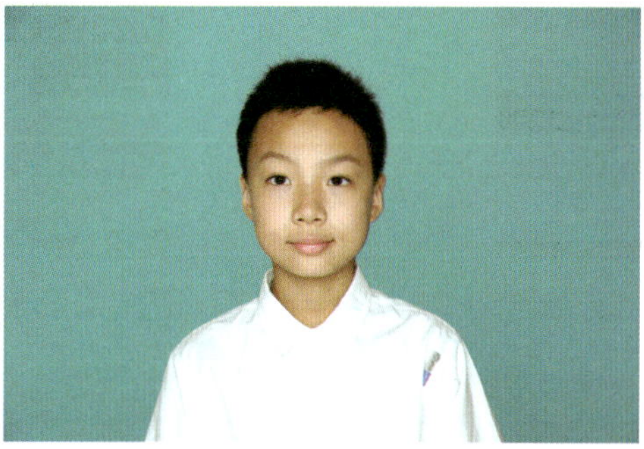

图 1-7-1

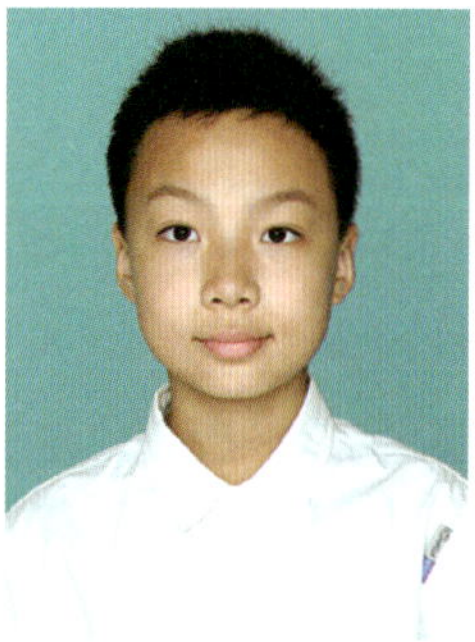

图 1-7-2

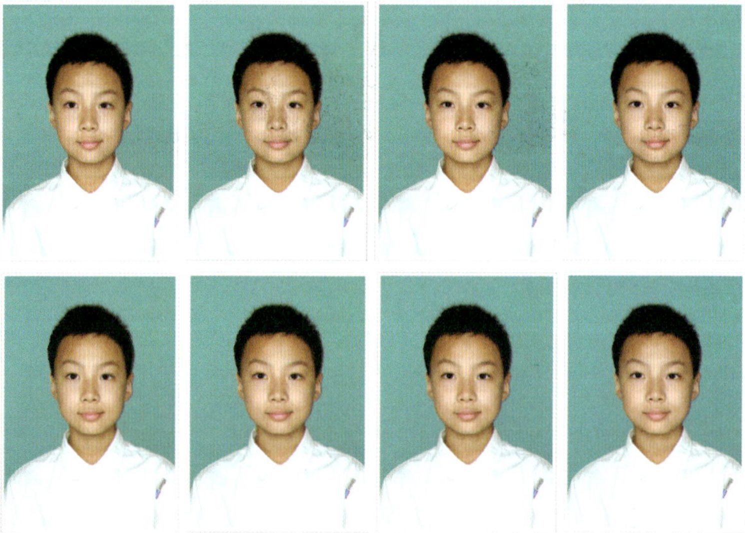

图 1-7-3

[项目实施]

① 打开男生素材图片，如图 1-7-1 所示。照片是横构图，一寸照是竖构图，需要对画面进行裁剪。选择菜单栏中的裁剪工具，属性框选择“宽 / 高 / 分辨率”。一寸照片大小的宽是“2.5”厘米，高是“3.5”厘米，在要印刷的前提下，分辨率必须要设置为“300 像素 / 厘米”或以上。在属性栏填好相应设置，如图 1-7-4 所示。

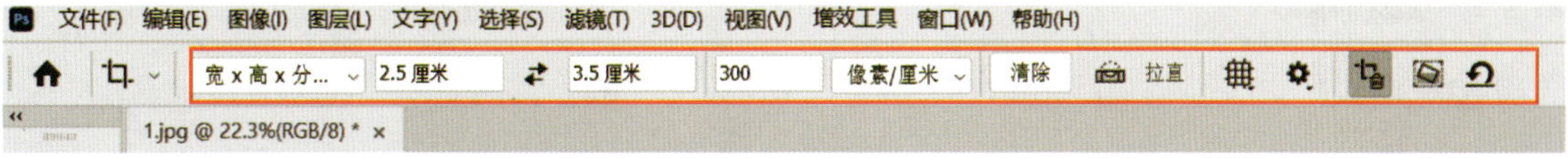

图 1-7-4

② 观察画面，画面出现一寸照片的竖裁剪框，但男生没有在画面的中心，用键盘的移动键点按右向箭头进行调整，照片调整至画面中心位置，按“确定”按钮，效果如图 1-7-5 所示。

③ 对一寸照进行白色描边处理。按住 Ctrl 键，用鼠标单击图层缩略图。照片四周出现虚线，表明该图层处于被选中的状态。执行“编辑 / 描边”命令，如图 1-7-6 所示，出现描边对话框，宽度设置为 10 像素，颜色设置为白色，位置设置为“内部”，如图 1-7-7 所示。

④ 对一寸照边缘进行灰色描边处理，方便裁剪。在选中的状态下继续执行“编辑→描边”命令，出现描边对话框，宽度设置为“1 像素”，颜色设置为灰色，位置设置为“内部”，如图 1-7-8 所示，单击“确定”按钮，照片白色边缘就实现了灰色描边处理。再执行“选择 / 取消”命令，取消图片选中状态，如图 1-7-9 所示。

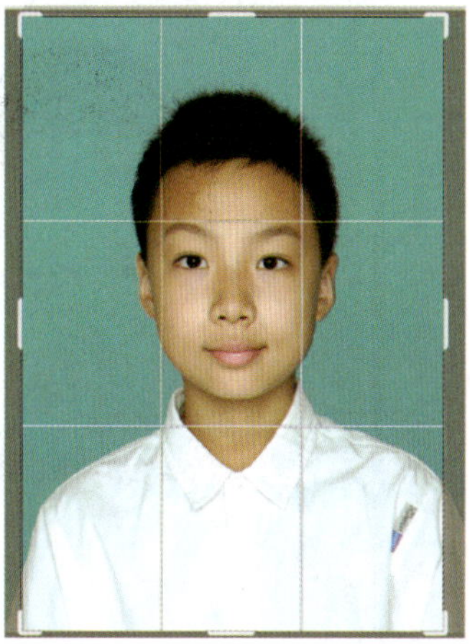

图 1-7-5

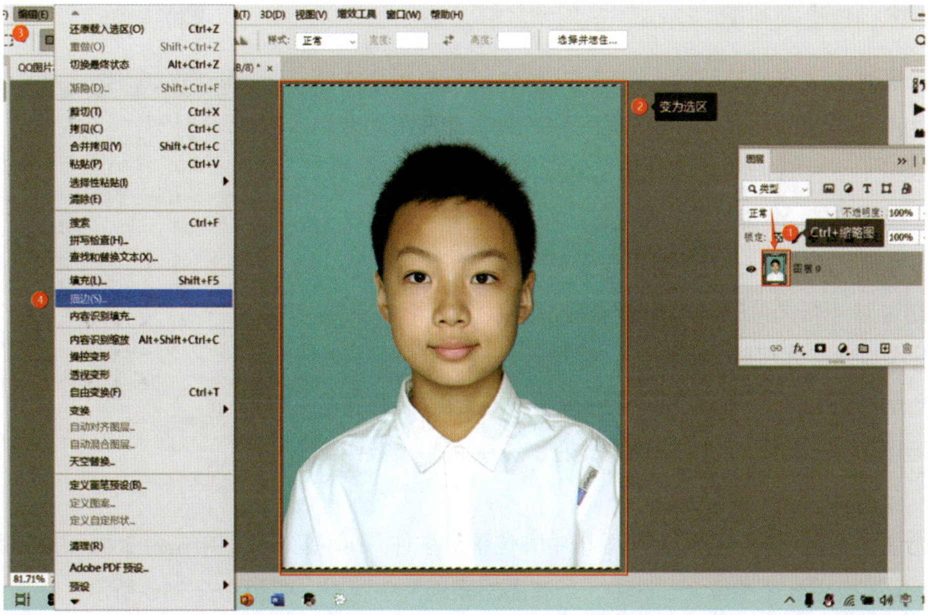

图 1-7-6

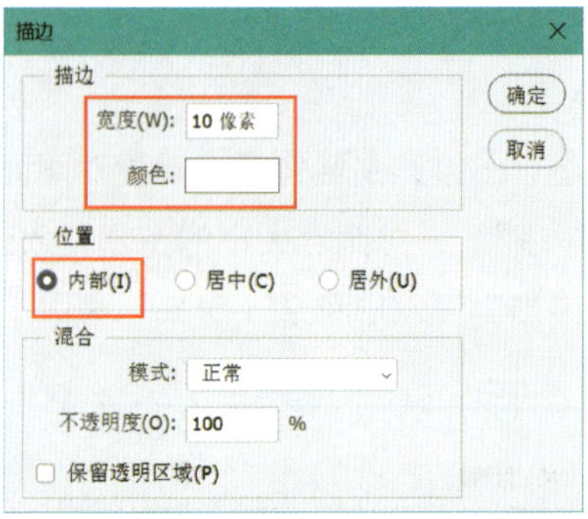

图 1-7-7

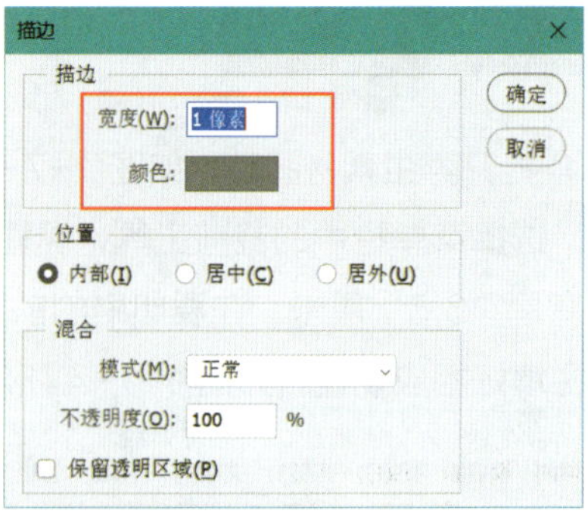

图 1-7-8

⑤ 将画布设置为 5 寸照片，执行“图像 / 画布大小”命令，如图 1-7-10 所示，出现“画布大小”对话框，将宽度设置为 11 厘米，高度设置为 8 厘米，如图 1-7-11 所示，单击“确定”按钮。5 寸画布设置好后，将一寸照移至左上角，如图 1-7-12 所示。

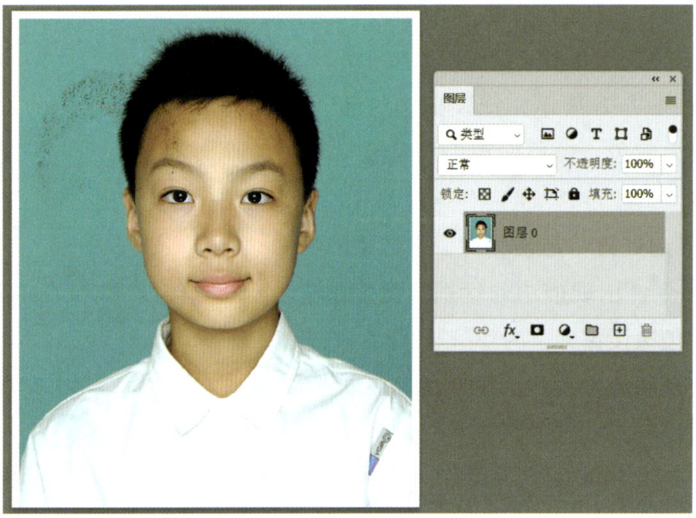

图 1-7-9

图 1-7-10

⑥ 复制其余 7 张一寸照片。按住 Alt 键，鼠标光标变成黑白两个呈前后排列的箭头，将照片拖曳到右边，实现移动复制效果，如图 1-7-13 所示。按住 Ctrl 键，分别单击复制的两个图层，接着按住 Alt 键，鼠标光标变成黑白两个呈前后排列的箭头，将照片拖曳到右边，效果如图 1-7-14 所示。

⑦ 通过对 4 张图片的再次移动复制，可以选择 4 个图层，只拖曳一次实现整体移动复制效果，提高工作效率。按住 Ctrl 键，在图层面板栏单击可以将图层一个一个选中，接着按住 Alt 键，当面板层显示灰色就说明图层处于选中状态。效果如图 1-7-15 所示。

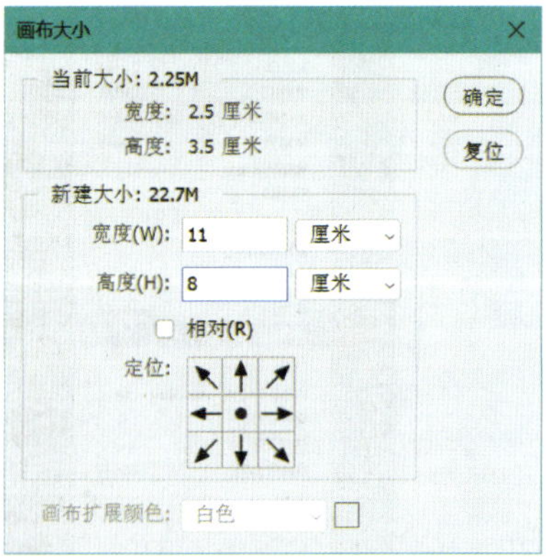

图 1-7-11

⑧ 合并所有图层，调整图片在画布中的位置。按住 Shift 键，分别单击最上面和最下面的两个图层将图层面板栏 8 个图层全部选中，所有图层呈现灰色状态，如图 1-7-16 所示。在选中的状态下，在面板区域右击，弹出快捷菜单，选择“合并图层”命令，将 8 个图层合并成一个图层，如

图 1-7-17 所示。选择移动工具，按快捷键 Ctrl+A，全选画布，画布周围出现虚线框，如果属性面板栏的按键是灰色表明没有选中画布。属性面板栏的按键是黑色，表明是可操作的正确状态，在属性面板栏单击水平居中对齐 和垂直居中对齐 按钮，如图 1-7-18 所示，将照片调整到画布的中心。

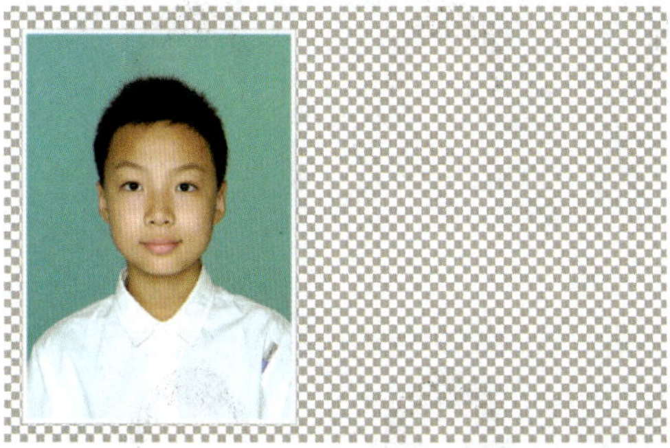

图 1-7-12

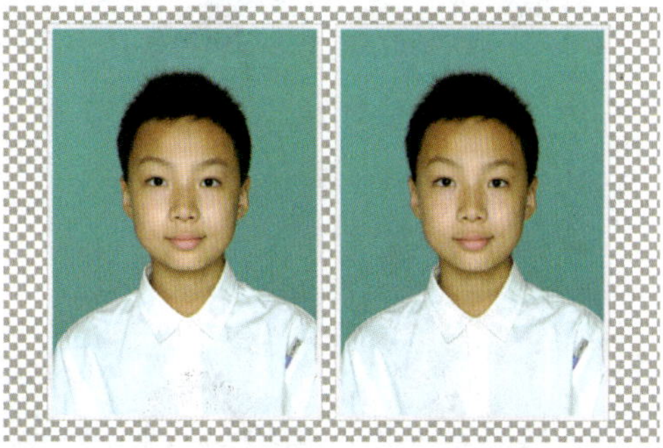

图 1-7-13

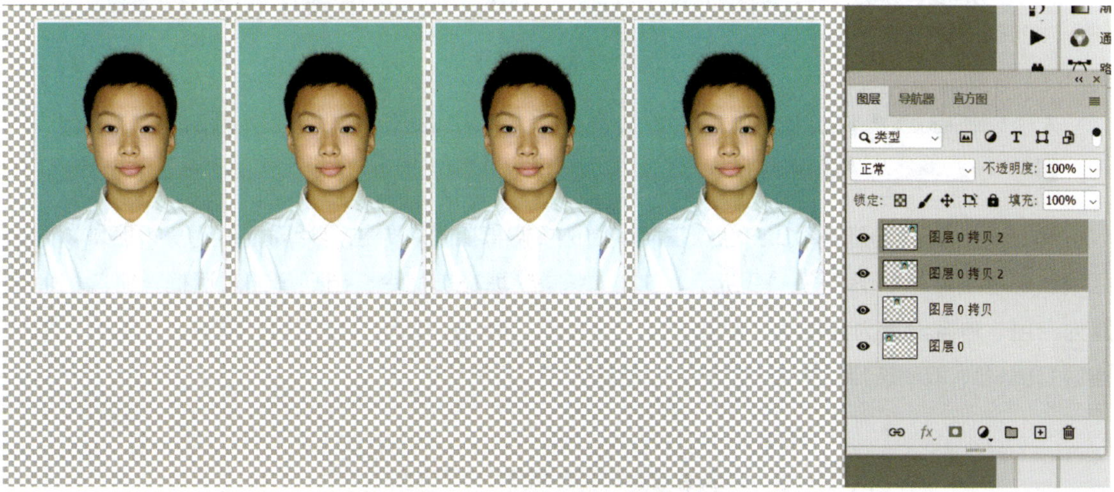

图 1-7-14

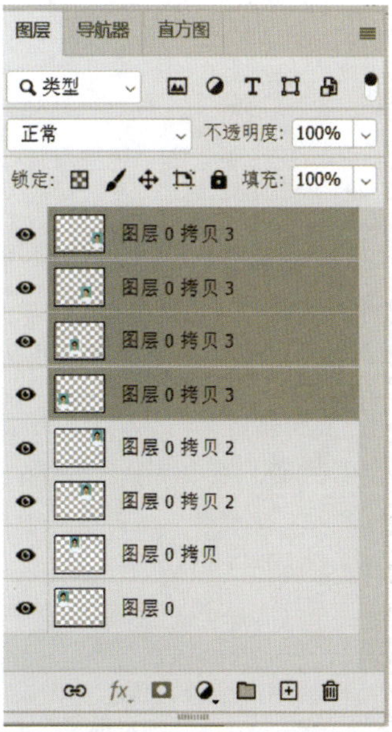

图 1-7-15

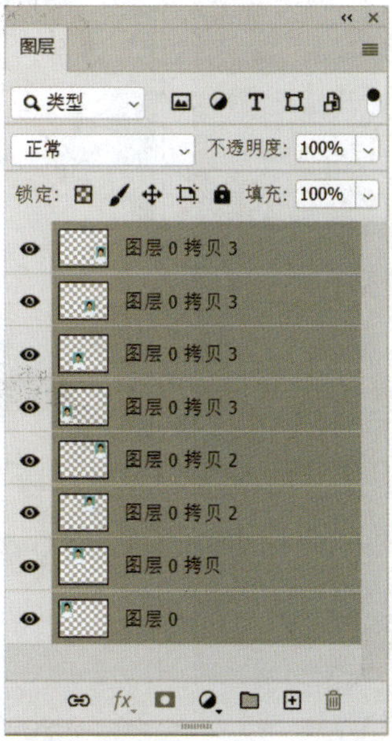

图 1-7-16

图 1-7-17

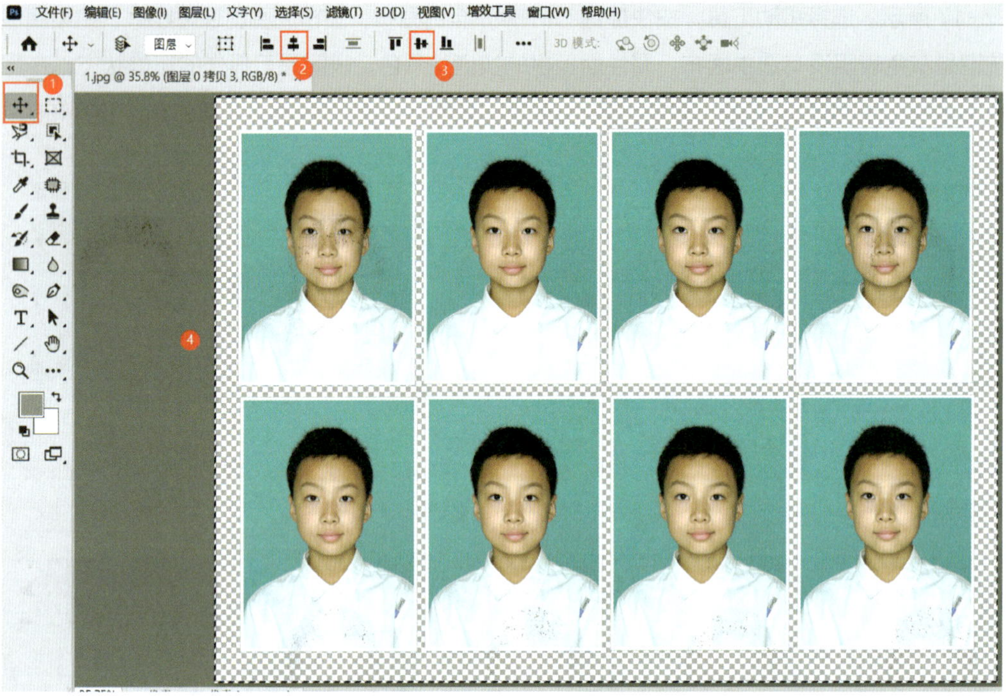

图 1-7-18

⑨ 给一寸照背景整体添加白色。在菜单栏选择魔棒工具，单击照片周围透明背景区域，周围区域出现虚线框。如图 1-7-19 所示，执行“编辑 / 填充”命令，出现填充对话框，将前景色设置为白色，内容设置为前景色，如图 1-7-20 所示。单击“确定”按钮后，填充白色边框，按快捷键 Ctrl+D，取消选择，8 张一寸照片就处理好了。

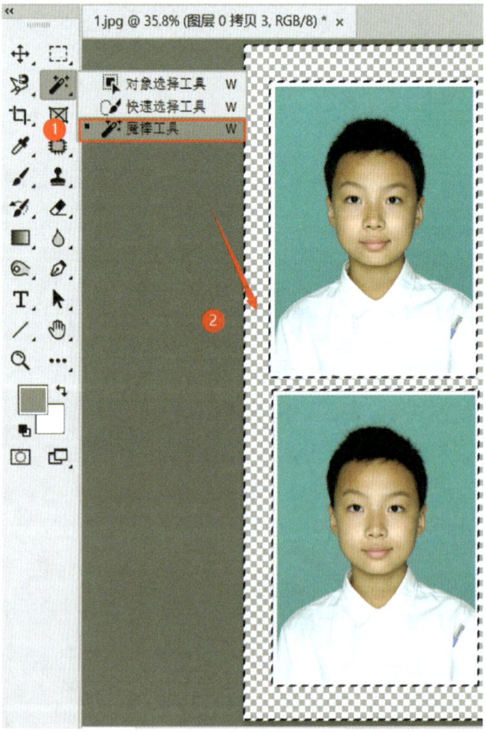

图 1-7-19

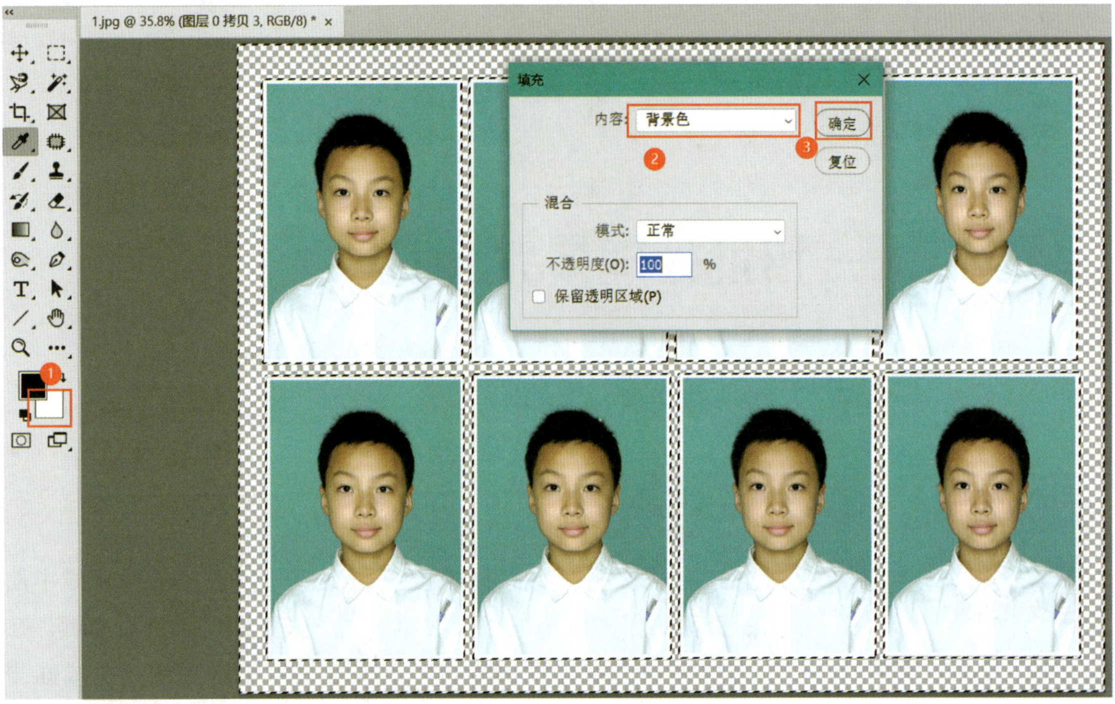

图 1-7-20

[项目拓展]

操作题：给自己或朋友拍一张证件照并处理成 2 寸照片。

项目8

一招批处理多张图片

微课 1-14
一招批处理多张图片

[项目分析]

平时出去玩，一天可以拍摄成百上千张照片，回到家想整理成小册子。不同的页面想做成统一风格，数量多，一张张处理照片太麻烦。在 Photoshop 中有一个批处理操作，可以快速地将批量图片处理成同一个风格的效果。但是它需要动作记录面板来配合使用，我们一起来看看吧。

[项目实施]

① 执行“窗口 / 动作”命令或按快捷键 Alt+F9，打开“动作”面板。单击“创建新动作”按钮，如图 1-8-1 所示。在弹出的对话框中设置“名称”为“批处理”，如图 1-8-2 所示。单击“记录”按钮，开始记录操作。在弹出的“新建动作”对话框中更改动作名，并单击“记录”按钮，如图 1-8-3 所示。

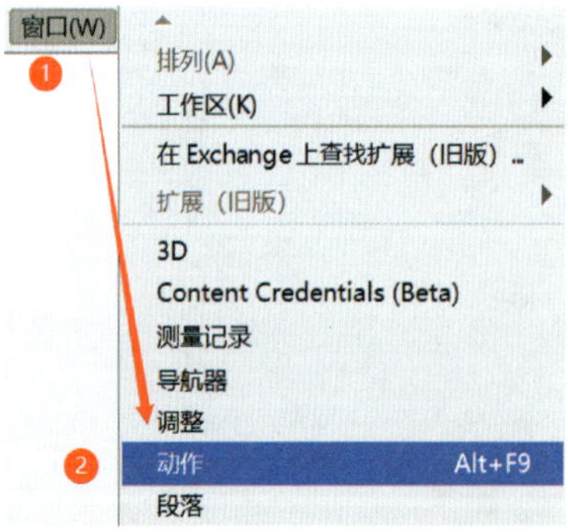

图 1-8-1

图 1-8-2

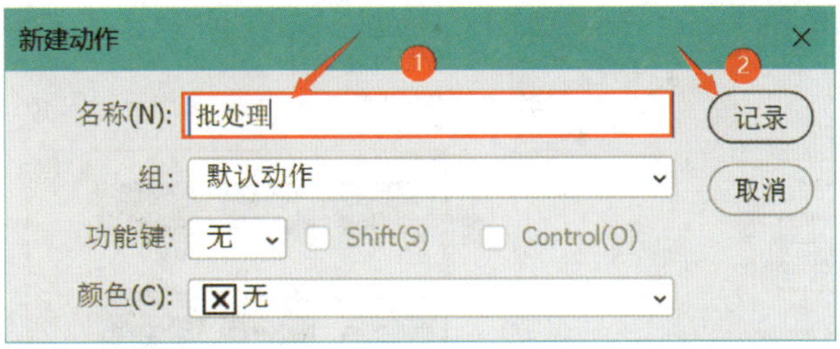

图 1-8-3

② 打开素材文件夹“原图”中“文件 1”，动作面板也出现了“打开”的记录，如图 1-8-4 所示。接着将图片大小进行统一，执行“图像 / 图像大小”命令进行调整，如图 1-8-5 所示。

图 1-8-4

图 1-8-5

③ 执行“图像 / 调整 / 色相 / 饱和度”命令进行调整，调整参数如图 1-8-6 所示。

④ 执行“滤镜 / 滤镜库 / 纹理 / 纹理化”命令，调整参数如图 1-8-7 所示。

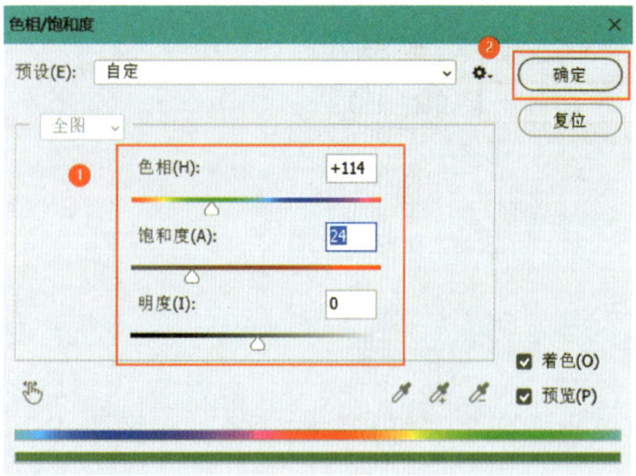

图 1-8-6

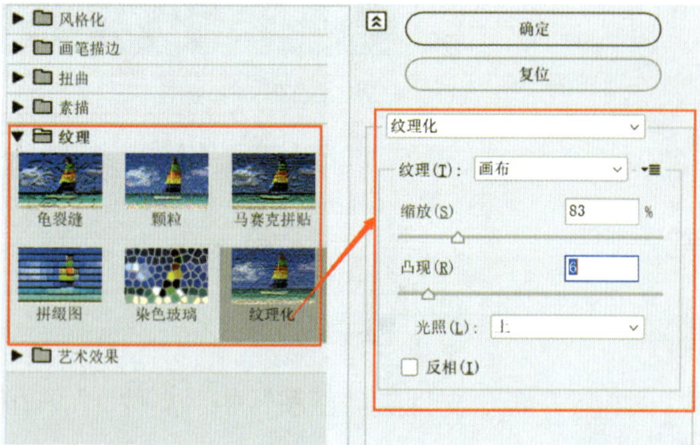

图 1-8-7

⑤ 执行“文件 / 存储为”命令，将图像保存至“批处理后”文件夹，如图 1-8-8 所示，在弹出的“JPG 选项”对话框中确认，如图 1-8-9 所示。在动作面板中单击“结束”按钮结束动作记录，如图 1-8-10 所示。

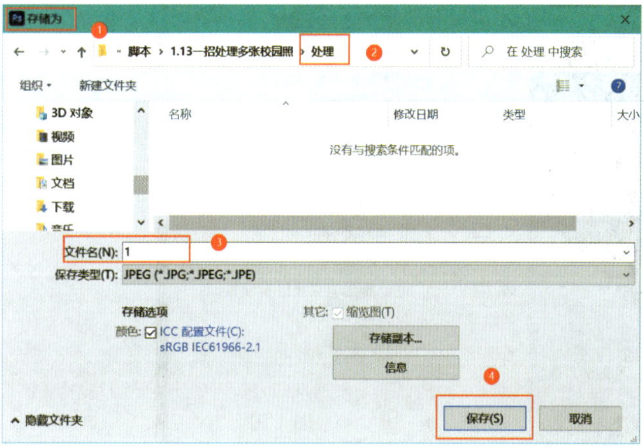

图 1-8-8

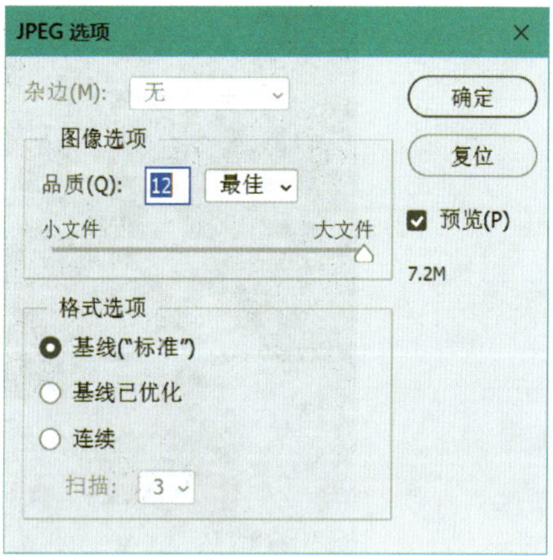

图 1-8-9

⑥ 执行“文件 / 自动 / 批处理”命令，如图 1-8-11 所示。进行设置，如图 1-8-12 所示，单击“确定”按钮开始批处理图片。

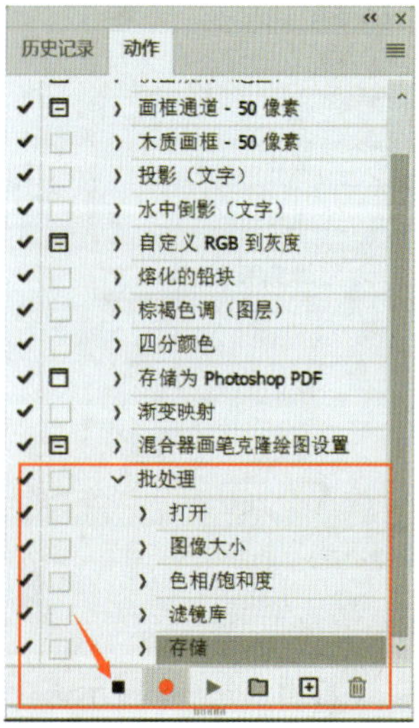

图 1-8-10

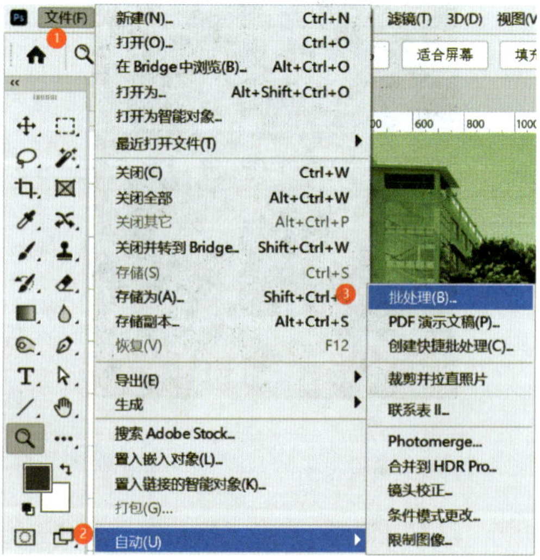

图 1-8-11

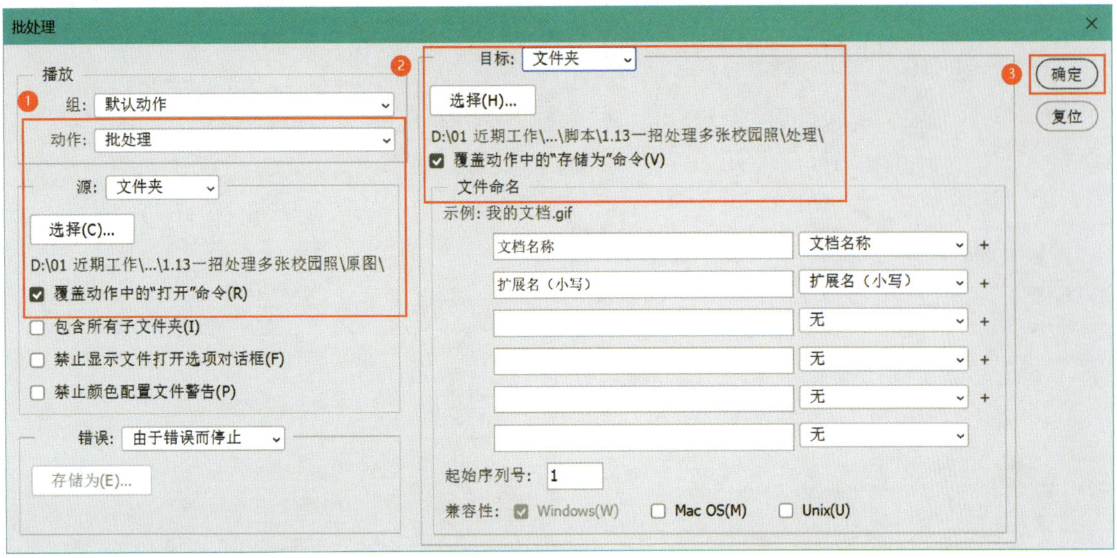

图 1-8-12

⑦ 批处理完成后，文件夹图片呈现的最终效果如图 1-8-13 所示。

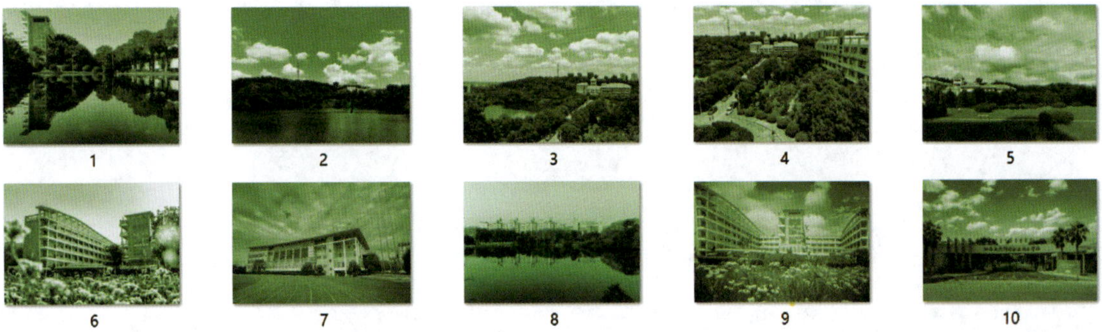

图 1-8-13

[技巧提示]

“批处理”命令可以对一个文件夹中的所有文件执行动作，如可以使用“批处理”命令处理一个文件夹中所有照片的大小和分辨率等。

使用“批处理”命令时应注意：当对文件进行批处理时，可以打开、关闭所有文件并存储对原文件的更改、或将修改后的文件存储到新的位置。建议在开始批处理前先为处理的文件创建一个新文件夹。如果要使用多个动作进行批处理，则需要创建一个播放所有其他动作的新动作，然后使用新动作进行批处理。

[项目拓展]

操作题：选用一组图片进行批处理。

模块二
图像修饰

导学：如何提升图片质量

[模块导读]

图像修复及美化是 Photoshoop 的一个非常重要的功能。拍摄的数码照片或设计中用到的素材难免会有些瑕疵，通过图像的数字化处理则可以解决这个问题。Photoshoop 提供了多种绘画工具以及图像修饰工具，使用这些工具能够方便快捷地制作出丰富多彩的绘画效果，更能够有效地解决图片的中的瑕疵，如人像面部的斑点、皱纹、痘痘、红眼，以及环境中多余的人物以及不合理的杂物等。本模块重点介绍图像修饰的方法与技巧。

[素养提升]

本模块将生活中常用的照片人脸修复、合影背景修复、模糊的照片变清晰、人像美化等项目引入课程，在传授学生专业知识和技能的同时，帮助学生树立正确的价值取向，形成正确的软件设计素养和设计协同意识，引导学生关注科技发展，关注生活，关注身边的小事，学习榜样，养成良好的学习习惯；提升审美能力，提高创造美的技能，也提供美的服务。

项目1

修复工具组修复图片

微课 2-1
污点修复画笔去痘

微课 2-2
修复修补去除水印

微课 2-3
内容感知移动便笺

微课 2-4
去除照片中的红眼

[项目分析]

在平时的生活或设计当中，有时需要用到素材，但是下载的素材总是会有一些文字或 Logo，不能直接使用。另外，当人物面部有一些瑕疵时，也可以通过修复工具组来解决。

[项目实施]

1. 污点修复画笔去除痘痘

去除人物面部比较明显的痘痘，可以用污点修复画笔工具，快速移去照片中的污点或某个对象。不需要定义取样点，只需确定需要修复的图像位置，调整好画笔大小，移动光标就会在确定需要修复的位置自动匹配，比较实用。打开人物图片，如图 2-1-1 所示，设置好画笔大小如图 2-1-2 所示。接着在痘痘处单击即可去除，效果如图 2-1-3 所示。

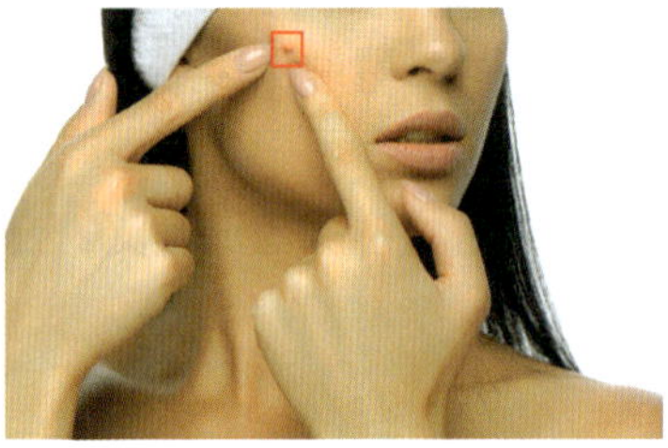

图 2-1-1

图 2-1-2

2. 修复画笔去除画面局部物体

修复画笔工具可以使用图像中的像素作为样本进行修复。需要定义取样点，按 Alt 键取样，然后到需要去除物体位置涂抹，就会自动匹配。其选项栏如图 2-1-4 所示。

图 2-1-3

图 2-1-4

● 模式：在下拉列表中可以设置修复图像的混合模式。有“替换”“正片叠底”“滤色”“变暗”“变亮”“颜色”“明度”等模式。其中“替换”模式比较特殊，可以保留画笔描边边缘处的杂色、胶片颗粒和纹理，修复效果更加真实。

● 源：设置用于修复的像素的源。选择“取样”，可以从图像的像素上取样；选择“图案”，则可在图案下拉列表中选择一个图案作为取样，效果类似于用图案图章工具绘制图案。

● 对齐：选中该复选框，会对像素进行连续取样，在修复过程中，取样点随修复位置的移动而变化；取消选中，则在修复过程中始终以一个取样点为起始点。

● 样本：用于设置从指定的图层中进行数据取样，如果要从当前图层及其下方的可见图层中取样，可以选择“当前和下方图层”选项；如果仅从当前图层中取样，可选择“当前图层”选项；如果要从所有可见图层中取样，可选择“所有图层”选项。

操作方法：

① 打开图片，如图 2-1-5 所示，要将图片上方的两支笔去除。

② 单击修复画笔工具 ，按住 Alt 键，单击图 2-1-6 所示部位取样。

图 2-1-5

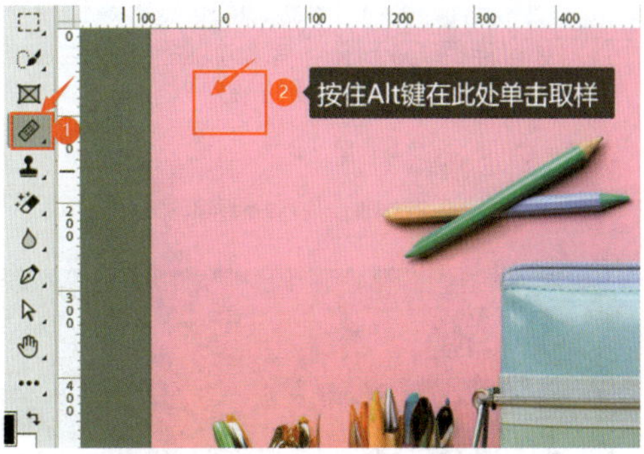

图 2-1-6

③ 用光标在图 2-1-7 所示区域进行涂抹，直至去除两支笔，最后效果如图 2-1-8 所示。

图 2-1-7

图 2-1-8

3. 修补工具去除多余文字

修补工具可以利用样本或图案来修改有明显裂痕或污点等缺陷的图像。修补工具的工具选项栏如图 2-1-9 所示。

图 2-1-9

- 选区创建方式：可以直接框选需要修复的选区，也可以任意建立选区方式建立选区。
- 修补：创建选区，选中“源”时，框选污点选区到完好区域实现修补；选择状态为“目标”时，选取足够盖住污点区域的选区拖曳到污点区域，盖住污点实现修补。
- 透明：选中该复选框后，可以使修补的图像与原始图像产生透明的叠加效果，该选项适用于修补具有清晰的纯背景或渐变背景的图像。
- 使用图案：使用修补工具创建选区后，单击“使用图案”按钮可以使用图案修补选区图像。

图 2-1-10

下面将用修补工具去除图片中的多余文字。

操作方法：

① 打开图片，如图 2-1-10 所示。

② 选用修补工具，选中“源”选项，光标在画面中拖曳将左边文字选中，如图 2-1-11 所示。可以全部选中，也可以一次选中一部分。接着将选区拖曳至右边完整背景区域，效果如图 2-1-12 所示。按快捷键 Ctrl+D 取消选区，如图 2-1-13 所示。如果觉得画面不是特别协调，出现边缘不自然等情况，可以用同样的方法进行局部调整，直至画面统一。

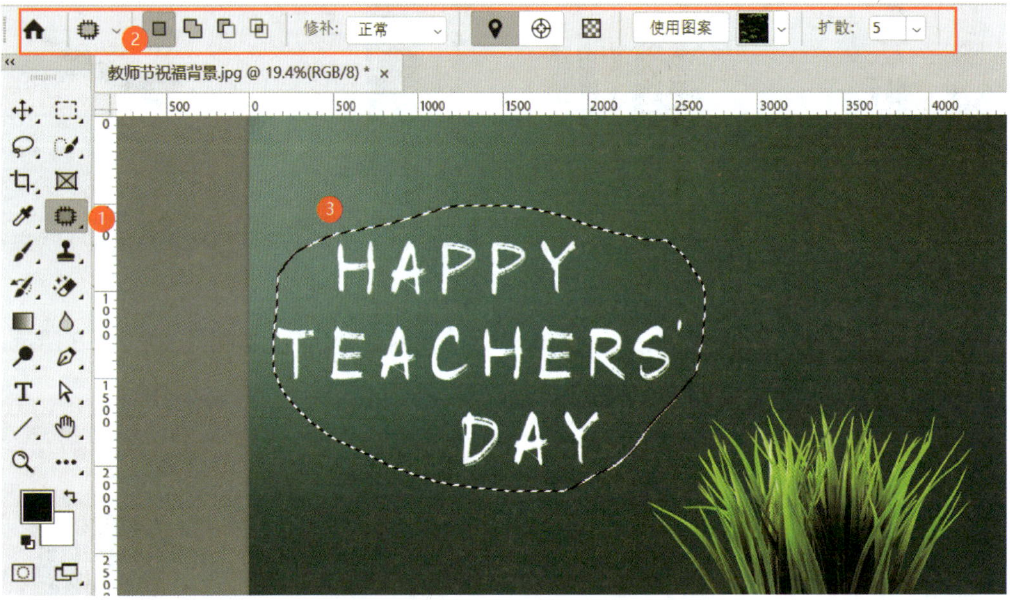

图 2-1-11

图 2-1-12

图 2-1-13

4. 内容感知移动工具移动图像

“内容感知移动工具”可以在无需复杂图层或精确地选择选区的情况下快速地重构图像。用它将选中的对象移动或扩散到图像的其他区域后，可以重组和混合对象，形成出色的视觉效果。其选项栏如图 2-1-14 所示。

图 2-1-14

- 模式：用于选择图像移动方式，包括“移动”和“扩展”。
- 结构：用于设置图像修复精度。
- 对所有图层取样：如果文档包括多个图层，选中该复选框，可以对所有图层中的图像进行取样。

如图 2-1-15 所示，将图片上的便笺移动，可以通过内容感知移动工具来执行。

操作方法：

① 打开如图 2-1-15 所示便笺图片，选中“内容感知移动工具”，框选黄色便笺，如图 2-1-16 所示，将其往右边移动，如图 2-1-17 所示。按 Enter 键确认，按快捷键 Ctrl+D 取消选择，效果如图 2-1-18 所示。

图 2-1-15

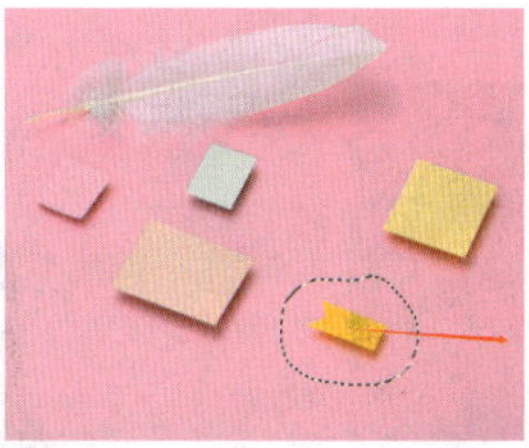

图 2-1-16

图 2-1-17

图 2-1-18

② 对工具选项栏进行设置，将模式改为“扩展”，如图 2-1-19 所示。然后圈选需要移动的区域移动并进行缩小调整，如图 2-1-20 所示。按 Enter 键确认，按快捷键 Ctrl+D 取消选择，画面增加一个便笺，效果如图 2-1-21 所示。

图 2-1-19

图 2-1-20

图 2-1-21

[项目拓展]

操作题：找一系列图片，练习使用修复工具组。

项目2

女生照片的去瑕美化

微课 2-5
女生照片的去瑕美化

[项目分析]

当进行化妆时，如果没有专业的灯光及摄影师，画面很难达到令人满意的效果，总是会出现一些问题，如整体偏暗、脸上有瑕疵、肤色暗沉等。本项目主要使用曲线调色、修补工具和修复画笔工具修复瑕疵、液化调整五官等来修饰美化人物，调整前后的照片如图 2-2-1、图 2-2-2 所示。

图 2-2-1

图 2-2-2

[项目实施]

① 打开素材图片，如图 2-2-1 所示。分析图片的问题为偏暗、有色差、偏蓝、脸上有痣、脸上的妆不是很均匀。

② 执行“图像 / 调整 / 曲线”命令，如图 2-2-3 所示，调整参数如图 2-2-4 所示，将人物面部整体调亮。

③ 调亮之后，再来去除面部的瑕疵，如痣、面部不平整、颜色不均匀的位置，如图 2-2-5 所示。

④ 选择“修补工具”，如图 2-2-6 所示，“修补工具”可以利用样本或图案来修改有明显裂痕或污点等缺陷或者需要更改的图像，工具选项栏设置如图 2-2-7 所示。

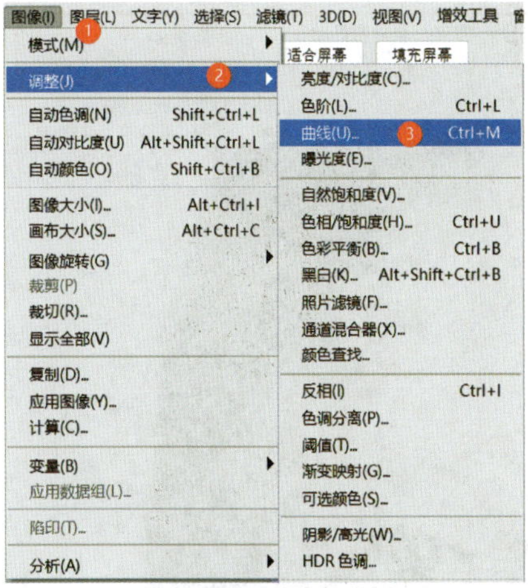

✔图 2-2-3

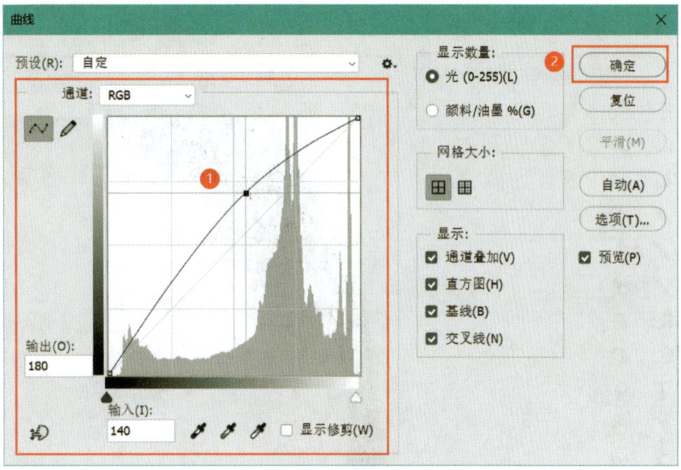

✔图 2-2-4

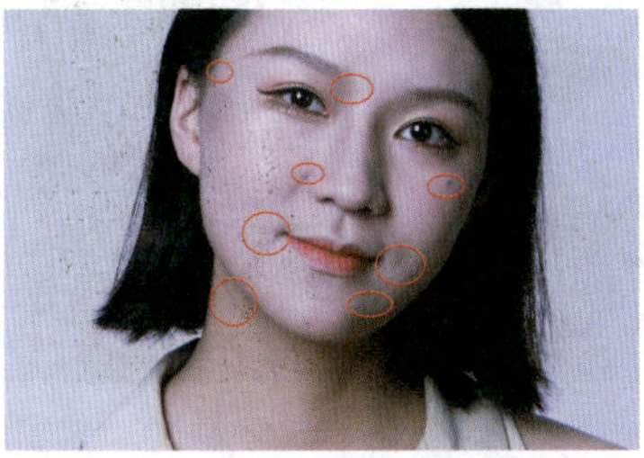

✔图 2-2-5

✔图 2-2-6

✔图 2-2-7

⑤ 用光标圈出想要去掉的部位，如图 2-2-8 所示，拖曳至附近的正常区域，得到如图 2-2-9 所示的效果。

⑥ 同上方法，依次将除了嘴角和头发外的其他瑕疵去除，如图 2-2-10 所示。

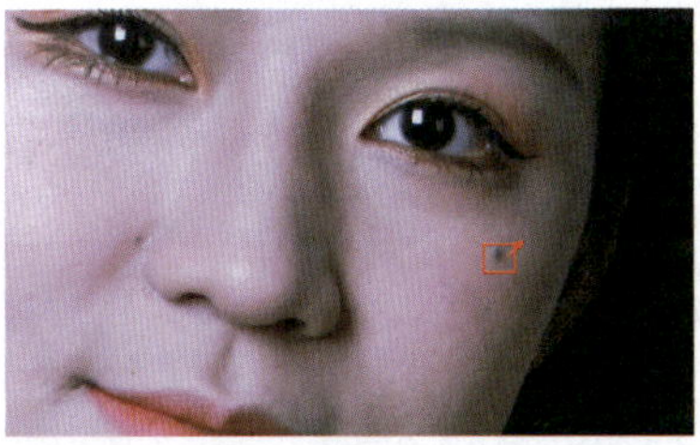

✔图 2-2-8

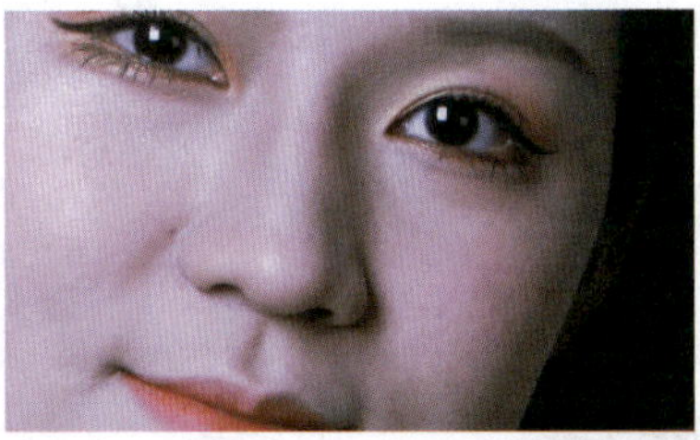

✔图 2-2-9

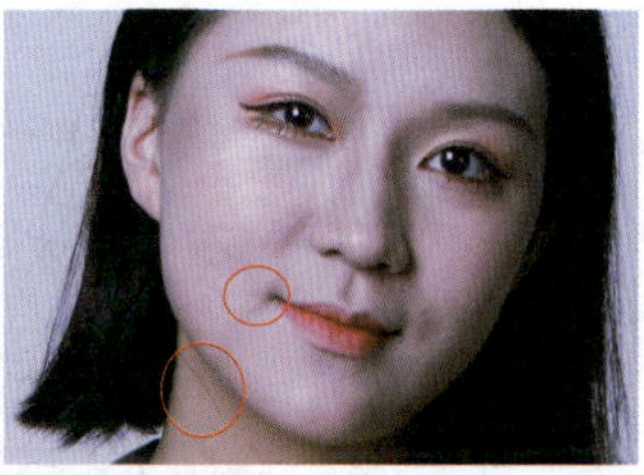

✔图 2-2-10

⑦ 选用修复画笔工具定义取样点，按住 Alt 键在嘴角边缘取样，如图 2-2-11 所示。然后在嘴角有瑕疵的部位涂抹，效果如图 2-2-12 所示。用同样的方法将颈部碎头发去除，最后效果如图 2-2-13 所示。

⑧ 执行“滤镜 / 液化”命令，如图 2-2-14 所示。在弹出的对话框中，依次调整人物的“眼睛”“嘴唇”“脸部形状”等，如图 2-2-15 ~ 图 2-2-17 所示，按 Enter 键确认，效果如图 2-2-18 所示。

图 2-2-11

图 2-2-12

图 2-2-13

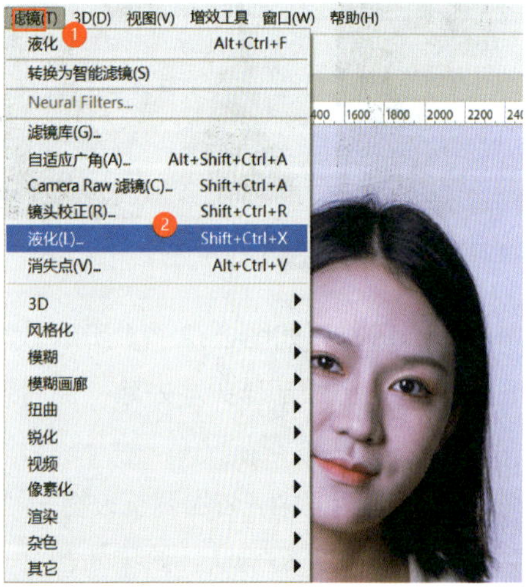

图 2-2-14

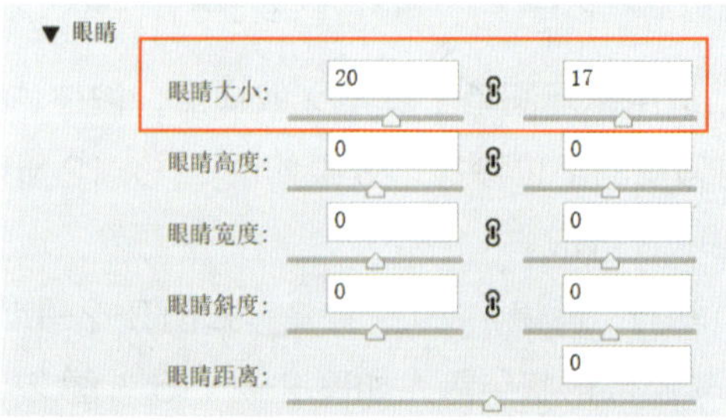

图 2-2-15

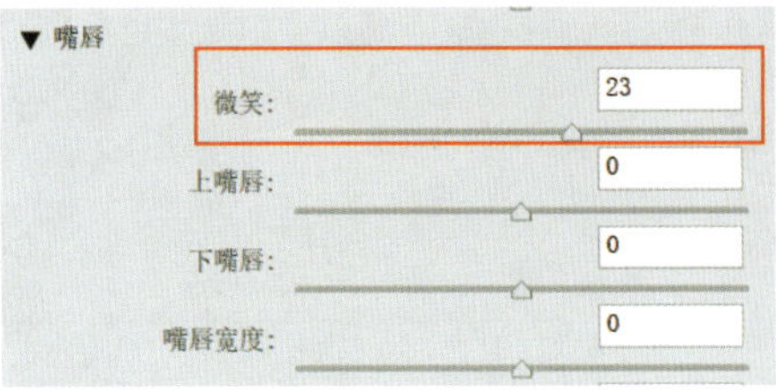

图 2-2-16

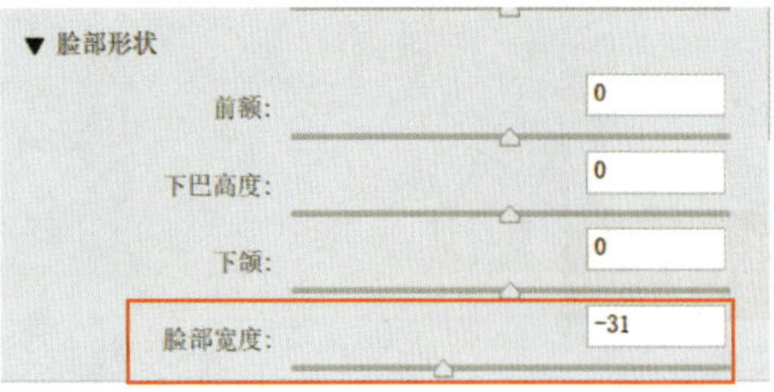

图 2-2-17

⑨ 图片还是有点偏蓝，可以再适当调整。单击图层面板的“设置调整图层”按钮，在下拉列表中选择“色彩平衡”选项，如图 2-2-19 所示。弹出对话框，调整其参数，如图 2-2-20 所示。照片去瑕美化操作完成。

图 2-2-18

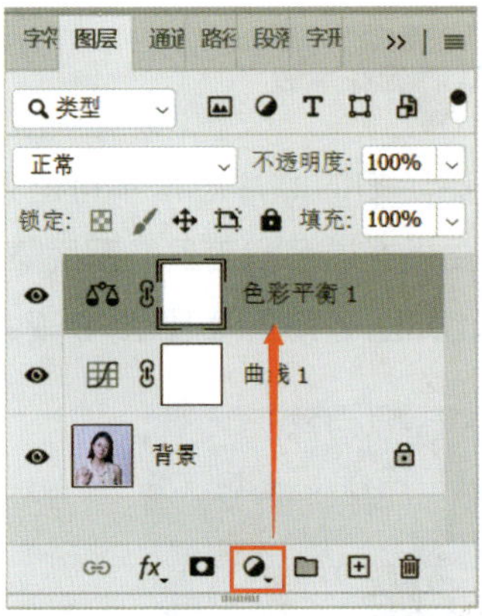

图 2-2-19

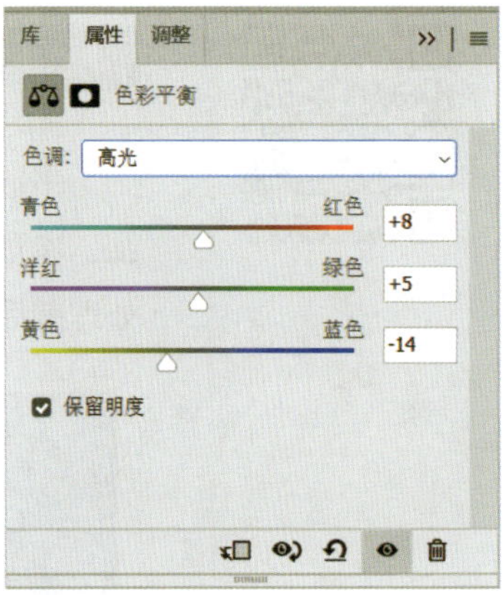

图 2-2-20

[项目拓展]

操作题：找一张人物照片对其进行去瑕美化。

项目3

修复照片的杂乱背景

微课 2-6
修复合影的杂乱背景

[项目分析]

平时外出旅游拍的照片总是不可避免把别的游客拍进来，画面显得杂乱。本项目主要是通过图章工具、图层蒙版等来去除照片的杂乱人物。照片处理前后的对比如图 2-3-1、图 2-3-2 所示。

图 2-3-1

图 2-3-2

[项目实施]

① 打开素材图片，如图 2-3-3 所示，执行“图像 / 调整 / 曲线”命令，设置相应参数，如图 2-3-4、图 2-3-5 所示，将图片的饱和度调高、亮度提亮，最后效果如图 2-3-6 所示。

图 2-3-3

② 选择“仿制图章工具”，如图 2-3-7 所示。然后如图 2-3-8 所示，先按住 Alt 键取样，然后在男孩处涂抹。不断取样，一点点修复，直到得到如图 2-3-9 所示的效果。再重复以

上操作，也可以用修复工具组来处理，最后得到的效果如图 2-3-10 所示。

图 2-3-4

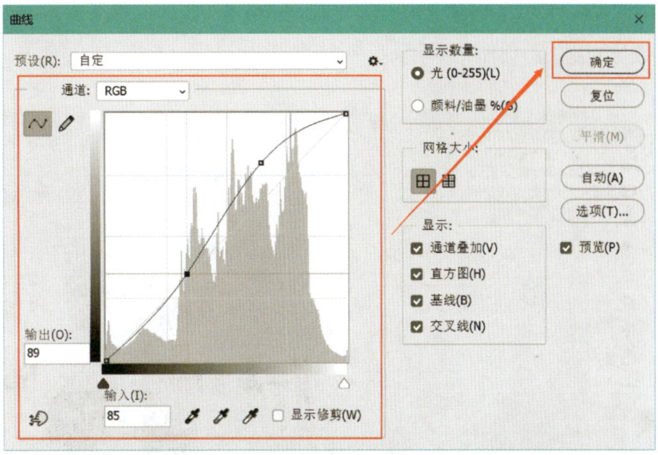

图 2-3-5

图 2-3-6

图 2-3-7

图 2-3-8

图 2-3-9

③ 执行“文件 / 置入嵌入对象”命令，将素材图片双人合影置入，适当降低合影图层透明度（如 68%），直至能看清下面的图层，再将图片稍微拉大一点，让两张图片的水天相接之处重合，如图 2-3-11 所示。

图 2-3-10

图 2-3-11

④ 将“不透明度”调回至 100%。

⑤ 选择“对象选择工具”，如图 2-3-12 所示。在画面标示区域拖曳，将两个人物载入选区，效果如图 2-3-13 所示。

图 2-3-12

图 2-3-13

⑥ 男生的口罩及女孩的左臂等有些区域未能识别到，漏选了，如图 2-3-14 所示。再通过套索工具，选择“添加到选区”选项将选区添进来，同样用“减掉选区”将后面的伞的选区减去，直至达到如图 2-3-15 所示效果。

图 2-3-14

图 2-3-15

⑦ 单击图层面板下方的“添加矢量蒙版”按钮，画面发生变化，除选区外的背景全部替换成背景层的图像，如图 2-3-16 所示。

⑧ 选择画笔工具，前景色设置为黑色，将笔调大，然后在画面标示区域涂抹，如图 2-3-17 所示，此区域背景回到合影的背景。

⑨ 在图层面板单击建立调整图层，选择曲线调整，调整参数如图 2-3-18 所示。

⑩ 最后效果如图 2-3-19 所示。

图 2-3-16

图 2-3-17

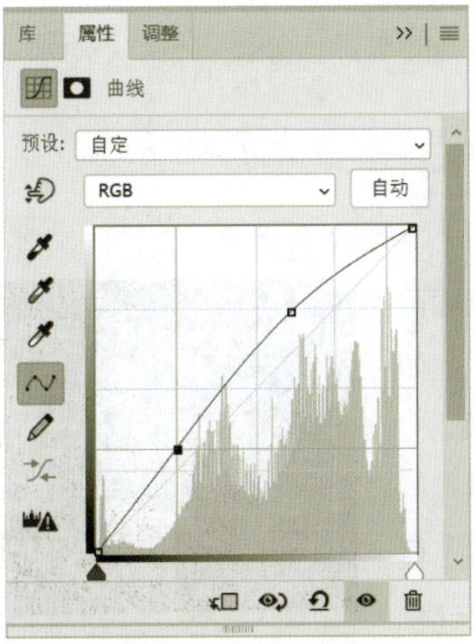

图 2-3-18

图 2-3-19

项目4

润饰工具组调整图片

微课 2-7
海绵工具做对比色图像

[项目分析]

通过模糊工具加强图像的景深效果，用海绵工具处理对比色图像，使画面更美观。养成良好的操作习惯和学习习惯，提升创造美的能力。

[项目实施]

1. 模糊工具加强景深效果

模糊工具可柔化图像的边缘和图像中的细节，可以将本来清晰的图片变模糊，在处理照片的景深时使用较多，使用模糊工具之后原像素内的信息会改变。

操作方法：

① 打开素材图片，如图 2-4-1 所示，图像的主体与背景并未拉开距离，需要将背景虚化，得到景深的效果。

图 2-4-1

② 选择模糊工具，选择适当的参数，如图 2-4-2 所示。

图 2-4-2

③ 按住鼠标左键不断拖曳即可操作，释放鼠标停止模糊处理，如图 2-4-3 所示，得到景深效果。

图 2-4-3

2. 海绵工具做对比色图像

海绵工具与减淡、加深工具不同，它改变的是图像色彩饱和度。效果如图 2-4-4、图 2-4-5 所示。

图 2-4-4

图 2-4-5

操作方法：

① 打开如图 2-4-4 所示素材图片，选项栏如图 2-4-6 所示。

图 2-4-6

② 选用“去色”模式在图 2-4-7 所示背景处涂抹，降低背景的饱和度。

③ 选用“加色”模式在男生的衣服和裤子上涂抹，如图 2-4-8 所示，增加色彩的饱和度。

图 2-4-7

图 2-4-8

[项目拓展]

操作题：运用模糊工具、海绵工具、加深工具调出有特色的图像。

项目5

优秀教师形象照美化

微课 2-8
优秀教师形象照美化

[项目分析]

学校评了一批优秀教师，统一服装统一拍摄，准备做个表彰栏，但是拍摄的效果不够理想，需要后期美化。本项目主要运用“Camera Raw 滤镜”调整照片的色调与明暗，通过修复画笔工具组修饰人物面部的瑕疵、碎发、颈纹，以及西装上的白点等，再通过液化命令精调人物的五官，使人物变得更精致。照片美化前后对比如图 2-5-1、图 2-5-2 所示。

图 2-5-1

图 2-5-2

[项目实施]

① 打开素材图片，如图 2-5-1 所示。执行“滤镜 /Camera Raw 滤镜”命令，如图 2-5-3 所示。在弹出的对话框中适当调整图像的色调及明暗，具体如图 2-5-4 所示。

② 接下来修复面部的瑕疵，如图 2-5-5 所示，将小斑点、碎发、颜色不均匀的位置用修复画笔工具组进行调整，直到达到如图 2-5-6 所示效果。

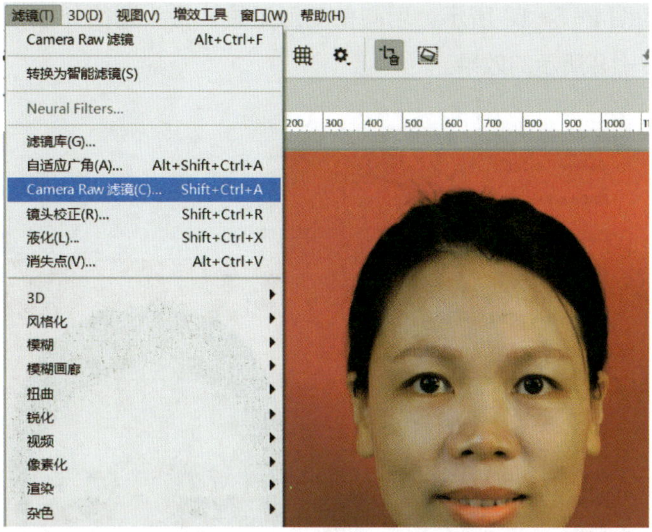

图 2-5-3

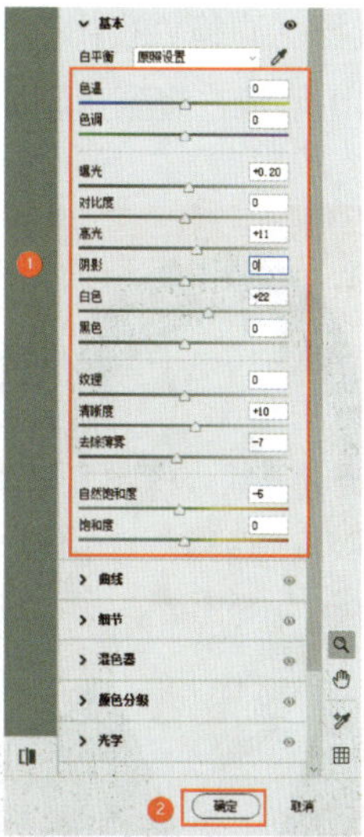

图 2-5-4

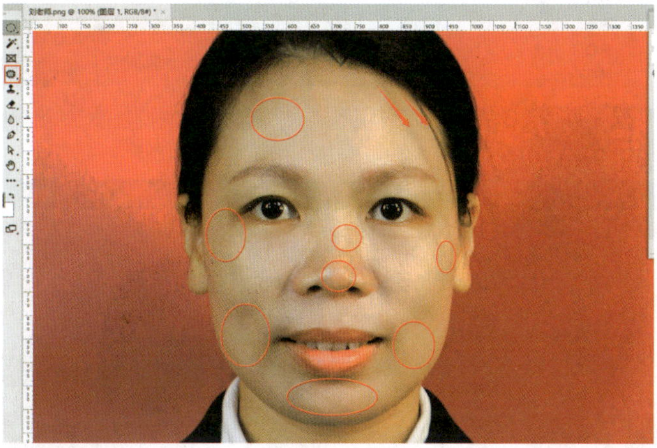

图 2-5-5

图 2-5-6

③ 将图片放大，修复颈纹并将衣服上的一些小白点清除，如图 2-5-7 所示。然后选用减淡工具，将不透明度调低，在白衬衣的阴影部分涂抹，提高阴影部位的亮度，如图 2-5-8 所示，最后达到如图 2-5-9 所示的效果。

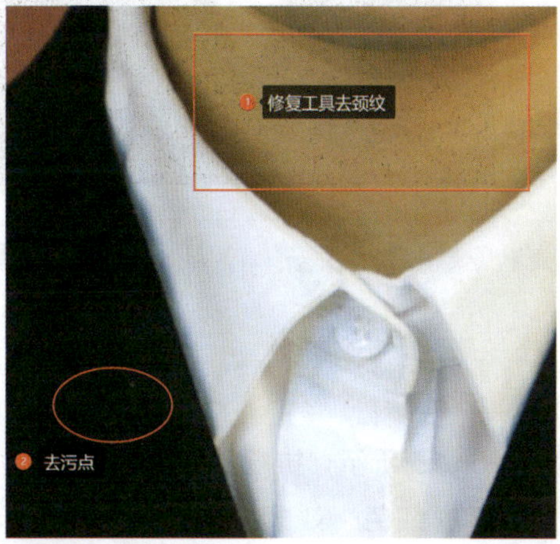

图 2-5-7

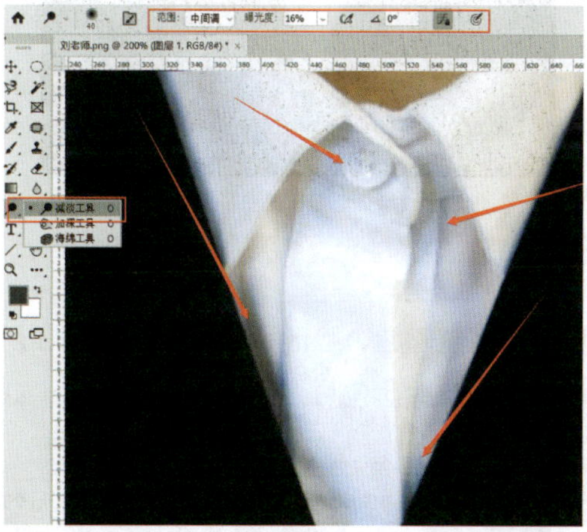

图 2-5-8

④ 执行“滤镜 / 液化”命令，如图 2-5-10 所示。用向前变形工具，将头发往外拖曳，如图 2-5-11 所示，直到达到如图 2-5-12 所示的效果。

图 2-5-9

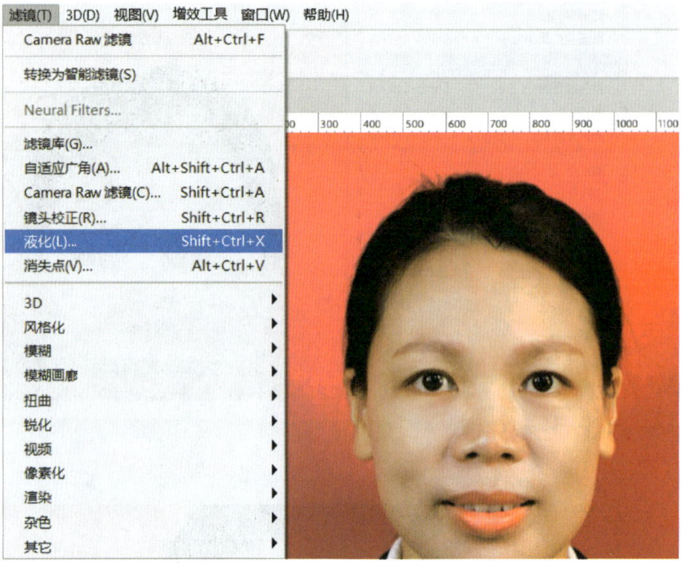

图 2-5-10

图 2-5-11

图 2-5-12

⑤ 依次调整嘴唇、脸形等，如图 2-5-13 所示，按“确定”按钮确认。

⑥ 建立调整图层色阶，微调画面的明暗，如图 2-5-14 所示。

⑦ 复制图层 1 建立新图层“图层 1 拷贝”，如图 2-5-15 所示，执行“图像 / 调整 / 替换颜色”命令。用吸管吸取背景的颜色，替换为饱和度更高的红色，效果如图 2-5-16 所示。至此，照片美化操作完成。

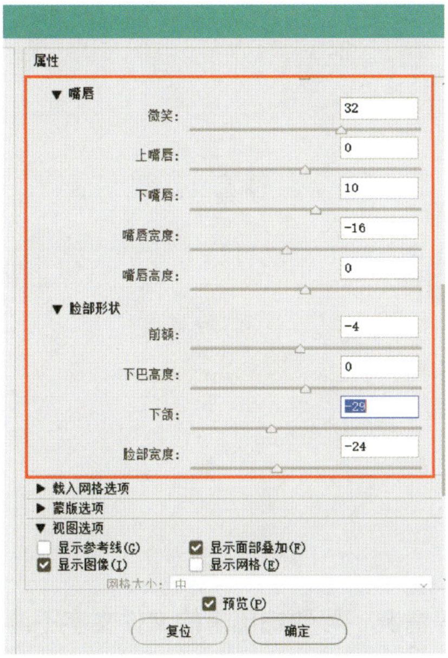

图 2-5-13

图 2-5-14

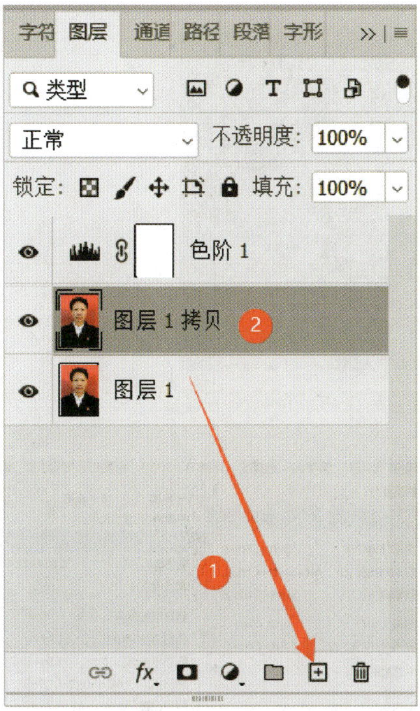

图 2-5-15

图 2-5-16

[项目拓展]

操作题：选一张自己或亲友的照片进行美化。

项目6

高反差让文字变清晰

微课 2-9
模糊工具加强景深效果

微课 2-10
高反差让文字变清晰

[项目分析]

平时经常遇到拍照手抖、光线不好等情况，导致拍出来的文件文字不清晰，如图 2-6-1 所示，这样的问题怎么解决呢？

本项目主要用到色阶调整、高反差、调整图层混合模式等操作命令。

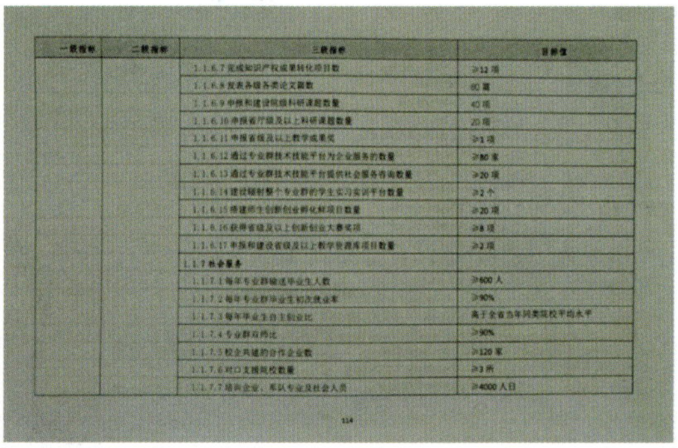

图 2-6-1

[项目实施]

① 将文件打开之后，执行“图像 / 调整 / 色阶”命令，如图 2-6-2 所示，弹出色阶对话框，用白色吸管在文件空白处单击，效果如图 2-6-3 所示，用黑色吸管在文字处单击，如图 2-6-4 所示，按 Enter 键确认后效果如图 2-6-5 所示。

② 打开图层面板，单击背景图层并拖曳至新建图层按钮，复制图层，如图 2-6-6、图 2-6-7 所示。

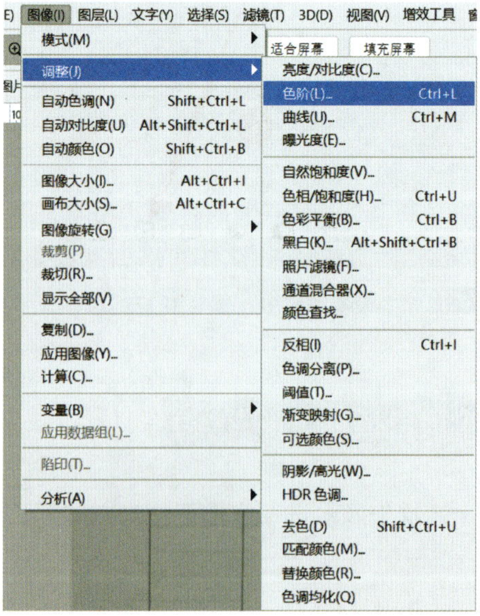

图 2-6-2

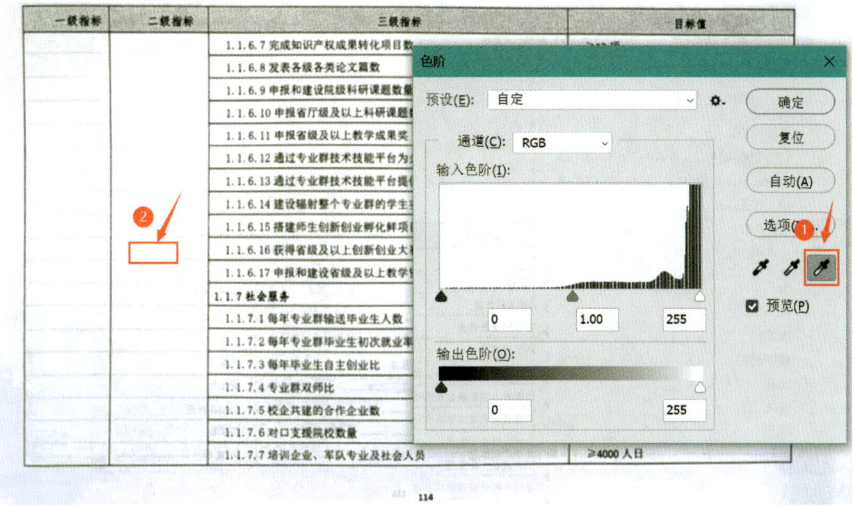

图 2-6-3

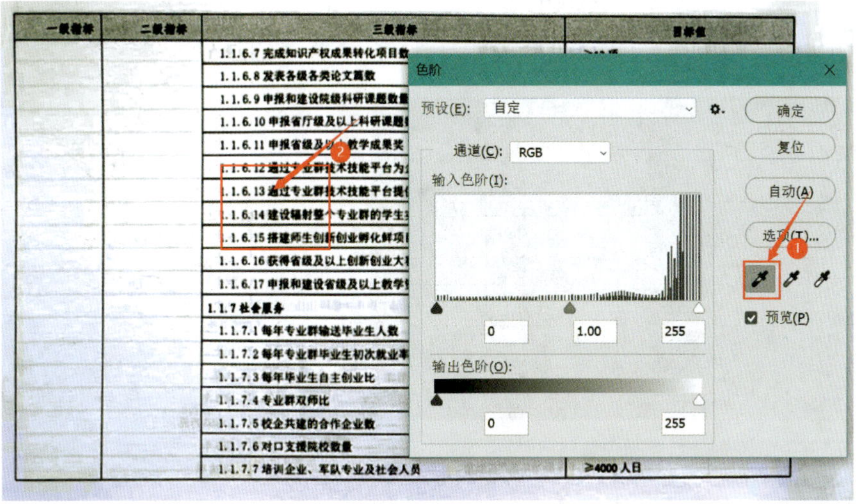

图 2-6-4

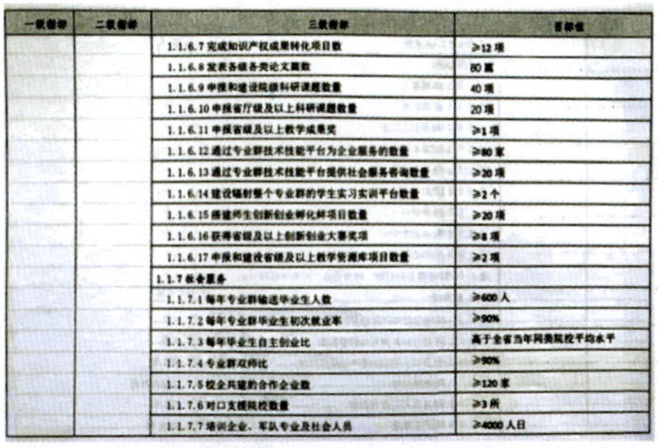

图 2-6-5

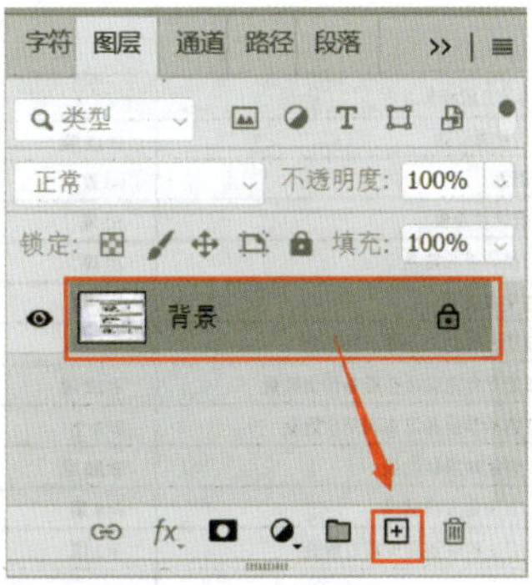

图 2-6-6

图 2-6-7

③ 执行“滤镜 / 其他 / 高反差保留”命令，弹出对话框，将“半径”设置为“2 像素”，如图 2-6-8、图 2-6-9 所示，单击“确定”按钮之后效果如图 2-6-10 所示。

④ 在图层中找到“设置混合模式”按钮，单击下拉按钮，如图 2-6-11 所示，选择“线性光”选项，如图 2-6-12 所示，按 Enter 键确认后的效果如图 2-6-13 所示，图片变清晰了。

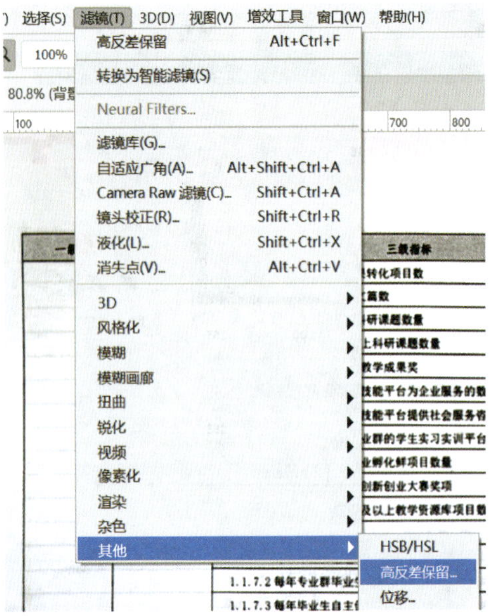

图 2-6-8

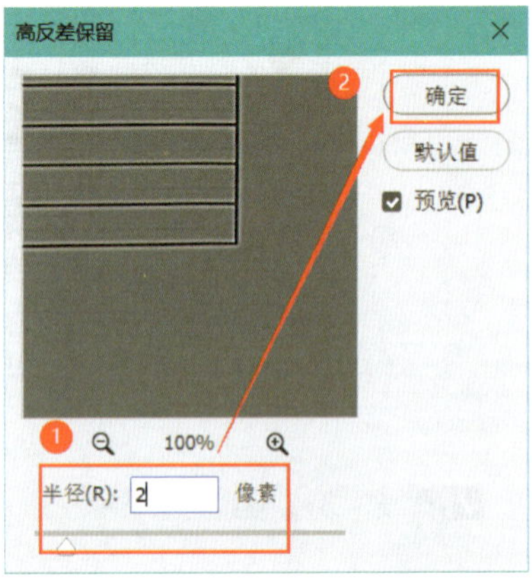

图 2-6-9

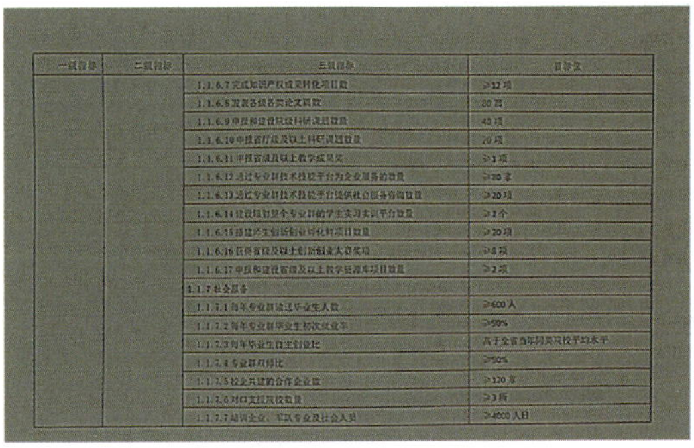
图 2-6-10

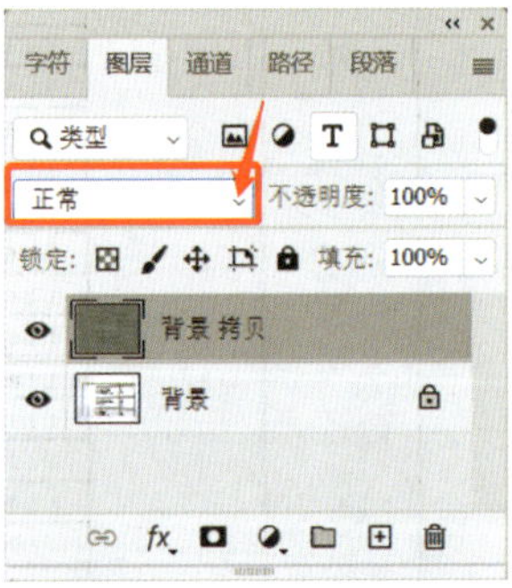

图 2-6-11

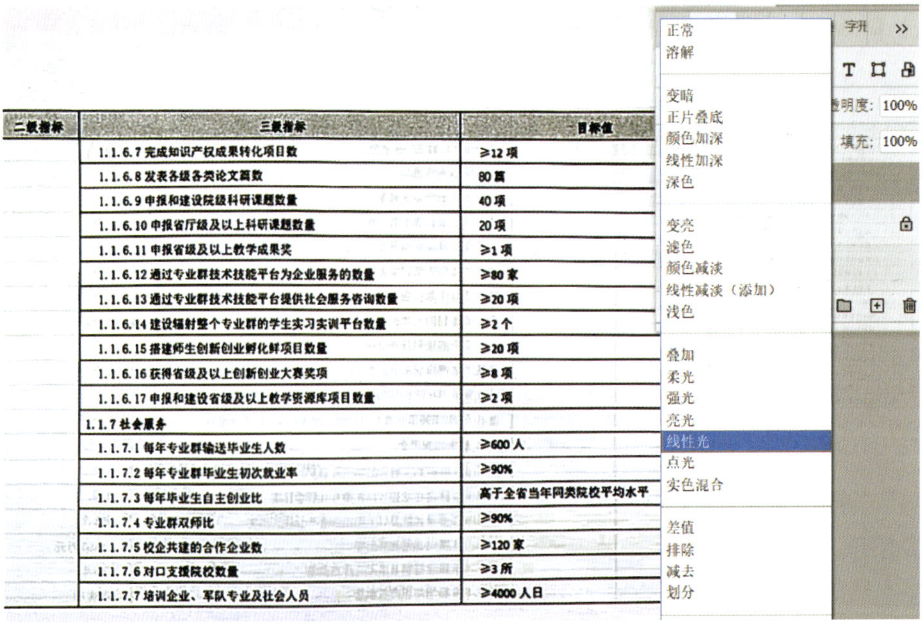

图 2-6-12

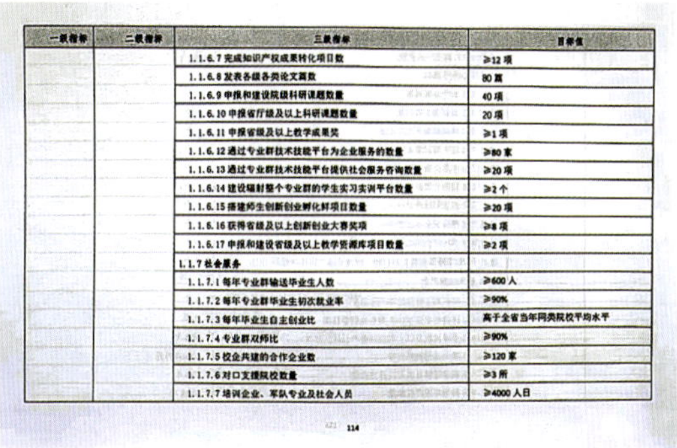

一级指标	二级指标	三级指标	目标值
		1.1.6.7 完成知识产权成果转化项目数	≥12 项
		1.1.6.8 发表各级各类论文篇数	80 篇
		1.1.6.9 申报和建设院级科研课题数量	40 项
		1.1.6.10 申报省厅级及以上科研课题数量	20 项
		1.1.6.11 申报省级及以上教学成果奖	≥1 项
		1.1.6.12 通过专业群技术技能平台为企业服务的数量	≥80 家
		1.1.6.13 通过专业群技术技能平台提供社会服务咨询数量	≥20 项
		1.1.6.14 建设辐射整个专业群的学生实习实训平台数量	≥2 个
		1.1.6.15 搭建师生创新创业孵化鲜项目数量	≥20 项
		1.1.6.16 获得省级及以上创新创业大赛奖项	≥8 项
		1.1.6.17 申报和建设省级及以上教学资源库项目数量	≥2 项
		1.1.7 社会服务	
		1.1.7.1 每年专业群输送毕业生人数	≥600 人
		1.1.7.2 每年专业群毕业生初次就业率	≥90%
		1.1.7.3 每年毕业生自主创业比	高于全省当年同类院校平均水平
		1.1.7.4 专业群双师比	≥90%
		1.1.7.5 校企共建的合作企业数	≥120 家
		1.1.7.6 对口支援院校数量	≥3 所
		1.1.7.7 培训企业、军队专业及社会人员	≥4000 人日

114

图 2-6-13

⑤ 图片变清晰了，但是画面不够干净，可以再次执行“图像 / 调整 / 色阶”命令将这部分调得更亮，如图 2-6-14 所示。这样画面的一些不干净的部分就消失了。最后效果如图 2-6-15 所示，画面更整洁、更美观。

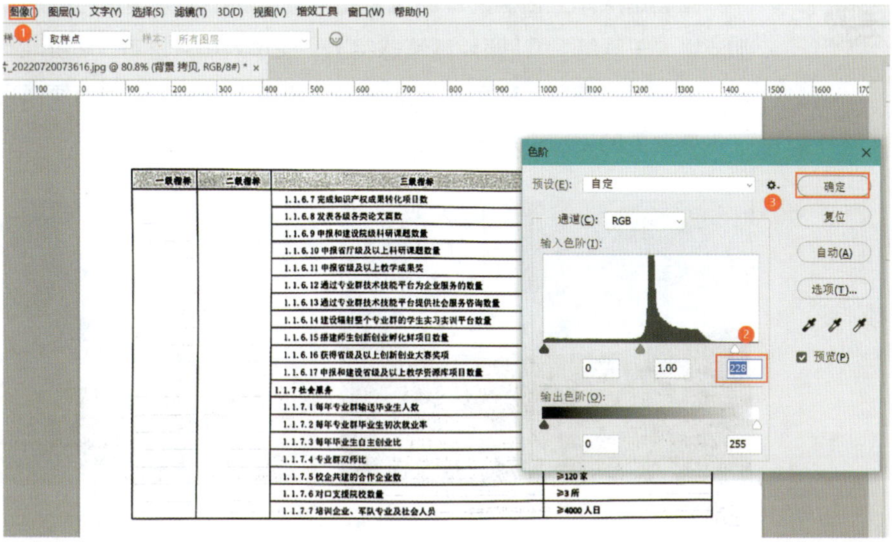

图 2-6-14

一级指标	二级指标	三级指标	目标值
		1.1.6.7 完成知识产权成果转化项目数	≥12 项
		1.1.6.8 发表各级各类论文篇数	80 篇
		1.1.6.9 申报和建设院级科研课题数量	40 项
		1.1.6.10 申报省厅级及以上科研课题数量	20 项
		1.1.6.11 申报省级及以上教学成果奖	≥1 项
		1.1.6.12 通过专业群技术技能平台为企业服务的数量	≥80 家
		1.1.6.13 通过专业群技术技能平台提供社会服务咨询数量	≥20 项
		1.1.6.14 建设辐射整个专业群的学生实习实训平台数量	≥2 个
		1.1.6.15 搭建师生创新创业孵化鲜项目数量	≥20 项
		1.1.6.16 获得省级及以上创新创业大赛奖项	≥8 项
		1.1.6.17 申报和建设省级及以上教学资源库项目数量	≥2 项
		1.1.7 社会服务	
		1.1.7.1 每年专业群输送毕业生人数	≥600 人
		1.1.7.2 每年专业群毕业生初次就业率	≥90%
		1.1.7.3 每年毕业生自主创业比	高于全省当年同类院校平均水平
		1.1.7.4 专业群双师比	≥90%
		1.1.7.5 校企共建的合作企业数	≥120 家
		1.1.7.6 对口支援院校数量	≥3 所
		1.1.7.7 培训企业、军队专业及社会人员	≥4000 人日

114

图 2-6-15

[项目拓展]

操作题：用提供的素材或自己找一张文件或表格的图片进行优化。

项目7

风景照片变漫画场景

微课 2-11
风景照片变漫画场景

[项目分析]

画面是从车上拍摄的草原风景图片，层次不够分明，可以通过给照片添加滤镜“干画笔”，让照片画笔感突出；通过对照片进行“Camera Raw 滤镜”处理，调整照片颜色，增加光晕，塑造出漫画风格的草原风景，使画面艺术效果更加突出。对比效果如图 2-7-1、图 2-7-2 所示。

图 2-7-1

图 2-7-2

[项目实施]

① 打开素材图片，分析图片现有问题，画面层次不够突出，天与地的对比不强，天空不够广阔。打开图片，按快捷键 Ctrl+J 复制图层，如图 2-7-3 所示。从工具栏选择裁切工具，裁切掉照片下方多余空间，按 Enter 键确认，如图 2-7-4 所示。

② 对画面进行漫画处理。在复制图层上进行处理，执行“滤镜 / 滤镜库 / 干画笔”命令，如图 2-7-5 所示。将画笔大小设为“9”，画笔调节设为“7”，纹理设为“1”，对画面进行笔触处理，如图 2-7-6 所示。

③ 画面经笔触处理后色彩过于深沉，在画面里进行色彩调整处理。执行“滤镜 /Camera Raw 滤镜”命令，将色温设为“78”，整体添加黄色，色调设为“-61”，再依次调整曝光、对比度、高光、阴影、白色、黑色、纹理、清晰度等，具体数值及效果如图 2-7-7、图 2-7-8 所示。

图 2-7-3

图 2-7-4

图 2-7-5

图 2-7-6

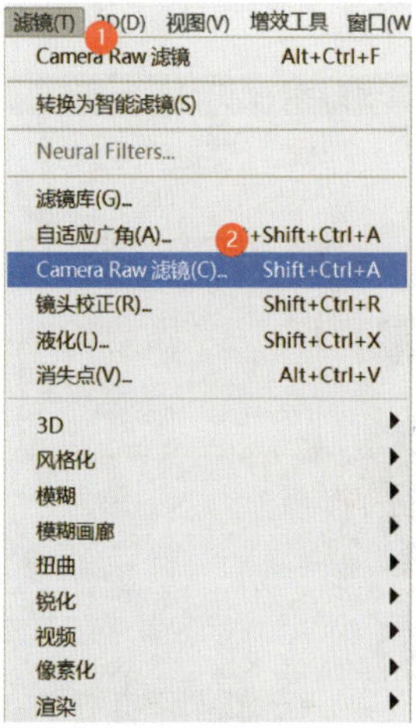

图 2-7-7

图 2-7-8

④ 对草原部分漫画化已经处理好了，修改后天空与草原色彩差别不大，接下来处理天空。单击图层 1 前面的眼睛图标，隐藏图层 1，选择草原背景图层，如图 2-7-9 所示，执行“选择 / 色

彩范围”命令，如图 2-7-10 所示，出现“色彩范围”对话框，将颜色容差设置成“80”，再将光标移动到画面中的蓝天，在天空中多单击几次，确保蓝色天空范围全部被选中。选中的效果区域呈现虚线，如图 2-7-11 所示。

图 2-7-9

图 2-7-10

图 2-7-11

⑤ 现在进行选区保存，方便后续在蓝天创建剪贴蒙板。在不破坏画面的前提下，可以将刚选取的范围保存为曲线。在图层面板属性栏底部，单击“创建新的填充”或“调整图层”图标，在下拉菜单中选择“曲线”选项，如图 2-7-12 所示。出现对话框如图 2-7-13 所示，不做任何调整，再关闭对话框。蓝天区域在图层面板区以“曲线 1”的方式呈现。

⑥ 打开“阳台云朵”素材图片，将其拖曳到草原图片文件中，调整至合适大小。文件名自动生成为“图层 2”，如图 2-7-14 所示。对云朵进行“干画笔”处理。执行“滤镜 / 滤镜库 / 干画笔”命令，将画笔大小设为“9”，画笔调节设为“7”，纹理设为“3”，如图 2-7-15 所示，对画面进行笔触处理。

图 2-7-12

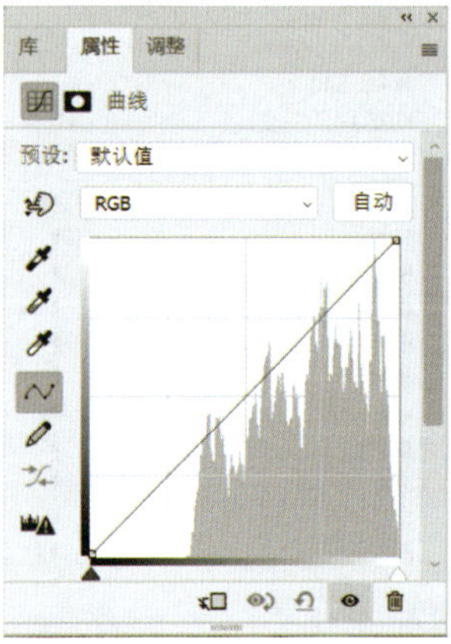

图 2-7-13

图 2-7-14

图 2-7-15

⑦ 将处理好的云朵素材图片，通过创建剪贴蒙版的方式，融入画面中。将曲线图层拖曳至云朵图层下方，把所有图层的眼睛图标打开。在图层面板右击图层 2，在弹出的快捷菜单中选择“创建剪贴蒙版”命令，如图 2-7-16 所示，创建后云朵嵌入到之前保存的天空曲线区域中，如图 2-7-17 所示。

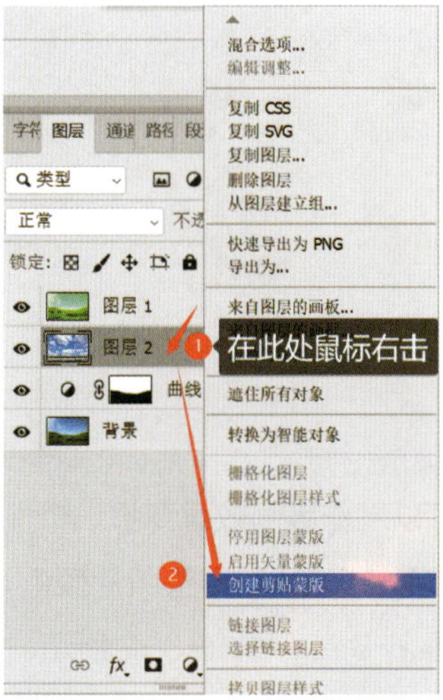

图 2-7-16

图 2-7-17

⑧ 观察画面，还要增加一点光晕就更完美了。执行“滤镜 / 渲染 / 镜头光晕”命令，如图 2-7-18 所示，出现“镜头光晕”对话框，亮度调整为“96%”，镜头类型设置为“50-300 毫米变焦”，如图 2-7-19 所示，单击“确定”按钮，照片漫画化处理就完成了。

图 2-7-18

图 2-7-19

[项目拓展]

操作题：选用一张合适的风景照片将其调整成漫画场景图片。

项目8

人像照片变半调图案

微课 2-12
人像照片变半调图案

[项目分析]

半调图案是最近非常流行的一种照片风格，可以制作版画效果海报、个性头像等。通过给照片添加滤镜“半调图案”，再运用“扭曲”，调整照片颜色，更换背景，塑造出版画风格的头像。对比效果如图 2-8-1、图 2-8-2 所示。

图 2-8-1

图 2-8-2

[项目实施]

① 打开素材图片，按快捷键 Ctrl+J 复制图层，如图 2-8-3 所示。执行“图像 / 去色”命令，如图 2-8-4 所示，使彩色照片黑白化，效果如图 2-8-5 所示。

② 单击图层面板，新建图层 2，执行“编辑 / 填充”命令，将前景色设置为白色，选择填充，如图 2-8-6、图 2-8-7 所示。

③ 选择图层 2，执行“滤镜 / 滤镜库”命令，如图 2-8-8 所示。选择“半调图案”，如图 2-8-9 所示，大小设置为“6”，对比度为“50”，图案类型为“直线”，使图层半调化。

图 2-8-3

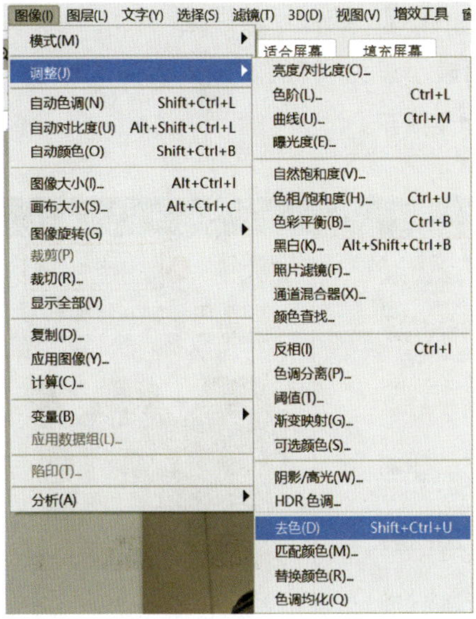

图 2-8-4

图 2-8-5

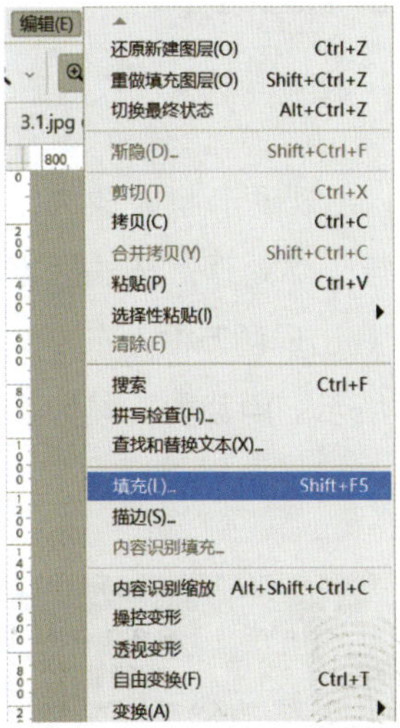

图 2-8-6

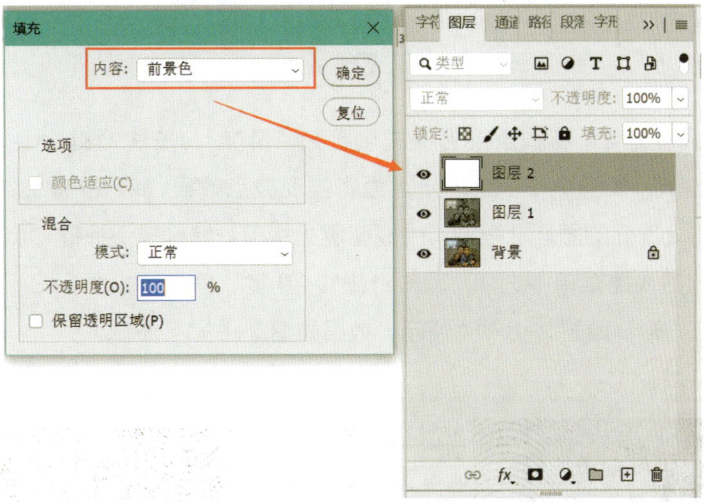

图 2-8-7

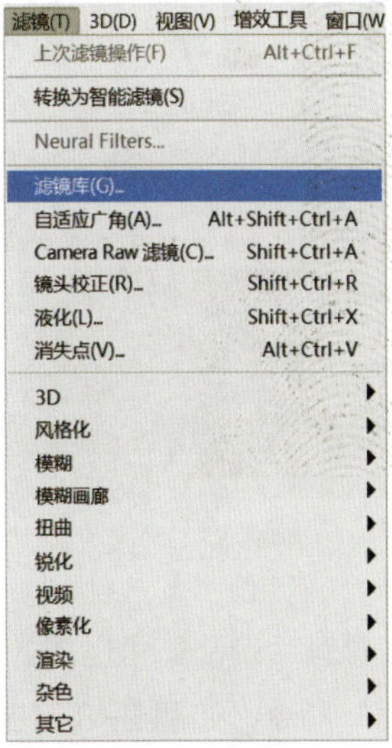

图 2-8-8

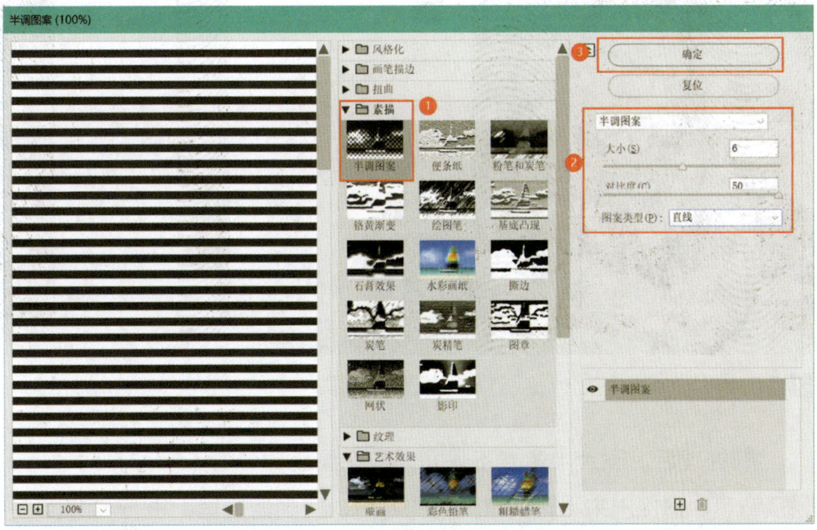

图 2-8-9

④ 执行“滤镜 / 扭曲 / 波浪”命令，如图 2-8-10 所示，出现“波浪”对话框，生成器数设置为“5”，波长最小设为“367”，最大设为“999”，波幅最小设为“70”，最大设为“372”，比例水平设为“100”%，垂直设为“100”%，如图 2-8-11 所示。

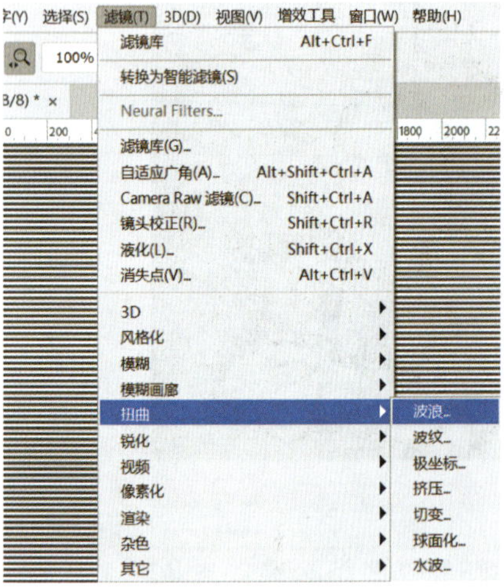

图 2-8-10

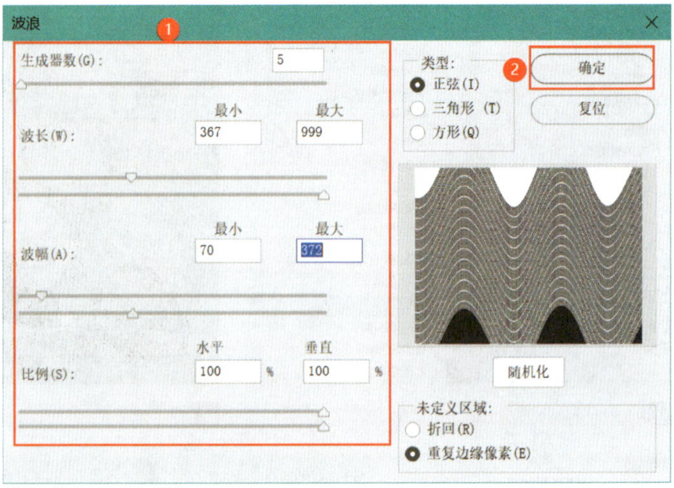

图 2-8-11

⑤ 选择图层 2，将图层混合模式调整为“叠加”，按快捷键 Ctrl+T，出现调节框，放大波纹，移动位置，如图 2-8-12 所示。为了实现波点效果，需要将波纹进行交叉处理。按快捷键 Ctrl+J，将处理好的图层 2 复制，生成图层 2 拷贝。继续按快捷键 Ctrl+T，出现调节框，右击画面，在弹出的快捷菜单中选择“顺时针旋转 90 度”命令，如图 2-8-13 所示。用裁剪工具把照片裁剪成正方形，如图 2-8-14 所示，效果如图 2-8-15 所示。

图 2-8-12

图 2-8-13

⑥ 处理后，照片半调感不强，因为底图色调分层不明显，同时背景信息有点杂乱。可以将人物从背景中选择出来，再调整人物的色阶。回到背景层，执行“选择 / 主体”命令，如图 2-8-16 所示，系统自动选择了主体人物，人物周围已经有虚线选区。不取消选区，将光标移到“图层 1”，

因为要对照片进行调整，原来回到背景层选择是因为色彩层次清晰，好区分，去色后的“图层 1”层次不够分明，不好选择。利用背景层的主体轮廓建立选区，如图 2-8-17 所示。

图 2-8-14

图 2-8-15

图 2-8-16

图 2-8-17

⑦ 先对人物进行层次调整，如图 2-8-18 所示，执行“图像 / 调整 / 色阶”命令，出现色阶面板，数值分别设置为“73”“1.23”“169”，输出色阶为“3”，如图 2-8-19 所示。

⑧ 执行“选择 / 反选”命令，如图 2-8-20 所示，新建图层，自动生成“图层 3”；将光标移至工具栏，选择“设置前景色”，如图 2-8-21 所示，出现拾色器，色值设置为 C：0、M：47、Y：91、K：0；将橘色设置为前景色后，执行“选择 / 填充”命令，如图 2-8-22 所示；出现对话框，选择“前景色”，如图 2-8-23 所示，按 Enter 键确定。

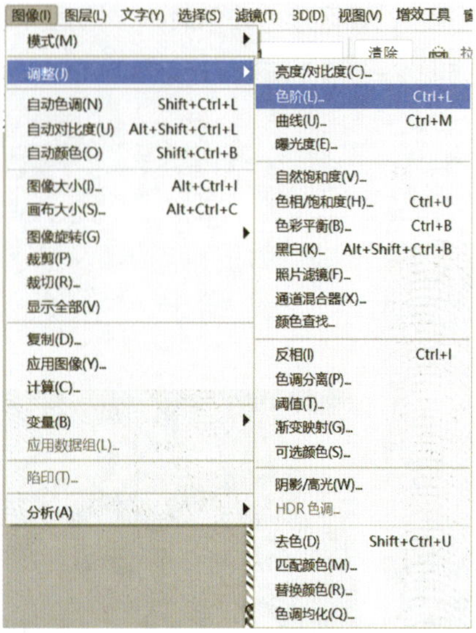

图 2-8-18

图 2-8-19

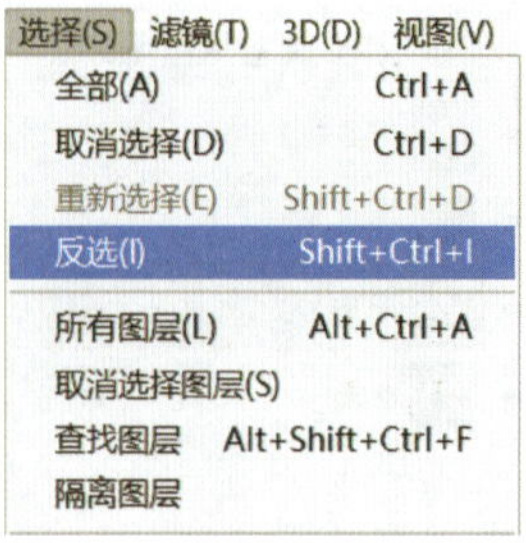

图 2-8-20

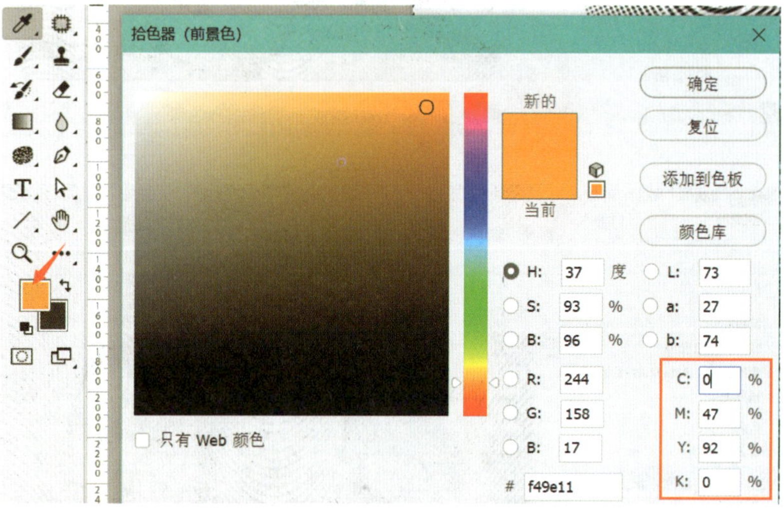

图 2-8-21

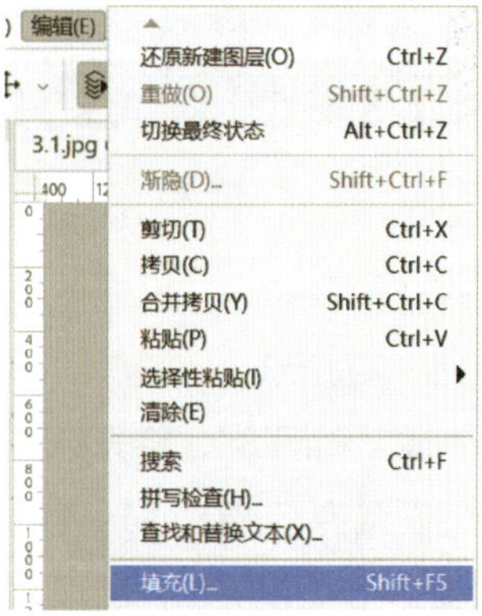

图 2-8-22

图 2-8-23

⑨ 工具栏选择椭圆工具，按住 Shift 键，等比例绘制正圆形，用圆形路径把两个人物的脸框住，形状选择紫色描边，像素为“36.47”，绘制后自动生成“椭圆 1”，如图 2-8-24 所示。在图层面板上部，选择“路径”，按住 Ctrl 键，单击“椭圆 1 形状路径”缩略图，就把路径转换成了选区，如图 2-8-25 所示。

图 2-8-24

⑩ 新建图层，自动生成“图层 4”。执行“选择 / 反选”命令，如图 2-8-26 所示。将光标移至工具栏，选择“设置前景色”，用鼠标单击一下，将白色设置为前景色，在图层面板选择“图层 4”，按快捷键 Alt+Del 填充前景色为白色，如图 2-8-27 所示。按快捷键 Ctrl+D 取消选区，照片处理完成，如图 2-8-28 所示。

图 2-8-25

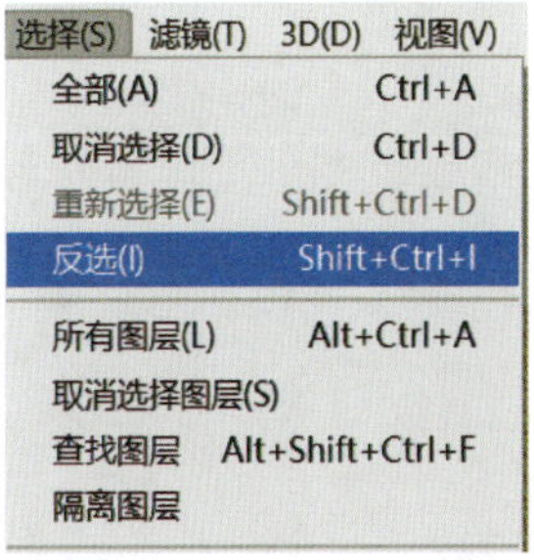

图 2-8-26

图 2-8-27

图 2-8-28

[项目拓展]

操作题：选择一张人像照片做成半调图案。

模块三 图像选取

导学：如何改变图像局部

[模块导读]

选区是 Photoshop 中对图像进行精准化编辑的重要工具，通过建立选区可以对图像局部内容进行编辑或抠取。本模块详细介绍了选区的作用及其用途、创建选区工具与命令，以及建立选区后编辑、存储、填充、抠取等命令的使用方法。

[素养提升]

本模块将插画绘制、抠图换背景、文物识读卡制作、抠取传统绘画主体图像等项目引入课程，服务人文都市建设，在传授学生专业知识和技能的同时，帮助学生树立正确的价值取向，形成正确的软件设计素养和设计协同意识；引导学生热爱祖国、热爱生活；培养创新精神，提升审美能力。

项目1

选框工具抠图再组图

微课 3-1
认识选区改图像局部

[项目分析]

在 3 张不同的图像中，如图 3-1-1 ~ 图 3-1-3 所示，选取部分图像来组成一张新的图像。

图 3-1-1

图 3-1-2

图 3-1-3

[项目实施]

① 打开房间、时钟和相框图片，如图 3-1-1、图 3-1-2、图 3-1-3 所示。

② 利用椭圆选框工具框选时钟，按快捷键 Ctrl+C 复制，按快捷键 Ctrl+V 粘贴至房间文件中，并调整大小，移动至合适位置。如图 3-1-4 所示。

③ 利用矩形选框工具框选相框，按住快捷键 Ctrl+C 复制，按快捷键 Ctrl+V 粘贴至房间文件中，并调整大小，移动至合适位置。如图 3-1-5 所示。

图 3-1-4

图 3-1-5

④ 按快捷键 Ctrl+J 复制“相框”图层，使用“选择工具”调整相框大小并移动位置，重复此操作，如图 3-1-6 所示。

图 3-1-6

⑤ 选择“时钟”图层，双击图层后空白部分，如图 3-1-7 所示。打开图层样式面板，如图 3-1-8 所示，在弹出的“投影”图层样式面板中进行设置，如图 3-1-9 所示，确定之后效果如图 3-1-10 所示。

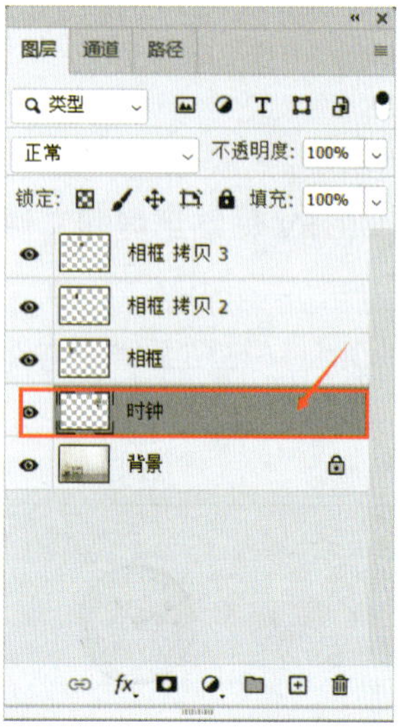

图 3-1-7

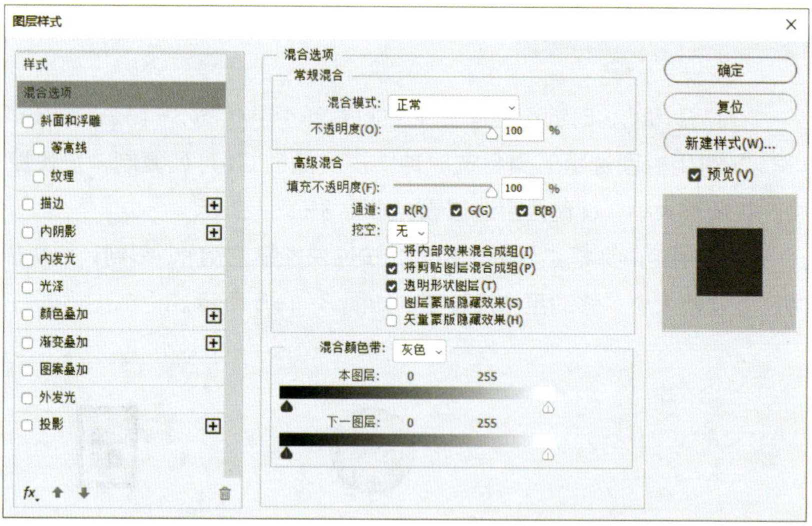

图 3-1-8

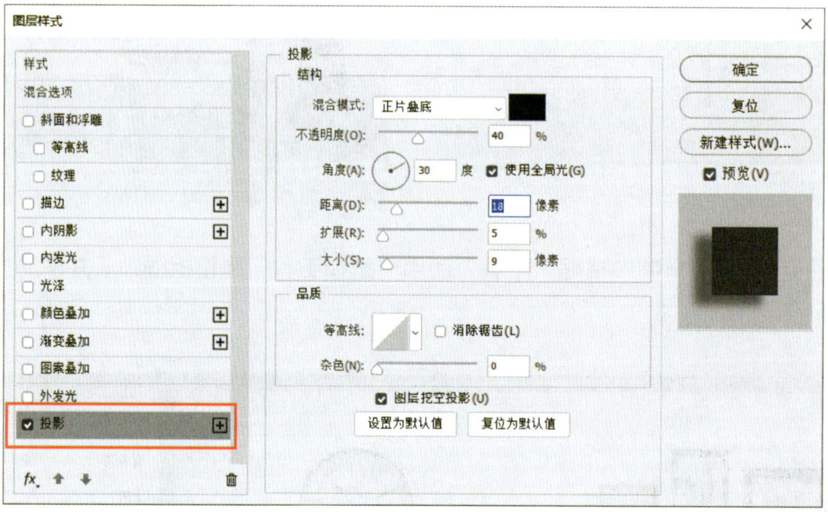

图 3-1-9

图 3-1-10

⑥ 重复此操作，为“相框”“相框 拷贝 2”和“相框 拷贝 3”图层添加投影，效果如图 3-1-11 所示。

图 3-1-11

⑦ 最终效果如图 3-1-12 所示。

图 3-1-12

[项目拓展]

操作题：从多张图片中抠取部分排列组合成新图片。

项目2

套索工具绘美食插画

微课 3-2
套索工具绘美食插画

微课 3-3
选框工具组

[项目分析]

遇到美食，人们不自觉会用手机拍下来，记录这刻的幸福，有很多手绘能力强的同学，会用插画来记录。对于没学过绘画的同学来说，很羡慕，但心有余而力不足。没有关系，本项目将教你运用套索工具绘制美食小插画，记录美好，分享幸福。美食插画效果如图 3-2-1 所示。

图 3-2-1

[项目实施]

① 新建文件。执行“文件 / 新建”命令，打开“新建文档”对话框，创建一个文档，命名为“pizza 小插画”。“分辨率”设为“72 像素 / 英寸”，“颜色模式”设为“RGB 颜色”，“背景内容”设为“白色”，单击“创建”按钮，如图 3-2-2 所示。

② 将 pizza 摄影图片拖曳入画面，并适当降低不透明度，效果如图 3-2-3 所示。

③ 新建空白图层，用套索工具绘制 pizza 底形状的选区，如图 3-2-4 所示。接着按快捷键 Alt+Delete 填充颜色，如图 3-2-5 所示。

④ 新建空白图层，同以上方法，绘制 pizza 底内芯部分。养成良好绘图习惯，按住 Ctrl 键，单击“图层 1”和“图层 2”，再按快捷键 Ctrl+G 进行编组，并将其重命名为“pizza 底”组，如图 3-2-6 所示。

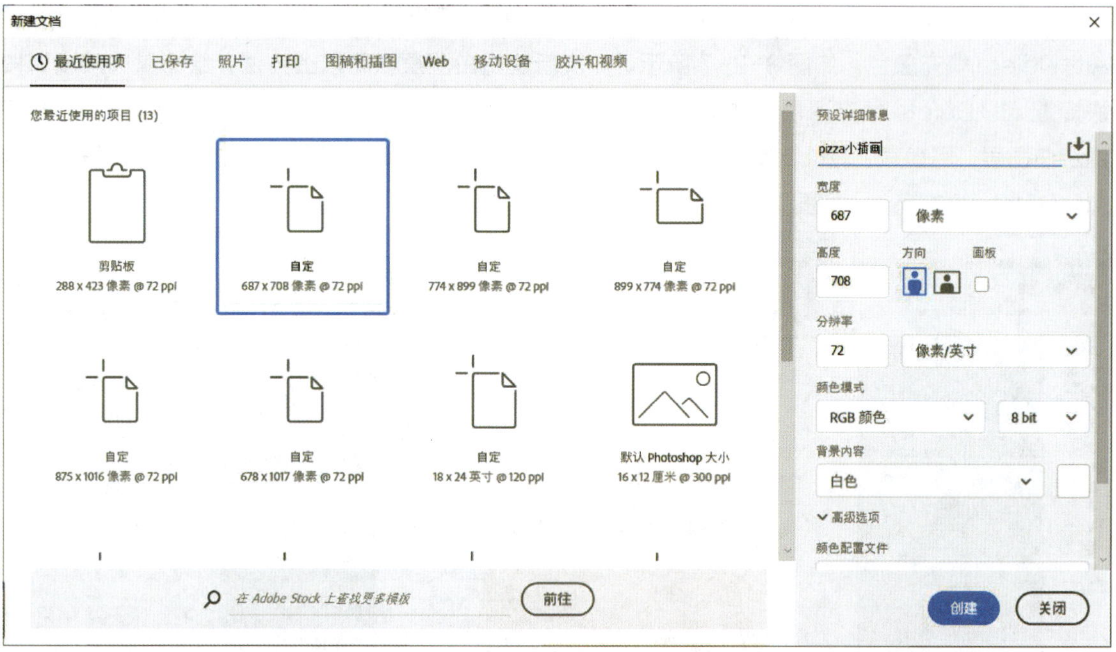

图 3-2-2

图 3-2-3

图 3-2-4

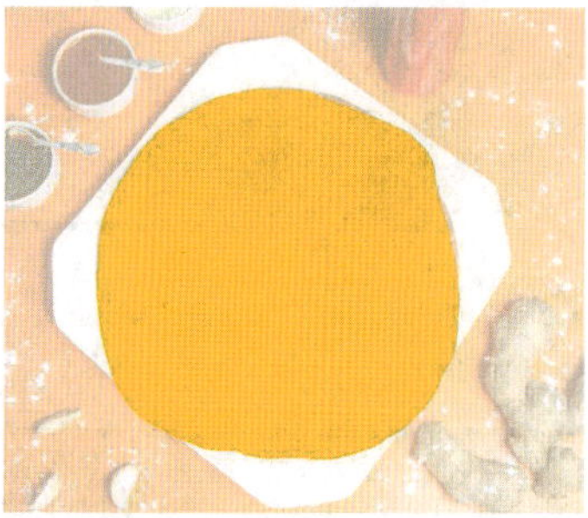
图 3-2-5

图 3-2-6

⑤ 将 pizza 摄影图隐藏。新建空白图层，用套索工具绘制熏肉形状的选区，按快捷键 Alt+Delete 填充颜色，如图 3-2-7 所示。再次新建空白图层，同以上方法，绘制熏肉厚度，按快捷键 Alt+Delete 填充深色，并将此图层下移动一层，如图 3-2-8 所示。在“图层 3”上方新建空白图层，用套索工具绘制熏肉纹理，增加细节。按住 Shift 键，可连续绘制多选区，按快捷键 Alt+Delete 填充亮色，如图 3-2-9 所示。

图 3-2-7

图 3-2-8

⑥ 按住 Shift 键，单击“图层 5”与“图层 4”，“图层 3”“图层 4”“图层 5”全部选中，如图 3-2-10 所示。按快捷键 Ctrl+E 合并图层，如图 3-2-11 所示。

图 3-2-9

⑦ 选择移动工具，按住 Alt 键，鼠标拖曳熏肉图片进行复制，调整其大小和位置，如图 3-2-12 所示。

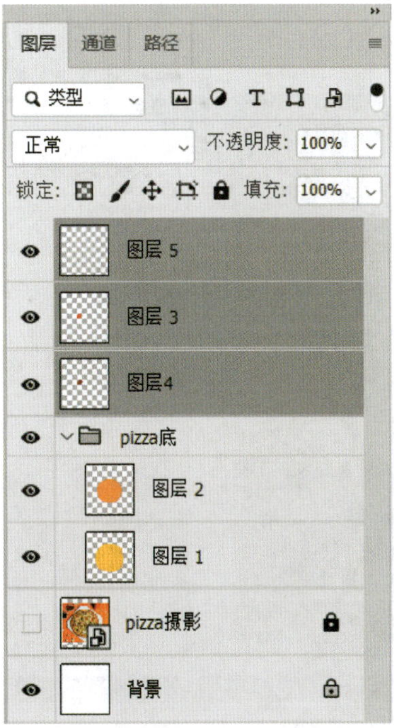

图 3-2-10

图 3-2-11

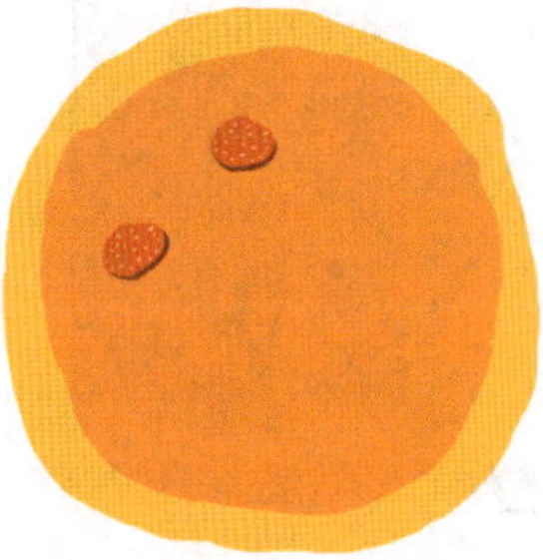

图 3-2-12

⑧ 重复此操作，按快捷键 Ctrl+T，逐一调整“图层 5”～“图层 5 拷贝 9”图层的大小，并移至合适的位置，如图 3-2-13 所示。选中“图层 5”～“图层 5 拷贝 9”图层，按快捷键 Ctrl+G 编组，并将其重命名为“熏肉”组，如图 3-2-14 所示。

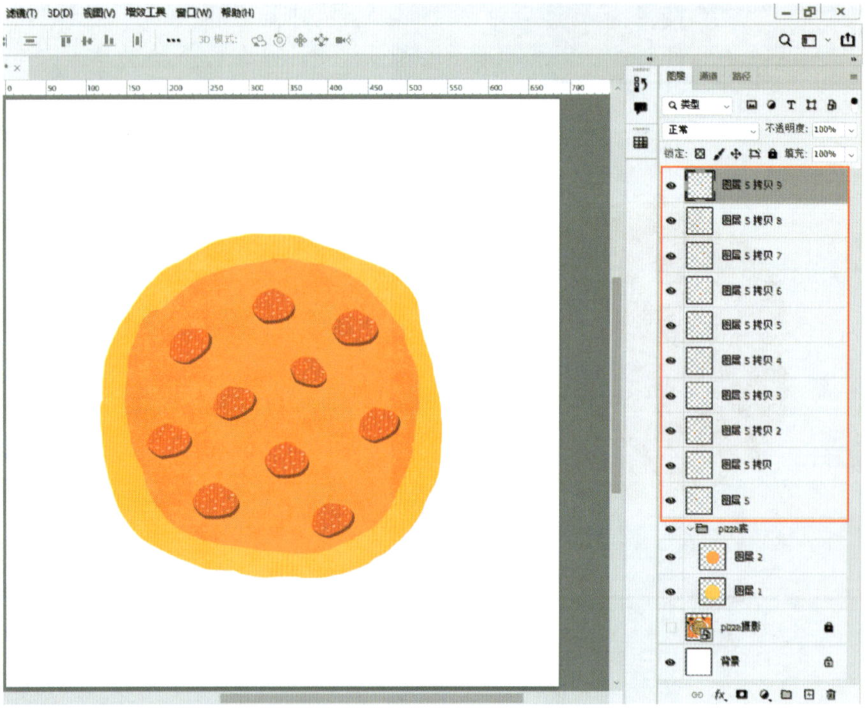

图 3-2-13

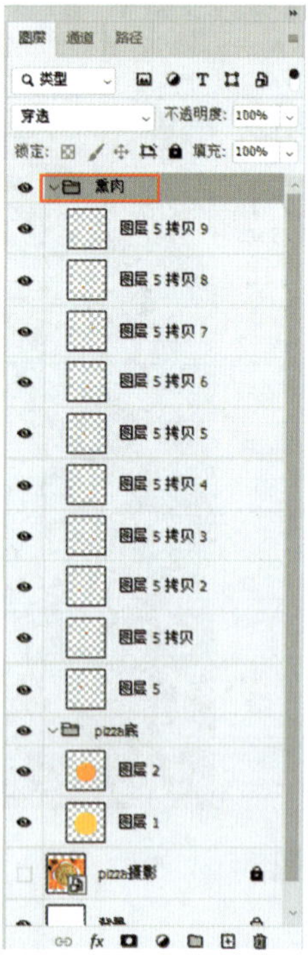

图 3-2-14

⑨ 同以上方法，绘制蘑菇形状，如图 3-2-15 所示。

图 3-2-15

⑩ 新建空白图层，用套索工具绘制橄榄外形，如图 3-2-16 所示。按 Alt 键减选区，减去中间形状，如图 3-2-17 所示。按快捷键 Alt+Delete 填充颜色，如图 3-2-18 所示。

⑪ 复制多个图层，逐一调整大小及位置，将图层编组并重命名为“橄榄”组，如图 3-2-19 所示。

⑫ 新建空白图层，用套索工具，绘制青椒，按住 Shift 键绘制多选区，填充颜色。双击图层，重命名为“青椒”，如图 3-2-20 所示。

图 3-2-16

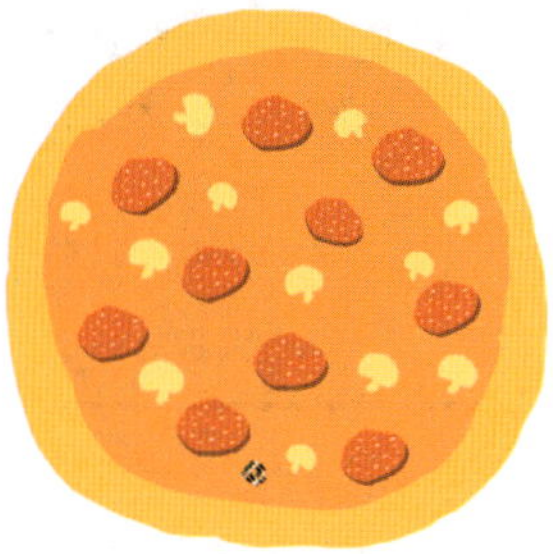

图 3-2-17

图 3-2-18

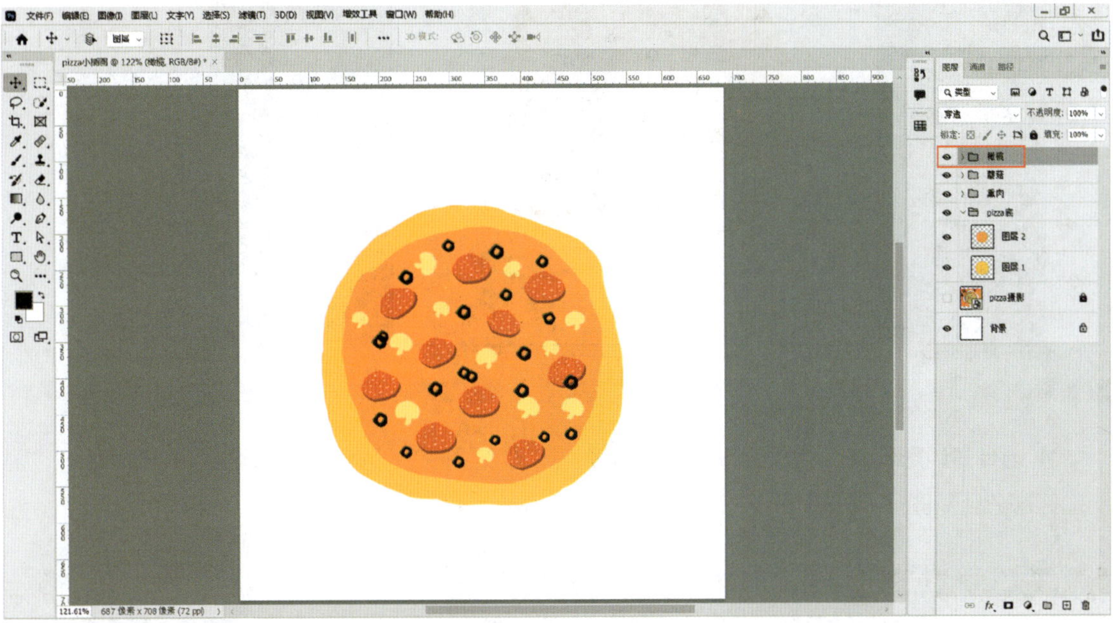

图 3-2-19

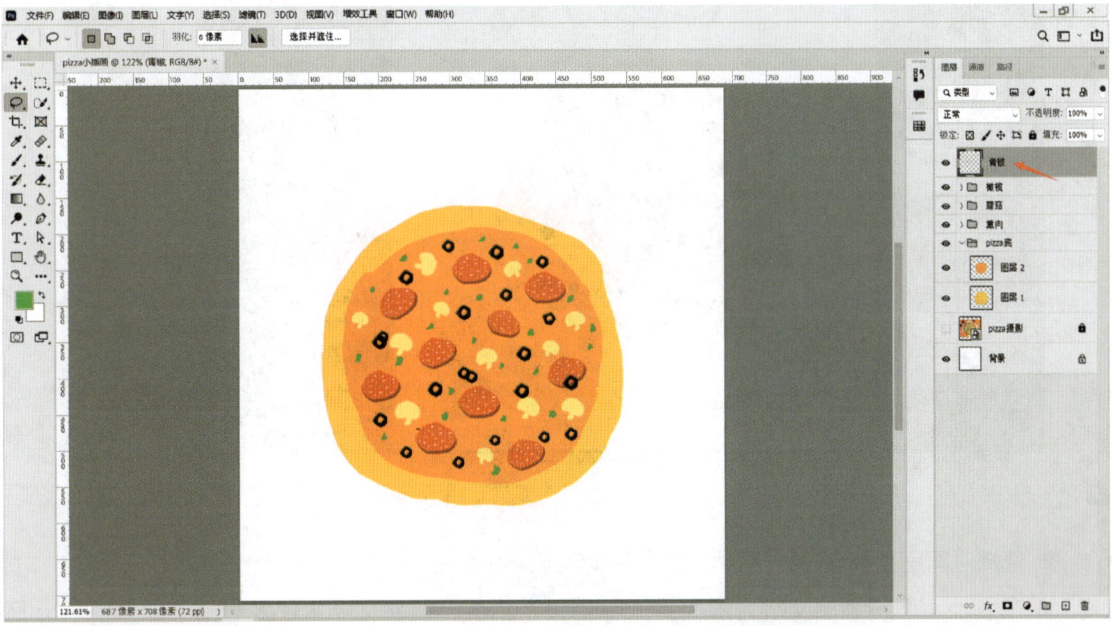

图 3-2-20

⑬ 选择“青椒”图层、“橄榄”组、“蘑菇”组、“熏肉”组、“pizza 底”组，按快捷键 Ctrl+E 合并，双击合并图层，重命名为“pizza”，如图 3-2-21 所示。

图 3-2-21

⑭ 选择多边形套索工具，绘制三角形选区，如图 3-2-22 所示。按快捷键 Ctrl+Shift+J，复制选区部分至新图层，如图 3-2-23 所示。

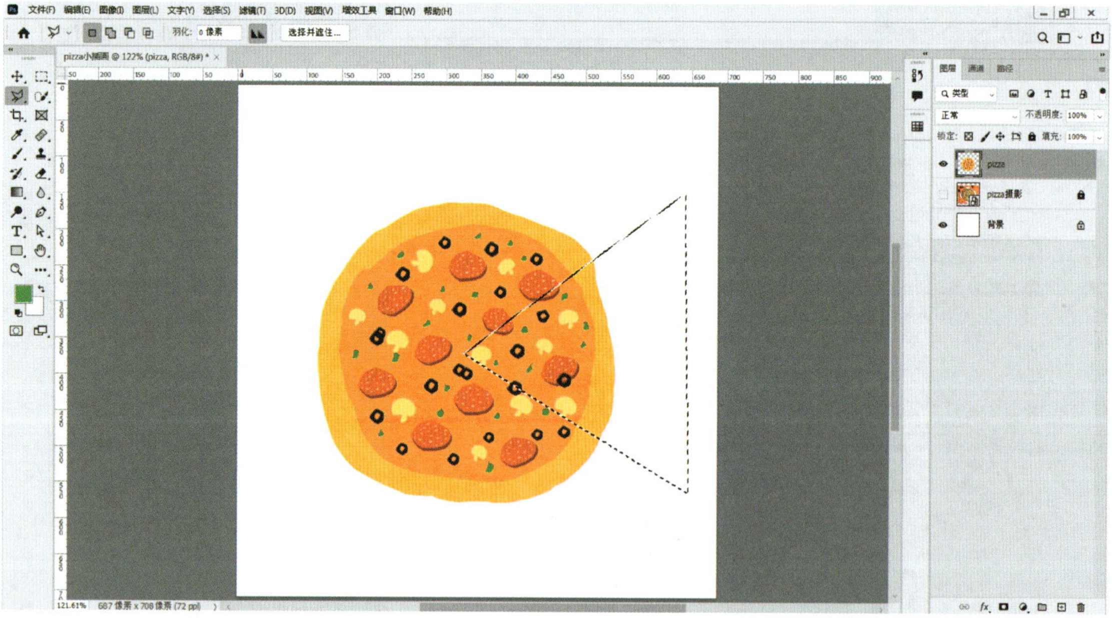

图 3-2-22

⑮ 选择“图层 1”，选择“移动工具”移动其位置，如图 3-2-24 所示。

⑯ 在 pizza 下方添加文字，依次添加多个文字图层，调整文字大小及位置，图 3-2-25 所示。至此，美食插画绘制完成。

图 3-2-23

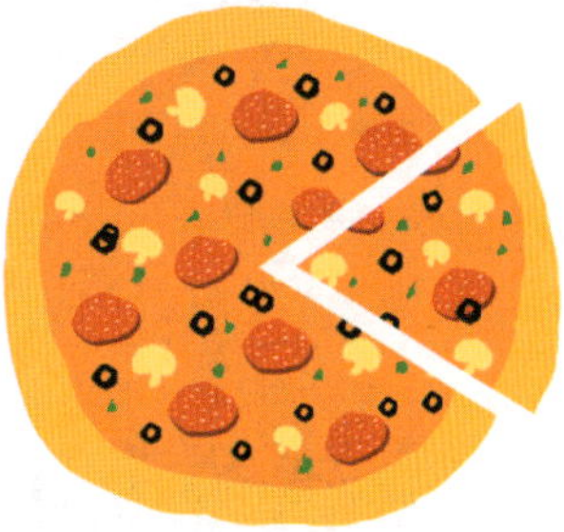

图 3-2-24

图 3-2-25

[项目拓展]

操作题：拍摄美食，用套索工具绘制一幅小插画。

项目3

绘制立体的动物图案

微课 3-4
立体动物图案的绘制

[项目分析]

经常可以在网上看到一些三角块面效果的插图，视觉效果强，风格明显。块面风格插图是用多边形索套工具绘制三角形，通过模糊工具的平均使色彩块面化，实现三角形立体块面效果。

[项目实施]

① 打开素材图片，在图层面板底部选择“背景”图层并拖曳到 ⊞ 创建新图层图标上，自动生成图层副本，如图 3-3-1 所示。双击图层缩略图文字，将层名“背景拷贝”更改为“三角块面”。

② 用多边形索套工具绘制三角形。工具栏选择索套工具，选择多边形索套 ，将上方属性栏羽化设置为“0”。在新图层上找到熊猫眼睛的边缘处，根据对象的立体结构和光影色彩变化绘制三角形的选区，如图 3-3-2 所示，索套起点与终点重合后得到三角形选区。

③ 执行“滤镜 / 模糊 / 平均”命令，如图 3-3-3 所示，选区内生成一个颜色与原图肌理色彩基本一致的色块，如图 3-3-4 所示。以第 1 个三角形为基准，根据对象的立体结构和色彩绘制其余的三角形，如图 3-3-5 所示。同样使用“滤镜 / 模糊 / 平均”命令进行填色，可以按快捷键 Alt+Ctrl+F 重复平均效果。这个过程要求有耐心并且非常细心，如图 3-3-6 所示。三角形与三角形之间的边线要贴齐，一个个完成，注意明暗关系。绘制效果如图 3-3-7 所示。

④ 添加白色背景。工具栏选择对象选择工具，框选熊猫，选区建立，如图 3-3-8 所示，。执行“选择 / 反选”命令，如图 3-3-9 所示，将熊猫背景区域选取。反选后，图片四周出现选区，在工具栏单击拾色器，如图 3-3-10 所示，选择白色，单击“确定”按钮。执行“选择 / 编辑 / 填充”命令，如图 3-3-11 所示，背景被填充成白色。执行“选择 / 取消选择”命令，如图 3-3-12 所示，选区取消。动物三角形图案绘制完成，最终效果如图 3-3-13 所示。

图 3-3-1

图 3-3-2

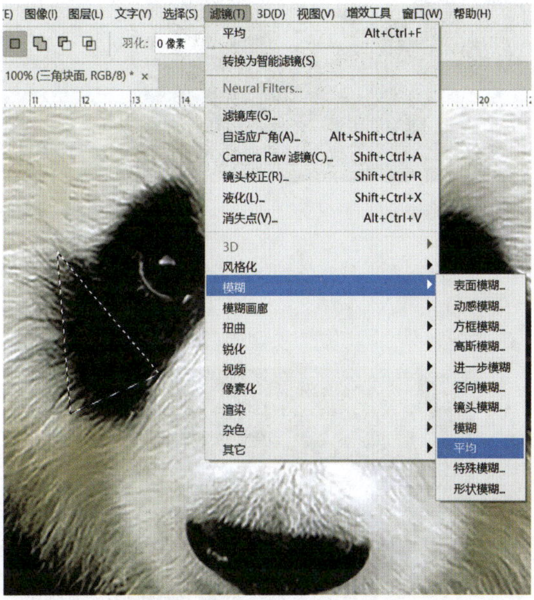

图 3-3-3

图 3-3-4

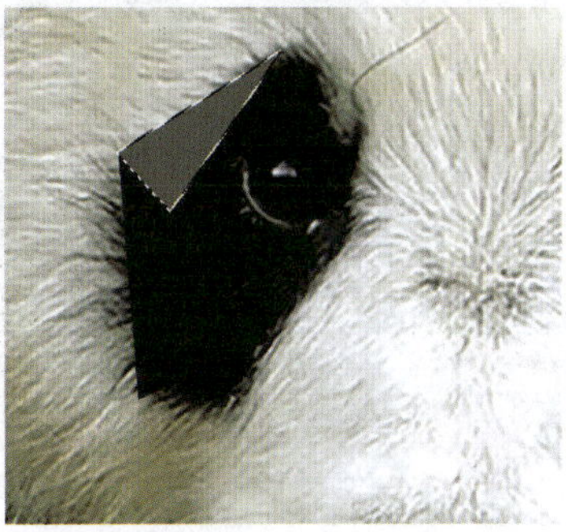

图 3-3-5

图 3-3-6

图 3-3-7

图 3-3-8

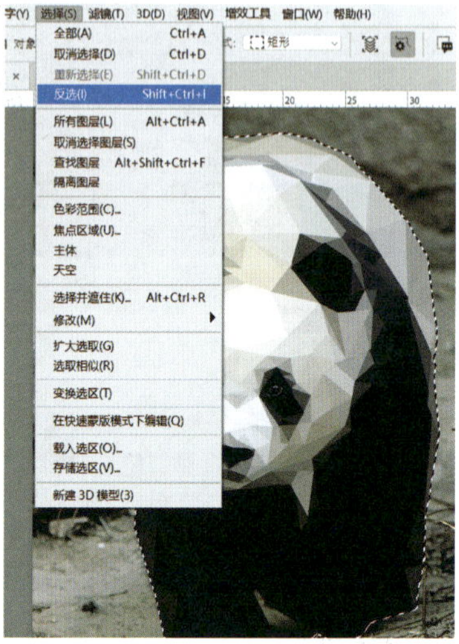

图 3-3-9

图 3-3-10

图 3-3-11

图 3-3-12

图 3-3-13

[项目拓展]

操作题：请运用多边形索套绘制任意立体动物图案。

项目4

优化选区置换新背景

微课 3-5
优化选区置换新背景

[项目分析]

给证件照换背景色，人物发丝比较细腻，用前面使用的方法都不太合适，抠出来的图像不自然，下面介绍用选择并遮住调整边缘的方法来抠取头发。效果对比如图 3-4-1、图 3-4-2 所示。

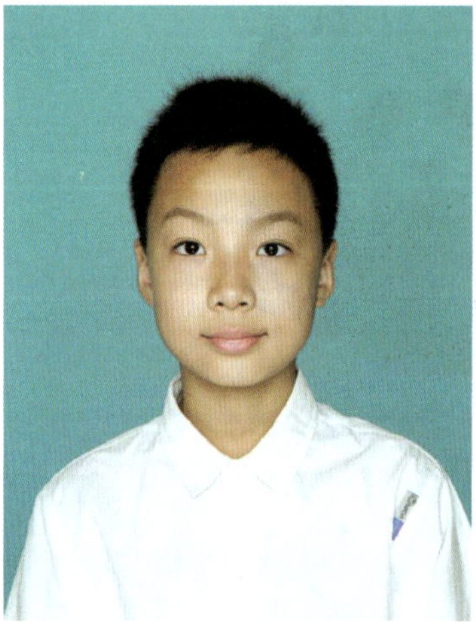

图 3-4-1

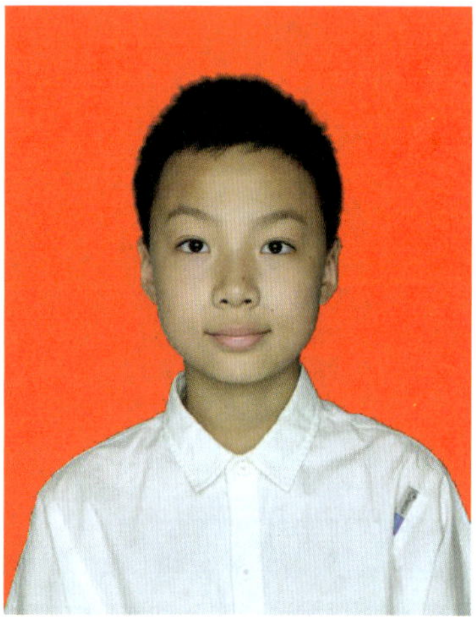

图 3-4-2

[项目实施]

① 打开素材图片，如图 3-4-1 所示。

② 按快捷键 Ctrl+J 复制“背景图层”为“图层 1”，如图 3-4-3 所示。

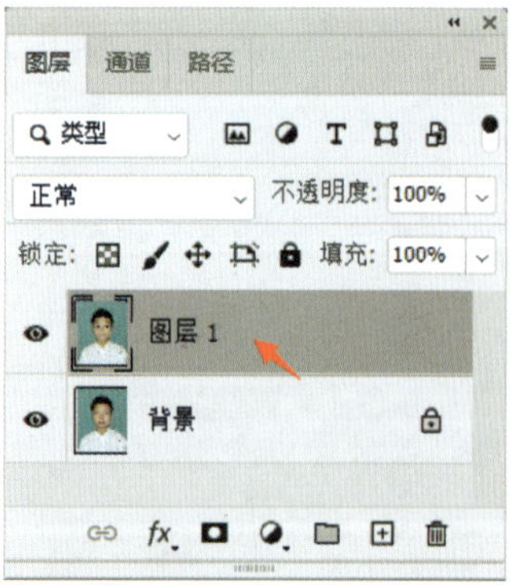

图 3-4-3

③ 选择“图层 1”图层为当前图层，选择魔棒工具，单击背景，建立选区，如图 3-4-4 所示。按快捷键 Ctrl+Shift+I，反向选区，之后单击“选择并遮住”按钮，如图 3-4-5 所示。

图 3-4-4

图 3-4-5

④ 弹出对话框，如图 3-4-6 所示。

⑤ 选择“视图模式”为“叠加”，调整不透明度，如图 3-4-7、图 3-4-8 所示。选择“调整边缘画笔”沿发丝边缘涂抹，优化选区，如图 3-4-9 所示，发丝边缘背景被去除，如图 3-4-10 所示。

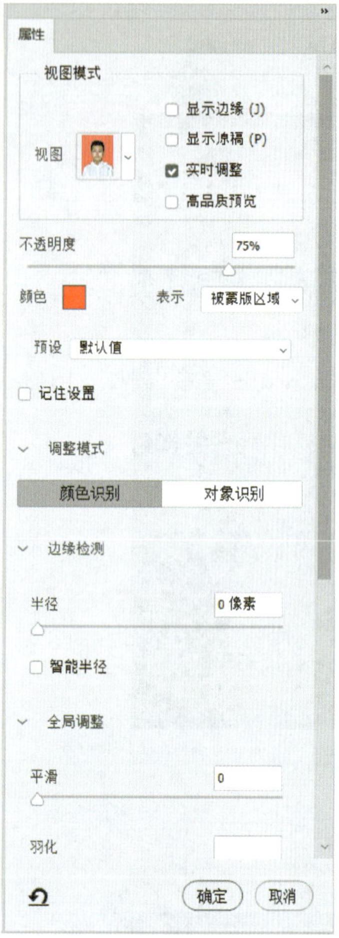

图 3-4-6

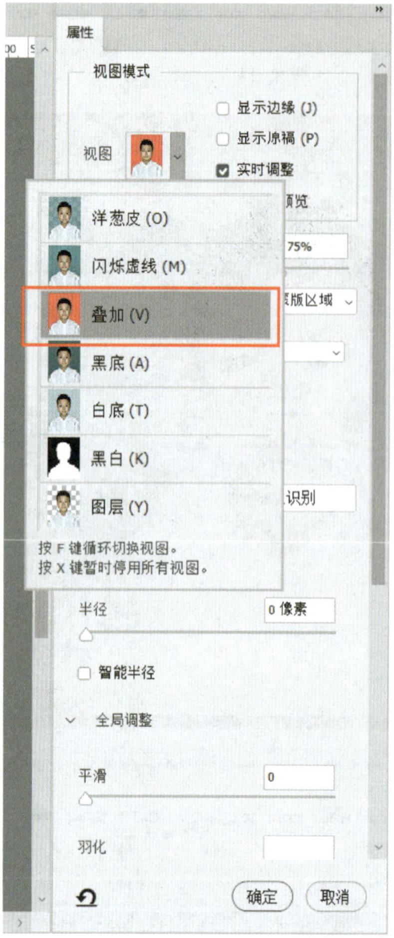

图 3-4-7

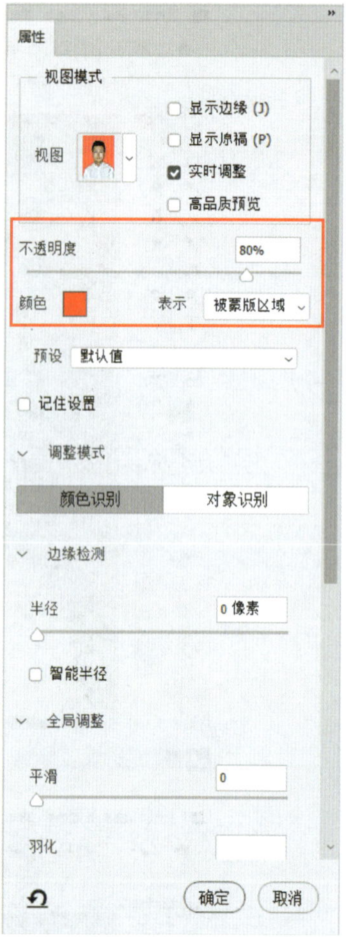

图 3-4-8

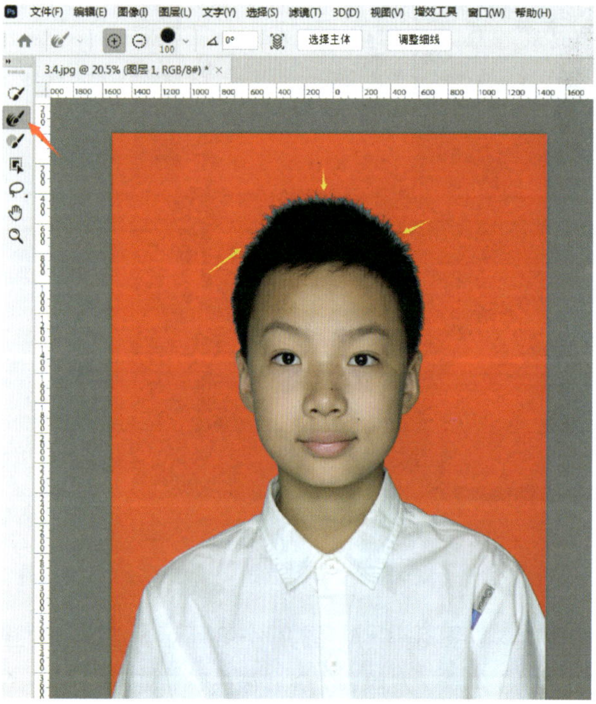

图 3-4-9

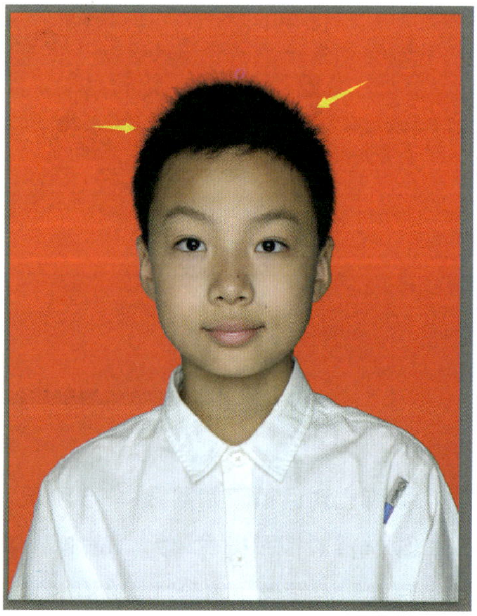

图 3-4-10

⑥ 选择“净化颜色”，调整数量，选择输出到“新建带有图层蒙版的图层”，单击“确定”按钮，如图 3-4-11 所示。

⑦ 在“图层 1 拷贝”图层下方，新建空白图层，填充红色，如图 3-4-12 所示。图片处理完成。

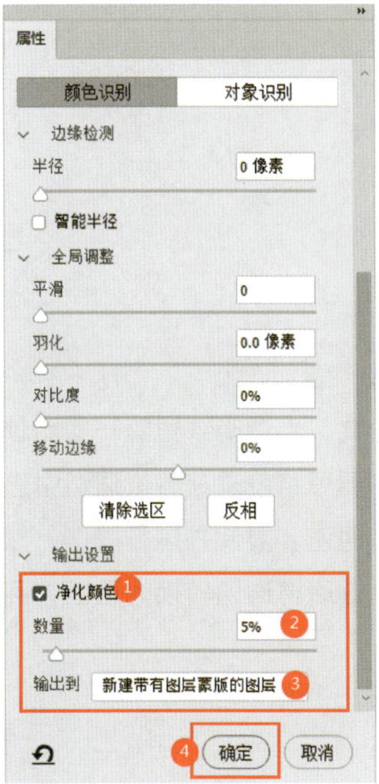

图 3-4-11

图 3-4-12

[项目拓展]

操作题：为自己或亲友做一张证件照，并替换不同颜色的背景。

项目5

用通道抠取人物发丝

[项目分析]

对于有毛发的小动物或人像、边缘复杂的植物、半透明纱裙等一些比较特殊的对象都可以用通道来抠取。通道抠图的主要思路就是在各个通道中进行对比，找到一个主体物与背景黑白反差最大的通道，复制并进行操作，然后进一步强化黑白反差，得到合适的黑白通道。最后将通道转换为选区，回到 RGB 通道，再在图层中完成抠图。

微课 3-6
用通道抠取人物发丝

[项目实施]

① 打开素材图片，如图 3-5-1 所示。打开通道面板，复制蓝色通道，如图 3-5-2 所示。

图 3-5-1

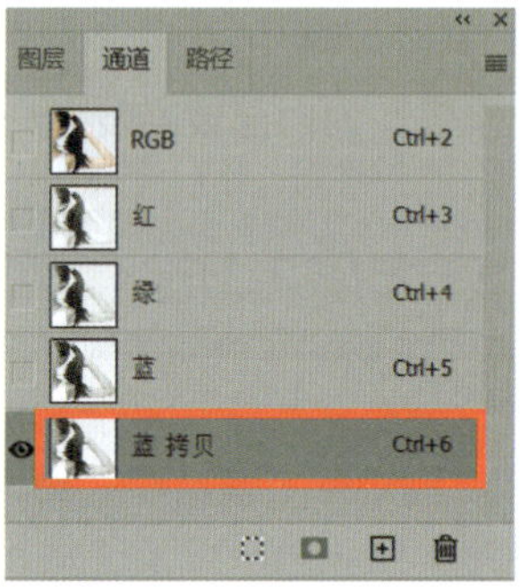

图 3-5-2

② 执行“图像 / 调整 / 色阶”命令，如图 3-5-3 所示，设置参数如图 3-5-4 所示。

③ 执行“图像 / 调整 / 反相”命令，如图 3-5-5 所示。

④ 执行“图像 / 调整 / 色阶”命令，调整参数如图 3-5-6 所示，直至画面主体与背景呈现黑白对比。

⑤ 将前景色设置为白色，选择画笔工具，如图 3-5-7 所示。在如图 3-5-8 所示位置涂抹，将人物身体部分全部涂成白色。

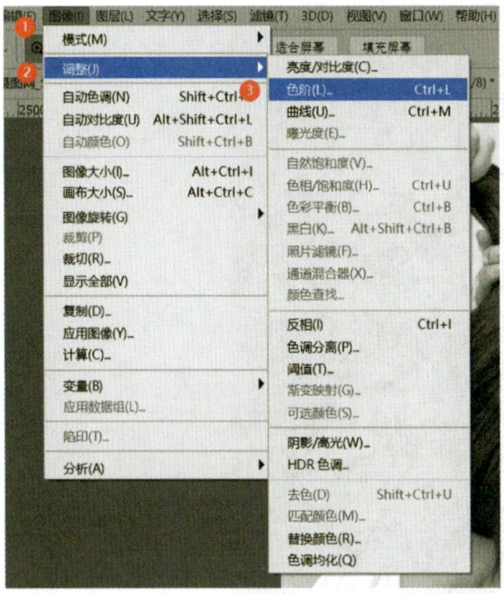

图 3-5-3

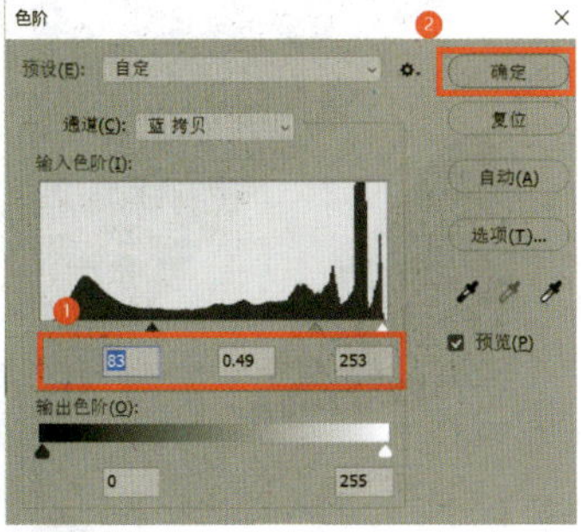

图 3-5-4

图 3-5-5

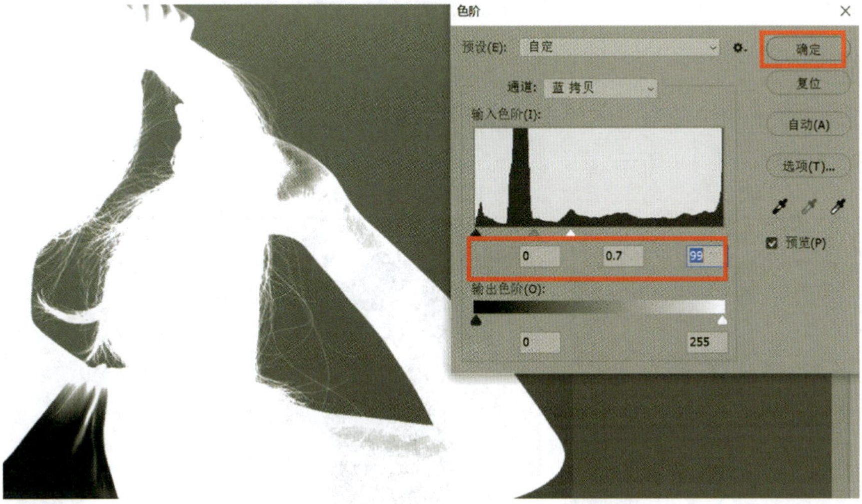

图 3-5-6

图 3-5-7

⑥ 执行“图像 / 调整 / 色阶”命令，调整参数如图 3-5-9 所示，直至画面主体与背景呈现黑白对比。

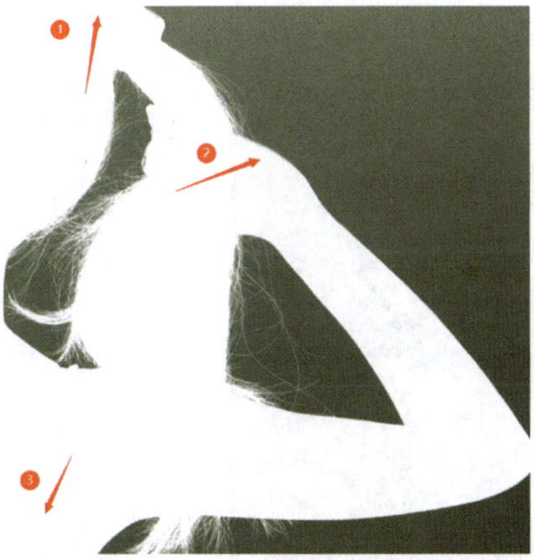

图 3-5-8

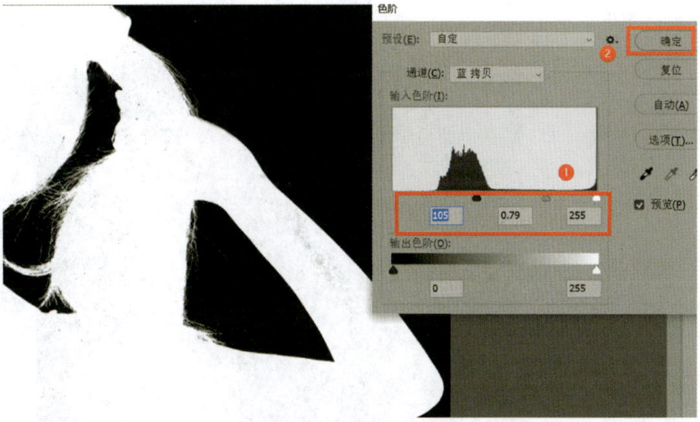

图 3-5-9

⑦ 按住 Ctrl 键单击“蓝色拷贝”通道的缩略图，如图 3-5-10 所示，人物部分建立选区。

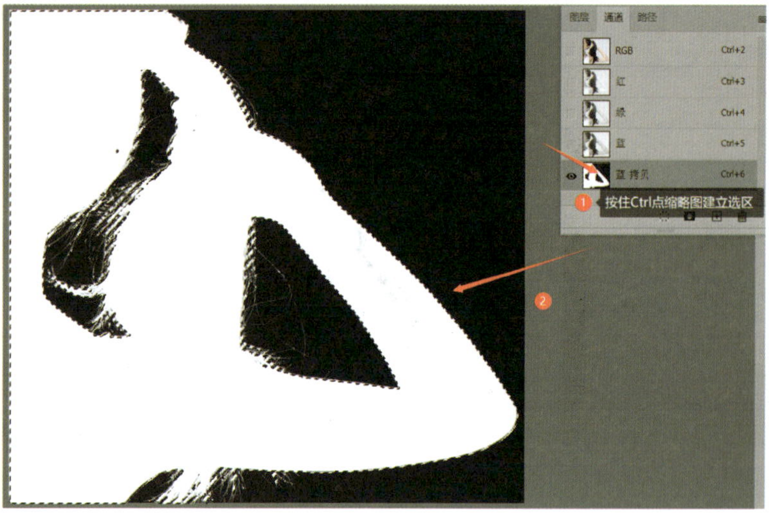

图 3-5-10

⑧ 单击 RGB 通道，如图 3-5-11 所示。回到图层面板，如图 3-5-12 所示。在选择工具的状态下，在选区内右击，在弹出的快捷菜单中单击“通过拷贝的图层”命令，如图 3-5-13 所示。人物被抠出且独立成层，如图 3-5-14 所示。

图 3-5-11

图 3-5-12

图 3-5-13

⑨ 单击“背景拷贝”图层缩略图，隐藏背景层，如图 3-5-14 所示。

⑩ 将“背景拷贝”图层填充白色，最终效果如图 3-5-15 所示。

图 3-5-14

图 3-5-15

[项目拓展]

操作题：选用一张长发人物照片，将其抠图换背景。

项目6

快速蒙版抠羊绒玩偶

微课 3-7
快速蒙版抠羊绒玩偶

[项目分析]

当遇到选择的区域比较复杂时，如毛绒玩具，可以使用快速蒙版创建选区。通过快速蒙版创建的选区可以反复进行修改，多用于复杂外形的抠图。

[项目实施]

① 打开素材图片，如图 3-6-1 所示，我们希望将玩偶从背景中分离出来。

② 单击工具栏中最下方的“以快速建立蒙版模式编辑”按钮，图层背景层变红色，如图 3-6-2 所示。

图 3-6-1

图 3-6-2

③ 调整工具栏中的画笔大小和硬度，在玩偶上涂抹使其变成红色，如图 3-6-3 所示。如果绘制有误可用橡皮擦修改，最终得到玩偶区域。

④ 最后单击“以标准模式编辑”按钮，即可得到准确的选区，如图 3-6-4、图 3-6-5 所示。

图 3-6-3

图 3-6-4

⑤ 执行“选择 / 反选”命令，如图 3-6-6 所示，将选区变换为玩偶部位。

图 3-6-5

图 3-6-6

⑥ 选择“任意选择”工具，然后将光标移至选区内右击，选择“通过拷贝的图层”命令，如图 3-6-7 所示。玩偶独立成层，单击背影层缩略图前面的 ◉ 图标将背景层隐藏，效果如图 3-6-8 所示。

QQ图片20220430190147.jpg @ 104%(RGB/8) * ×
取消选择
选择反向
羽化...
选择并遮住...
存储选区...
建立工作路径...
通过拷贝的图层
通过剪切的图层
新建图层...
自由变换
变换选区
填充...
描边...
内容识别填充...
上次滤镜操作
渐隐...
渲染 3D 图层
从当前选区新建 3D 模型
鼠标右击

图 3-6-7

像素图层
变换
W 630 像素
X 84 像素
H 747 像素
Y 53 像素
0.00°
对齐并分布
图层
通道
路径
类型
正常
不透明度: 100%
锁定:
填充: 100%
图层 1
背景
(72 ppi)

图 3-6-8

⑦ 将背影颜色替换为白色，如图 3-6-9 所示，最终效果如图 3-6-10 所示。

图 3-6-9

图 3-6-10

[项目拓展]

操作题：自选 1 张毛绒玩具图片，对其抠图替换背景。

项目7

取传统绘画代表图像

微课 3-8
取传统绘画代表画像

[项目分析]

本项目主要为从传统绘画中抠取人像，操作需要十分精准，选取贴合画像，且保留线的韵味，适合使用钢笔工具抠图。

[项目实施]

① 认识钢笔工具。

钢笔工具 ，可以帮助我们绘制出各种各样的图形，还可用于精准抠图。

用钢笔工具绘制出来的对象叫作路径，路径通过锚点和方向点控制，方向点形成手柄的长度和方向决定路径走向，如图 3-7-1 所示。一段曲线路径上至少会有两个锚点和两个方向点，位于曲线首尾。

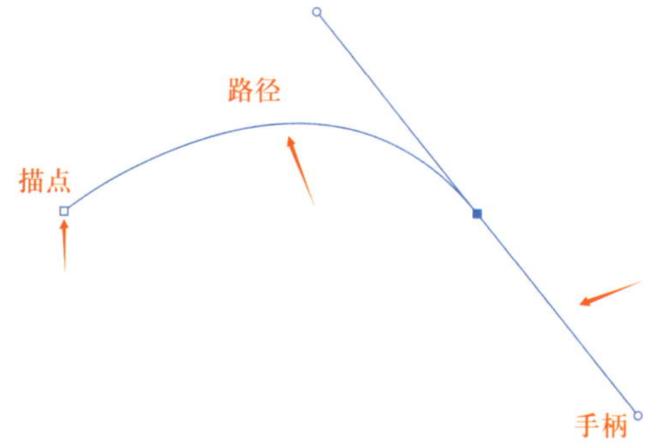

图 3-7-1

路径分两种，开放路径与闭合路径，如图 3-7-2、图 3-7-3 所示。

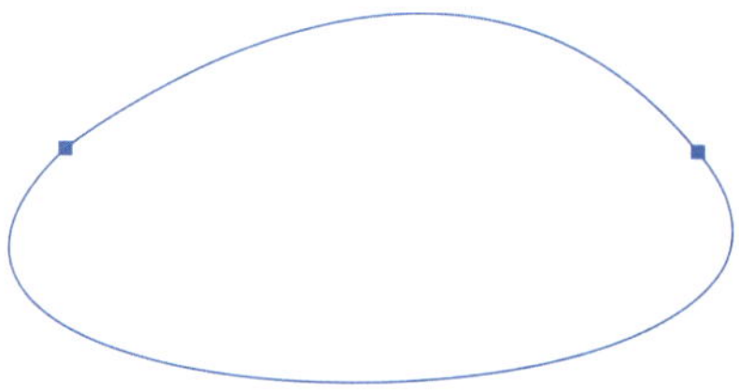
图 3-7-2

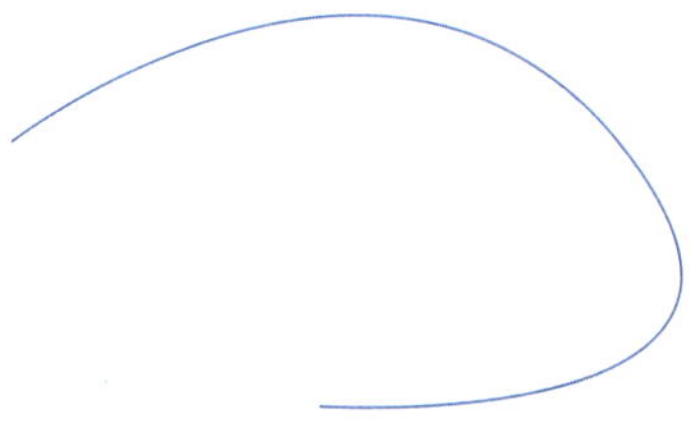
图 3-7-3

绘制路径时，先绘制锚点。锚点分为平滑点（如图 3-7-4 所示）和角点（如图 3-7-5 所示）。其中角点又可细分为尖角点，如图 3-7-6 所示。平滑点路径为连续平滑曲线，角点两侧路径突然改变方向，尖角点两侧路径都为直线。运用转换点工具，可转换平滑点和角点类型。

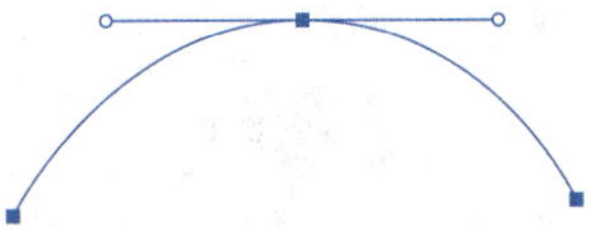
图 3-7-4

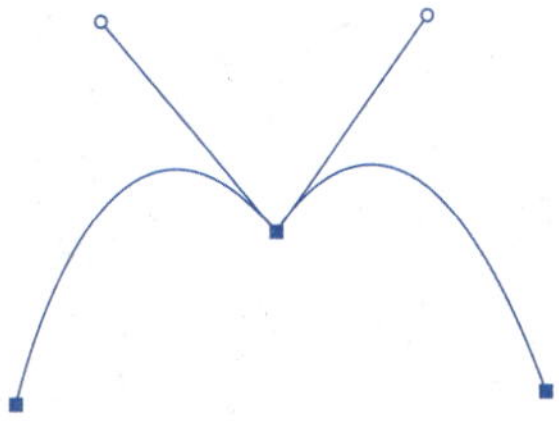
图 3-7-5

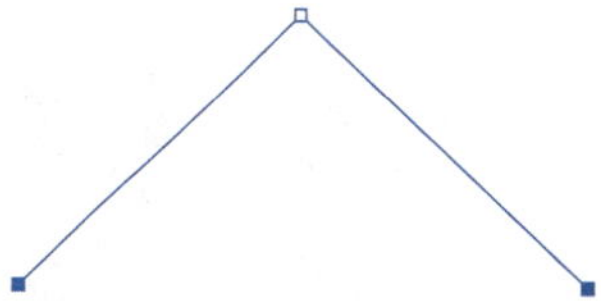
图 3-7-6

钢笔工具绘制直线段与曲线方法有所不同。单击锚点，再次单击第 2 个锚点，形成直线，如图 3-7-7 所示。单击鼠标创建锚点，按住鼠标左键并拖曳形成曲线，如图 3-7-8 所示。手柄越长，曲率越大；手柄越短，弧度越小，如图 3-7-9 所示。

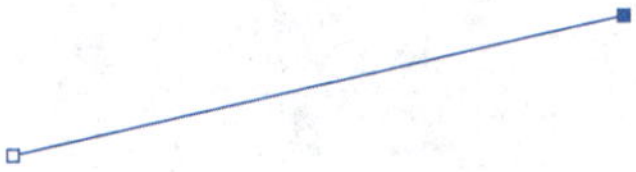
图 3-7-7

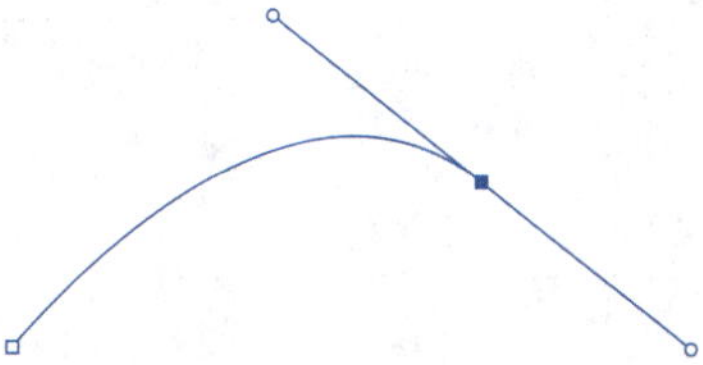
图 3-7-8

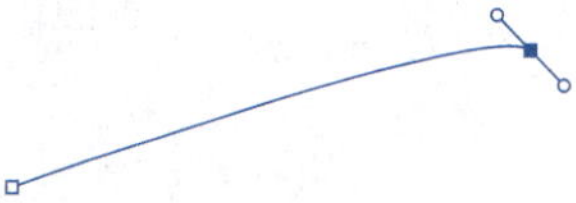
图 3-7-9

② 新建文件。执行“文件 / 新建”命令，打开“新建文档”对话框，创建一个文档，命名为“取传统绘画代表图像”。“分辨率”设为“300 像素 / 英寸”，“颜色模式”设为“CMYK 颜色”，“背景内容”设为“白色”，单击“创建”按钮，如图 3-7-10 所示。

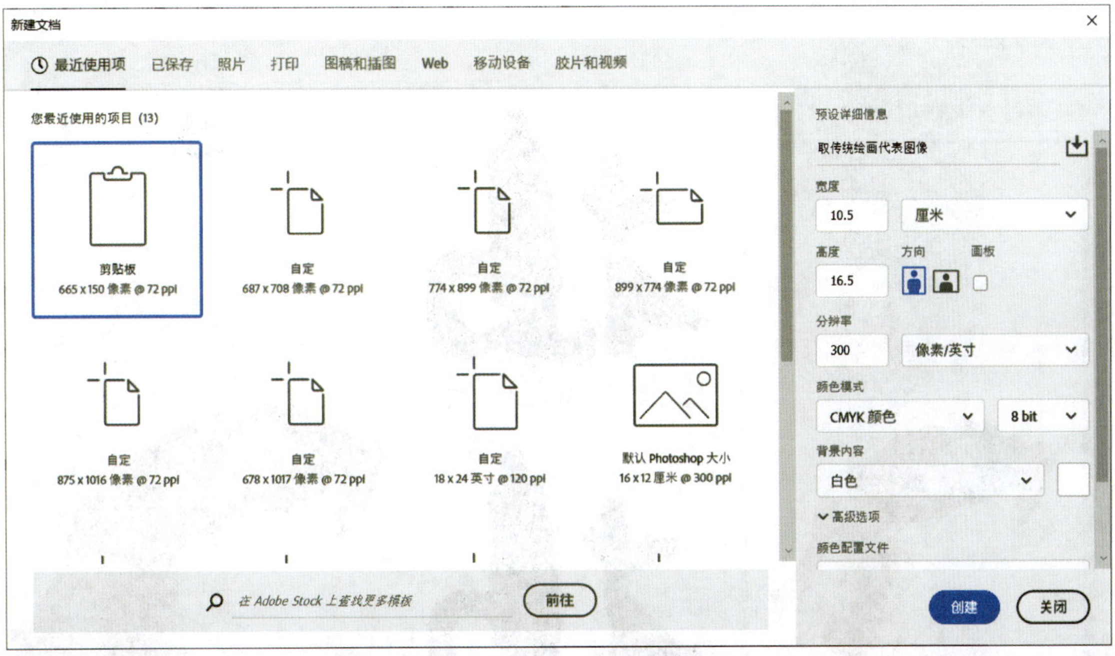

图 3-7-10

③ 打开捣练图，如图 3-7-11 所示，用钢笔工具勾取人像的轮廓，如图 3-7-12 所示。按快

捷键 Ctrl+Enter 将路径转换为选区，如图 3-7-13 所示。

图 3-7-11

图 3-7-12

图 3-7-13

④ 按快捷键 Ctrl+C 复制，按快捷键 Ctrl+V 粘贴到“取传统绘画代表图像”文档内，如图 3-7-14 所示。

⑤ 打开捣字文档，如图 3-7-15 所示。选择魔棒工具，单击文字部分，建立选区，如图 3-7-16 所示。按快捷键 Ctrl+C 复制，按快捷键 Ctrl+V 粘贴到“取传统绘画代表图像”文档内，如图 3-7-17 所示。

图 3-7-14

图 3-7-15

图 3-7-16

图 3-7-17

⑥ 步骤同上，分别选取“练”字和“图”字，置入“取传统绘画代表图像”文档内，如图 3-7-18 所示。

⑦ 将印章图片拖曳入文档，丰富画面，如图 3-7-19 所示。

图 3-7-18

图 3-7-19

⑧ 最终效果如图 3-7-20 所示。

图 3-7-20

[项目拓展]

操作题：下载本项目素材，完成抠图，或自选 1 张类似作品进行抠图。

项目8

精抠单车替换场景图

微课 3-9
精抠单车替换场景图

微课 3-10
钢笔工具

[项目分析]

本项目主要使用钢笔工具抠取单车，再替换场景，如图 3-8-1、图 3-8-2 所示。

图 3-8-1

图 3-8-2

[项目实施]

① 打开单车图片，选择钢笔工具，设置属性栏模式“形状”，“填充”红色，“描边”红色，“描边粗细”为 1 像素，如图 3-8-3 所示。

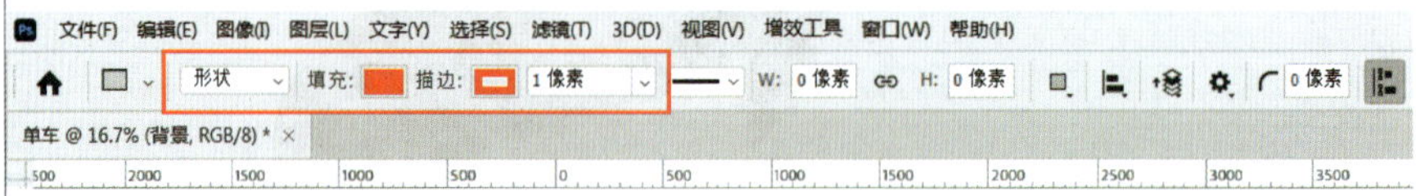

图 3-8-3

② 用钢笔工具勾取人物及单车的整体外轮廓，如图 3-8-4 所示。将“形状 1”图层不透明度设置为 35%，如图 3-8-5 所示。

③ 将钢笔工具“属性栏”设置为“减去顶层形状”，如图 3-8-6、图 3-8-7 所示。

图 3-8-4

图 3-8-5

图 3-8-6

④ 用钢笔工具选中镂空部分，如图 3-8-8 所示。

⑤ 按快捷键 Ctrl+Enter，将形状转换为选区，如图 3-8-9 所示。选择“背景”图层，按快捷键 Ctrl+J 抠取，如图 3-8-10 所示。

⑥ 关闭“形状 1”和“背景”图层前面的眼睛图标，如图 3-8-11 所示。在“图层 1”下方新建空白图层，填充颜色，如图 3-8-12 所示。

⑦ 最终效果如图 3-8-13 所示。

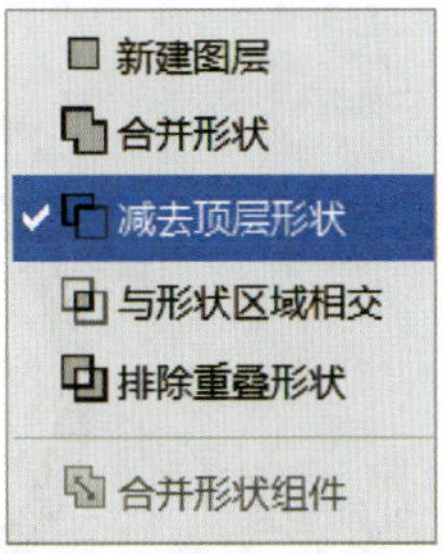

图 3-8-7

图 3-8-8

图 3-8-9

图 3-8-10

图 3-8-11

图 3-8-12

图 3-8-13

[项目拓展]

操作题：自选 1 张单车图片完成抠图换背景，注意画面的完整性。

导学：如何调整图像颜色

[模块导读]

图片调色是 Photoshoop 的核心功能之一，是指将特定的色调加以改变，形成另一色调的图片。调色技术在实际应用中主要分为两方面：校正错误颜色和创造风格化色彩。所谓错误的颜色在数码照片中主要体现为曝光过度、亮度不足、画面偏灰、色调偏色等，使用调色技术可以很轻松地将其调整为正常效果。而创造风格化色彩则相对复杂，不仅可以使用调色技术，还可以与图层混合、绘制工具等共同使用。

本模块微课视频主要采取“动画讲解原理 + 操作示范”的形式，既新颖又实用。

[素养提升]

本模块主要通过制作复古人像效果、双色人像效果、为网店服装替换颜色、调出不同色调的图像等项目，引导学生热爱祖国，关注都市发展、关注美好事物；帮助学生树立正确的价值取向；提升审美能力，提高创造美的技能，同时也提供美的服务。

模块四 色彩调整

项目1

改变合影中部分颜色

微课 4-1
色相饱和度调色
应用

[项目分析]

色相、饱和度、明度，在调色中似乎总是离不开这 3 个关键词。色相就是颜色本身的样子；饱和度就是颜色的鲜艳程度，最低饱和度就是黑白无彩色；明度是指颜色的明暗程度，光线越强颜色越亮，光线越弱，颜色越暗。把色相、饱和度、明度这 3 个概念加入色环之中，颜色就会有更丰富的变化。

本项目主要运用色相、饱和度等改变图像中的部分颜色，以突出主体人物，如图 4-1-1、图 4-1-2 所示。

图 4-1-1

图 4-1-2

[项目实施]

① 打开图片 4-1-1，用钢笔路径工具选取穿黄色马甲的男生，选取完成后按快捷键 Ctrl+Enter 转换成选区，把主体人物复制到新图层，如图 4-1-3、图 4-1-4 所示。

✓图 4-1-3

✓图 4-1-4

② 打开“色相 / 饱和度”面板，将饱和度降低，使整个画面背景颜色变灰，从而突出穿黄色马甲的男生，如图 4-1-5 所示。

③ 对背景图层添加高斯模糊，使男生更加突出，如图 4-1-6 所示。

图 4-1-5

图 4-1-6

[项目拓展]

操作题：找一张彩色合影图片，对其进行调整色相 / 饱和度的处理，突出主体人物。

项目2

匹配风景图片的颜色

[项目分析]

平时在设计过程当中，经常要将不同色调的图片排在一个版面上，但是色调不搭。使用“匹配颜色”命令，可以匹配不同色调的图像，使多个图层或多个选区之间的颜色更协调。

[项目实施]

① 打开两张素材图片，如图 4-2-1 和图 4-2-2 所示。

图 4-2-1

图 4-2-2

② 在以图 4-2-1 为当前文件的情况下，执行“图像 / 调整 / 匹配颜色”命令，如图 4-2-3 所示，打开“匹配颜色”对话框，将源设置为“4-2-1.jpg”，如图 4-2-4 所示，图片不发生变化。

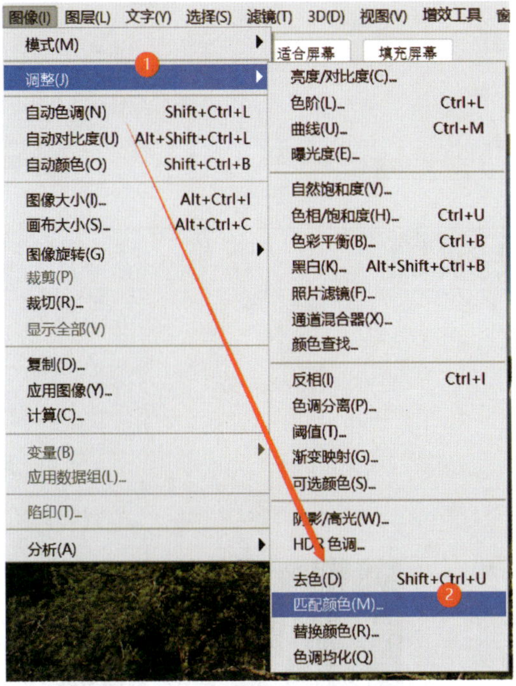

图 4-2-3

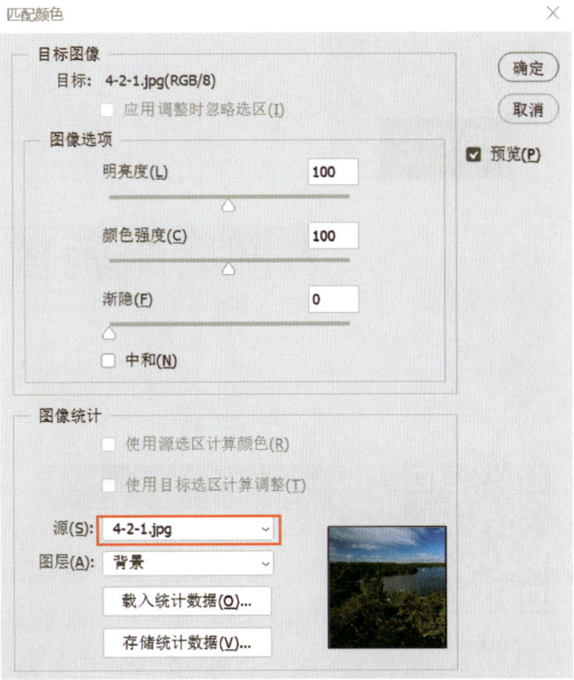

图 4-2-4

③“源”选择与之相匹配的图像“4-2-2.jpg”，设置相应的效果，将明亮度设置为“130”，颜色强度设置为“138”，渐隐设置为“16”，选中“中和”复选框，如图 4-2-5 所示。

④ 最后效果如图 4-2-6 所示。

图 4-2-5

图 4-2-6

[项目拓展]

操作题：找两张颜色差异比较大的风景图片进行颜色匹配。

项目3

为网店服装替换颜色

微课 4-2
为淘宝服装替换颜色

[项目分析]

“替换颜色”是“色彩范围”和“色相 / 饱和度”的综合命令。通过“色彩范围”把图像中要抽出颜色的部分选中，再用“色相 / 饱和度”来改变颜色。

网店上的服装产品，同款有很多不同的颜色，拍摄一款之后可以直接通过 Photoshop 的“替换颜色”命令改变颜色。原图如图 4-3-1 所示，效果图如图 4-3-2、图 4-3-3 所示。

图 4-3-1

图 4-3-2

图 4-3-3

[项目实施]

① 打开绿色服装原图，如图 4-3-1 所示。执行“图像 / 调整 / 替换颜色”命令，打开“替换颜色”对话框，如图 4-3-4 所示。

② 将颜色替换为红色的效果如图 4-3-5 所示。

图 4-3-4

图 4-3-5

[项目拓展]

操作题：自选 1 张人物照片，用替换颜色调整出不同的颜色效果图。

项目4

调出人物的双色效果

微课 4-3
调出照片的双色效果

[项目分析]

在使用 Photoshop 调色时，通常会通过改变颜色通道中的数值，来改变颜色。把图像中的颜色去掉，剩下的黑白画面，称为影调；而这些被去掉的颜色，称为色调。在后期调色中，基本都是围绕着这些属性来进行调色的。

当想要调整一张作品的色调时，首先要观察分析这张作品的影调，它包含着这张图像的黑白场、中间灰以及对比度。接着再分析图片的色调，色调又包含色温、饱和度和色相。通过渐变映射的添加，使照片呈现双色效果，如图 4-4-1 所示，调整后效果如图 4-4-2 所示。

图 4-4-1

图 4-4-2

[项目实施]

① 添加“黑白”调整。首先在图层面板对图片添加“黑白”调整，如图 4-4-3 所示。出现黑白调整，不调整任何数值。回到图层面板，在图层属性面板中将图层模式改成“正片叠底”。添加正片叠底后，整张画面的对比度会加强，画面的色调也会变暗，如图 4-4-4 所示。

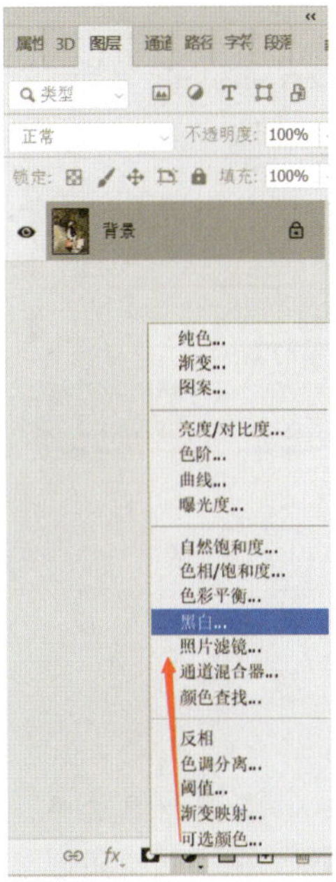

图 4-4-3

图 4-4-4

② 添加曝光度。再给图片添加曝光度，对曝光度的数值做一些微调。在图层面板底部添加“曝光度”，如图 4-4-5 所示。将曝光度设置为“+0.5”，如图 4-4-6 所示。调整后返回图层面板。

图 4-4-5

图 4-4-6

③ 添加色相饱和度。再给图像添加一个色相饱和度，把整张图片的色彩饱和度提高。在图层面板底部选择“色相 / 饱和度”，如图 4-4-7 所示。将饱和度改成“+5”，明度改成“+5”，如图 4-4-8 所示，返回图层面板。

图 4-4-7

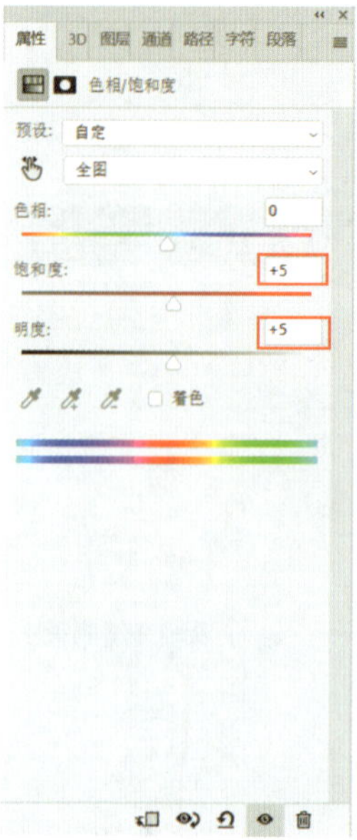

图 4-4-8

④ 添加渐变映射效果，对渐变映射的暗部和亮部分别进行颜色调整。在图层面板选择添加“渐变映射”，如图 4-4-9 所示。单击“渐变映射编辑器”，弹出识色器对话框。给暗部添加紫色，给亮部添加黄色，黄色色值为“C：5、M：26、Y：89、K：0”，如图 4-4-10 所示；紫色色值为“C：65、M：95、Y：0、K：0”，如图 4-4-11 所示。设置完渐变映射效果后的图片如图 4-4-12 所示。

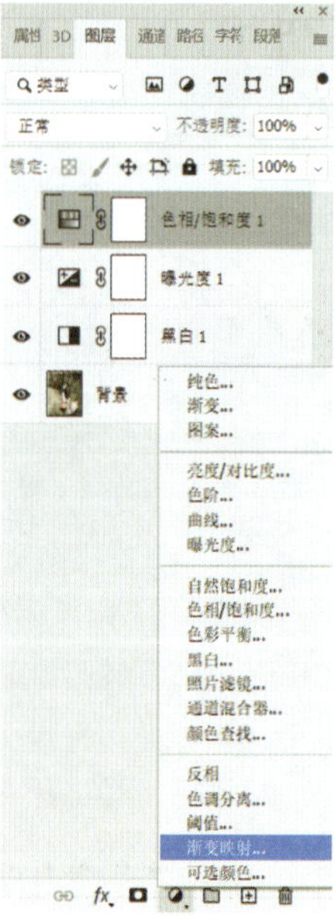

图 4-4-9

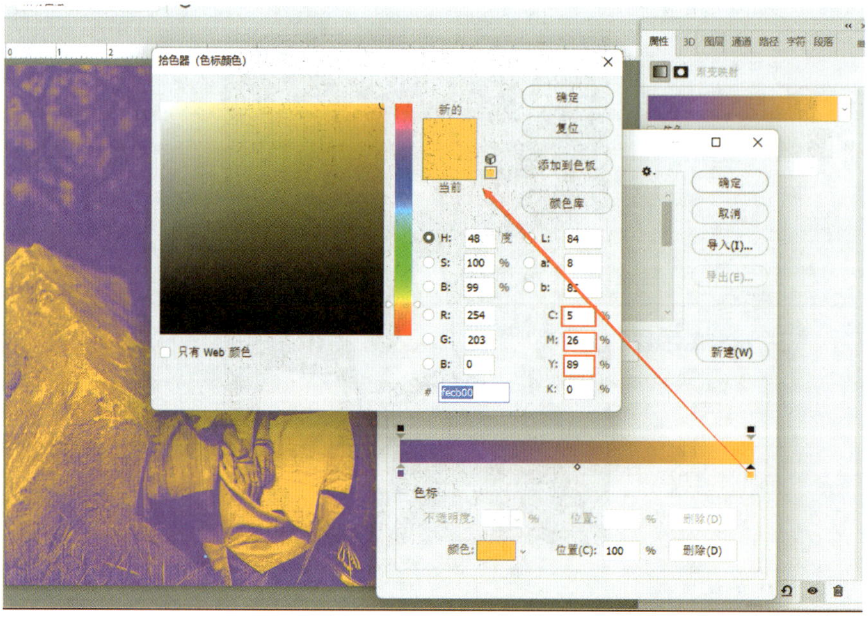

图 4-4-10

⑤ 为其余照片添加效果。图片处理完成，如果有其他照片也想处理成同样的风格，可以将图片拖曳到图层面板迅速实现。打开素材文件，将图层拖曳到修改文件中，使图层置于“背景”图层上方，可以迅速实现双色效果，如图 4-4-13 所示。双色照片最终效果如图 4-4-14 所示。

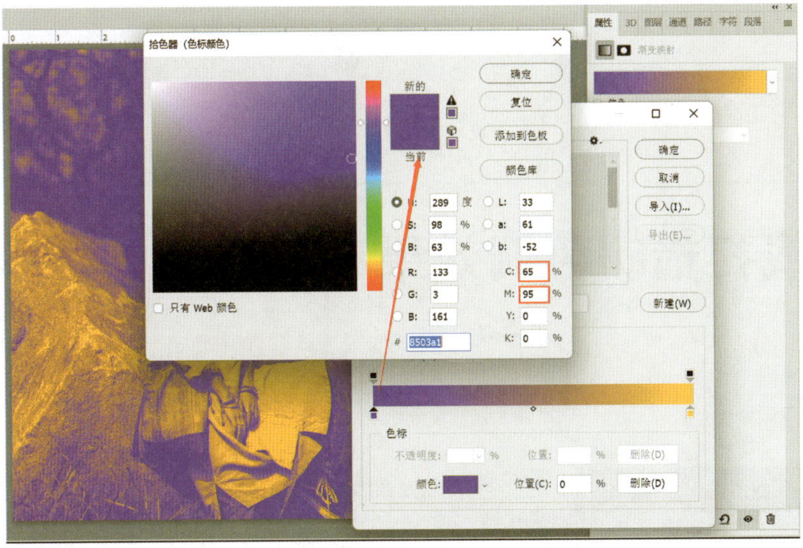

图 4-4-11

图 4-4-12

图 4-4-13

图 4-4-14

[项目拓展]

操作题：请运用渐变映射完成 4 张不同人物照片双色处理。

项目5

曲线打造暖色调效果

微课 4-4
曲线打造暖色调

[项目分析]

本项目我们将一张普通的图片通过曲线命令调整成暖色调效果，项目对比效果如图 4-5-1、图 4-5-2 所示。

图 4-5-1

图 4-5-2

[项目实施]

① 将素材图片打开，执行“图像 / 调整 / 曲线”命令，接着在“属性”面板中设置通道为“RGB”，单击曲线添加控制点，向上拖曳以提高画面的亮度，如图 4-5-3 所示。

② 在“属性”面板中设置通道为“红”，红色是暖色调的常用色，因素材图画面偏绿偏冷，所以要给画面添加点红色。单击曲线添加控制点，向上拖曳以增加画面红色成分，如图 4-5-4 所示。

③ 在“属性”面板中设置通道为“绿”。画面背景为绿色，还有些偏冷，需要再给画面减少点绿色成分。单击曲线添加控制点，向下拖曳，画面绿色成分明显减少，红色成分增多，如图 4-5-5 所示。

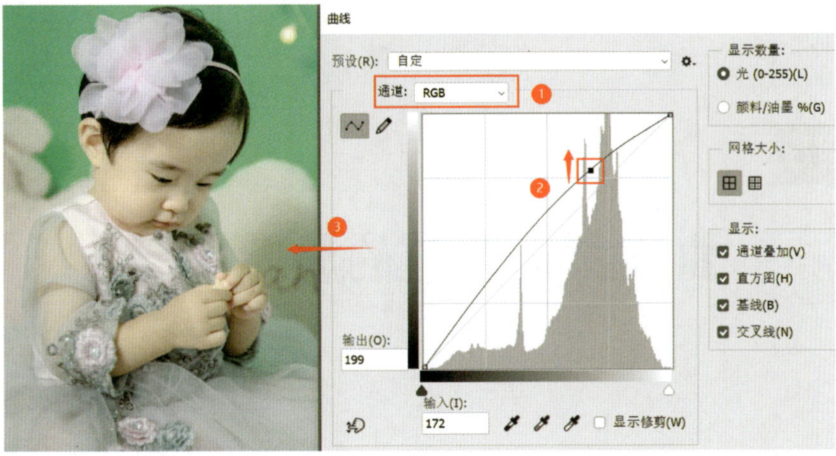

图 4-5-3

图 4-5-4

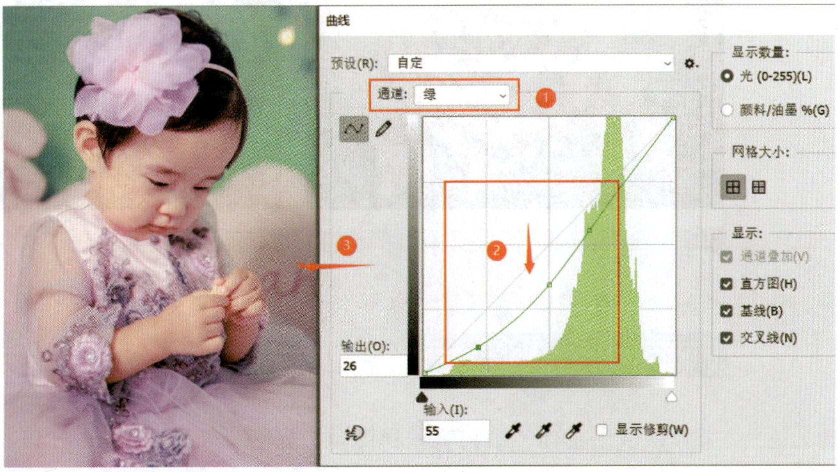

图 4-5-5

[项目拓展]

操作题：选用 1 张人物照片，调出暖色调效果。

项目6

曲线打造金色的质感

微课 4-5
曲线打造金属的质感

[项目分析]

在 Photoshop 中，使用曲线工具就能调出金色的效果，但其中的原理是什么呢？显示中的任何颜色都是由三原色 RGB 演变出来的，通过它们的混合得出了 6 色、12 色以及色环。在色环上找到金色的位置，再将色环还原为 Photoshop 中常用的 6 色，可以看出金色是由红色和黄色混合而成的。打开曲线的红色通道，将曲线往上拉，增加一些红色；再打开蓝色通道，将曲线往下拉，红色和黄色混合就能得到我们想要的金色了，如图 4-6-1、图 4-6-2 所示。

图 4-6-1

图 4-6-2

[项目实施]

① 选出主体物。打开素材图片，如图 4-6-1 所示。如果直接用曲线工具进行调色，画面中除了主体物变成金色外，背景也会呈现金色的效果，所以需要把主体物单独选取出来。对于边缘比较清晰的图片，执行“图像 / 选择 / 选择主体”命令，即可出现选区，如图 4-6-3 所示。

② 复制图层。按快捷键 Ctrl+J，将选区复制为新图层，如图 4-6-4 所示，出现“图层 1”。

图 4-6-3

图 4-6-4

③ 去除颜色。执行“图像 / 调整 / 去色”命令，如图 4-6-5 所示，去除图片颜色，画面呈现如图 4-6-6 所示效果。

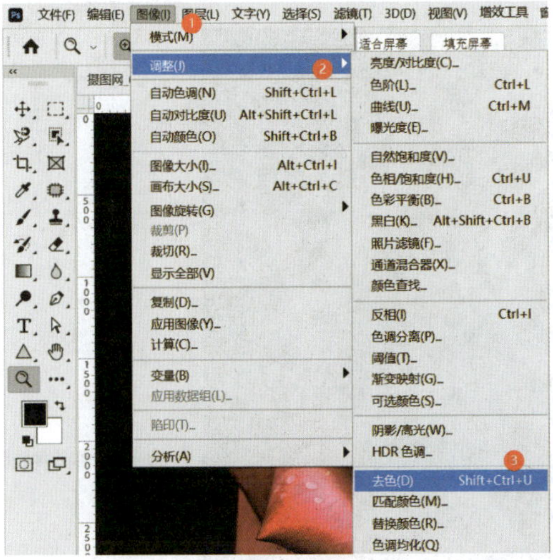

图 4-6-5

图 4-6-6

④ 执行“图像 / 调整 / 反相”命令，如图 4-6-7 所示，去除图片颜色，画面呈现如图 4-6-8 所示效果。

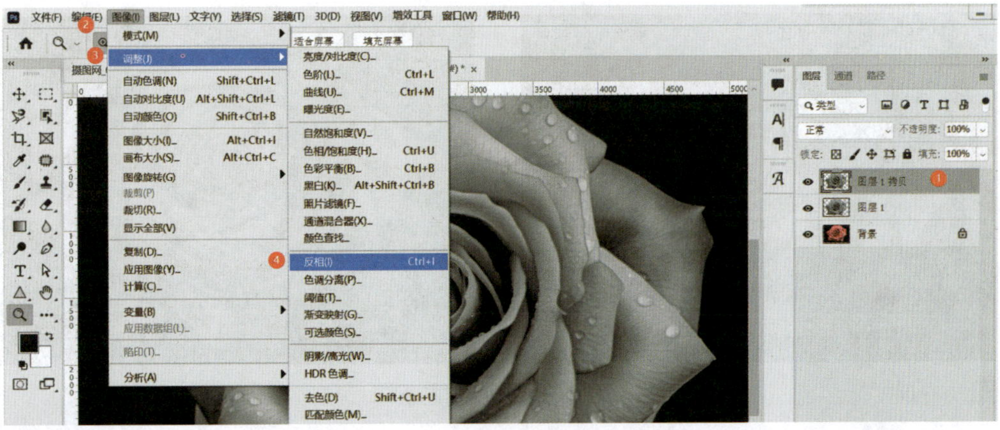

图 4-6-7

⑤ 将图层混合模式调整为“差值”，如图 4-6-9 所示，去除图片颜色，画面呈现如图 4-6-10 所示效果。

图 4-6-8

图 4-6-9

⑥ 重复步骤②～⑤操作，画面效果如图 4-6-11 所示。

图 4-6-10

图 4-6-11

⑦ 调整颜色。执行“图像 / 调整 / 曲线”命令，如图 4-6-12 所示。将通道选项设置为“红”，拖曳曲线，如图 4-6-13 所示。接着将通道选项设置为“蓝”，拖曳曲线，如图 4-6-14 所示。呈现效果如图 4-6-15 所示。

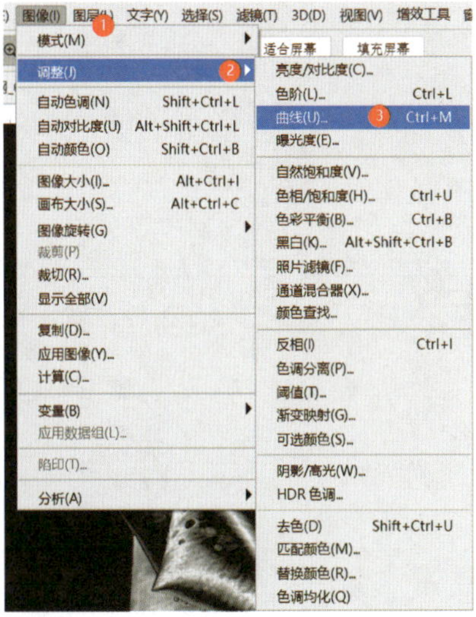

图 4-6-12

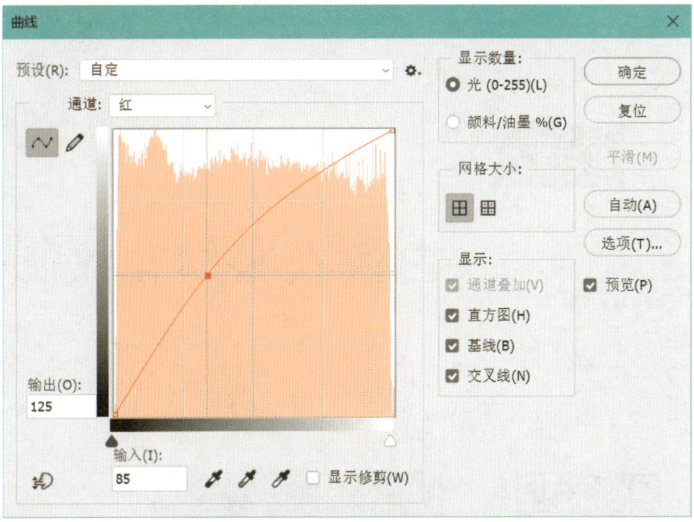

图 4-6-13

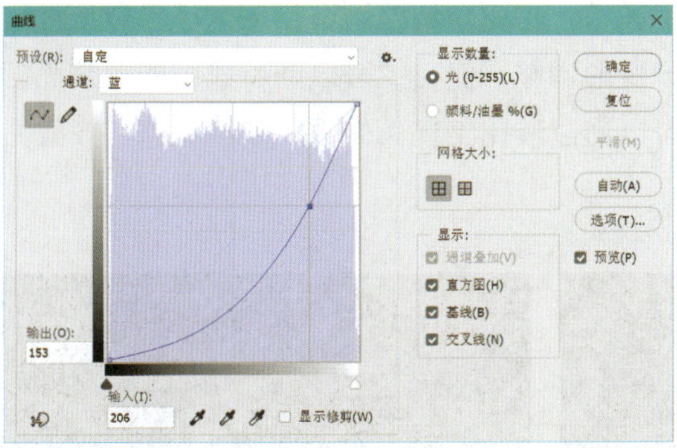

图 4-6-14

图 4-6-15

⑧ 图像呈现颜色较暗，执行“图像 / 调整 / 曲线”命令，如图 4-6-16 所示，将图像整体调亮。

⑨ 最终效果如图 4-6-17 所示。

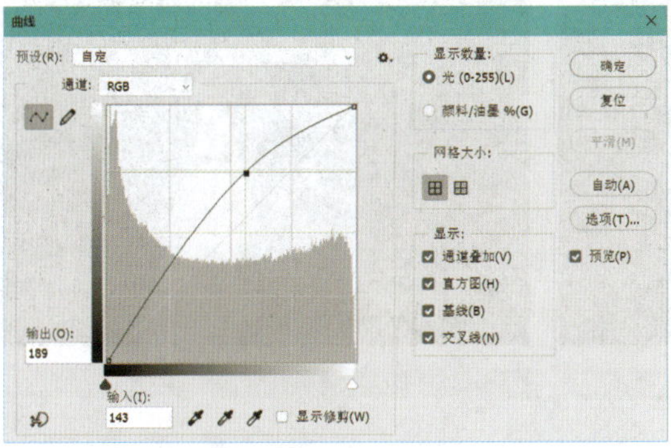

图 4-6-16

图 4-6-17

[项目拓展]

操作题：找一张植物或文物图片，将其调整成金色效果。

项目7

白色衣服换花纹制作

微课 4-6
白色衣服换花纹
制作

[项目分析]

想要将白色衣服换成花色衣服的效果，首先要选取衣服上要替换的花纹区域；然后导入想要替换的花纹，将花纹调整到适当的大小，做正片叠底；最后配合网格工具，进行变形调整，使花纹可以随着衣服的褶皱而扭曲。如果觉得不够明显，还可以通过液化工具再做进一步的微调。效果如图 4-7-1、图 4-7-2 所示。

图 4-7-1

图 4-7-2

[项目实施]

① 选出白色衣服。选出白色衣服有两种方法，一种是用魔棒工具进行选取，但用魔棒工具选取时会有选取区域不精准的弊端，并且物体边缘会出现

毛边，如图 4-7-3 所示。因此，一般使用钢笔工具处理。用钢笔路径工具进行选取，选取完成后按快捷键 Ctrl+Enter 转换成选区，再新建一个图层，在新图层中对选区填充黄色，如图 4-7-4 所示。

图 4-7-3

② 导入要替换的花纹素材，如图 4-7-5 所示。

图 4-7-4

③ 对花纹素材创建剪切蒙版，再做正片叠底效果。这样就完成了白色衣服换花纹的制作，如图 4-7-6 所示。

图 4-7-5

图 4-7-6

[项目拓展]

操作题：选用 1 张纯色衣服的人物照片，进行调色并添加花纹。

项目8

渐变填充光照的效果

[项目分析]

画面中一家人在森林的小溪中抬头仰望天空，光照在人物的侧面非常漂亮。可是天空光照的感觉不强，可以给照片添加光照，让照片艺术效果更加突出。可以通过图层面板添加渐变填充增加光束，更改光束图层样式；通过添加图层蒙版减弱尾部光；通过高斯模糊让光束更真实、更柔和；调整色相饱和度，最后给画面添加 3DLUT 色彩处理，对比效果如图 4-8-1、图 4-8-2 所示。

图 4-8-1

图 4-8-2

[项目实施]

① 添加渐变填充。打开素材图片，分析图片现有问题，发现光照感觉不强，应给画面添加光束。单击试色器，对前景色进行更改，数值如图 4-8-3 所示，注意 C 设置为“61”、M 设置为“4”，单击“确定”按

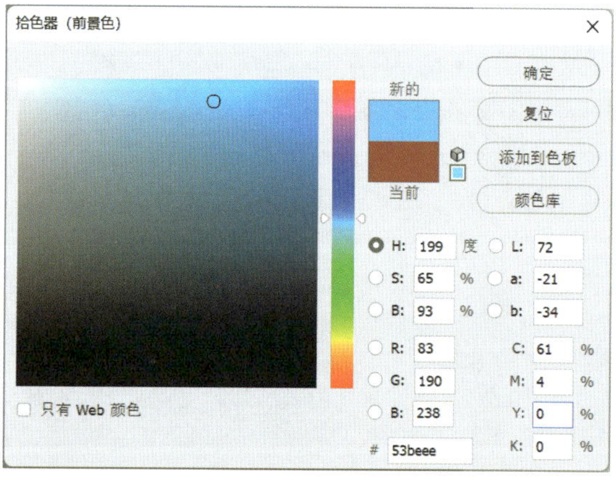

图 4-8-3

钮。在图层面板属性栏底部，单击创建新的填充或调整图层图标，选择“渐变”选项，如图4-8-4所示。图片出现渐变效果，如图4-8-5所示。单击渐变面板中的渐变栏，弹出渐变编辑器对话框，将渐变类型改成“杂色”，如图4-8-6所示。粗糙度改成“100%”，如图4-8-7所示。色彩模式改成“LAB”，如图4-8-8所示。

② 将图层类型更改为“滤色”。拖曳“LAB”三角形滑块操纵滑杆，分别向中心拖曳，效果如图4-8-9所示，单击“确定”按钮。回到渐变填充面板，将样式改成“角度”，如图4-8-10所示。回到图层属性面板栏，将类型改成“滤色”，如图4-8-11所示。

图 4-8-4

图 4-8-5

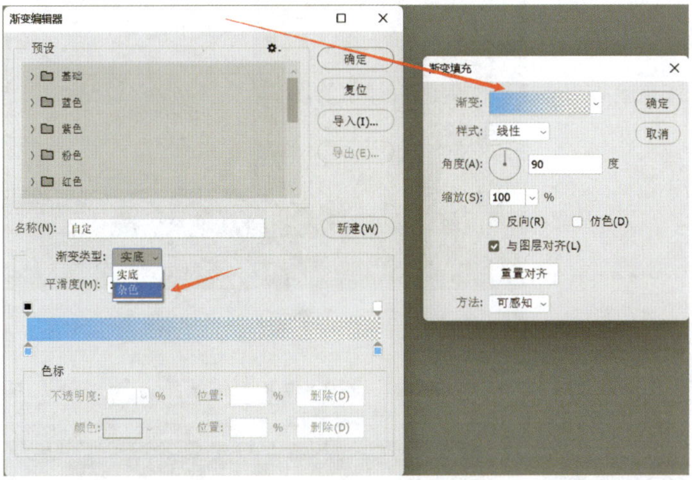

图 4-8-6

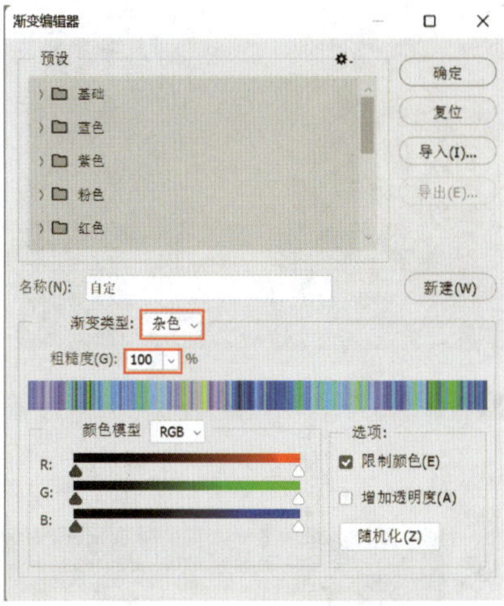

图 4-8-7

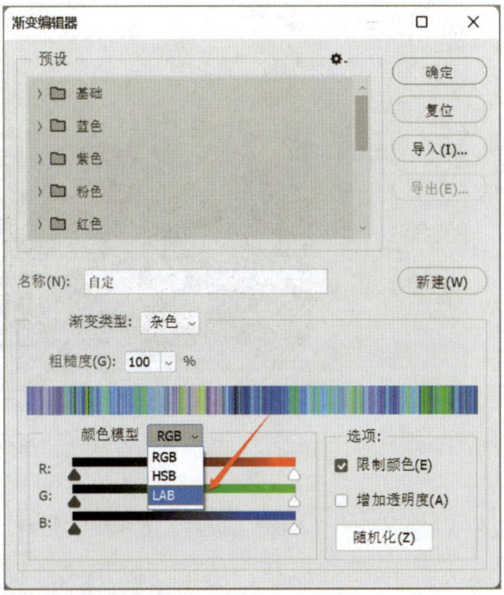

图 4-8-8

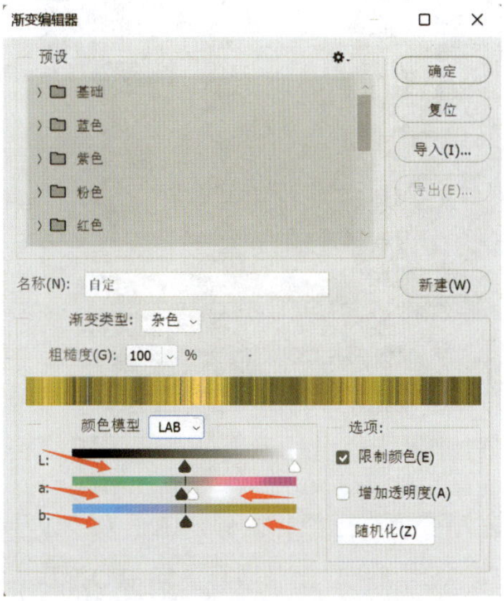

图 4-8-9

③ 移动光束，将光线中心与太阳方向重叠。先单击图层面板“渐变填充 1”图层，出现渐变填充后不要按面板的“确定”按钮，跳过面板直接移动画面中的射线光束，如图 4-8-12 所示，这样才可以实现移动。

④ 调整光感。此时光线太生硬，需要调整。在图层面板底部单击“图层蒙板”按钮，选择前景色为黑色，背景色为白色的黑白渐变，如图 4-8-13 所示。选择渐变工具，从画面下部确定起点，向画面上部拖曳，可以尝试不同距离的拖曳距离，下部强烈的光线被遮挡了，画面效果如图 4-8-14 所示。

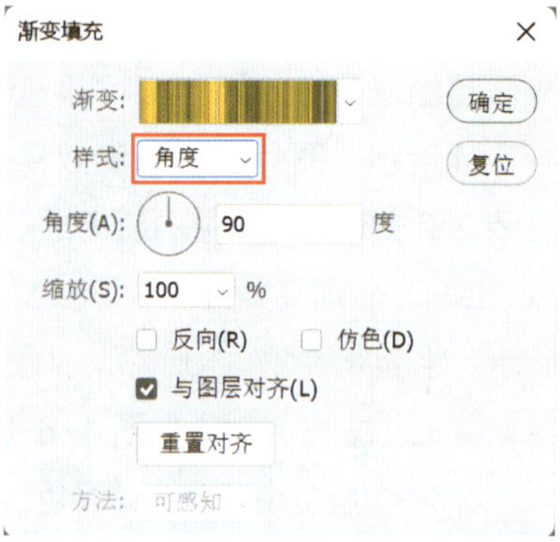

图 4-8-10

图 4-8-11

图 4-8-12

图 4-8-13

图 4-8-14

⑤ 渐变填充随机化处理。由于光线过于规则，可以继续选择渐变填充面板中的渐变编辑器，操纵“LAB”底部“b”滑杆，向中心拖曳，光线颜色变白。单击面板右下角的“随机化”按钮多次，直到出现满意的效果，如图 4-8-15 所示。

图 4-8-15

⑥ 高斯模糊处理画面。观察画面，光线还有点生硬，可以执行“滤镜 / 模糊 / 高斯模糊”命令，如图 4-8-16 所示。出现对话框，单击“转换为智能对象”按键，如图 4-8-17 所示。弹出“高斯模糊”对话框，如图 4-8-18 所示。将半径调至“4.2”像素，光线更加柔和，符合真实状态，效果如图 4-8-19 所示。

⑦ 调整画面色相 / 饱和度。画面色彩有点冷，继续调整画面。在图层面板属性栏底部，单击创建新的填充或调整图层图标 ，选择“色相 / 饱和度”命令，如图 4-8-20 所示。拖曳三角形滑块进行调整，色相设为“+10”，饱和度设为“+47”，如图 4-8-21 所示。调整后画面色彩生机盎然。

⑧ 细节调整。最后继续调整画面。在图层面板底部选择“颜色查找”命令，选择 3DLUT 文件格式菜单的“Kodak 5218 Kodak 2395”，再选择“渐变填充 1”图层，

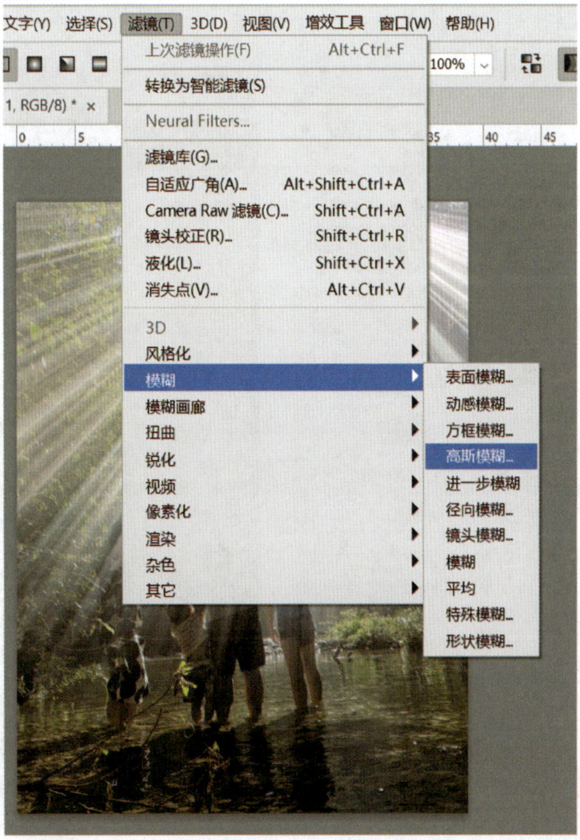

图 4-8-16

将图层不透明度调整为“58%”，如图 4-8-22 ~图 4-8-24 所示。渐变填充光照的效果操作完成。

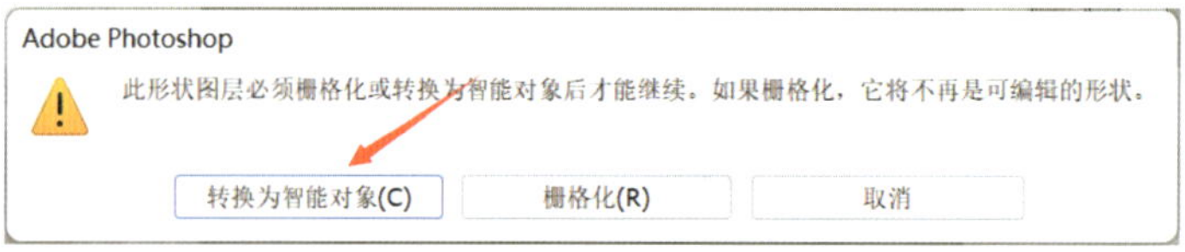

图 4-8-17

图 4-8-18

图 4-8-19

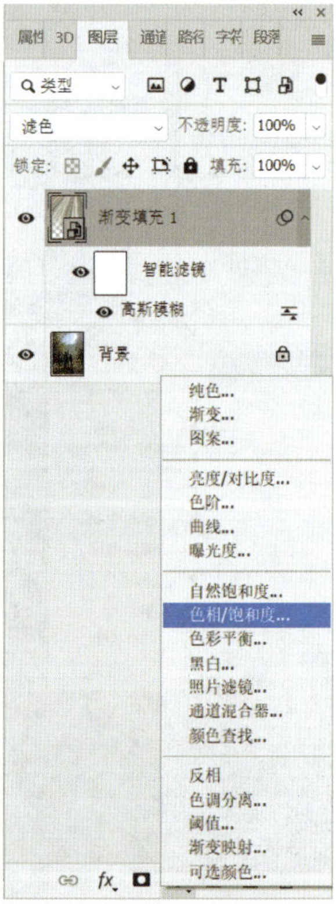

图 4-8-20

图 4-8-21

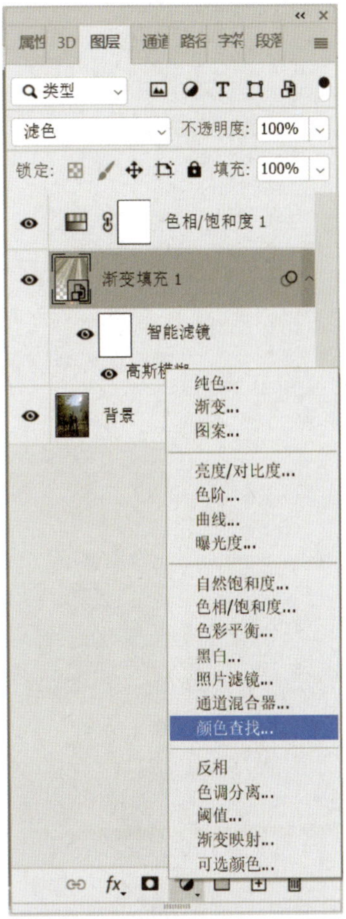

图 4-8-22

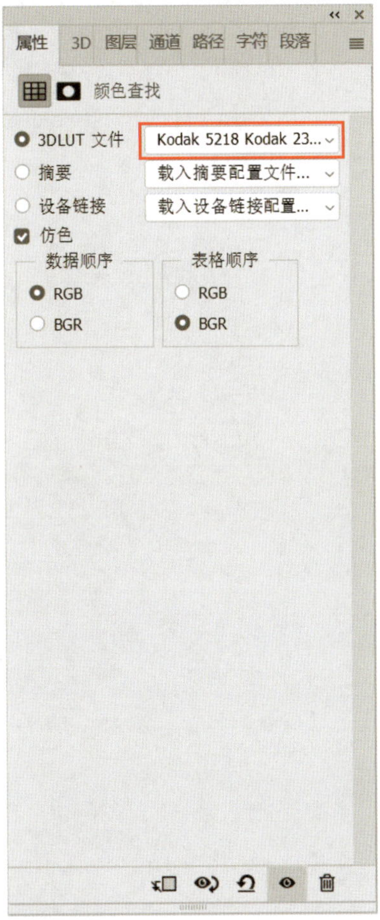

图 4-8-23

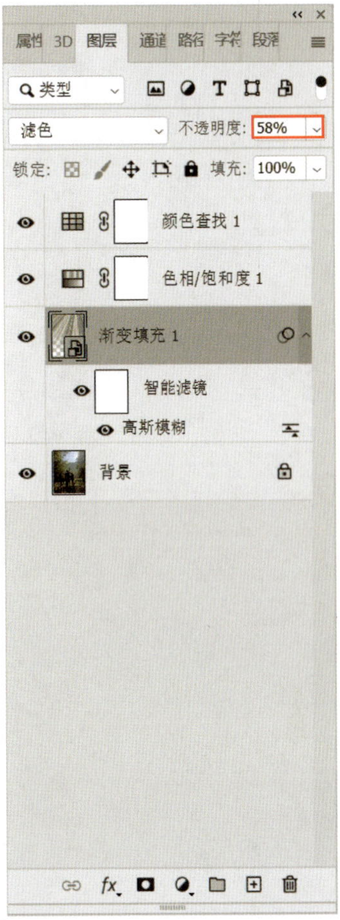

图 4-8-24

[项目拓展]

操作题：请运用同样的方法给其他照片增加光效。

模块五 文字编辑

导学：如何设计创意文字

[模块导读]

平面设计作品不仅需要有图像，文字信息也是至关重要的。Photoshop 中提供了多种文字工具，创建的文字对象也具有部分矢量图形所特有的属性，如对已有的文字对象进行编辑时，任意调整文字大小都不会产生锯齿现象。本模块主要介绍用画笔工具、钢笔工具、形状工具和路径工具制作创意图形的方法。从本模块开始逐渐加强创意能力的培养。

[素养提升]

本模块将包装主题文字设计、弧形文字设计、画册段落文字设计、广告云朵文字设计、夕阳发光文字设计等项目引入课程，在传授专业知识和技能的同时，引导学生关注时政、关注时尚元素，培养学生的创新意识，提升审美能力。

项目1

包装主题文字的设计

微课 5-1
包装主题文字设计

[项目分析]

一张设计好的鲜花饼包装图形正视效果，画面缺少主题文字和产品广告语、容量等信息，如图 5-1-1 所示。通过添加一组产品主题文字，通过字符样式和文本属性的设置，用文字增加画面细节，让产品包装内容丰富而有层次。最后效果如图 5-1-2 所示。

图 5-1-1

图 5-1-2

[项目实施]

① 打开素材，输入竖排主题文字。首先从工具栏找到 T 形文本工具，在画面空白处单击，图层面板栏自动生成文本图层。因为系统默认文本方向是横向，单击更改文本方向图标，光标变成横线，如图 5-1-3 所示。输入竖形主题文字“鲜花饼”，选择字体为“方正小标宋”，确定字号为“30”，如图 5-1-4 所示。

② 改变主题文字间距和颜色。系统默认的字体间距往往需要单独调整才会符合画面的需求，现在画面的文字字间距比较近，需要调整。首先从工具选项栏单击字符和段落图标，出现字符和段落工具栏，将文字间距改成“28”，颜色设置为“白色”，白色在绿色背景中比黑色更突出，效果如图 5-1-5 所

示。观察整体画面，字体没有在装饰框的中心，选择移动工具，将文本向下移动至装饰框的中心，如图 5-1-6 所示。

图 5-1-3

图 5-1-4

图 5-1-5

③ 添加产品含量文字信息。按照步骤①的方法输入横排文字“净含量：200 克”。在字符和段落面板将文字字体设置成“等线”，字号大小设定为“7”，字间距改成“0”，效果如图 5-1-7 所示。受默认字间距的影响，“200 克”的前方空白比较多，“0”和“克”的字间距比较宽，都影响文字的整体视觉感受，如图 5-1-8 所示。而设计的成败就在于细节的掌控。用文本工具将单独要调整的文字和字符“：”选中，将字间距改成“-58”，如图 5-1-9 所示。同样用文本工具选中“0”和“克”，将字间距改成“-28”，如图 5-1-10 所示，最终效果如图 5-1-11 所示。

④ 添加广告语文字。重复步骤①，输入竖排文字“浓情四季美味云南”。中间多按几次空格键实现距离的分割。将字间距设置成“28”，营造疏松感。为了与整体画面颜色统一，可以选取画面

中已有的色彩。在字符和段落面板选择“颜色”，出现吸管，单击画面中装饰框的绿色，选取色彩成功，单击“确定”按钮，如图 5-1-12 所示。再重复同样的步骤，将“传承古法匠心手作”广告语添加完成，效果如图 5-1-13 所示。

图 5-1-6

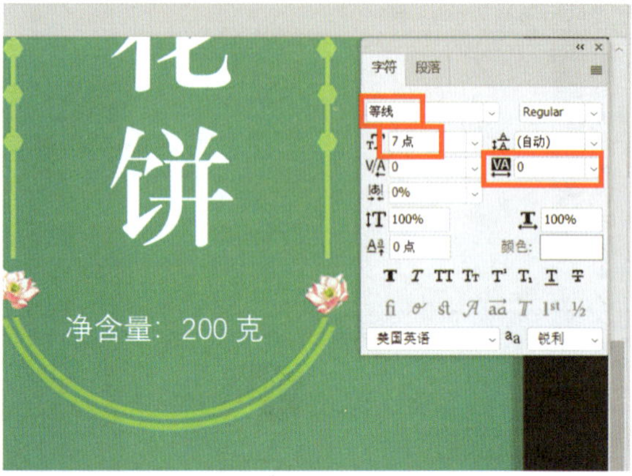

图 5-1-7

图 5-1-8

图 5-1-9

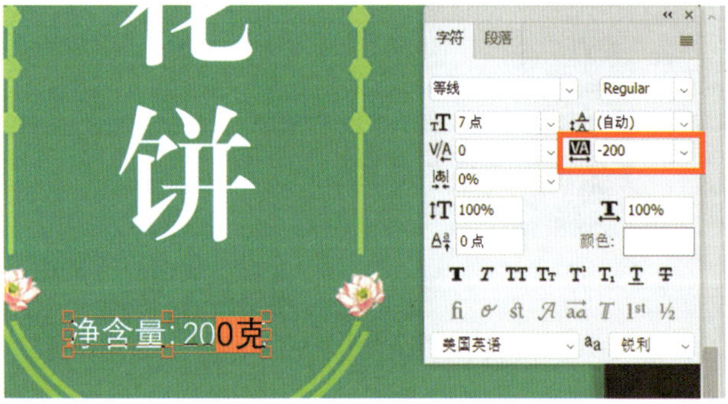

图 5-1-10

图 5-1-11

⑤ 添加弧形装饰文字。选择文本工具输入横排文字“FLOWER CAKE”。文字有大小写状态，视觉效果也大小不一。用文本工具将横排文字整体选取，将字间距调整为“0”。最后在字符和段落面板选择“全部大写字母”，字母变成大写状态，字间距也比较合适，如图 5-1-14 所示。继续执行“文字 / 文字变形”命令，如图 5-1-15 所示。出现“变形文字”对话框，在“样式”中选择“扇形”，如图 5-1-16 所示，将弯曲选项调整为“59”，如图 5-1-17 所示，单击“确

图 5-1-12

图 5-1-13

图 5-1-14

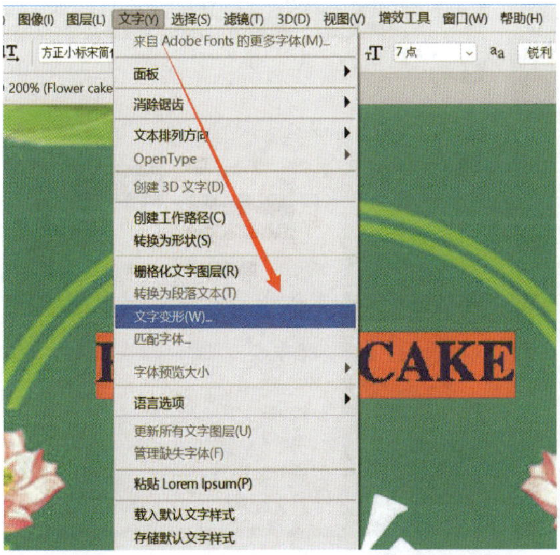

图 5-1-15

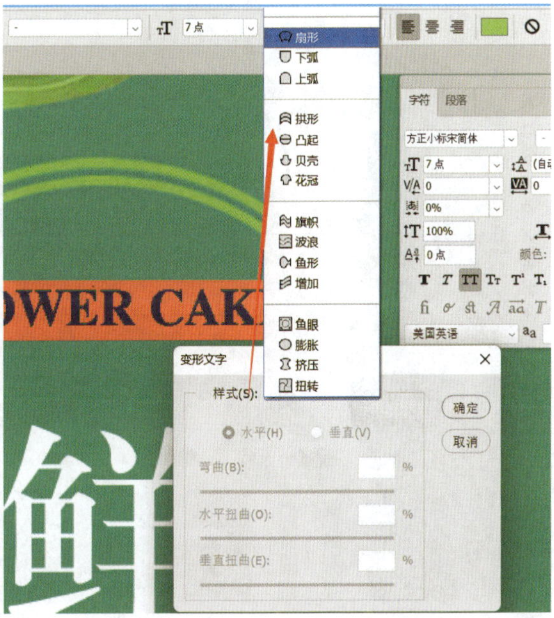

图 5-1-16

定”按钮，扇形弧度变形文字就修改完成。

⑥ 继续调整装饰细节。

选择移动工具，将处理好的“FLOWER CAKE”整体往下平移，文字与装饰框保持一定的距离，如图 5-1-18 所示。在菜单栏选择矩形框，在空白处绘制矩形，光标移至矩形 4 个边角，出现 4 个白蓝色圆点，选择其中任意一个圆点往内拖曳，如图 5-1-19 所示。4 个边缘的角最终变成弧形，如图 5-1-20 所示。圆形边框有黑色边框，影响画面美观。在工具选项栏单击“描边”按钮，如图 5-1-21 所示，在弹出的下拉菜单中选择第一个选项“无颜色”，去除形状边框色彩。继续选择文本工具，在画面空白处添加文字“since 1900”，如图 5-1-22 所示，调整字号为“6”，更改字间距为“-5”，更改文字颜色为背景颜色，与画面更加呼应。包装主题文字的设计完成。

图 5-1-17

图 5-1-18

图 5-1-19

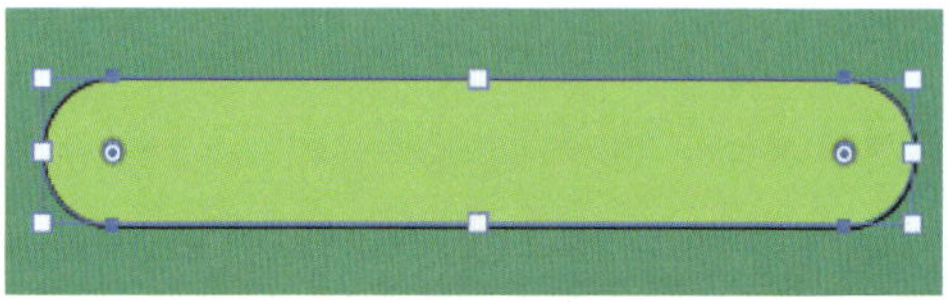

图 5-1-20

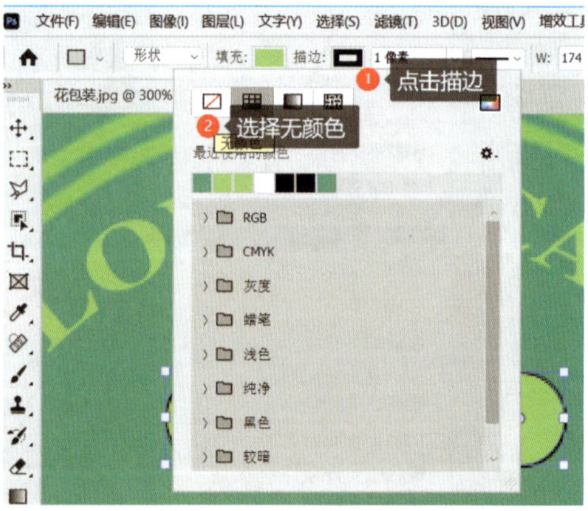

图 5-1-21

图 5-1-22

[技巧提示]

文字间距调整

用文本工具选择文字，使文字处于选中状态，按住 Alt 键，同时再按键盘“→”右箭头调整文字字间距，使文字间距疏松；按住 Alt 键，长按“←”左箭头，文字间距变窄。这种间距调整方法更加直观、方便。

[项目拓展]

操作题：请运用标题文字设置方法设计包装主题文字。

项目2

Logo 弧形文字的设计

微课 5-2
弧形文字 Logo
设计

[项目分析]

生活中经常会遇到设计圆形 Logo 或者公司图章的情形，怎么将中文和英文字符进行弧形处理？是将文字变形或者打散一个一个拼吗？这样设计既浪费时间效果也不佳。路径文字能够帮助我们快速实现文字设计效果。图 5-2-1 所示是一个设计中的“通道一中”学校标志图形，标志图形缺少学校名称中文“通道侗族自治县第一中学”和英文“NO.1 MIDDLE SCHOOL OF TONG DAO”，以及建校时间“1944”等信息，色彩也没有设计。希望通过添加中、英文以及数字，运用创建路径文字，更换色彩，增加画面细节，让标志丰富而有层次，符合学校特征。

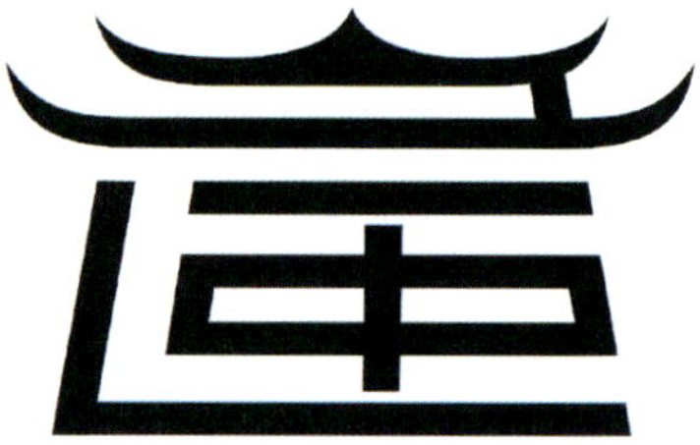

图 5-2-1

[项目实施]

① 新建文件，拖曳图标，给图标换色。如图 5-2-2 所示，创建一个宽“15 厘米”、高“15 厘米”的正方形文件，分辨率设置为“300 像素 / 英寸”，色彩模式选择“CMYK”。打开素材图，因为该文件是 JPG 格式，没有背景图层，直接拖曳的图形包含白色背景，不方便进行换色等操作。要将白色背景删掉，单独选择黑色区域即可。执行“选择 / 色彩范围”命令，如图 5-2-3 所示。出现色彩范围图标，用吸管吸取标志图形黑色，如图 5-2-4 所示，点击确定。黑色区域出现虚线框表明处于被选择状态，用移动工具拖曳进新建文件即可。如图 5-2-5 所示，拖曳进来的图片自动生成为“图层 1”，按住 Ctrl 键，单击图层面板的“图层 1”灰色区域载入选区，黑色部分选区再次出现。前景色选择深绿灰，色值为“C：74、M：31、Y：53、K：0”，如图 5-2-6 所示，单击“确定”按钮。再按快捷键 Alt+Delete 填充前景色，深绿灰填充完成。按快捷键 Ctrl+D 取消选区，效果如图 5-2-7 所示。

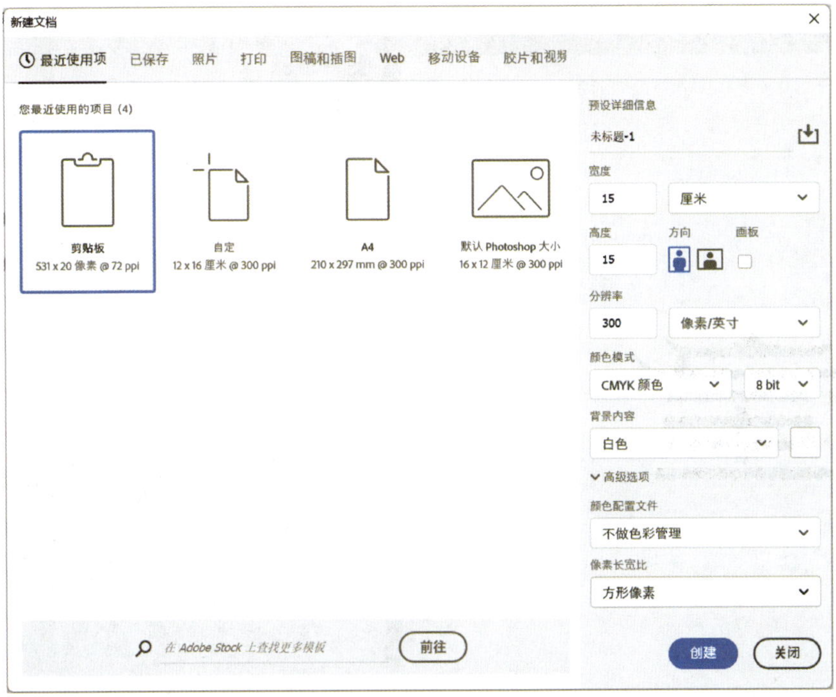

图 5-2-2

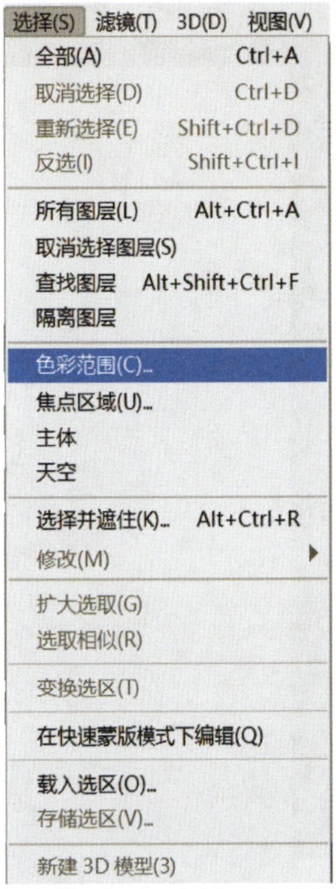

图 5-2-3

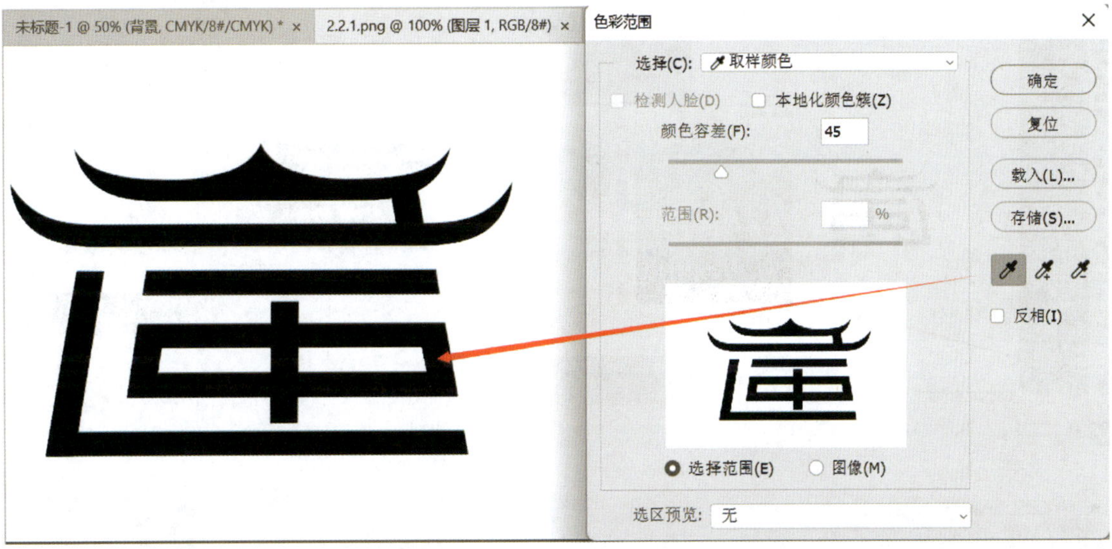

图 5-2-4

② 形状工具绘制标志边缘。因为标志的类型是学校类，所以外形选择大众接受度高的圆形。选择椭圆工具，在工具属性栏选择“形状”，颜色和标志图形相同，无颜色描边。如图 5-2-8 所示，按住 Shift 键，在画面中心区域绘制一个正圆形形状。按快捷键 Ctrl+C 复制，按快捷键 Ctrl+V 粘贴，一个同样大小的圆形形状出现在画面中心靠右位置，如图 5-2-9 所示。选择形状工具，在工具属性栏将形状的颜色改成白色，如图 5-2-10 所示。两个圆形形状没有在同一个中心点，按 Shift 键在图层面板选中两个图层，如图 5-2-11 所示，在工具属性栏单击对齐 / 分布图标的水平居中对齐按钮，和垂直居中对齐按钮，使两个圆形形状在同一个中心点。回到图层面板，将“图层 1”拖曳到面板顶层，图形显示如图 5-2-12 所示。

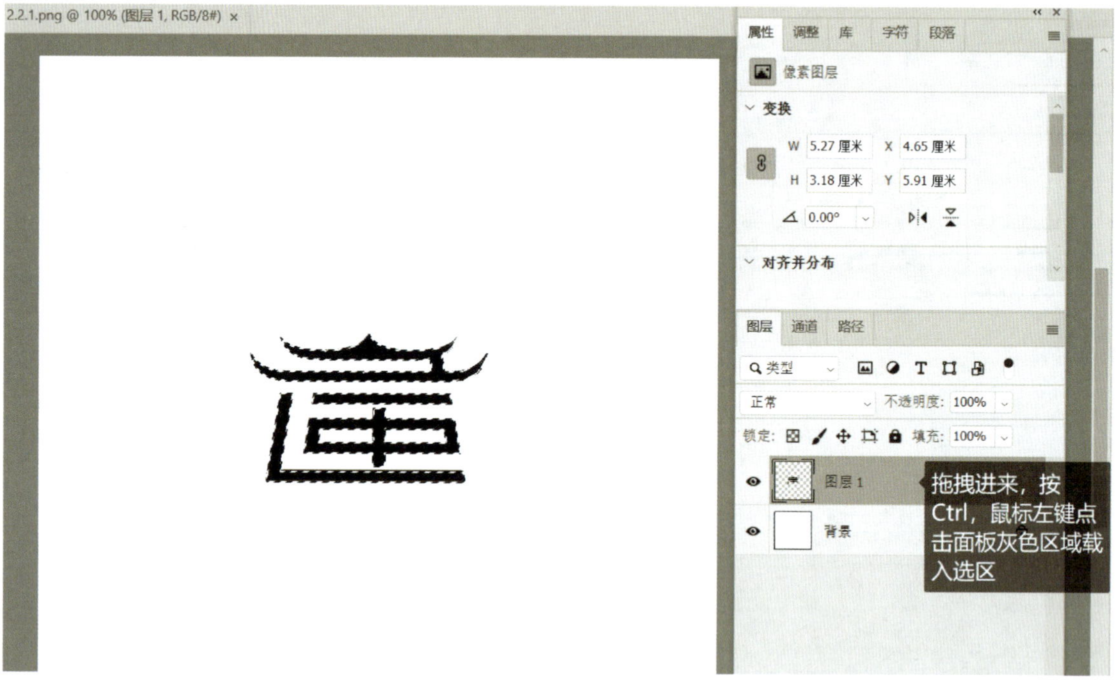

图 5-2-5

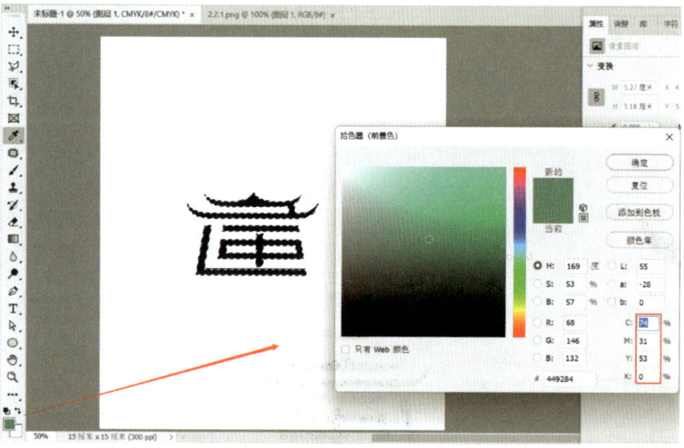

图 5-2-6

图 5-2-7

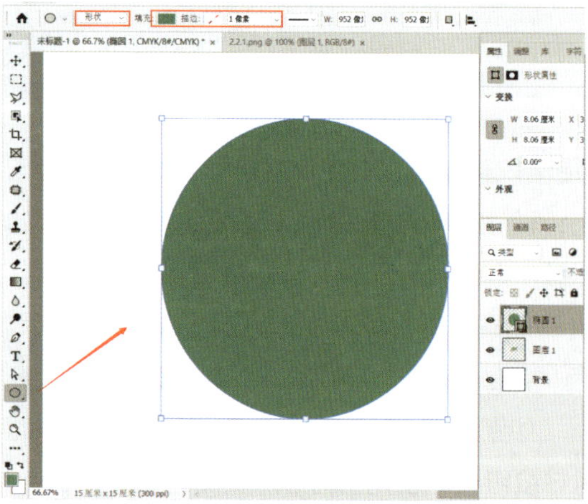

图 5-2-8

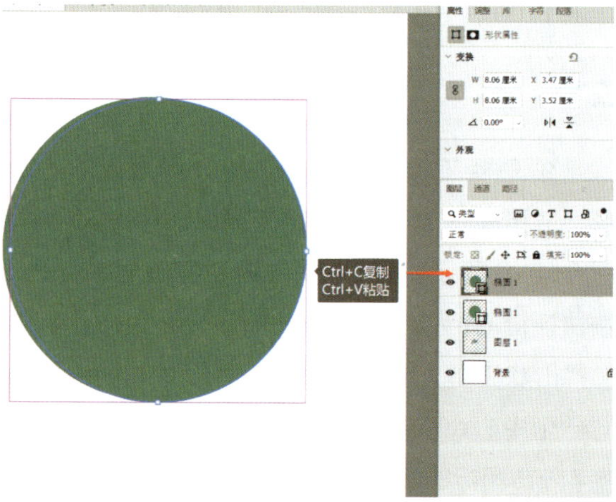

图 5-2-9

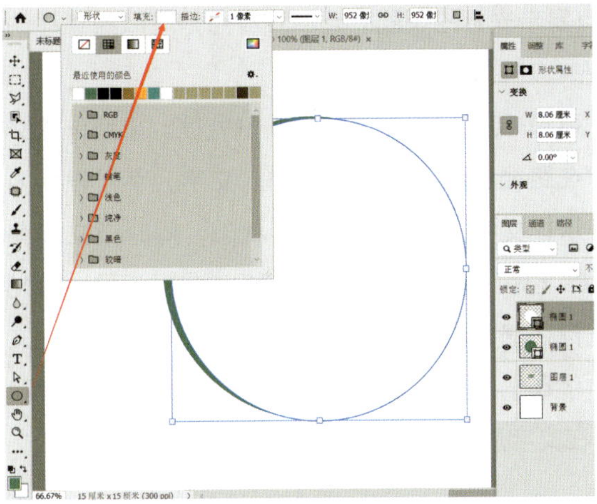

图 5-2-10

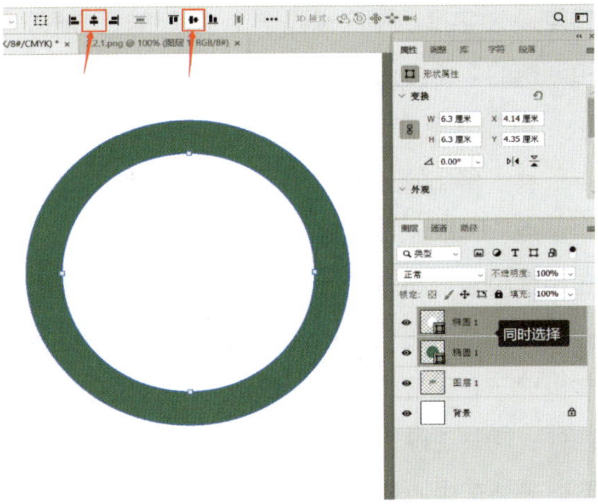

图 5-2-11

③ 绘制路径，输入路径文字。在图标设计任务中要对文字进行 180° 弧形设计，而变形文字不能实现文字的完全弧度设计，单个文字还会变形。创建路径文字可以解决文字上下弧度的设计问题。如图 5-2-13 所示，选择椭圆工具 ，在工具属性栏选择“路径”，按住 Shift 键，在内圈白色外边缘处绘制圆形，按住 Ctrl 键，光标变成路径选择工具后，单击边框非正方形节点处可以移动路径位置。再选择文本工具 ，光标变成外形圆形虚线，当移动至路径上方时，圆形虚线的光标变成半弧形光标，就可以输入文字了。如图 5-2-14 所示，字体选择“方正小标宋简体”，字号为“16 点”，输入文字“通道侗族自治县第一中学”。文字没有弧度居中，左、右端的起点和终点没有处于同一水平线。在段落面板选择全部对齐图标 ，如图 5-2-15 所示，选择“全部对齐”就是让文字等距分布于弧形段。按住 Ctrl 键，光标变成路径选择工具。在调整文字光标的过程中，一直要持续按住 Ctrl 键才可以进行调整。随着光标移动，路径文字围绕圆形路径移动。如图 5-2-16 所示，画面

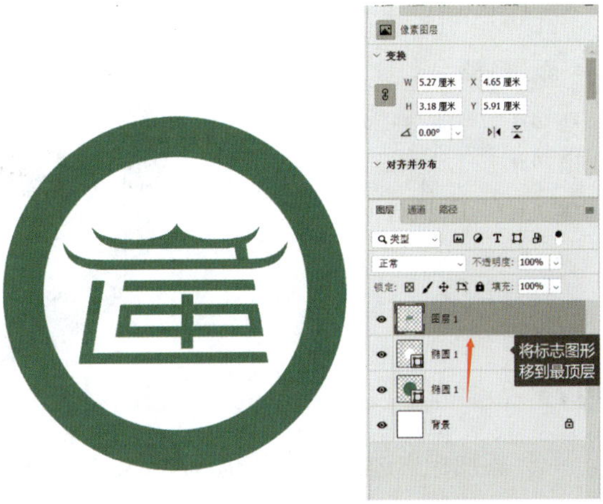

图 5-2-12

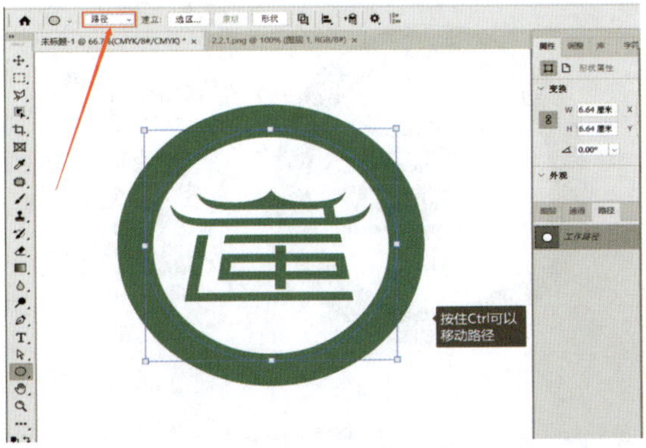

图 5-2-13

图 5-2-14

起点是 X 字形，中心点是一个 45° 的正方形，终点是带光标的圆圈。起点和终点是可以随意移动和调整的。将终点往下移至与起点平齐，文字弧度左右对称，调整完成。

④ 输入英文“NO.1 MIDDLE SCHOOL OF TONG DAO”进行下弧形处理。重新选择文本工具，单击路径面板的工作路径，使路径显示。在路径框的下部单击并输入文字，字号设置为“14 点”，TT 全部大写。输入效果如图 5-2-17 所示，文字是颠倒的外旋转状态，同时英文没有在中线位置。按住 Ctrl 键，光标变成路径选择工具，也可以选择工具栏 ▶ 路径选择工具，将光标移动到文字上方，出现带三角形的光标，拖曳光标往路径内移动，三角形出现在光标左边，文字也显示在路径内，文字颠倒；拖曳光标往路径外移动，三角形出现在光标右边，文字出现在路径外，调整正确。效果如图 5-2-18 所示，同时，在文字属性面板设置基线偏移为“-10 点”，文字处于外环中心位置，英文调整完成。

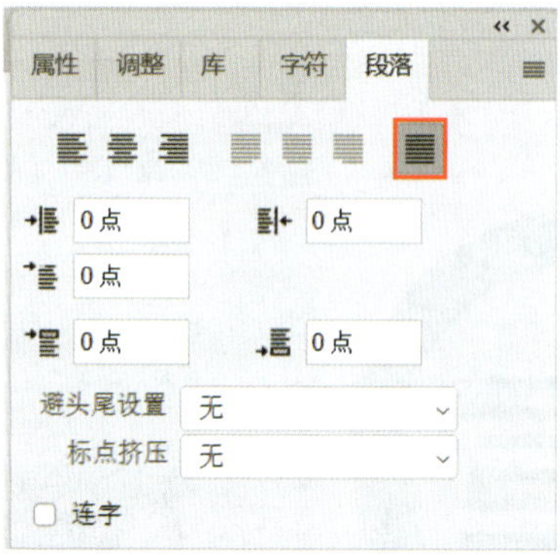

图 5-2-15

图 5-2-16

图 5-2-17

⑤ 添加标志边框装饰细节。选择文本工具 T 在标志外区域输入数字“1944”，如图 5-2-19 所示，字号设置为“12 点”，再将其移至中心图标下方。绘制标志外框，选择椭圆工具 ○，在工具属性栏选择“形状”，填充为“无颜色”，描边设置为同款绿色，描边像素为“10”。按住 Shift 键，在外圈绘制圆形，拖曳调整框右下角白点可以调整大小。绘制效果如图 5-2-20 所示。继续绘制标志内框。可以直接复制“图层 2”，也可重新绘制。选择椭圆工具 ○，在工具属性栏设置描边像素“8”，其余设置不变。内圈要稍窄以符合审美要求。按住 Shift 键，绘制圆形，调整大小，效果如图 5-2-21 所示。最后，在边框空白处各加两个白色形状。选择椭圆工具 ○，在工具属性

图 5-2-18

图 5-2-19

栏选择“形状”，填充为“白色”，描边设置为无颜色。效果如图 5-2-22 所示。选择绘制好的小白点形状，按快捷键 Ctrl+C 复制，按快捷键 Ctrl+V 粘贴。选择用移动工具移至对称位置，最终效果如图 5-2-23 所示。

图 5-2-20

图 5-2-21

图 5-2-22

图 5-2-23

[技巧提示]

为了更大程度地控制文字在路径上的垂直对齐方式，请使用“字符”面板中的“基线偏移”选项。例如，在“基线偏移”文本框中输入负值可使文字的位置降低。

[项目拓展]

操作题：请运用路径文字设计你就读的学校校徽。

项目3

画册段落文字的设计

微课 5-3
画册段落文字设计

[项目分析]

视觉艺术学院要设计一份面向新生介绍专业的画册，画册尺寸宽 42 厘米，高 21.57 厘米，装订形式是骑马钉。专业介绍页包含 2 个页面，要将 8 个专业的介绍文字放在一个画面中，有 8 段文字介绍，还要包含一张图片。小张同学设计了初稿，效果如图 5-3-1 所示。画册段落文字行距太近影响识别，存在句首出现标点符号，段落散碎不规整，主题文字不突出，各专业名称识别度不高等问题。接下来一起看看该怎么修改专业介绍页。

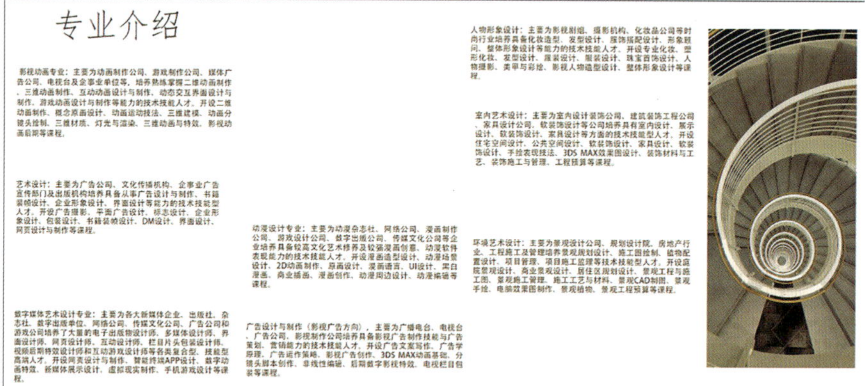

图 5-3-1

[项目实施]

① 标尺设置添加参考线和段落分栏。设计画册要有全局观念，本项目涉及的专业介绍页包含 2 个页面，文字段落长短不一，需要借助参考线辅助设计。如图 5-3-2 所示，执行“视图 / 新建参考线”命令；出现新建参考线对话框，设置画册尺寸宽 42 厘米，如图 5-3-3 所示，将位置设置为“垂直、21 厘米”；蓝色的垂直中心参考线就设置完成了，效果如图 5-3-4 所示。页面中文字和图形一共分为 4 栏，如图 5-3-5 所示，一共要设置 8 条参考线，重复中心参考线操作流程。数值分别是垂直“2.5 厘米”“10 厘米”“11.5 厘米”“19 厘米”“23 厘

米”“30.5 厘米”“32 厘米”和“39.5 厘米”，其余的参考线设置完成，效果如图 5-3-6 所示。图片在最右边一栏，左边 3 栏文字过多，影响视觉识别，可以将图片移动到第 3 栏。移动效果如图 5-3-7 所示。再添加两条水平参考线，方便将不同文字栏的水平对齐。还可以根据字体的位置自由设置参考线。如图 5-3-8 所示，选择移动工具，在标尺与界面灰色边缘从上往下拖曳，参考线的设置就完成了。

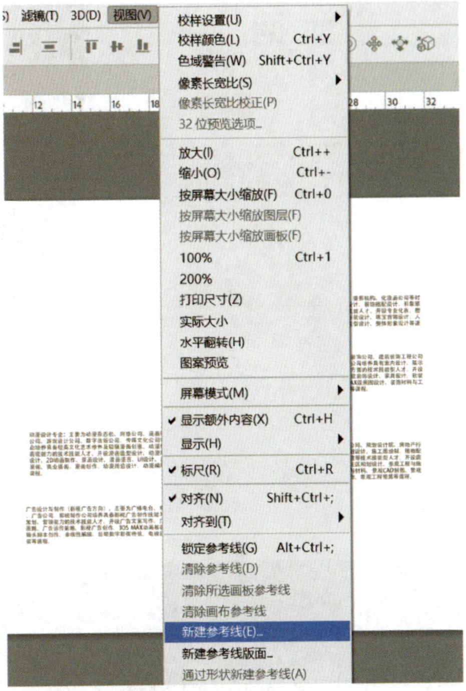

图 5-3-2

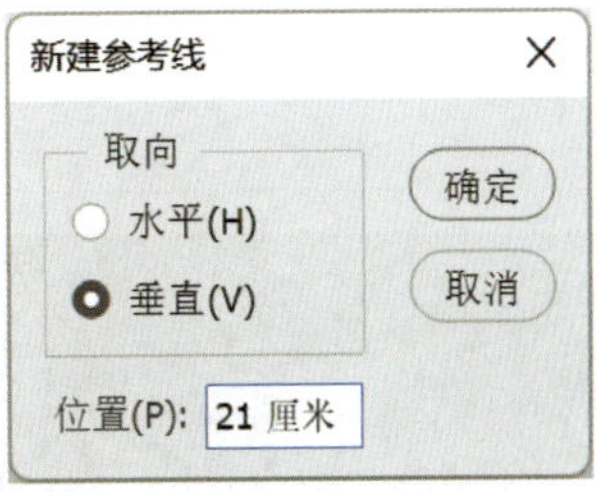

图 5-3-3

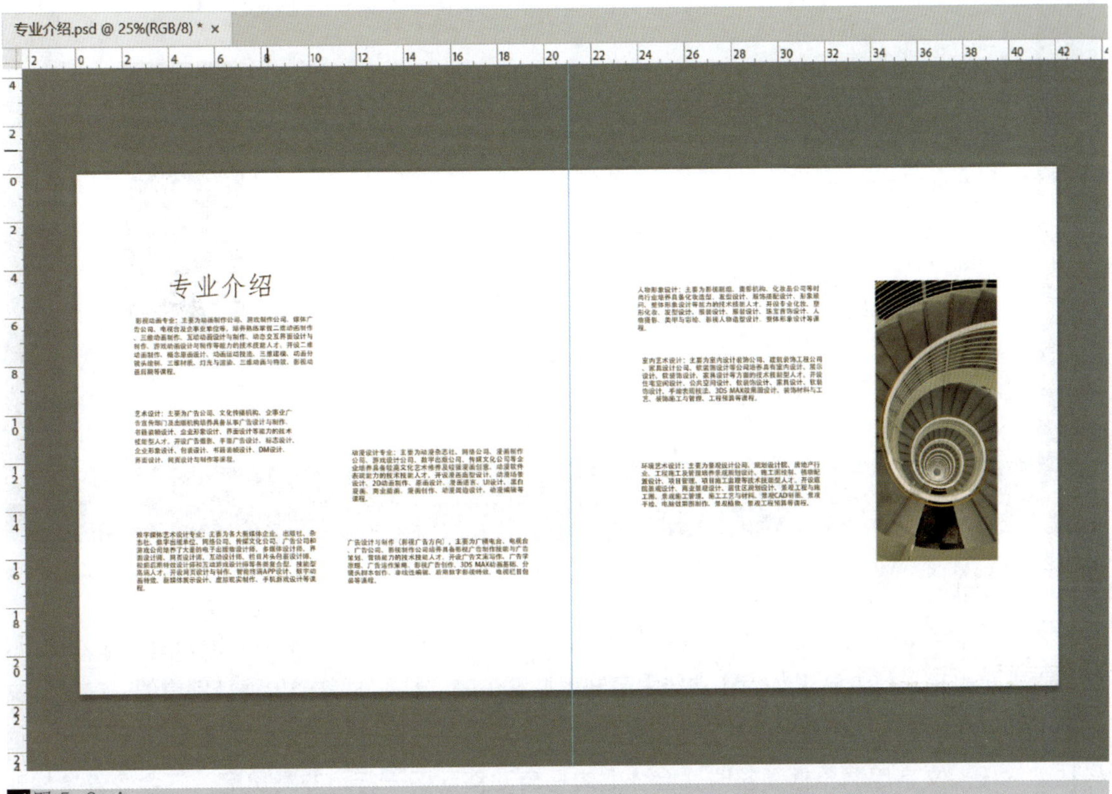

图 5-3-4

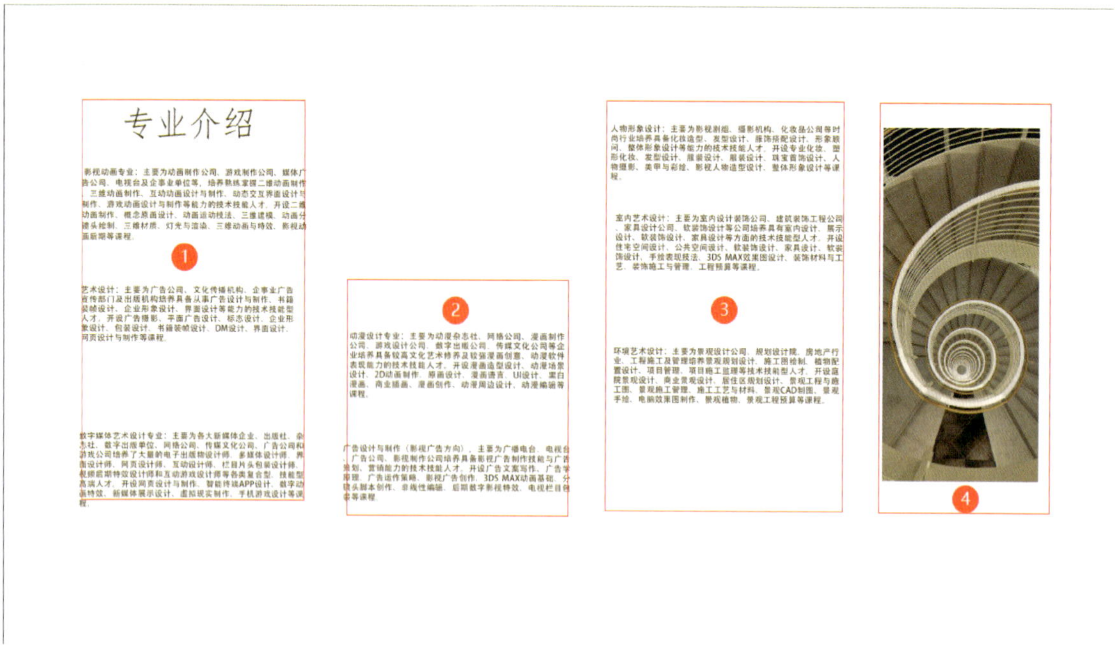

图 5-3-5

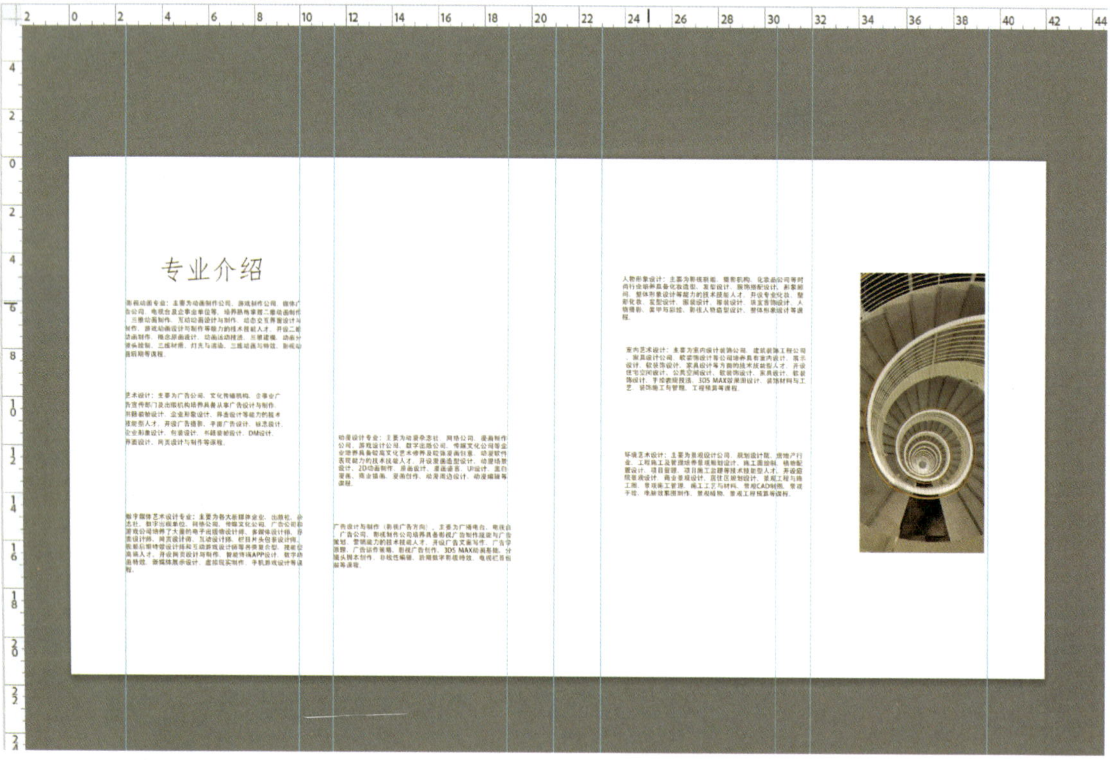

图 5-3-6

② 段落文字输入与行距修改。段落文字输入方法和单独标题文字不同。标题直接输入即可，段落文字比较长，一般是从 Word 文档中复制再粘贴进来。粘贴时有个步骤特别重要，在复制文档后，选择文本工具，在画面中从左上到右下画一个文本框，再进行粘贴，如图 5-3-9 所示。这样粘贴的段落文字用调整框调整时就会依据边框自动移到下一行，非常灵活，不会像直接粘贴

那样出现文字变形等情况。选择字符和段落图标 ，弹出面板，将字号设置为“8 点”，行距为“14”，图 5-3-10 行距调整后的影视动画专业和没有调整行距的艺术设计专业在视觉上对比明显，阅读体验得到提升。按住 Shift 键，用鼠标连选其余文字图层，在面板将字号设置成“8 点”，行距为“14”，其余的 7 段文字就快速设置完成，效果如图 5-3-11 所示。

图 5-3-7

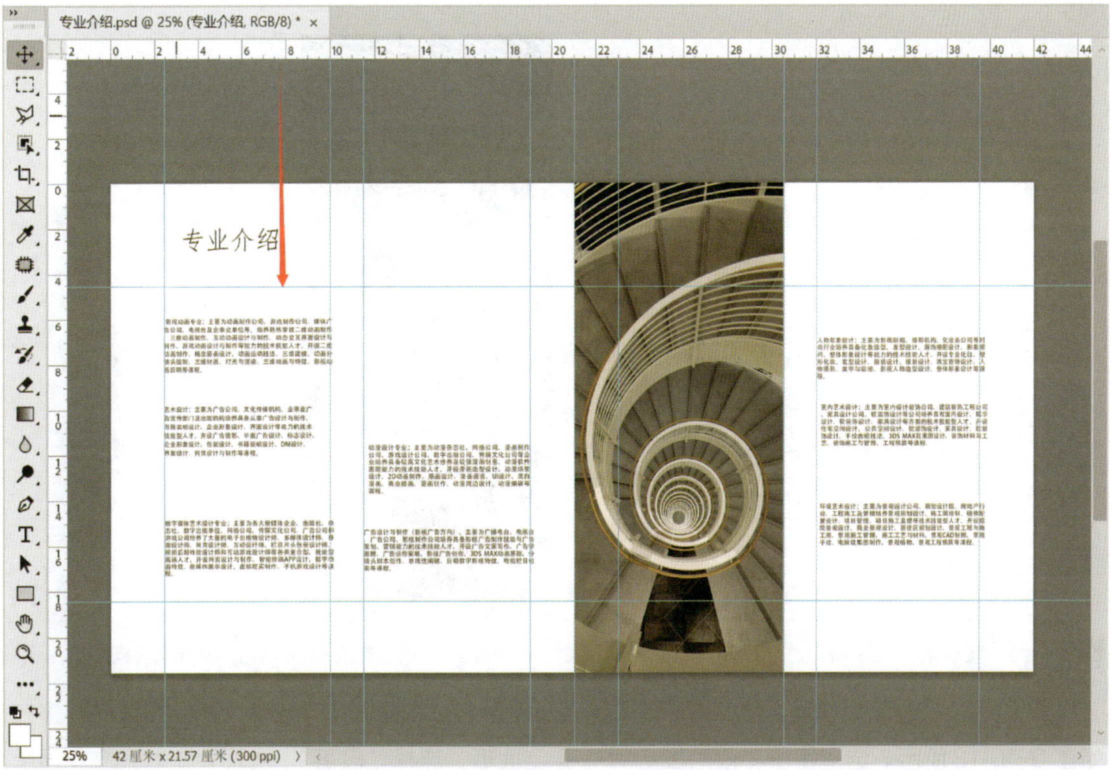

图 5-3-8

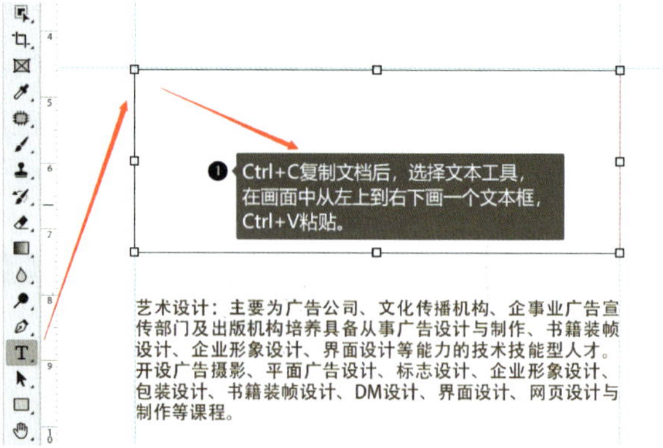

图 5-3-9

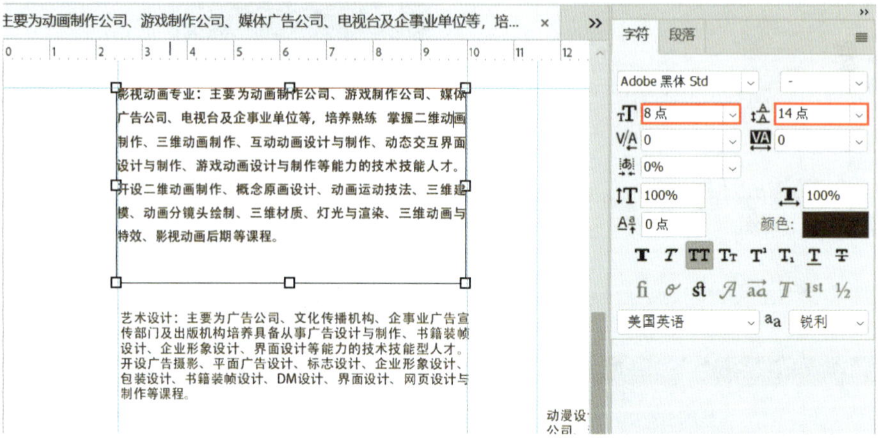

图 5-3-10

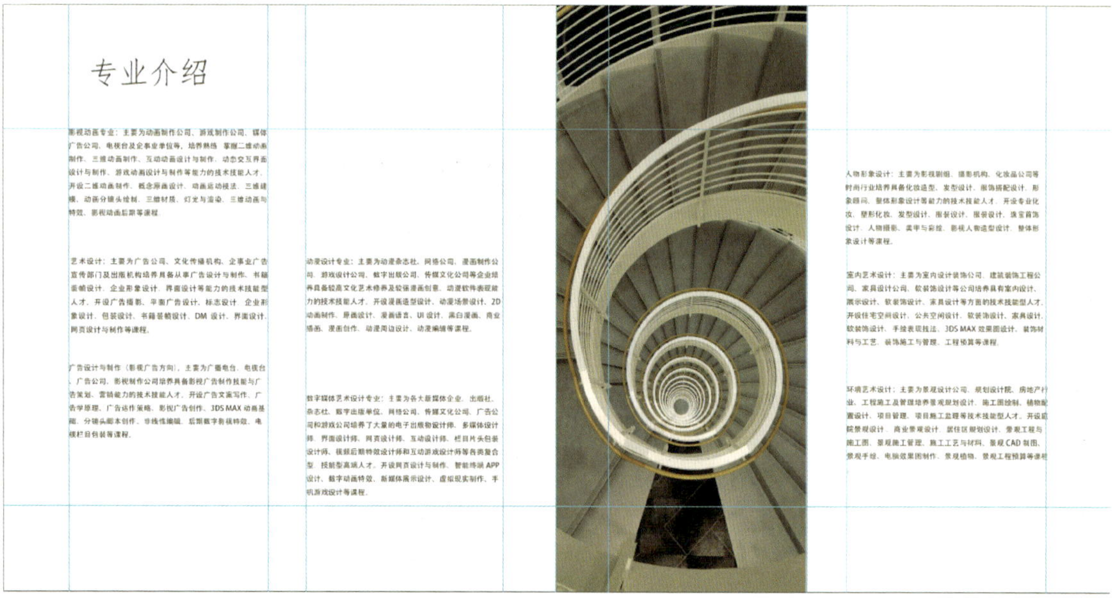

图 5-3-11

③ 段落文字的面板设置。仔细看段落文字，段落第 2 排和第 3 排尾部有空白，整体并不整齐，如图 5-3-12 所示。选择字符和段落图标 ，弹出面板，选择“段落”，发现为左对齐文本显示，如图 5-3-13 所示，这就是段落文字中会出现空白的原因。居中对齐文本效果如图 5-3-14 所示，

这样段落文字居中排版适合诗歌、散文，不适合说明性文字。右对齐文本效果如图 5-3-15 所示，不符合汉字段落阅读习惯。但是对于散碎非整段文字来说这种右对齐的方法是可取的，比如名片上的姓名、电话、邮箱、地址等不同信息可以采取这样排列方法。最后一行左对齐效果如图 5-3-16 所示，这种对齐方法是汉字段落文字排版首选，效果也最佳。最后一行居中对齐效果如图 5-3-17 所示，这种排列方式不适合汉字段落。最后一行右对齐效果如图 5-3-18 所示，这种排列方式同样也不适合汉字段落。全部对齐效果如图 5-3-19 所示，很明显，这种汉字段落排列方式也不可取。但是，对于标题文字来说，全部对齐却非常好用，无论是中文标题还是英文标题，对齐排列的方式使标题非常均衡、大气。将所有的段落文字选择 最后一行左对齐，效果如图 5-3-20 所示，段落文字边缘十分整齐。

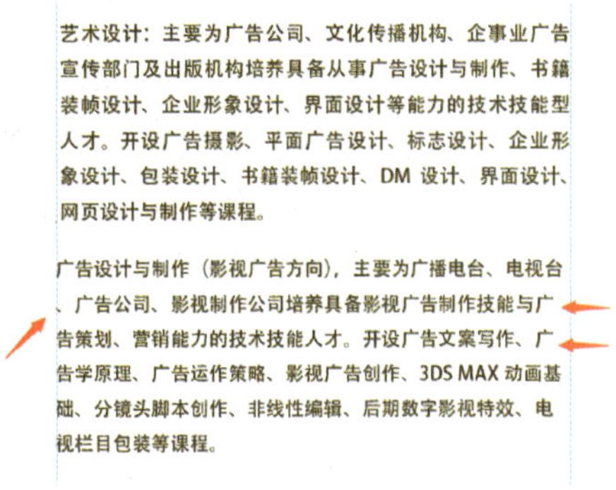

图 5-3-12

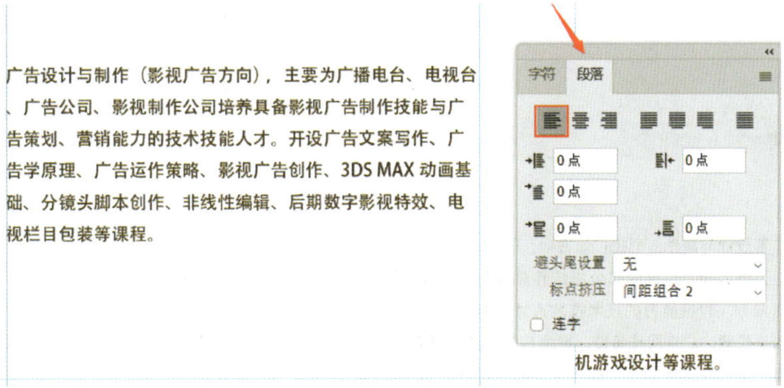

图 5-3-13

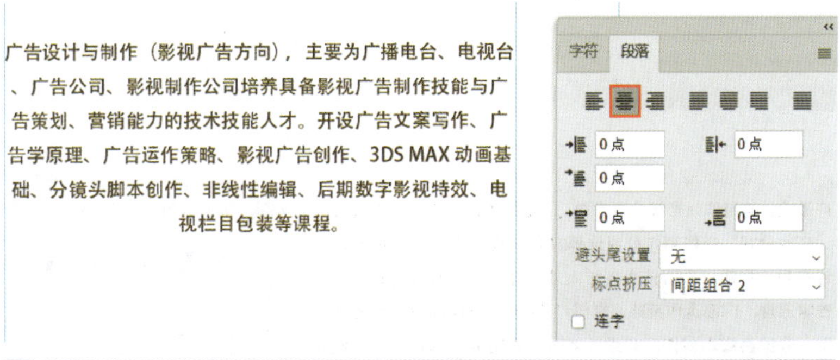

图 5-3-14

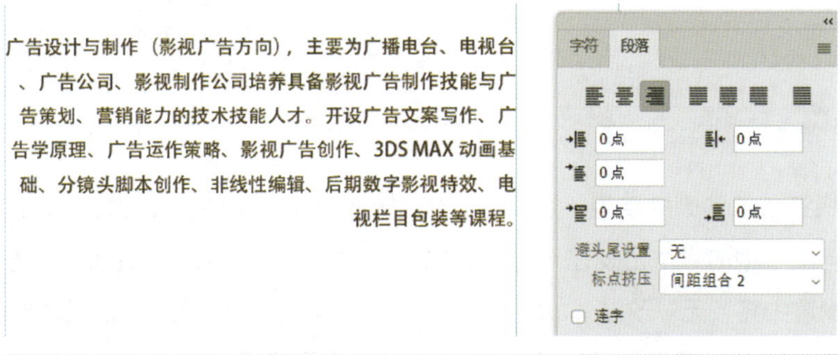

图 5-3-15

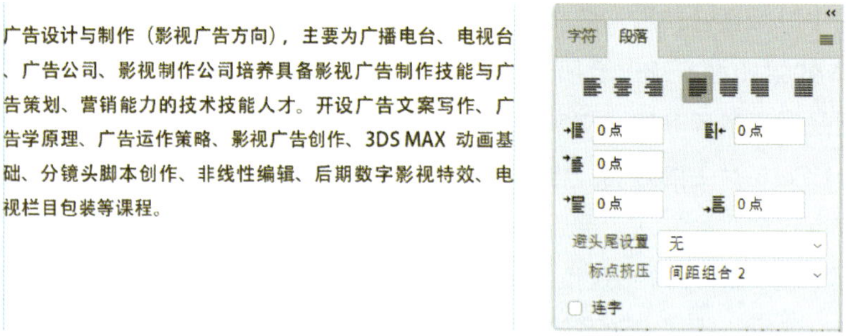

图 5-3-16

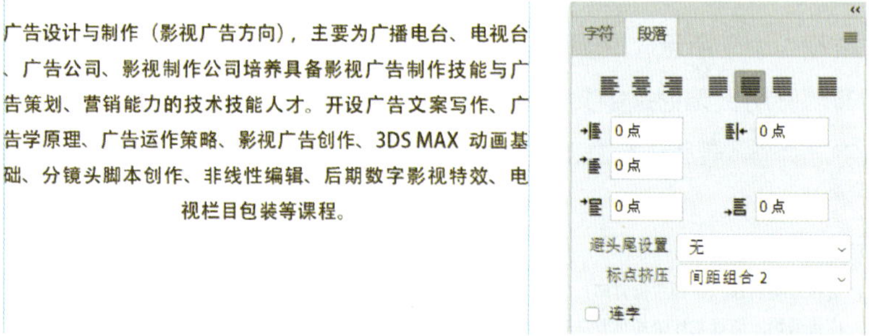

图 5-3-17

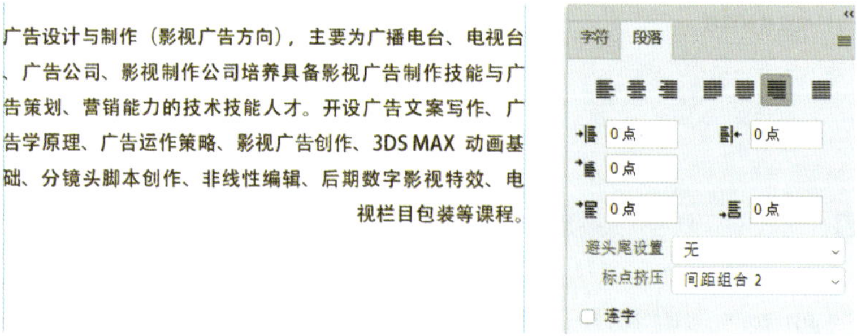

图 5-3-18

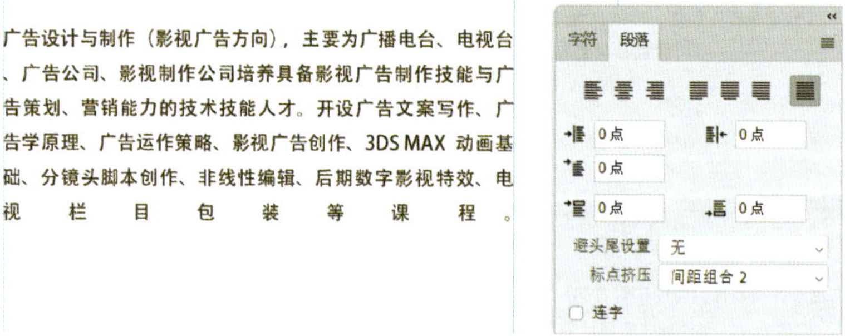

图 5-3-19

④ 段落面板避头尾法则的使用。避头尾是指避免标点符号出现在句首，影响段落文字的断句和结构。第 3 行文字中的顿号出现在句首，是错误的排版方式。选择段落面板，如图 5-3-21 所示，在避头尾设置中将“无”改成“JIS 严格”，段落文字避头尾设置完成，标点符号在句首的问题解决了。但是，第 3 行的后面又出现留白，继续选择段落面板，将“标点挤压”选项从“无”

改成“间距组合 1”，设置如图 5-3-22 所示，修改后效果如图 5-3-23 所示。将所有的段落都按同样的设置进行调整。

图 5-3-20

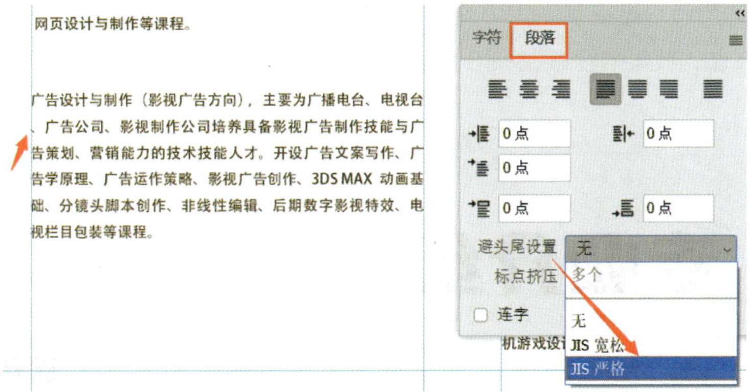

图 5-3-21

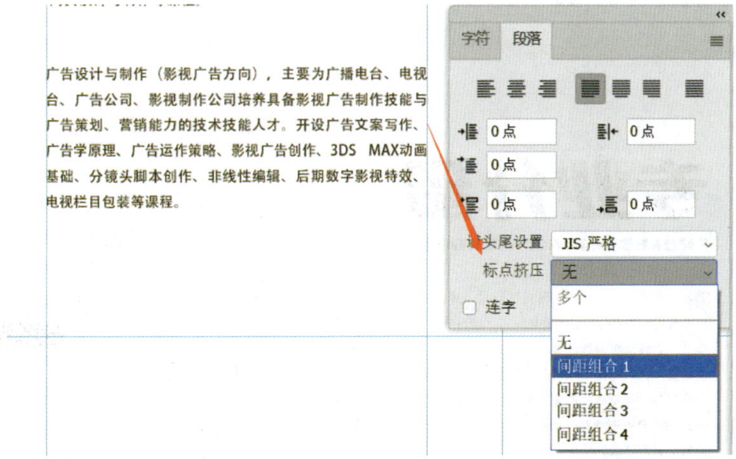

图 5-3-22

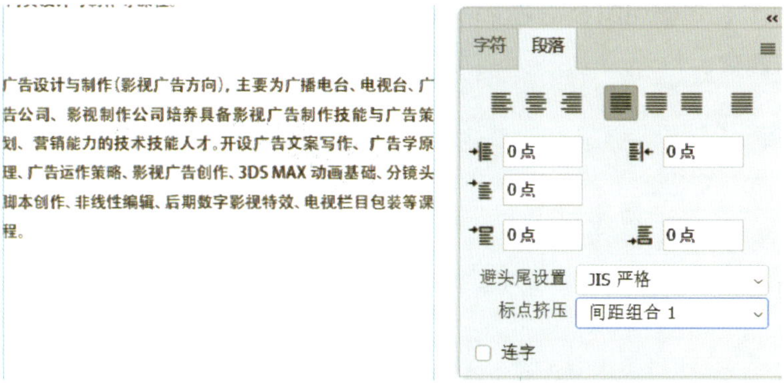

图 5-3-23

⑤ 中英文标题的设计。标题文字“专业介绍”文字单调，没有细节；可以通过更换字体，如图 5-3-24，将字体换成“优设标题黑”，再增加英文翻译“PROFESSIONAL INTRODUCTION”细节。如图 5-3-25 所示，英文字体与中文字体相同，但是设置为全部大写，在视觉上整个文字形成一整条，非常规范和整齐。段落文字中，专业名称不明显，选择文本工具，选取“影视动画专业”名称，文本处于选中状态，右击，选择快捷菜单中的“剪切”命令或者按快捷键 Ctrl+X 剪切，如图 5-3-26 所示。假如此时粘贴，剪切出去的文字又会重新粘贴回原来位置。鼠标一定要单击移动工具图标 ，再选择文本工具图标 ，在文本框外的空白地方单击，再粘贴才可以成功，如图 5-3-27 所示，再将字体大小改成“12 点”。小标题就剪贴完成了。其余的段落用同样的复制粘贴方式操作，效果如图 5-3-28 所示。

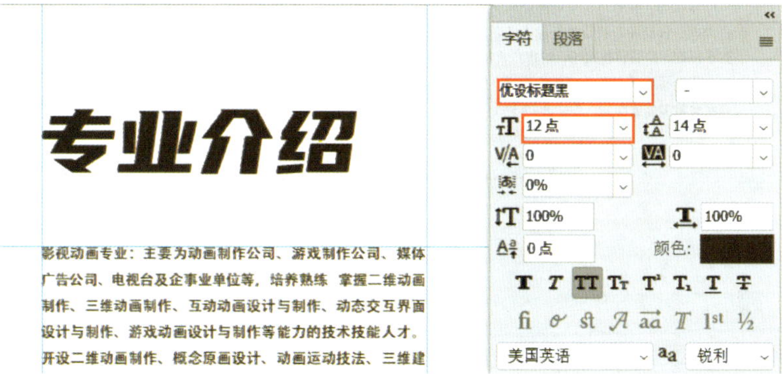

图 5-3-24

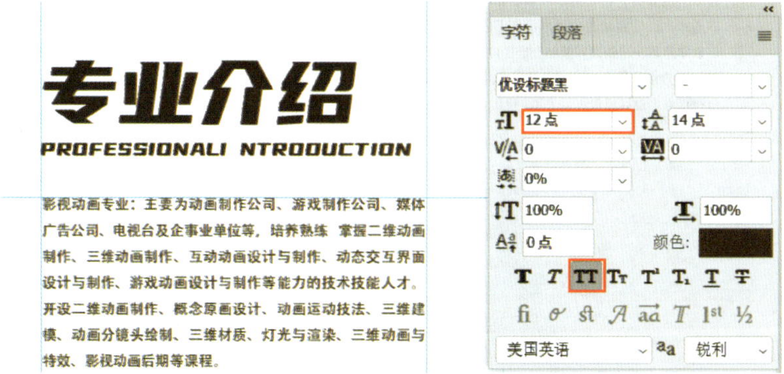

图 5-3-25

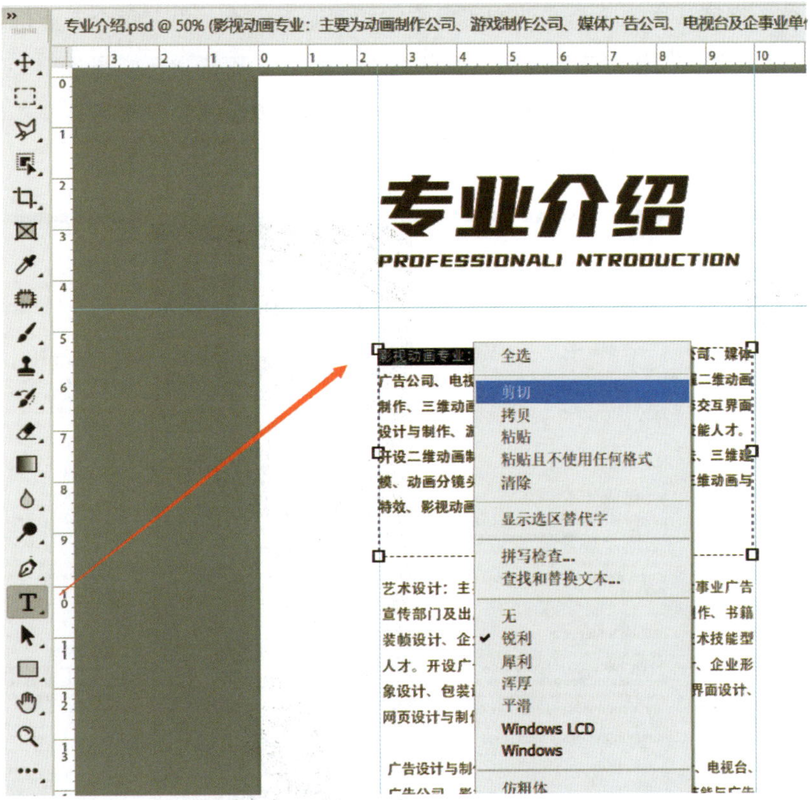

图 5-3-26

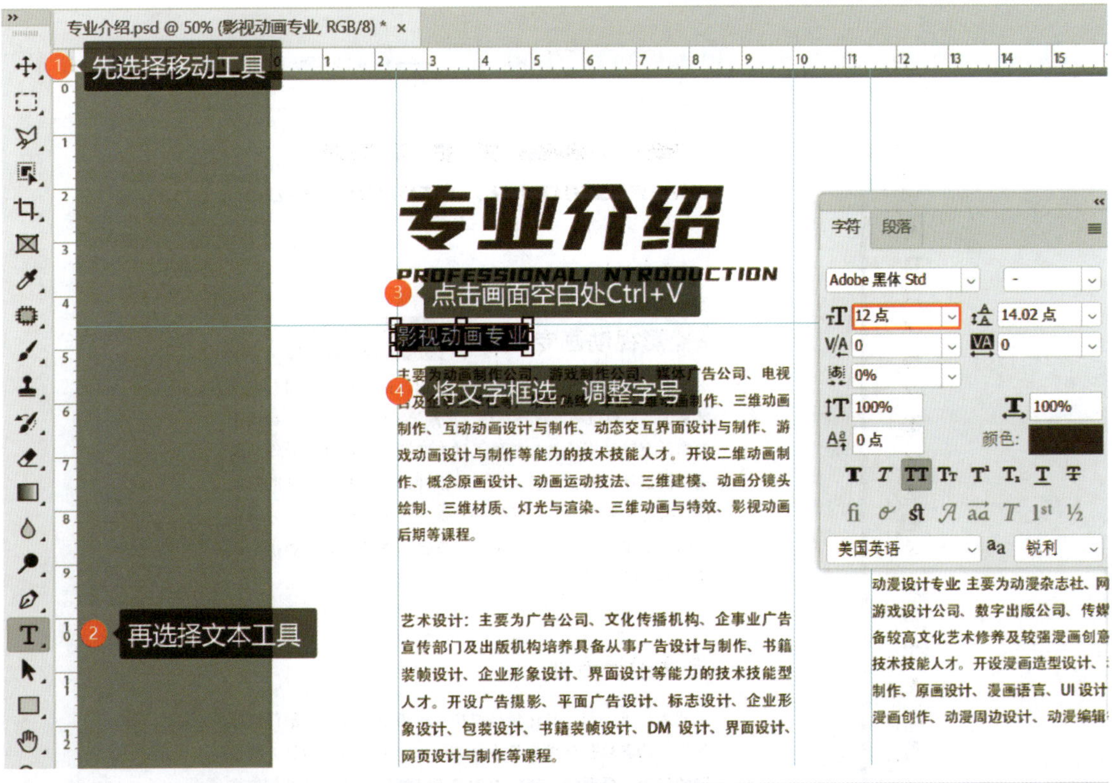

图 5-3-27

⑥ 画册整体细节调整，用矩形工具添加装饰框。仔细看专业介绍第一栏有 3 个专业和标题，

视觉上比较拥挤，将第一栏的 3 个专业的段落文字距离调近一点，再在每个专业标题前面加一个黄色的正方形矩形色块，用矩形工具绘制，颜色为“中黄色”，不描边，如图 5-3-29 所示。在矩形框里输入白色的阿拉伯数字，字号是“12”点。复制矩形框至其余 7 个专业文本段落前，更改数字即可，按快捷键 Ctrl+H 取消显示额外内容。最终效果如图 5-3-30 所示。

图 5-3-28

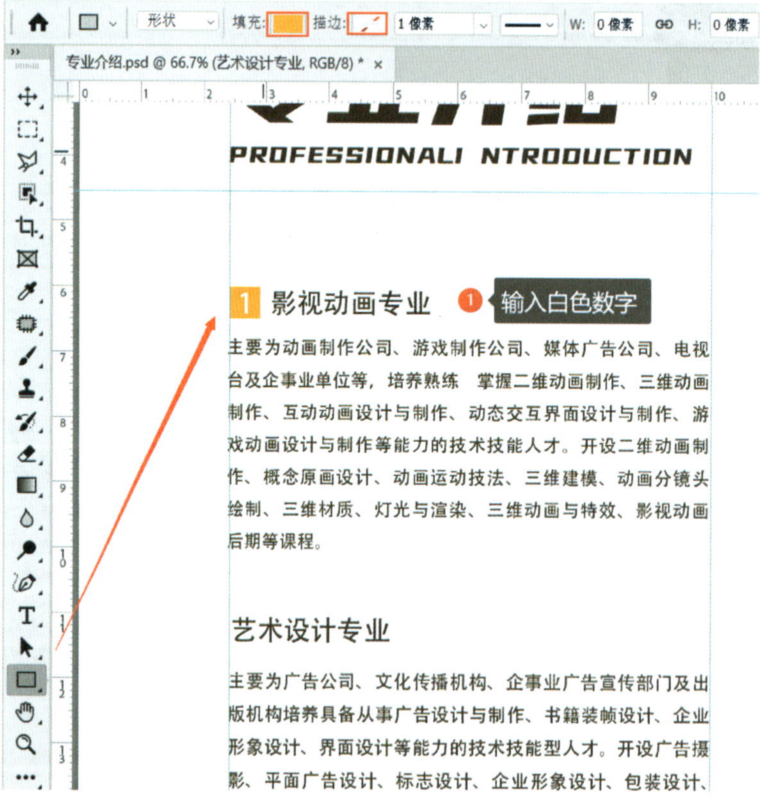

图 5-3-29

图 5-3-30

[技巧提示]

段落文字行距调整时，可以用文本工具选择段落文字，使段落文字处于选中状态。按住 Alt 键，再按键盘“↓”键调整文字行距，使行间距宽松；按住 Alt 键，长按“↑”键，文字行距变窄。这种行距调整方法非常直观。

[项目拓展]

操作题：请运用段落文字设计画册或宣传单。

项目4

马路透视文字的设计

微课 5-4
马路透视艺术文字

[项目分析]

在生活中存在很多透视现象，在设计时，需要依据画面透视现象制作文字透视效果，才能塑造出符合画面空间感和纵深感意境的文字。如图 5-4-1 所示，画面视觉纵深感非常棒，但是路面过大，稍显单调。可以将文字转换为形状图层，再进行透视文字添加，最终效果如图 5-4-2 所示。

图 5-4-1

图 5-4-2

[项目实施]

① 输入主题文字，进行字体设置。打开素材图片 5-4-1，选择文本工具输入文字“青春梦想”。字体设置为“汉仪菱形简体”，字号设置为“540.4 点”，字间距为“-50”，行距为“599.69 点”，如图 5-4-3 所示。颜色为“黄色”，色值如图 5-4-4 所示，C：70、M：25、Y：91，K：0。将文字分成两行，将光标移至“梦”字的前面，按 Enter 键将文字分成两

行，如图 5-4-5 所示。再按空格键分隔文字距离，用同样的方法将光标移至“青”字和“春”字中间，如图 5-4-6 所示进行分隔，使文字达到理想的行距和间距。

图 5-4-3

② 将主题文本转换为矢量形状。文字转换为图层后，文本将转换成像素化图片，在放大或调整过程中会损失细节，如果将文字转换为形状就可以解决损失细节的问题。因为形状具有矢量图形的特性，无限放大或者反复操作都不会损害图像细节。在图层面板选择文字图层，右击，弹出快捷菜单，如图 5-4-7 所示，选择“转换为形状”选项。按快捷键 Ctrl+T，出现自由变换调整框，右击，弹出快捷菜单，如图 5-4-8 所示，选择“透视”选项。光标移动至调整框上部正方形白点，当光标变成白色图标时，就表明处于可操作状态。用光标选择文字顶部左右任意白点往画面中间拖曳，上部缩小。下方选择白点往画面外拖曳，下部扩大。如图 5-4-9 所示，透视文字效果完成。

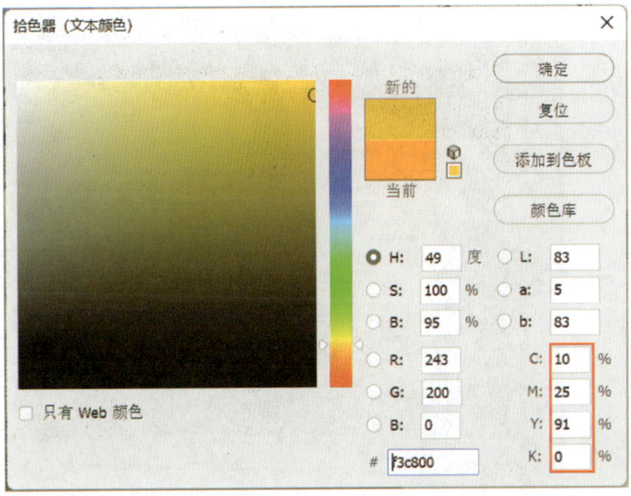

图 5-4-4

③ 给文字形状添加“叠加”效果，使其与背景图层融合。现在的文字在视觉上非常生硬，与背景不协调，可以通过图层属性进行更改。选择“青春梦想”图层，如图 5-4-10 所示，在图层属性下拉菜单中选择“叠加”选项，如

图 5-4-11 所示，使文字与背景叠加融合，马路的肌理感和层次感立刻得到展现。最终效果如图 5-4-12 所示。

图 5-4-5

图 5-4-6

图 5-4-7

图 5-4-8

图 5-4-9

图 5-4-10

[项目拓展]

操作题：找一张马路图片，并在上面写出文字，要求符合透视效果。

项目5

广告云朵文字的设计

微课 5-5
广告云朵文字设计

[项目分析]

在设计中会依据画面场景需求设计风格各异的主题文字，如图 5-5-1 所示画面充满了梦幻感，色彩也非常漂亮，但是天空非常空，如果设计云朵般的软绵绵、可爱的云朵文字进行填充，那将非常符合画面意境。从图片云朵素材中选取云朵定义画笔，绘制云朵文字，最终效果如图 5-5-2 所示。

图 5-5-1

图 5-5-2

[项目实施]

① 用色彩范围选取云朵。打开一张天空素材图，用套索工具圈出云朵，如图 5-5-3 所示，利用色彩范围将云朵单独选取出来。执行“选择 / 色彩范围”命令，如图 5-5-4 所示，出现色彩范围对话框，用吸管工具吸取云朵最亮的区域，调整颜色容差为“93”，预览图背景变黑就说明选取成功，如图 5-5-5 所示，单击“确定”按钮。

② 将云朵定义画笔。按快捷键 Ctrl+J 复制当前选区自动生成新图层，如图 5-5-6 所示。执行“图像 / 调整 / 反相”命令，如图 5-5-7 所示。云朵变成黑色，效果如图 5-5-8 所示。单击图层面板的“背景”图层前的眼睛图标隐藏该图层，再执行“编辑 / 定义画笔预设”命令，如图 5-5-9 所示，出现画笔名称对话框，设置名称为“云朵”，如图 5-5-10 所示，单击“确定”按钮。

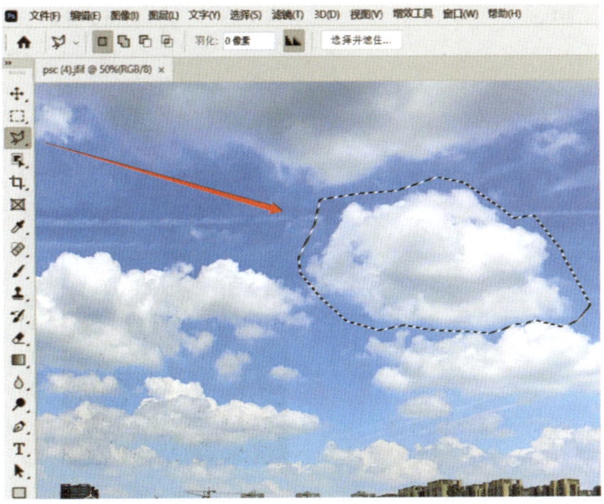

图 5-5-3

图 5-5-4

图 5-5-5

图 5-5-6

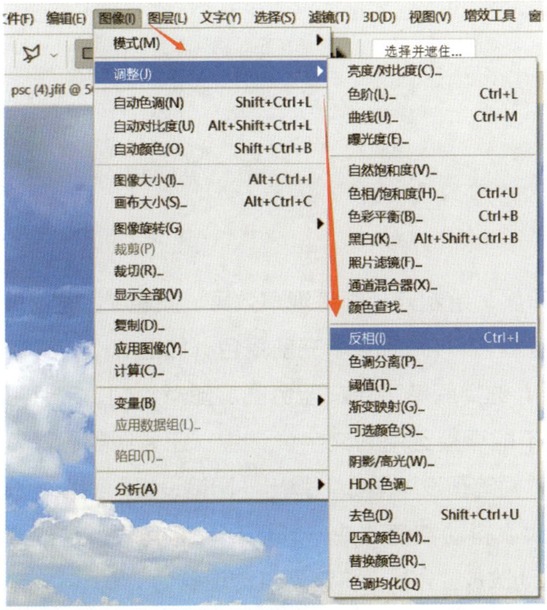

图 5-5-7

图 5-5-8

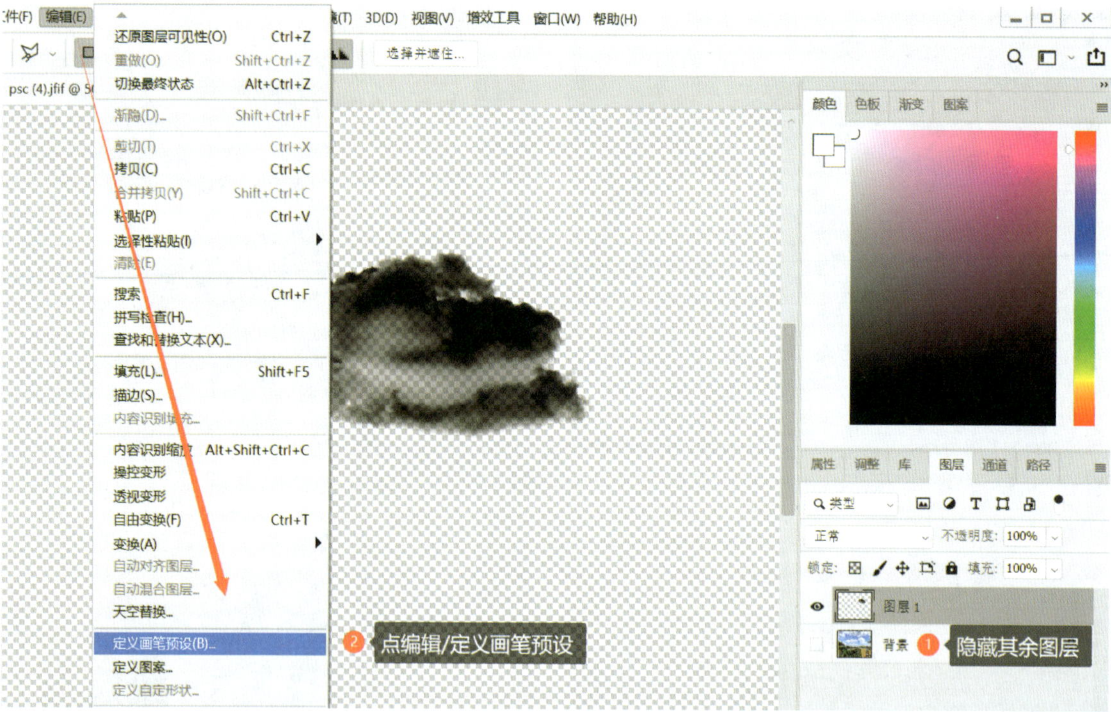

图 5-5-9

图 5-5-10

③ 尝试画笔效果，调整画笔预设。设置蓝色背景，绘制云朵画笔观察效果。新建“图层 2”，在前景色用吸管工具选择“蓝色”并确定，按快捷键 Alt+Delete 填充前景色，如图 5-5-11 所示。图层 2 显示为蓝色。将前景色设置为“白色”，选择画笔工具在蓝色图层随意绘制，云朵形状就出来了。效果如图 5-5-12 所示。但现在还不能直接运用到文字设计中，还要调整画笔设置。单击工具箱“画笔工具”，再单击工具栏选项“画笔预设”图标，弹出“画笔设置”面板。选中“形状动态”复选框，如图 5-5-13 所示，将大小抖动数值改成“100%”，将角度抖动改成“100%”；再选中“传递”复选框，将不透明度抖动改成“29”，将流量抖动设置为“43%”，笔刷的轮廓就出现了，如图 5-5-14 所示。

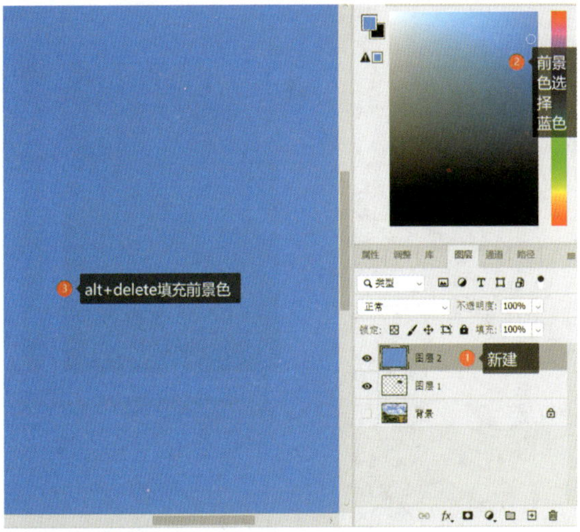

图 5-5-11

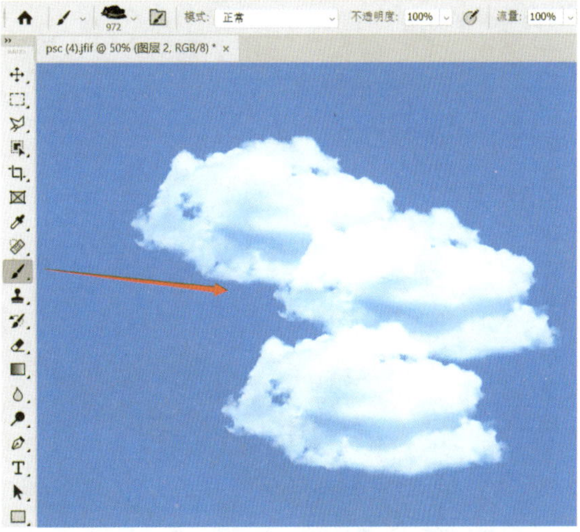

图 5-5-12

④ 拖入素材图层，输入主题文字。如图 5-5-15 所示，拖入素材图层，新建“图层 4”，选择画笔工具在空白处涂抹尝试效果，发现笔刷比较粗，需要调整，将“图层 4”删除。在画面上右击弹出笔刷调整面板，如图 5-5-16 所示，将笔刷大小调整为“56 像素”。再选择用文本工具输入文字“SLEEMON”，如图 5-5-17 所示，在字符面板中将字体改成黑体，大小设置为“500 点”，单击字体倾斜图标和全部大写图标。字母倾斜有一种灵动感，全部大写使文字视觉造型更统一。

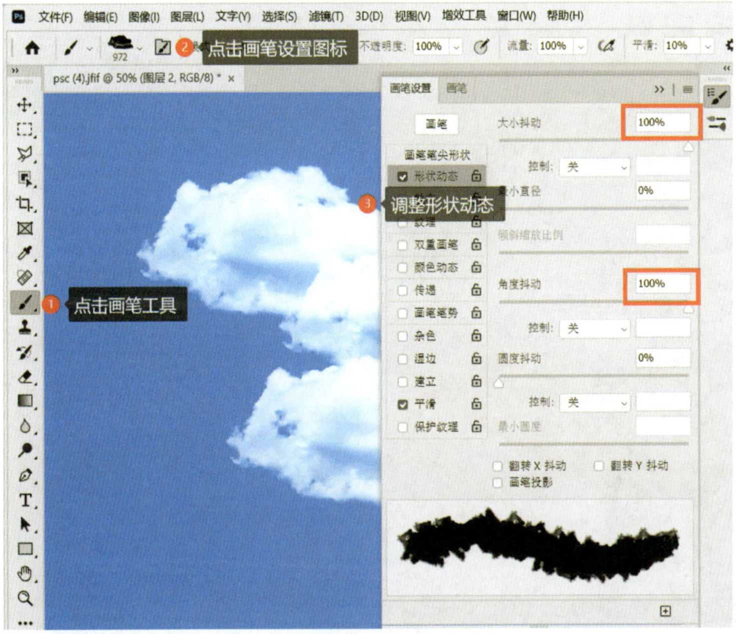

图 5-5-13

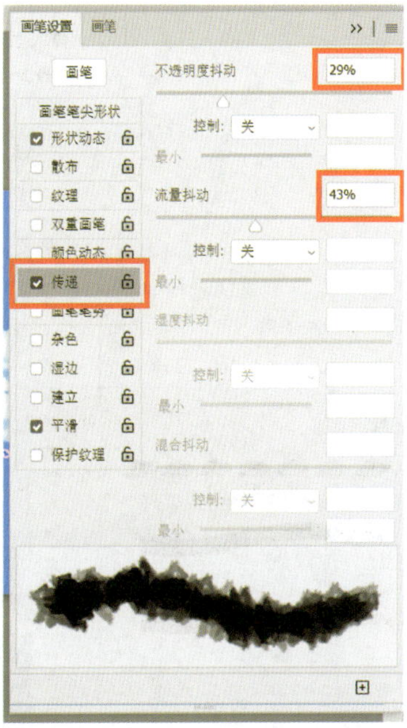

图 5-5-14

⑤ 建立选区生成工作路径并用画笔描边。在图层面板选择文本图层，如图 5-5-18 所示，按住 Ctrl 键，单击该图层缩略图建立选区。在图层面板单击“路径”按钮，如图 5-5-19 所示，在路径面板底部单击“从选区生成工作路径”按钮建立路径。回到图层面板，如图 5-5-20 所示，新建“图层 4”，选择钢笔工具，光标移至英文字母上，右击，在弹出的快捷菜单中选择“描边路径”选项。出现“描边路径”对话框，如图 5-5-21 所示，将工具选为“画笔”并确定。

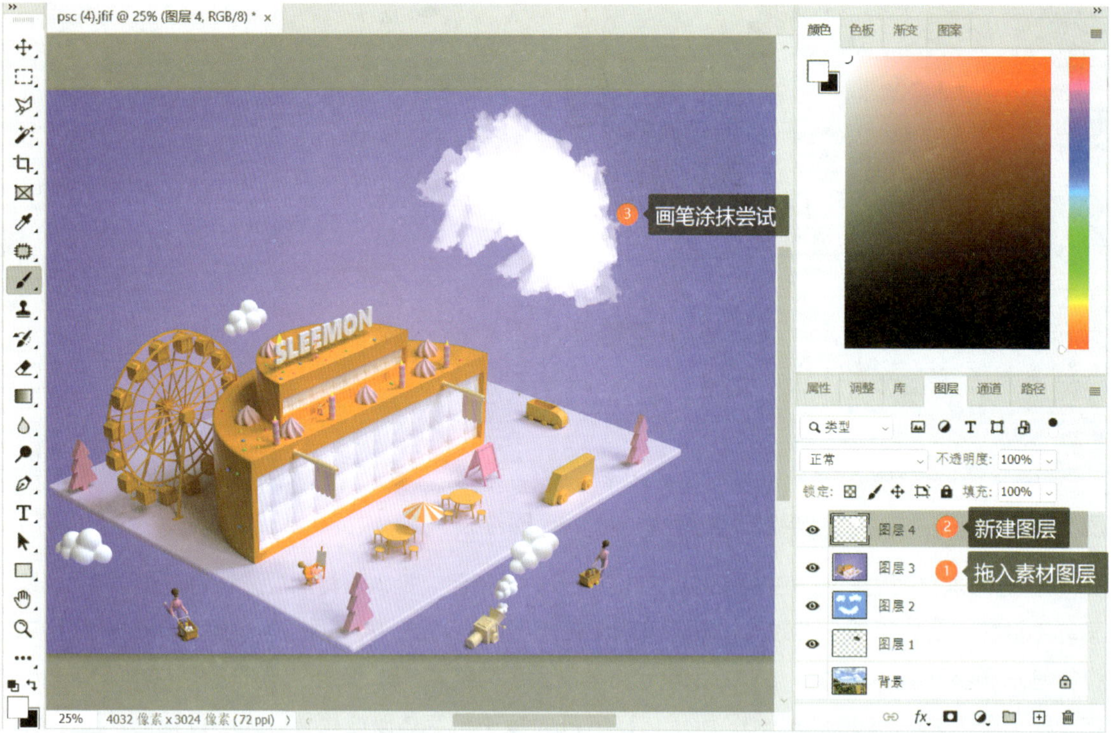

图 5-5-15

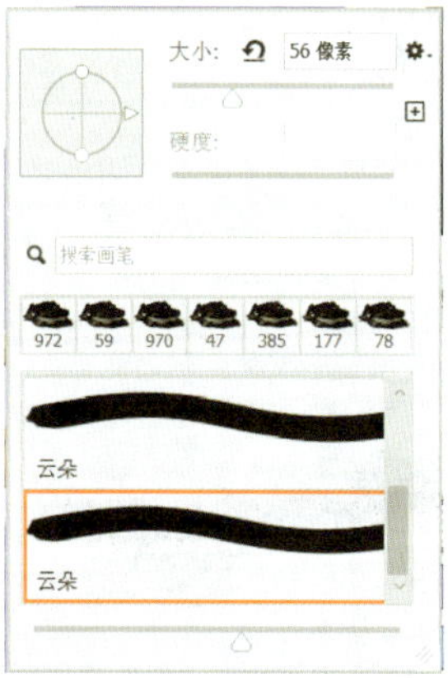

图 5-5-16

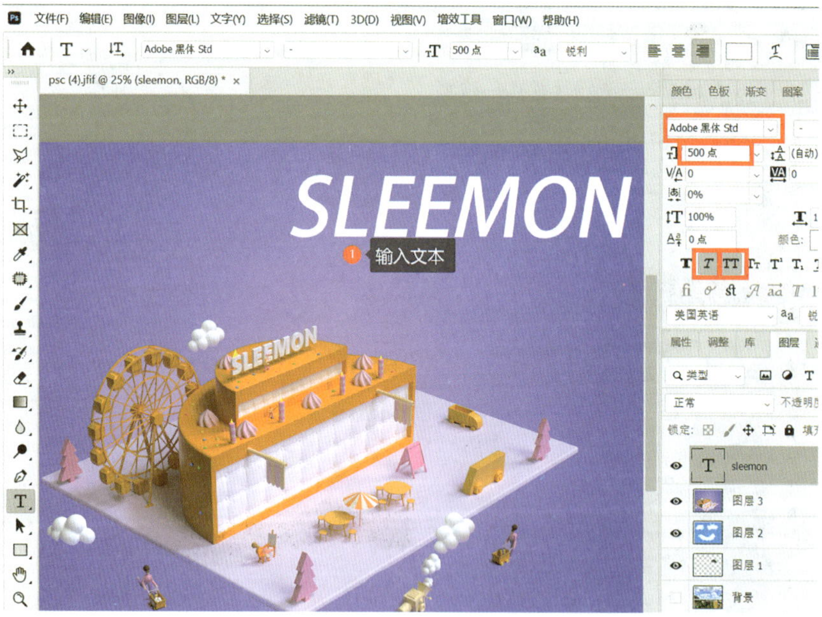

图 5-5-17

⑥ 用画笔涂抹文字。隐藏画笔和路径，用画笔把中间留白填充。单击图层属性面板“图层”，如图 5-5-22 所示，单击文本图层眼睛按钮使其消失，将文本图层隐藏。回到路径面板，如图 5-5-23 所示，单击灰色区域取消工作路径选中状态，画面中路径不显示。选择画笔工具，如图 5-5-24 所示，继续回到图层面板，选中“图层 4”，用画笔将文字中间空白处填满，涂抹效果如图 5-5-25 所示

图 5-5-18

图 5-5-19

⑦ 给云朵文字添加投影，让文字更加突出。在图层属性面板单击“图层 4”，在图层面板底部选择“添加图层样式”，如图 5-5-26 所示，出现图层样式对话框，选择投影。将角度设置为“99”，距离设置为“14”像素，大小设置为“62”像素，单击“确定”按钮，对文字位置进行微调，云朵文字设计完成。

图 5-5-20

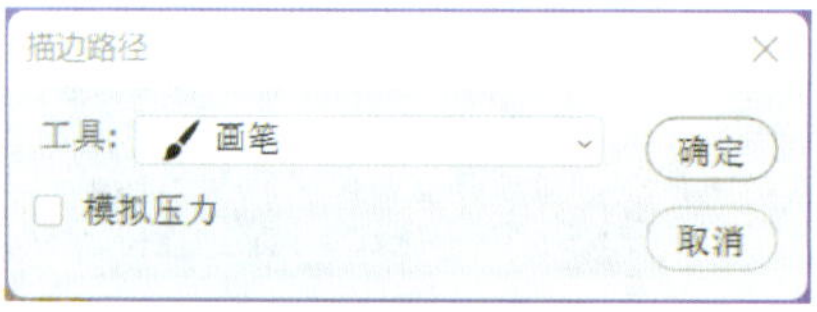

图 5-5-21

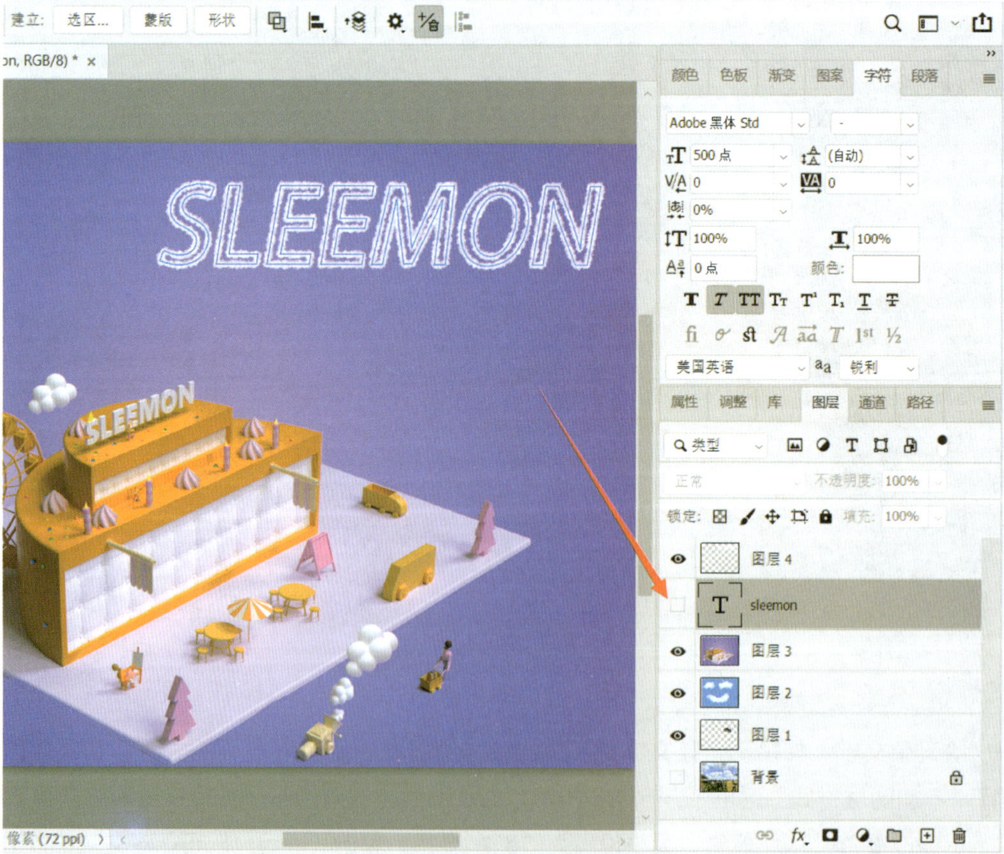

图 5-5-22

图 5-5-23

图 5-5-24

图 5-5-25

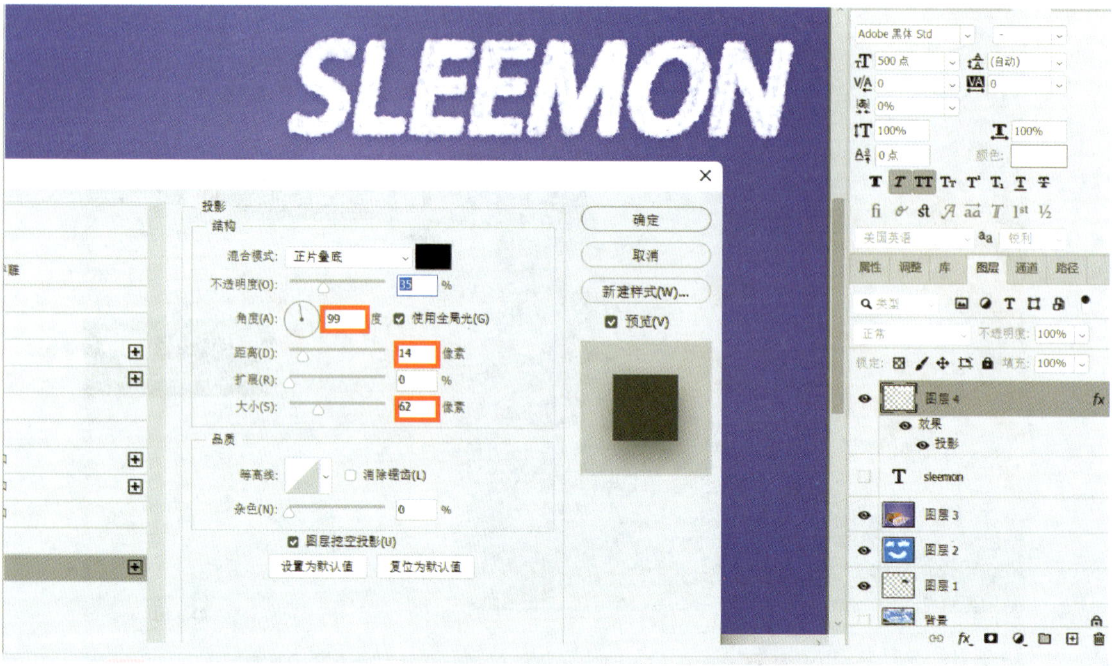

图 5-5-26

[技巧提示]

在自由变换状态下，按住 Shift 键可以实现对图形的拉长、缩短操作。

[项目拓展]

操作题：请运用定义图形画笔绘制云朵字。

项目6

夕阳发光文字的设计

微课 5-6
夕阳发光文字设计

[项目分析]

设计中经常会有很多场景需要设计发光字，发光字可以有效烘托画面氛围，塑造画面意境。图 5-6-1 是一个夕阳西下的场景，港口的帆船在落日的照映下别有韵味。但画面整体偏暗，可以添加发光文字，提亮画面，烘托氛围。通过径向模糊塑造发光字，效果如图 5-6-2 所示。

图 5-6-1

图 5-6-2

[项目实施]

① 输入主题文字，将文字转换为智能对象。打开素材文件 5-6-1，选择文本工具在画面中输入文字“SUNSET”，如图 5-6-3 所示，将前景色设置为白色。字体大小为“349.04”，字间距为“-50”，选中“全部大写”选项，设置数据如图 5-6-4 所示。在图层面板选择文本图层，右击，在弹出的快捷菜单中选择“转换为智能对象”选项，如图 5-6-5 所示。转换后，按快捷键 Ctrl+J 复制成新图层，如图 5-6-6 所示。

图 5-6-3

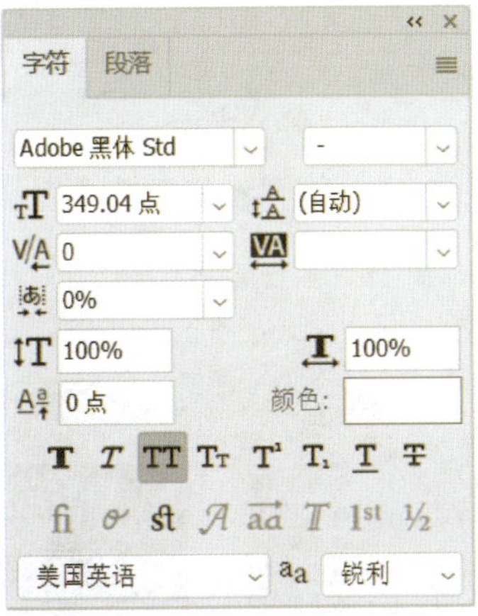

图 5-6-4

图 5-6-5

图 5-6-6

② 文字通过径向模糊做发光处理。选择“SUNSET”图层，执行“滤镜 / 模糊 / 径向模糊”命令，如图 5-6-7 所示，出现对话框，将数量改成“78”，模糊方法改成“缩放”，如图 5-6-8 所示，单击“确定”按钮，文字发光效果出现，但是还不够丰富，光感比较弱，按快捷键 Alt+Ctrl+F 重复径向模糊 7 ~ 8 次，直至出现满意的发光效果，效果如图 5-6-9 所示。白色光线与背景色彩不搭配，将图层面板属性中改成“叠加”，如图 5-6-10 所示，光线与背景融合。

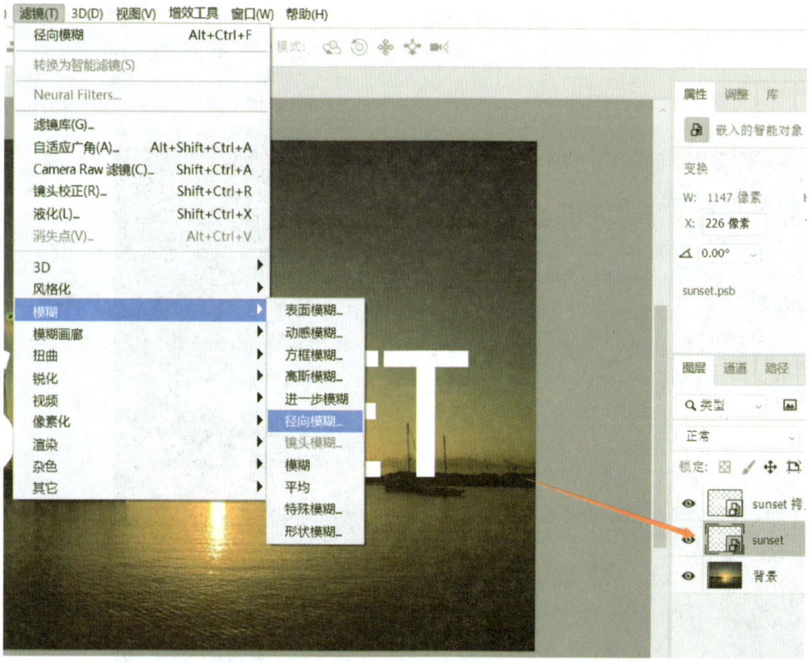

图 5-6-7

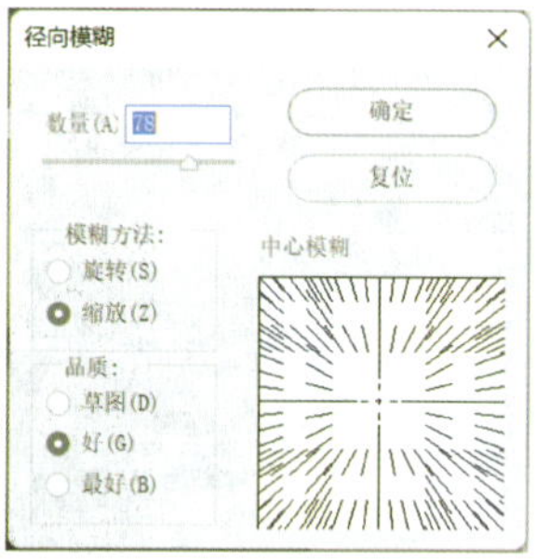

图 5-6-8

图 5-6-9

③ 通过调整曲线进行细节塑造。如图 5-6-11 所示，在图层面板选择文字复制图层，按住 Ctrl 键，单击该图层载入文字选区。回到“背景”图层，如图 5-6-12 所示，保持选取状态，按快捷键 Ctrl+C 复制“背景”图层的文字造型图像。继续按快捷键 Ctrl+J 复制选区成新图层“图层 1”，如图 5-6-13 所示，将它拖曳到面板顶层。新图层颜色偏深，按快捷键 Ctrl+M 调出“曲线”对话框，将该图层色彩曲线往左上提，使文字变亮，与背景形成鲜明对比。效果如图 5-6-14 所示。

图 5-6-10

图 5-6-11

图 5-6-12

图 5-6-13

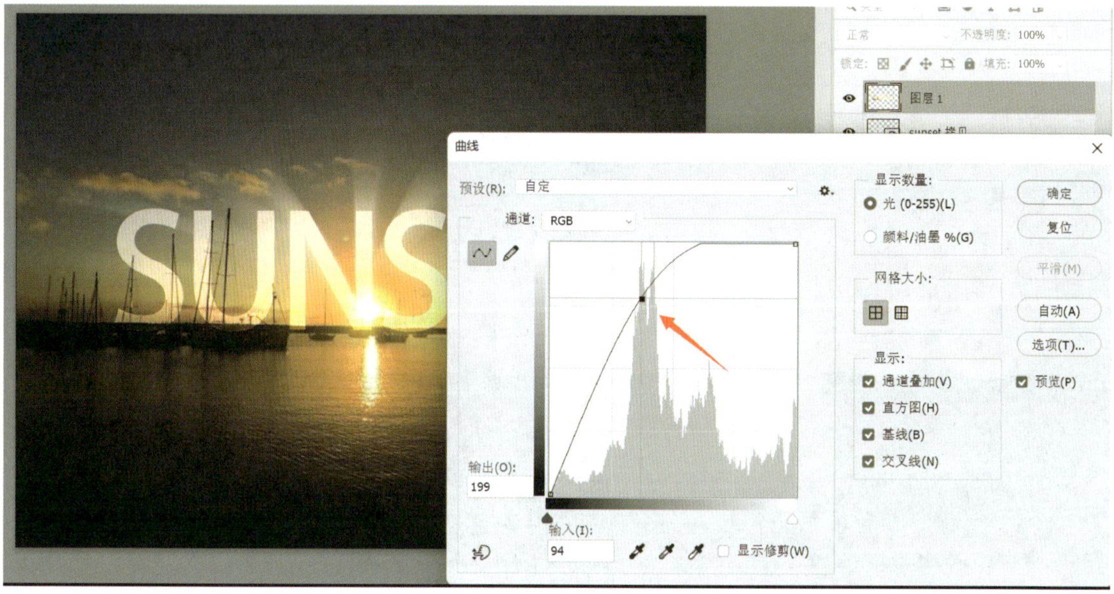

图 5-6-14

④ 通过文字外发光和内发光进行深入塑造。如图 5-6-15 所示，在图层面板底部单击混合选项图标 fx，在下拉菜单中选择“外发光”选项，弹出“图层样式”面板。如图 5-6-16 所示，将不透明度设为“51”，扩展设“14”，大小设为“29”。色彩信息设置须单击色彩框，出现拾色器，色彩信息如图 5-6-17 所示。在图层样式面板选中“内发光”复选框，如图 5-6-18 所示，不透明度设为“35”，阻塞设“6”，大小设“38”，单击“确定”按钮，文字发光效果制作完成。

⑤ 图形前后关系调整。帆船和海岸线在发光字的背后影响效果，将这部分区域选取出来置于顶层，拉开画面层次。如图 5-6-19 所示，在图层面板选择“背景”图层，将其余图层的眼睛图标关闭。因为我们要选取“背景”图片颜色，将其余的图层隐藏，可以避免干扰色彩信息选择。单击“通道”选项卡，如图 5-6-20 所示，面板中有 RGB、红、绿、蓝 4 个通道，单击通道面板下方浅灰色区域，关闭其余通道眼睛，只选择蓝色通道，通道条呈深灰色表明处于选中状态。执行“选择 / 色彩范围”命令，如图 5-6-21 所示。出现色彩范围对话框，用吸管吸取画面海岸线深色区域，颜色容差调整为“45”，缩略图中周围都是黑色的，中间的白色表明是被选中的区域，如图 5-6-22 所示。

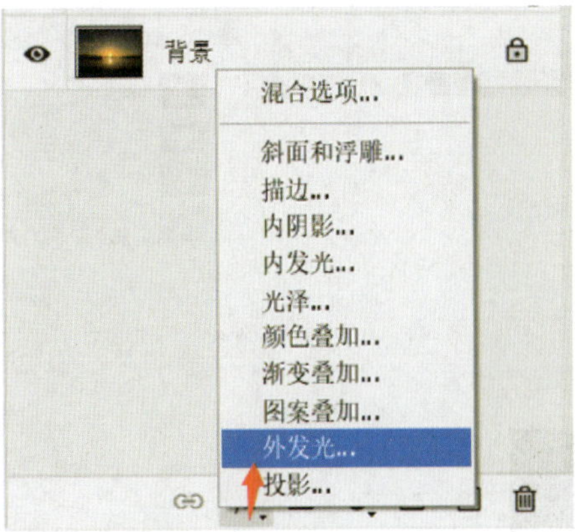

图 5-6-15

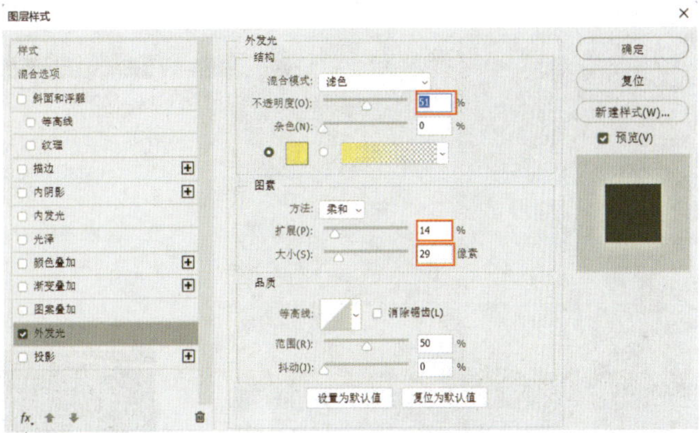

图 5-6-16

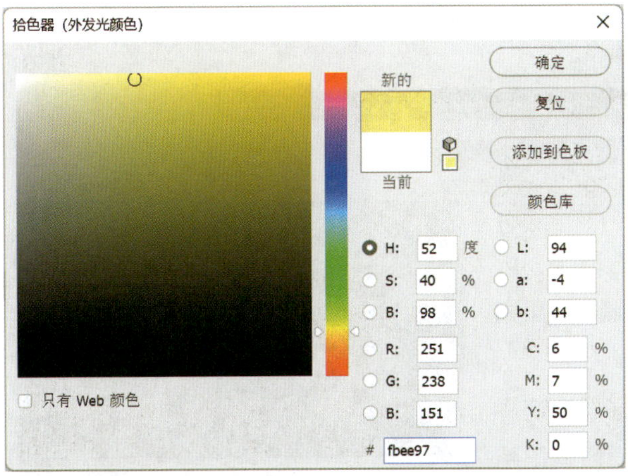

图 5-6-17

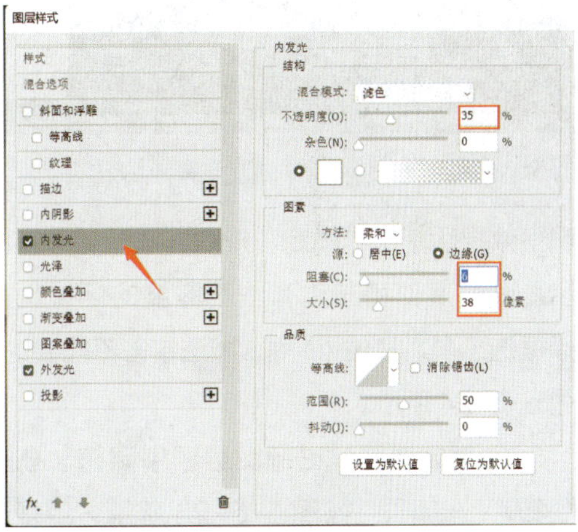

图 5-6-18

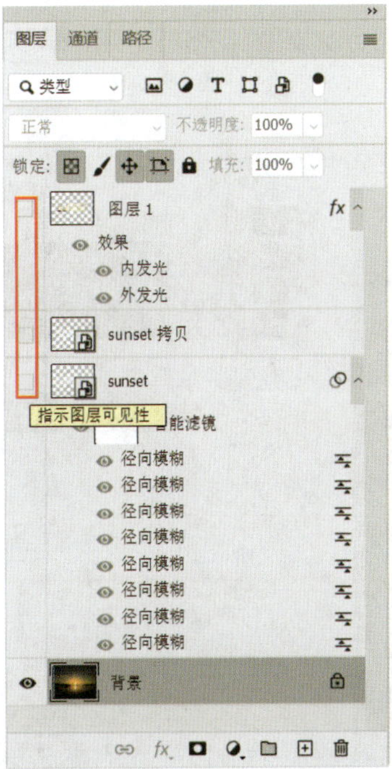

图 5-6-19

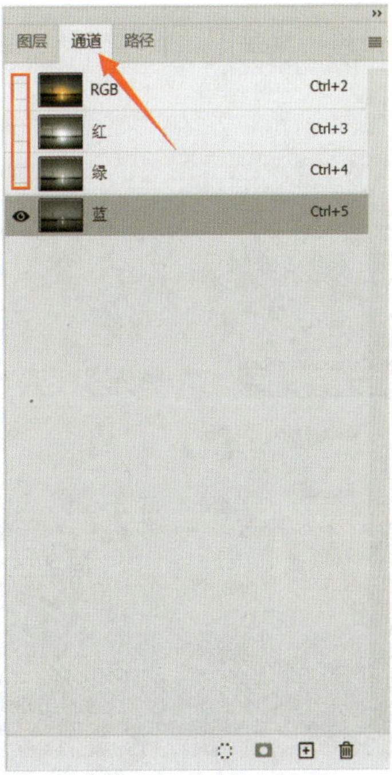

图 5-6-20

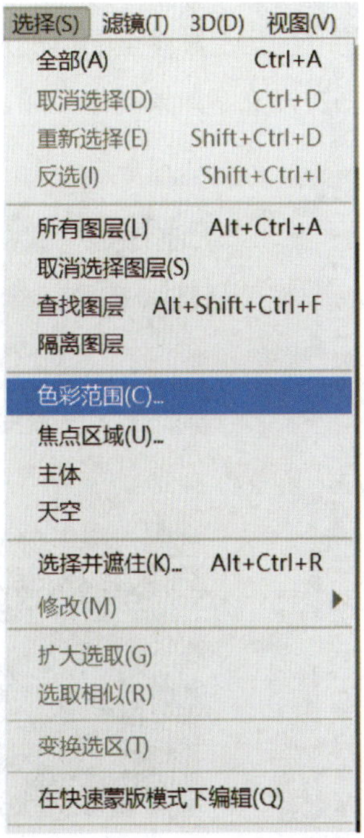

图 5-6-21

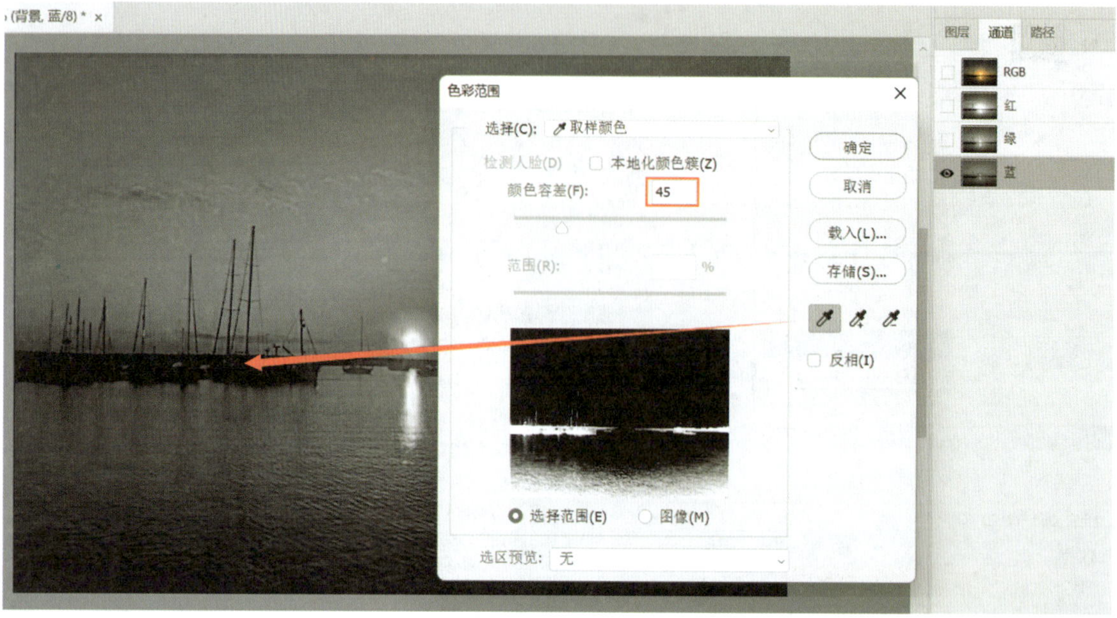

✔图 5-6-22

观察效果后单击“确定”按钮，选取效果如图 5-6-23 所示。画面底部和左边有些不需要的区域也被选取了，选择框选工具，按住 Alt 键，减选这些不需要的区域。效果如图 5-6-24 所示。

✔图 5-6-23

⑥ 复制选区，进行图层顺序调整。在图层面板选择“通道”选项卡，如图 5-6-25 所示，点开通道所有眼睛图标，4 个通道层要从浅灰色变成深灰色。保持 4 个通道都处于选中状态，复制选区；回到“图层”，如图 5-6-26 所示，按快捷键 Ctrl+J 生成“图层 2”；将“图层 2”移至图层面板顶层，再将其余图层眼睛打开，使图层显示，如图 5-6-27 所示，夕阳发光文字效果制作完成。

✔图 5-6-24

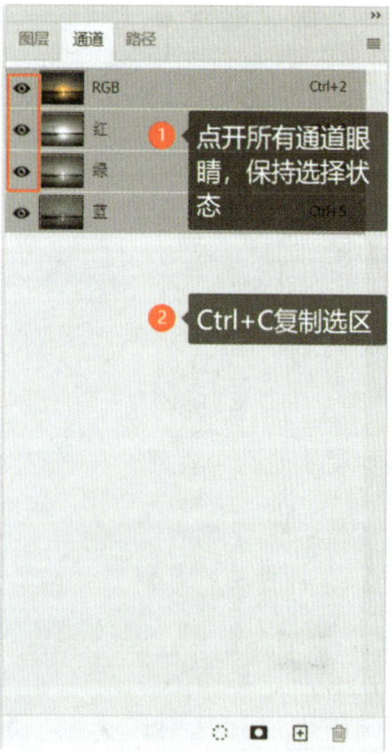

✔图 5-6-25

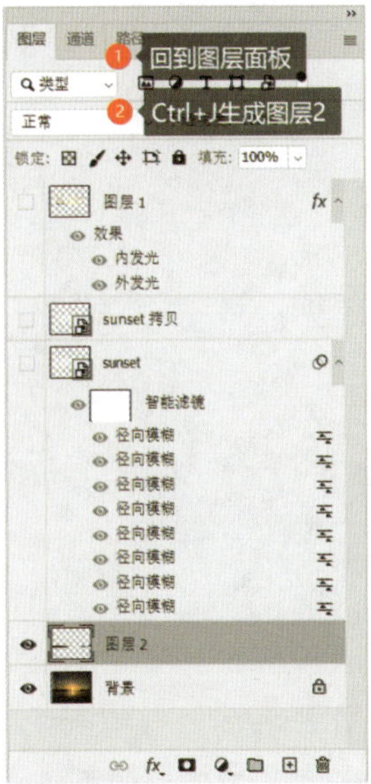

图 5-6-26

图 5-6-27

[技巧提示]

通道选择时，选择 CMYK 或 RGB 模式，所有通道图层均显示。单独单击任意通道图层即可选择该通道图层。按住 Shift 键可以连选或者挑选不同的通道图层。

[项目拓展]

操作题：请运用夕阳图片设计发光文字。

项目7

文字填充人物的设计

微课 5-7
文字填充人物图形

[项目分析]

在 Photoshop 中经常会运用文字来填充图形，实现图形文字化效果，一般运用在人物、肖像、动物造型等图像处理中，文字填充的效果使画面有艺术感且个性十足。原图如图 5-7-1 所示，文字填充后的效果如图 5-7-2 所示。

图 5-7-1

图 5-7-2

[项目实施]

① 选取人物。打开素材图片，选择“对象选择工具”，在人物周围框选，如图 5-7-3 所示。人物选区出现，但手的上部区域没有选取进来，如图 5-7-4 所示，选择矩形选框工具，按住 Shift 键，框选符号右下角出现 + 号，在手上部进行加选，人物选取完成，如图 5-7-5 所示。

图 5-7-3

图 5-7-4

图 5-7-5

② 对选取的人物进行“阈值”处理，使其轮廓化。在选中的状态下，按快捷键 Ctrl+J，如图 5-7-6 所示，新图层复制完成。执行“图像 / 调整 / 阈值”命令，如图 5-7-7 所示，弹出“阈值”面板，将色阶改成“128”，效果如图 5-7-8 所示，单击“确定”按钮。

图 5-7-6

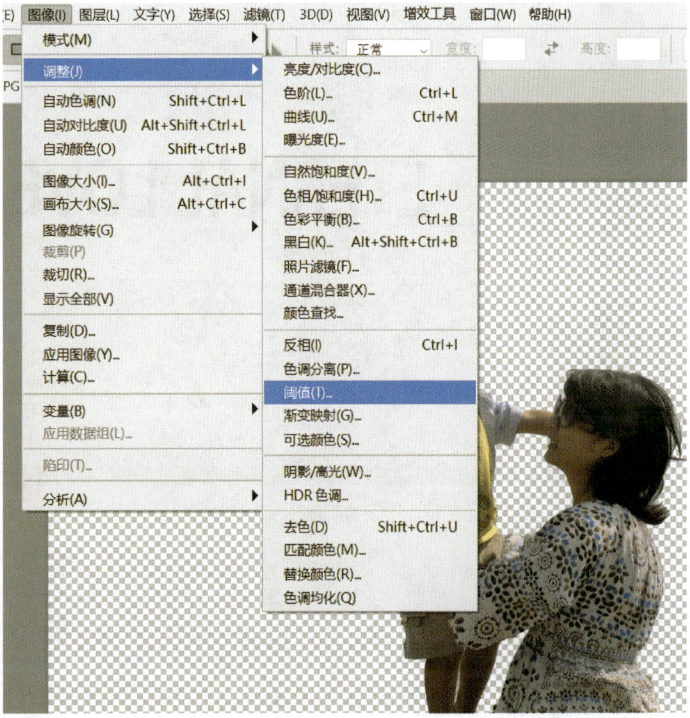

图 5-7-7

③ 定义文字画笔。选择文本工具，输入文字“ETERNAL LOVE”，选择字符面板，字体大小设定为“66.21”点，字间距设为“-50”，选中“仿粗体”和“全部大写字母”按钮，如图 5-7-9 所示，再单击“图层 1”和“背景”图层前的眼睛图标隐藏图层。执行“编辑 / 定义画笔预设”命令，弹出“画笔名称”对话框，将画笔名称改成“文字”，如图 5-7-10 所示。

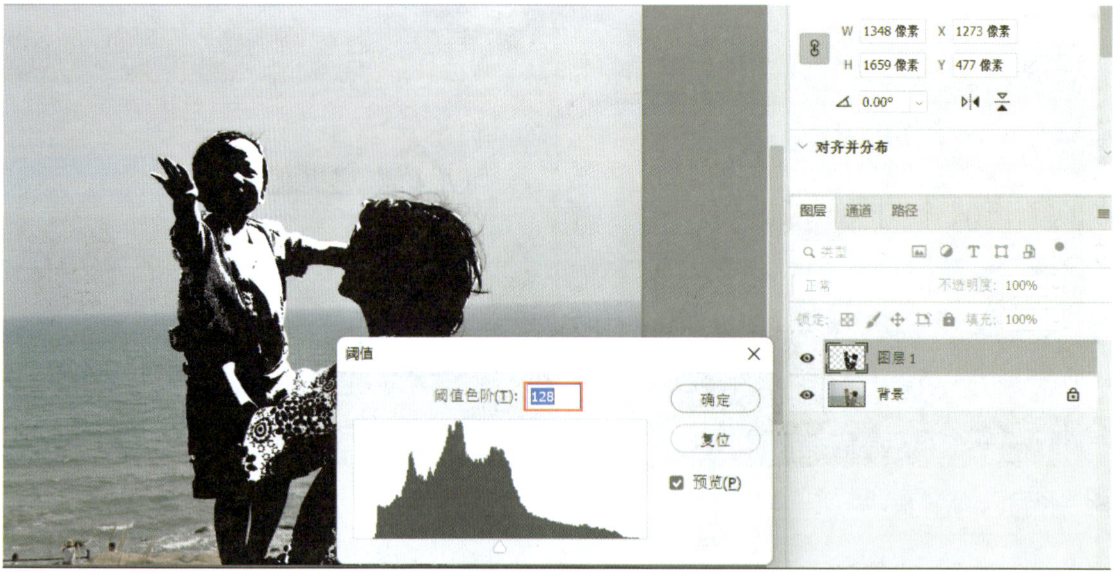

图 5-7-8

图 5-7-9

④ 用定义画笔绘制。新建“图层 2”，如图 5-7-11 所示，选择画笔工具，将前景色设置为白色，在人物黑色区域进行绘制。按键盘中括号“[”缩小，按键盘中括号“]”放大。在脸部将画笔放大或缩小以方便对细节进行操作，文字不要重叠，注意层次美感。绘制效果如图 5-7-12 所示。

图 5-7-10

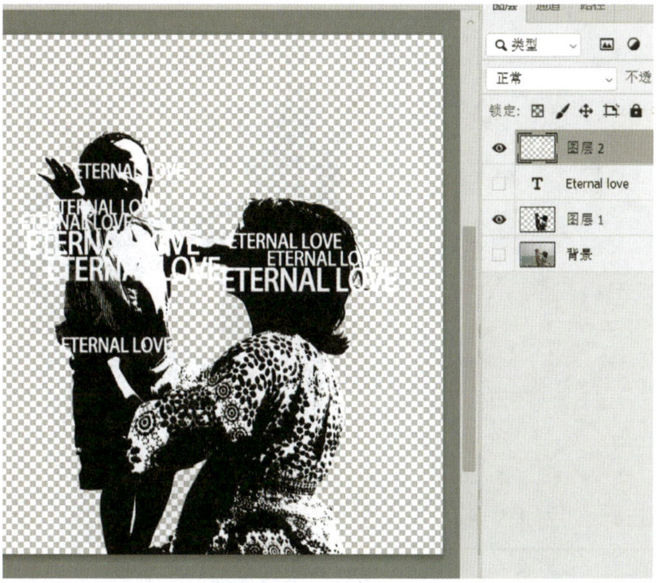

✔图 5-7-11

✔图 5-7-12

⑤ 填充背景，去除人物的白色区域。如图 5-7-13 所示，新建“图层 3”，填充中黄色，色彩信息如图 5-7-14 所示，关闭“图层 2”眼睛图标隐藏图层。回到“图层 1”，执行“选择 / 色彩范围”命令，弹出色彩范围对话框，用吸管吸取黑色，人物的黑色区域选取完成后效果如图 5-7-15 所示。按快捷键 Shift+Ctrl+I 执行反选，黑色图像之外的区域选取完成，再按 Delete 键将白色选区删除，效果如图 5-7-16 所示。

✔图 5-7-13

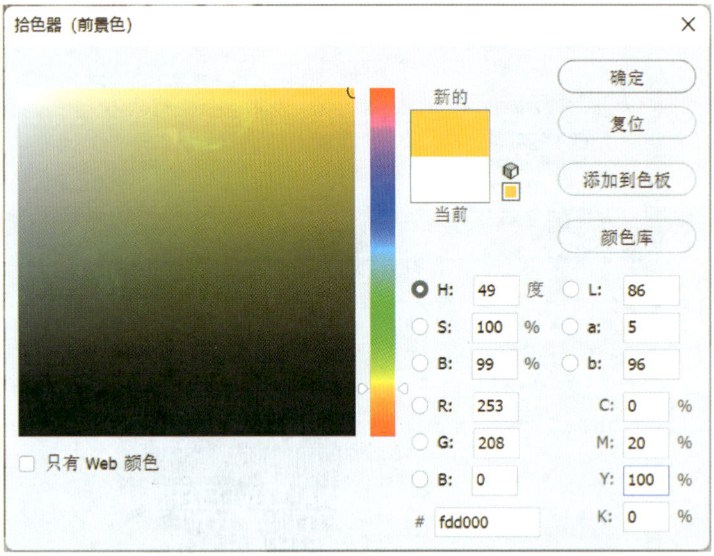

图 5-7-14

图 5-7-15

⑥ 将文字与人物重合。先将“图层 2”眼睛图标点开，取消隐藏状态，如图 5-7-17 所示。回到“图层 1”，按住 Ctrl 键，单击缩略图，载入人物选区，如图 5-7-18 所示。在图层面板里选择“图层 2”，按快捷键 Ctrl+C 将选区范围的白色文字信息载入选区，如图 5-7-19 所示。按快捷键 Ctrl+J 复制选区生成“图层 4”，再将“图层 1”“图层 2”眼睛图标关闭，效果如图 5-7-20 所示。

图 5-7-16

图 5-7-17

图 5-7-18

图 5-7-19

⑦ 给文字填充颜色。按住 Ctrl 键，单击图层面板“图层 4”缩略图，载入选区，如图 5-7-21 所示，在面板底部单击 ◐ 图标，在下拉列表中选择“纯色”选项。弹出“拾色器”对话框，选择“黑色”，如图 5-7-22 所示。选择裁剪工具进行裁剪，如图 5-7-23 所示。文字填充人物设计完成。

图 5-7-20

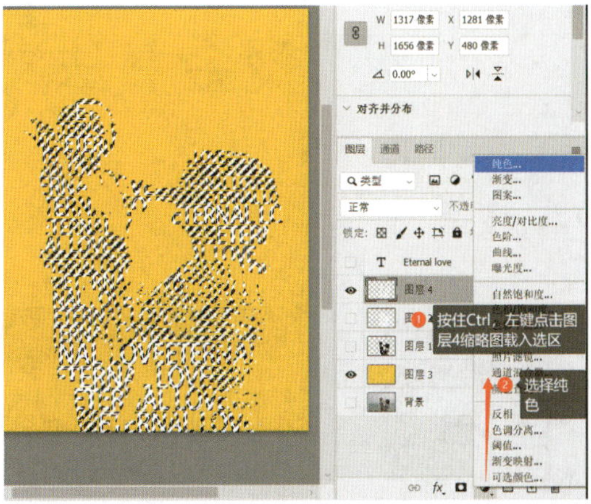

图 5-7-21

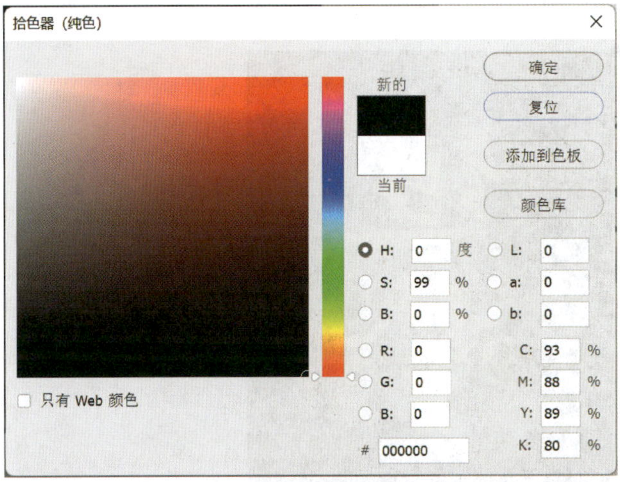

图 5-7-22

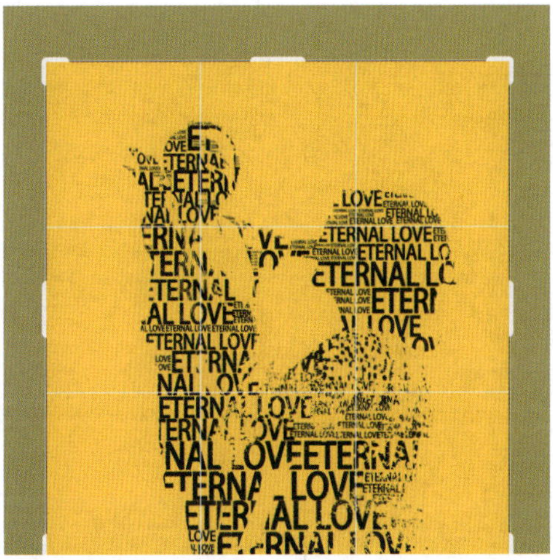
图 5-7-23

[技巧提示]

载入选区：已经绘制好的具有轮廓的图形，当需要运用到其他图层时可以使用载入选区。按住 Ctrl 键，在图层面板选择该图层缩略图，可将绘制好的轮廓载入选区。

[项目拓展]

操作题：请运用定义文字画笔绘制人物头像。

项目8

烫金书法文字的设计

微课 5-8
烫金书法文字设计

[项目分析]

在设计中会经常会使用毛笔字，洒脱大气的毛笔字符合大众审美，其流动的笔触，使得设计作品更具有中国韵味。然而电脑自带的毛笔字体往往不符合人们的需求，从网上下载毛笔字体又担心侵犯版权，此时可以借助书法字体笔画结合电脑书法体骨架来拼出符合主题的文字，最终效果如图 5-8-1 所示。

图 5-8-1

[项目实施]

① 设置文件，输入主题文字。设置一个宽“12”厘米、高“16”厘米，方向竖向，颜色模式为 RGB、分辨率为“300”像素 / 英寸的文件，如图 5-8-2 所示。选择文本工具，因为要输入竖排文字，先在画面空白处单击，出现竖线光标，再在菜单属性栏按 IT 按钮切换文本方向，出现横线光标，输入主题文字“追梦”，字体选择“华文行楷”，字号为“18”点，如图 5-8-3 所示。来到图层属性面板，将“追梦”文本不透明度调至“29”，如图 5-8-4 所示，方便后续添加笔触以调整书法文字视觉效果。

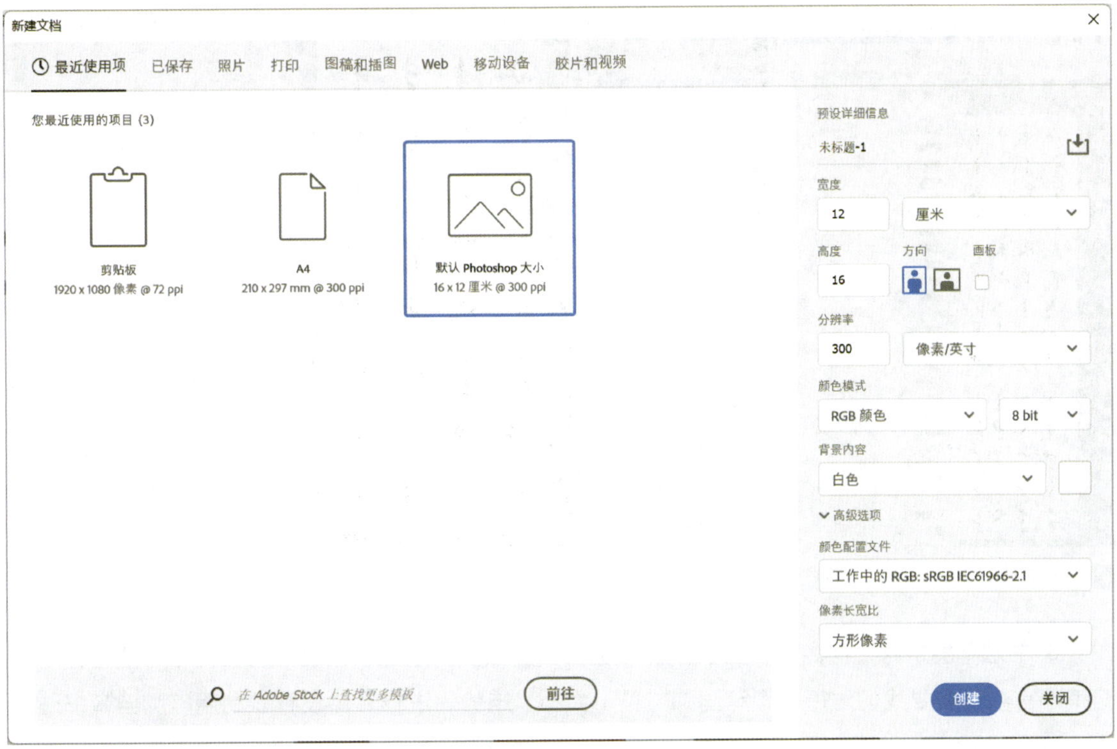

图 5-8-2

图 5-8-3

图 5-8-4

② 窗口排列设置为双联垂直以方便操作。打开“毛笔字笔触 .psd”文件，窗口排列设置为双联垂直，如图 5-8-5 所示，执行“窗口 / 排列 / 双联垂直”命令，将两个文件并列排列，非常方便调整文件的细节，而且选区拖曳和设计对比十分灵活，效果如图 5-8-6 所示。

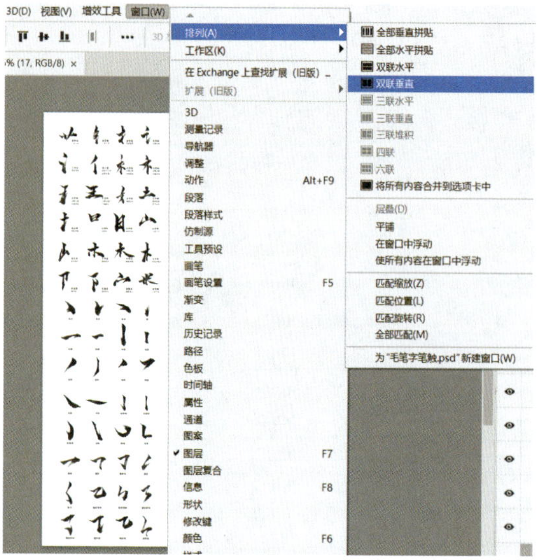

图 5-8-5

图 5-8-6

③ 书法笔画拼贴。因为汉字博大精深，偏旁部首众多，毛笔字笔触素材文件不可能包含所有偏旁部首，就需要我们对每一个笔画的方位、大小、走势等进行具体设计。利用电脑自带书法字体本身骨架，结合笔触进行细节调整，通过放大、缩小、调整角度、增加、减少等处理手法，使笔触满足书法字需求。例如“追”字的短撇，如图 5-8-7 所示，可将其放大和调整角度，使其适合骨架需求。选择当前笔触，按快捷键 Ctrl+T 调出文本调整框，拖曳调整框右上角正方形白点使其放大，光标移至白点外，变成带双向箭头的弧形线段时可以旋转画面。如图 5-8-8 所示，调整角度非常灵活。在调整笔触时，按住空格键，光标在画面中变成手形时，就可以在画面中拖曳，使用快捷键 Ctrl++ 和 Ctrl+- 可以放大和缩小画面，非常方便。

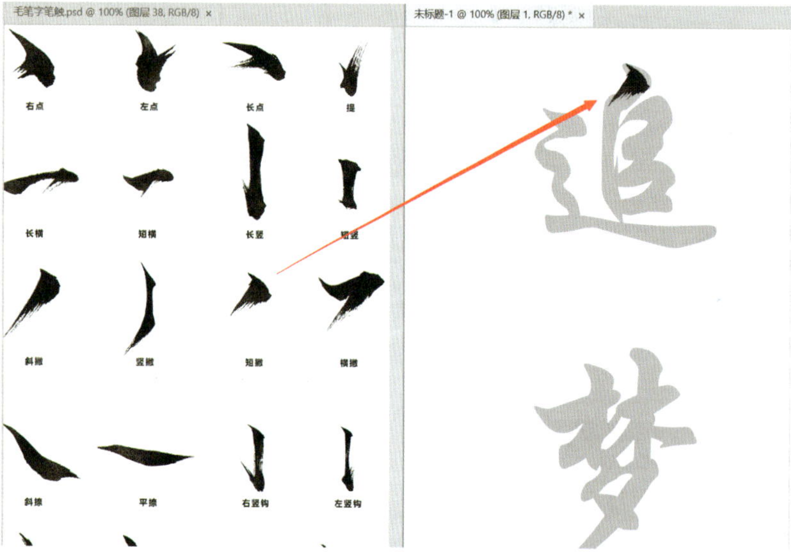

图 5-8-7

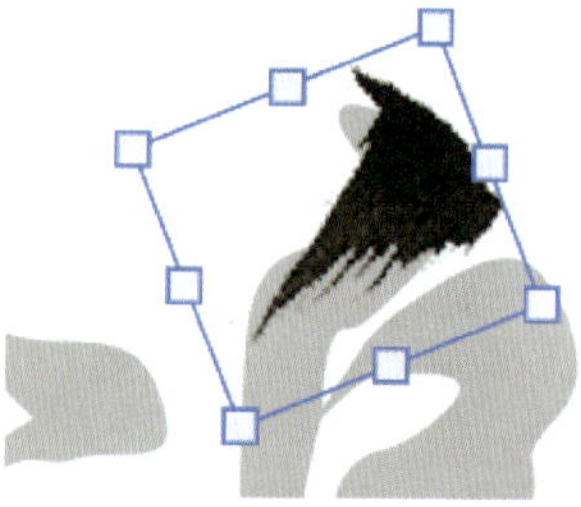

图 5-8-8

④ 笔画变形处理。如图 5-8-9 所示，按快捷键 Ctrl+T 调整角度。“追”字的横折折钩非常细，如图 5-8-10 所示，需要放大和变形处理。选择当前笔触，按快捷键 Ctrl+T 调出文本调整

框，放大笔触，再右击弹出自由变换菜单栏，如图 5-8-11 所示，选择“变形”选项。变形的调整框每一个点和每条线都可以单独调整，调整后按 Enter 键确定，调整效果如图 5-8-12 所示。平捺用同样的变形方法调整，如图 5-8-13 所示。

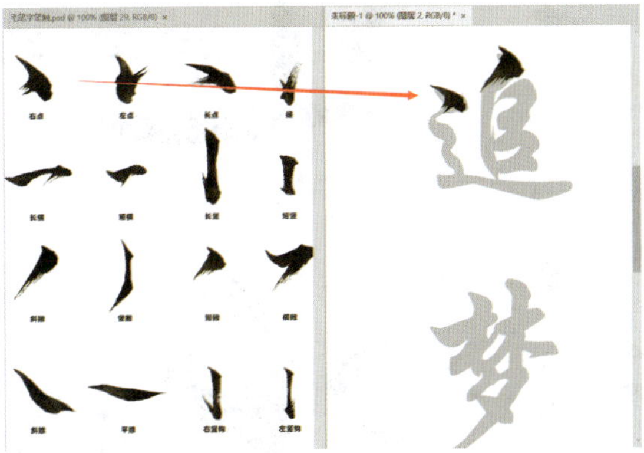

图 5-8-9

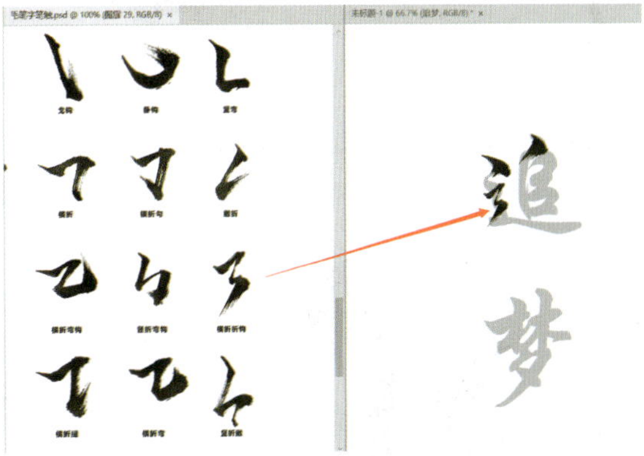

图 5-8-10

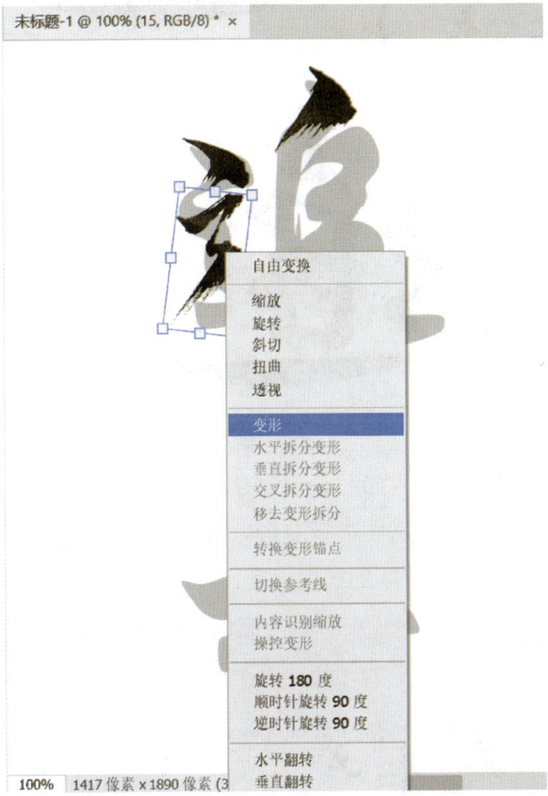

图 5-8-11

图 5-8-12

⑤ 笔画细节增减处理。“追”字的竖没有合适的笔画，素材长竖提起的笔锋不符合画面要求，可以用多边形套索工具选取不需要的部分，如图 5-8-14 所示，按 Delete 键将其删除，按快捷键 Ctrl+D 取消选区选择，如图 5-8-15 所示。“追”字的横折横没有合适的笔触，选择“日”字偏旁，将多余的部分删除。如图 5-8-16 和图 5-8-17 所示，用同样的方法删除多余的部分。再用变形工具将笔触调整完美，效果如图 5-8-18 所示。

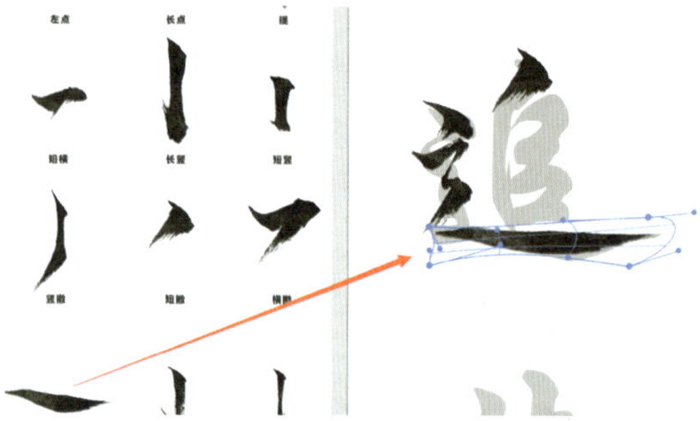

图 5-8-13

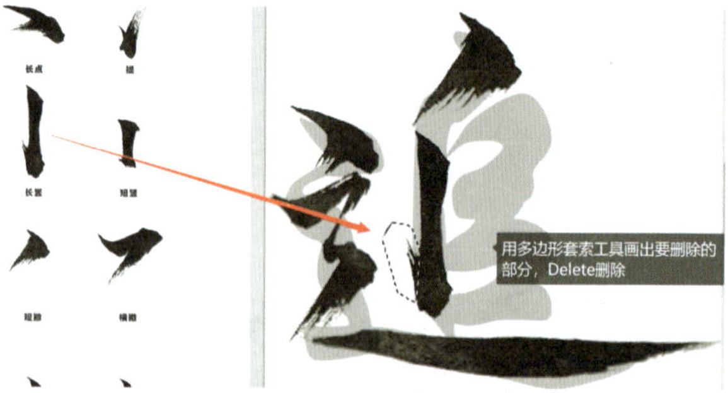

图 5-8-14

图 5-8-15

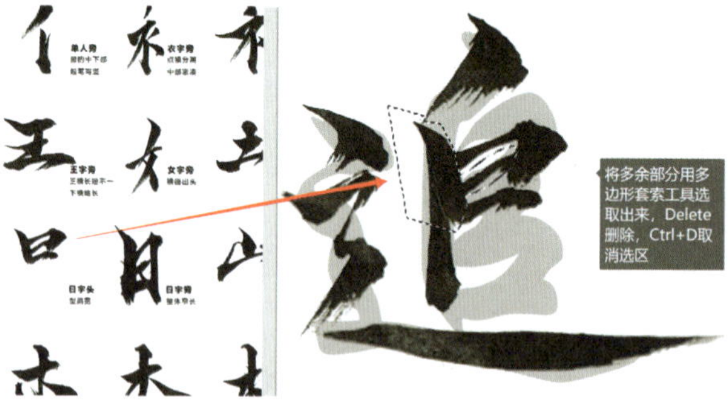

图 5-8-16

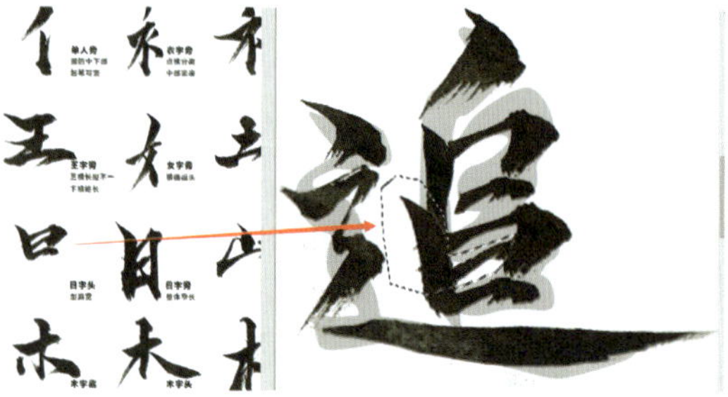

图 5-8-17

图 5-8-18

⑥ 笔画细节调整。用同样的方法对“梦”字进行细节调整。如图 5-8-19 所示，“梦”字左边的“木”字只需要放大，如图 5-8-20 所示，右边的“木”字需要进行变形处理。如图 5-8-21、图 5-8-22 所示，将笔画拖曳进来调整位置和大小即可。“梦”字的长撇没有合适的笔画，选择斜撇，如图 5-8-23 所示，再进行放大变形处理，效果如图 5-8-24 所示，拖长的斜撇变成长撇，非常漂亮。将最后的笔画拖曳进来，书法字体就拼贴完成。

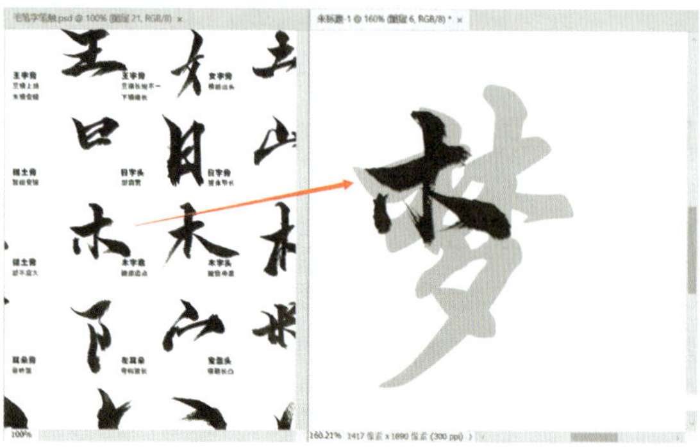

图 5-8-19

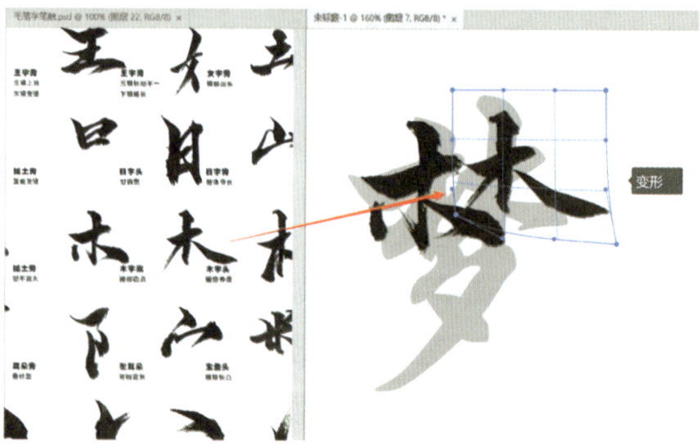

图 5-8-20

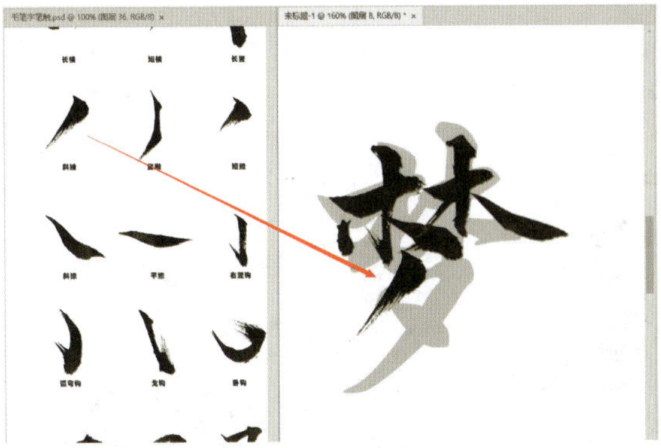

✔图 5-8-21

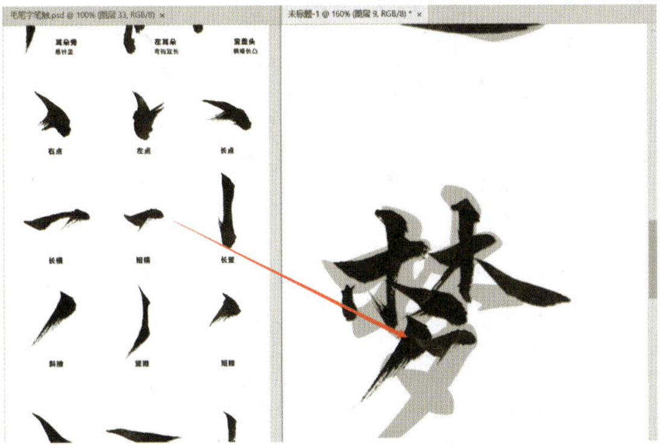

✔图 5-8-22

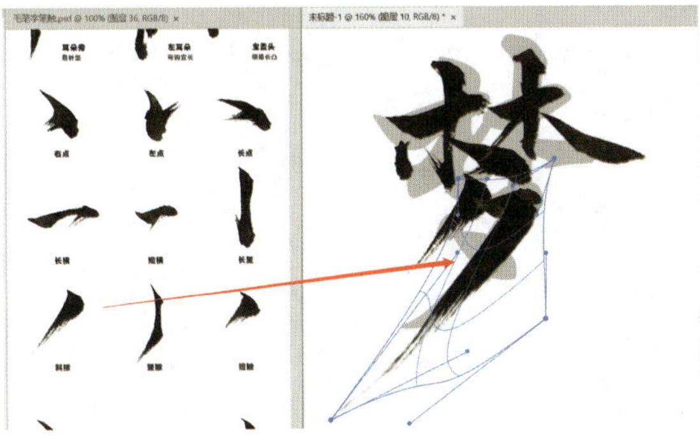

✔图 5-8-23

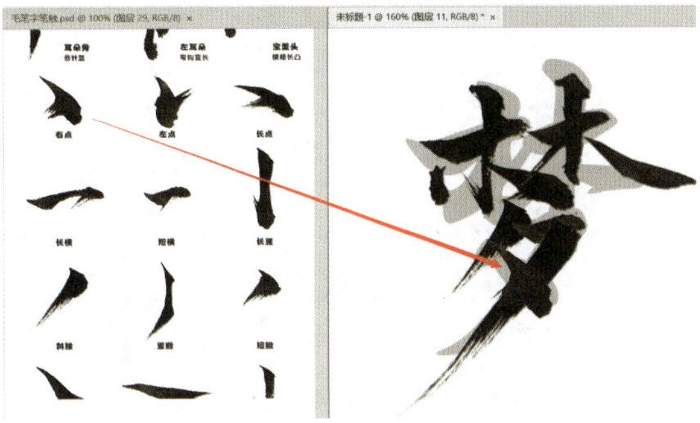

✔图 5-8-24

⑦ 笔画并组调整。将“追梦”文本眼睛图标关闭隐藏图层，如图 5-8-25 所示。在图层面板底部，单击创建新组按钮 ，如图 5-8-26 所示，自动生成“组 1”，将“组 1”拖曳到面板顶部；按住 Shift 键全选笔触图层，如图 5-8-27 所示，一起拖曳进“组 1”，如图 5-8-28 所示。选择“组 1”，右击，在弹出的快捷菜单中选择“合并组”选项，组里的笔画合并成一个图层，方便后续操作。

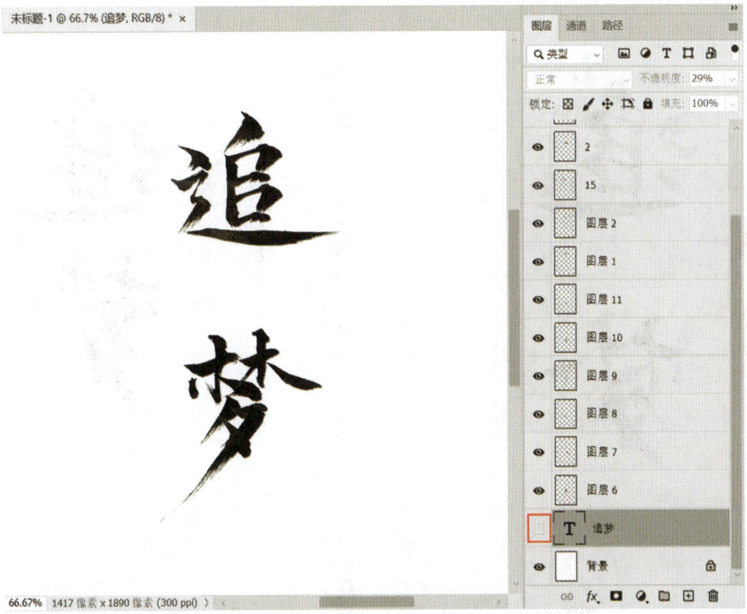

✔图 5-8-25

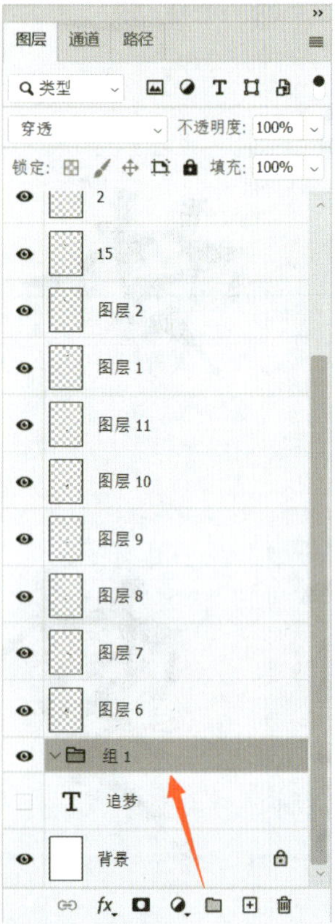

图 5-8-26

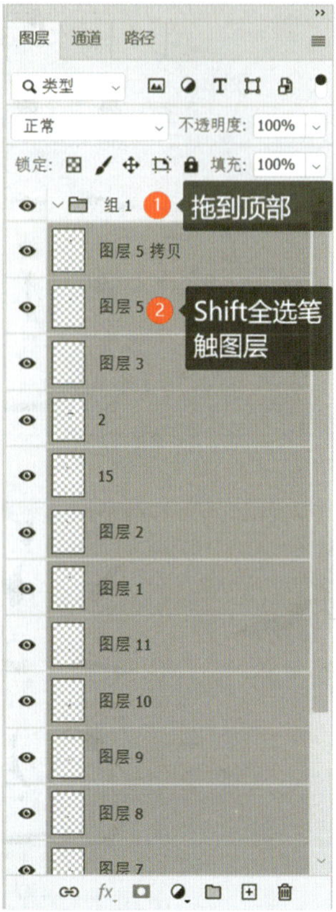

图 5-8-27

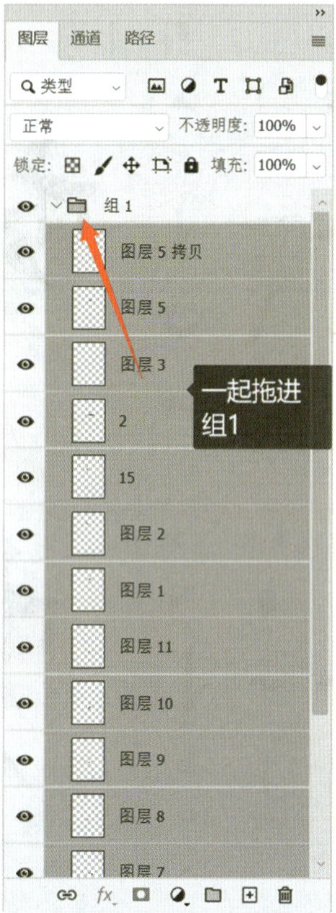

图 5-8-28

⑧ 给文字添加烫金肌理。观察“追梦”，发现两个字距离过远，选择矩形选框工具，如图 5-8-29 所示，将“梦”字框选，再选择移动工具，光标变成剪刀形，将“梦”字往上提，文字距离调整完成，如图 5-8-30 所示。打开“金箔纸”文件，将其拖曳进来，如图 5-8-31 所示。按快捷键 Ctrl+T

图 5-8-29

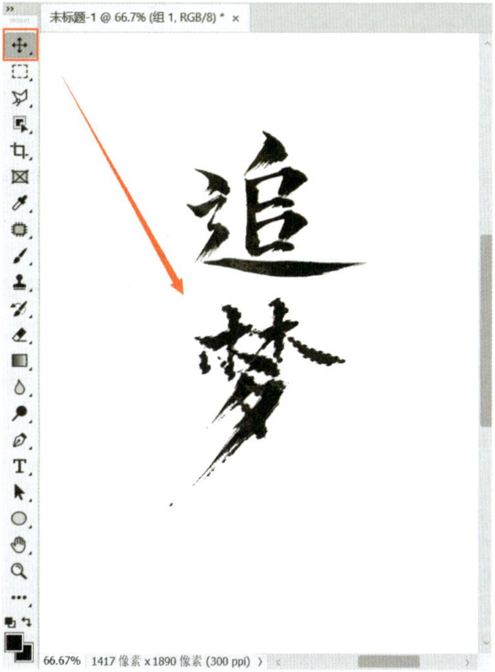

图 5-8-30

将“金箔纸”放大，使“金箔纸”将文字全部覆盖，在图层面板右击该图层，弹出如图 5-8-32 所示快捷菜单，选择“创建剪贴蒙版”选项。选择“背景”图层，将前景色设置为黑色，按快捷键 Alt+Delete 填充前景色，效果如图 5-8-33 所示。文字金色偏深，因为“金箔纸”颜色有深有浅。回到“图层 1”，移动“金箔纸”文件，调整其位置，使文字色彩变亮，如图 5-8-34 所示。烫金书法字体设计完成。

图 5-8-31

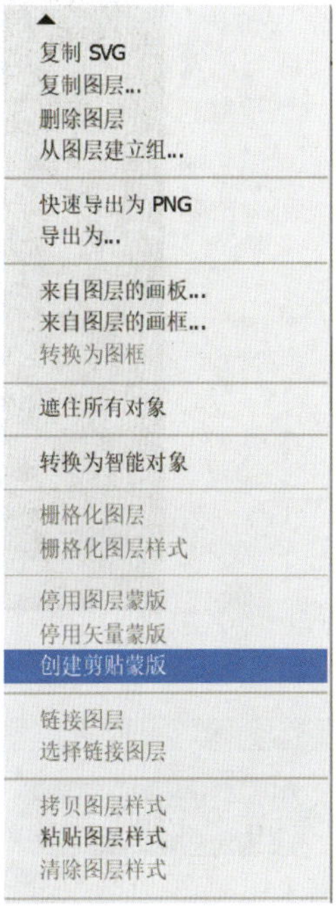

图 5-8-32

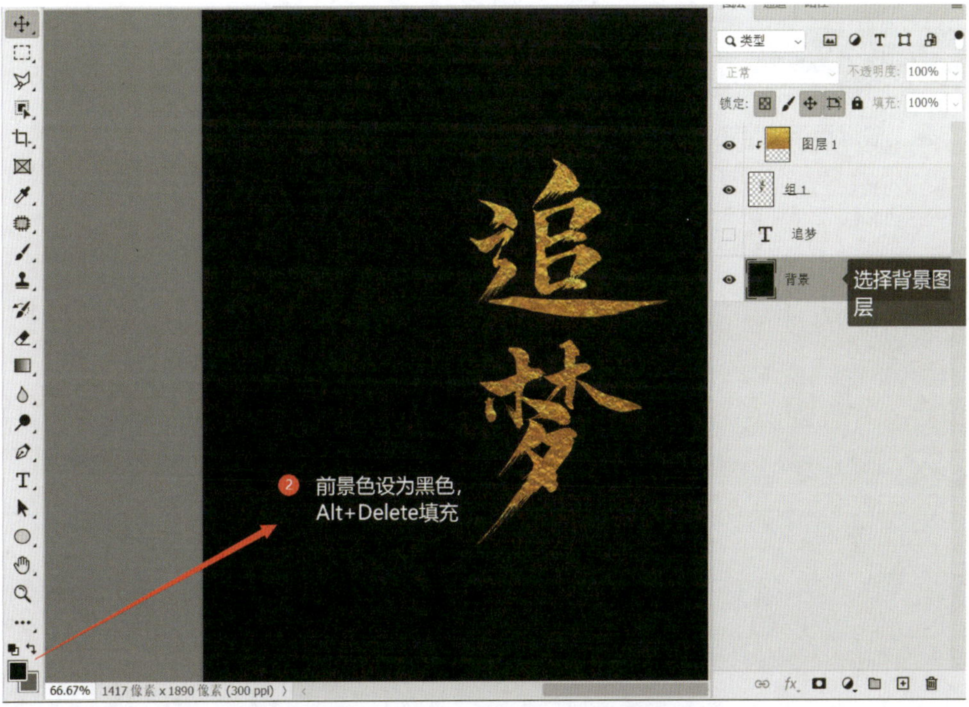

图 5-8-33

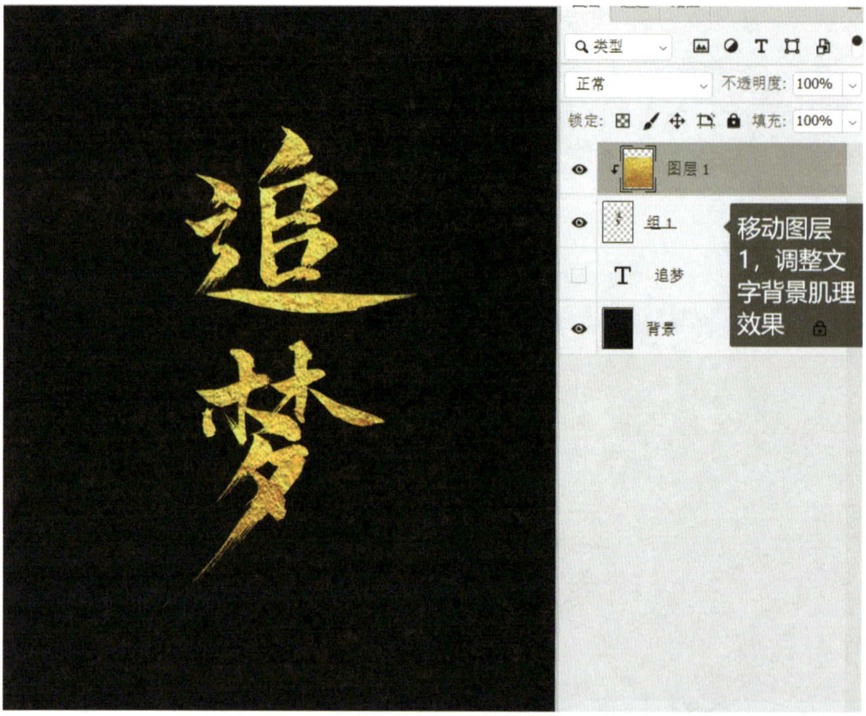

图 5-8-34

[技巧提示]

编组技巧：同时选中多个图层，单击图层面板底部的文件夹图标，可以自动生成“组”。

[项目拓展]

操作题：请运用毛笔字的组合和笔画替换设计“中国梦”文字。

导学：如何处理多图合成

[模块导读]

在 Photoshop 中可能有许多的图层，包括文字的图形，“蒙版”常常与合成连在一起，也可以说蒙版是合成的重要工具。在平面设计中，可以充分发挥想象，将不相关的东西组合在一起，或以夸张的形式来表达某种特殊需要。本模块将贴近乡村的真实案例引入课程，主要训练 Photoshop 的综合运用能力。

[素养提升]

本模块主要将时尚剪纸风格海报制作、宣传册封面设计、民宿装饰画设计、庆传统新年动态海报等系列项目引入课程，引导学生深入生活、扎根人民、热爱祖国、热爱家乡，关注时政、树立正确的人生观、艺术观和创作观，培养学生劳动精神、创新精神、专业精神和精益求精的职业精神。

模块六

图像合成

项目1

宣传册封面设计制作

微课 6-1
宣传册封面设计制作

[项目分析]

本项目是为龙窖山村做的旅游宣传封面设计，村主任要求用村里的瀑布图片作为主图来设计。为了让画面更丰富且有特色，主图部分主要运用了图层蒙版的合成。效果如图 6-1-1 所示。

图 6-1-1

[项目实施]

① 执行“文件 / 新建”命令，弹出“新建文件”对话框，将预设信息填写完整，如图 6-1-2 所示。

② 在素材文件夹中找到瀑布素材图片，拖曳置入画面，删格化图层，调整其大小、位置，效果如图 6-1-3 所示。

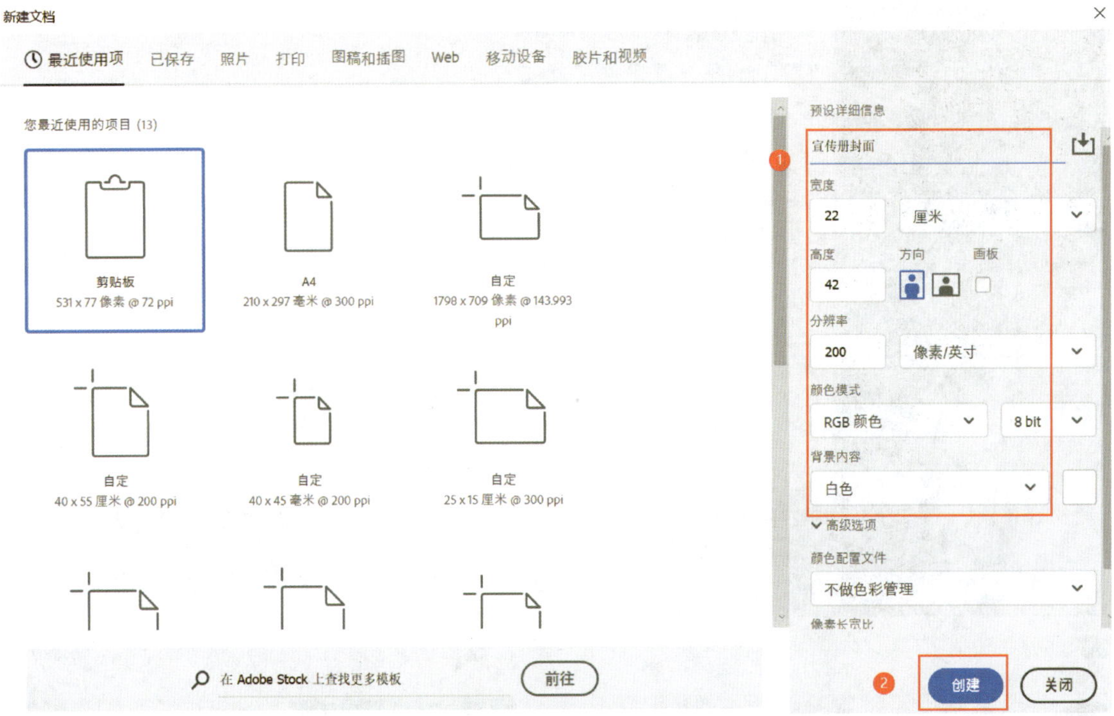

✓图 6-1-2

③ 执行“文件 / 置入嵌入对象”命令，将“笔触”素材置入画面，调整其大小、位置，效果如图 6-1-4 所示。然后调整其图层顺序至瀑布图层的下方，如图 6-1-5 所示。

✓图 6-1-3

✓图 6-1-4

④ 选中瀑布图层，右击，在弹出的快捷菜单中选择“创建剪贴蒙版”选项，如图 6-1-6 所示，效果如图 6-1-7 所示。

图 6-1-5

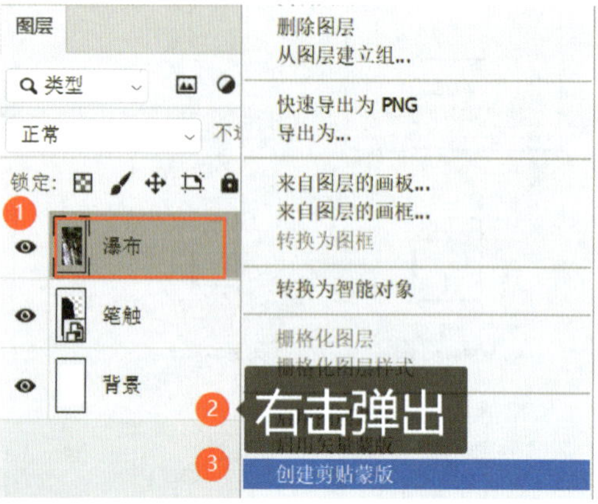

图 6-1-6

图 6-1-7

图 6-1-8

⑤ 新建图层，填充由绿到蓝的线性渐变，效果如图 6-1-8 所示。然后创建剪贴蒙版，将混合模式调整为“正片叠底”，不透明度调整为“82%”，效果如图 6-1-9 所示。

⑥ 添加段落文字，效果如图 6-1-10 所示。添加主题文字，用椭圆形状工具在文字下方稍做装饰，让主题更突出，效果如图 6-1-11 所示。

⑦ 置入布纹背景图，放在背景图层的上方，如图 6-1-12 所示。

⑧ 最终效果如图 6-1-13 所示。

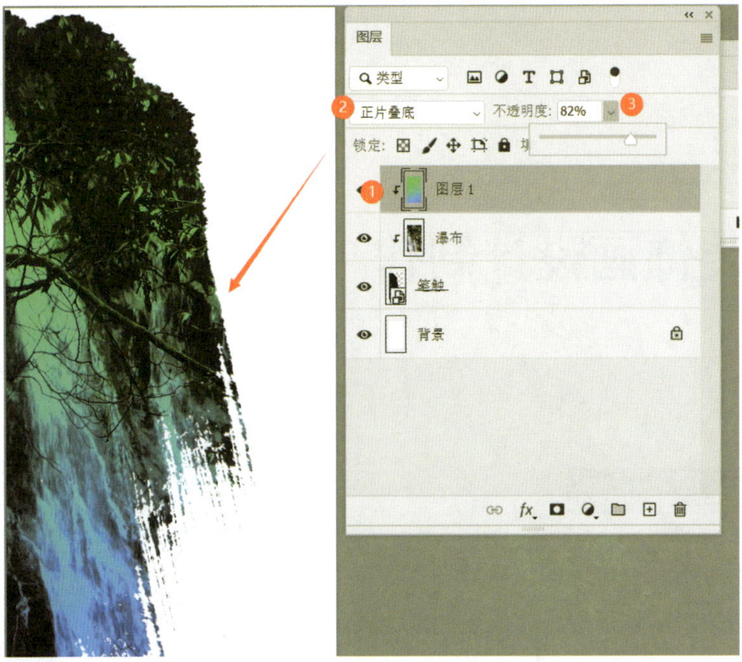

图 6-1-9

图 6-1-10

图 6-1-11

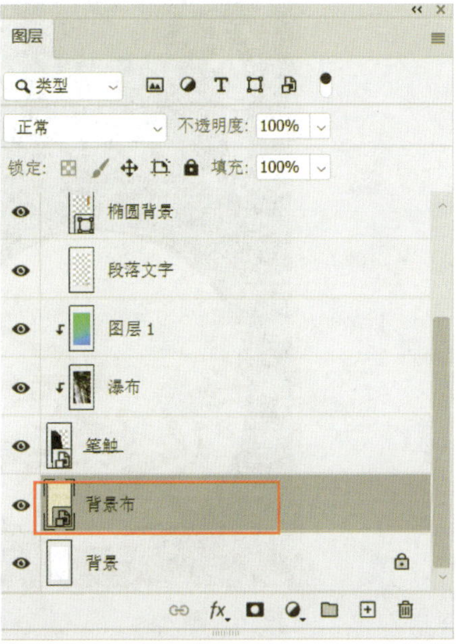

图 6-1-12

图 6-1-13

[项目拓展]

操作题：完成 1 张旅游宣传册封面设计与制作。

项目2

民宿装饰画设计制作

微课 6-2
装饰画制作及
VR 展示

[项目分析]

本项目为用乡村特色的竹子做一幅民宿装饰画，主图是用金属材质与竹子的剪贴蒙版制作而成，这样更抽象、更具有艺术感，效果如图 6-2-1 所示。

图 6-2-1

[项目实施]

① 执行“新建 / 文件”命令，建立如图 6-2-2 设置的文档。

② 将画面填充为墨绿色，并在下半部分建立一个正圆选区，并删除背景色，效果如图 6-2-3 所示。

③ 用移动工具将“竹子”素材图片拖入文档，调整其大小和位置，效果如图 6-2-4 所示。将“金属”材质图片拖入画面并复制一层，分别放在两个竹子图层的上方，创建剪贴蒙版，效果如图 6-2-5 所示。

图 6-2-2

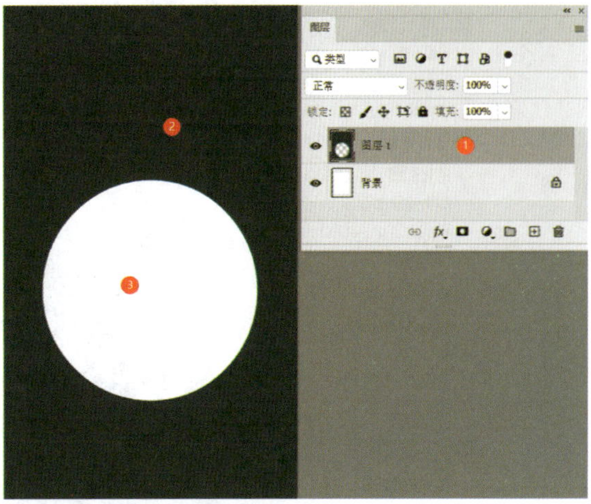

图 6-2-3

图 6-2-4

图 6-2-5

④ 新建图层置于图层最上层，用矩形选框工具在画面拉出一个矩形选区，如图 6-2-6 所示。执行“选择 / 反选”命令，在“渐变编辑器”中进行调整，如图 6-2-7 所示。用颜色条在选区内由上至下拖曳形成一个线性渐变，做出金属边框的效果。

图 6-2-6

图 6-2-7

⑤ 按 Ctrl 键并单击图层 2 缩略图，将图层创建选区，执行“选择 / 反选”命令，选中中间的白色部分。执行“选择 / 修改 / 扩展”命令，如图 6-2-8 所示，扩展 50 像素，效果如图 6-2-9 所示。

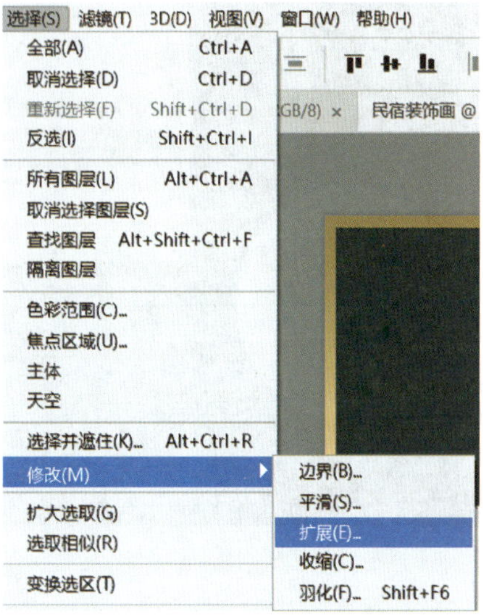

图 6-2-8

图 6-2-9

⑥ 执行“编辑 / 描边”命令，参数设置为 10 像素，按快捷键 Ctrl+D 取消选择，效果如图 6-2-10 所示。画面还是比较单调，在主竹子下方再添加远山背景图，调整合适位置，效果如图 6-2-11 所示。

图 6-2-10

图 6-2-11

⑦ 添加主题文字后，民宿装饰画设计制作完成。

[项目拓展]

操作题：完成 2 张装饰画的设计与制作。

项目3

剪纸风格海报的制作

[项目分析]

近些年比较流行剪纸风格的装饰画，在 Photoshop 中可以通过路径、图层与图层样式等处理形成这种效果，如图 6-3-1 所示。

图 6-3-1

[项目实施]

① 绘制路径。执行“文件 / 新建”命令，在弹出新建对话框按如图 6-3-2 所示完成新文件设置。新建图层，填充为紫色，选择弯度钢笔工具在画面中勾画出一个闭合路径，如图 6-3-3 所示。接着按快捷键 Ctrl+Enter，将路径转换为选区，如图 6-3-4 所示。

② 用自定义形状工具绘制小鹿。按 Delete 键删除选区，如图 6-3-5 所示。新建“图层 2”，选用自定义形状工具，选取小鹿的形状在画面拖曳画出一只小鹿，接着新建“图层 3”，用同上方法画出另一只鹿，并按快捷键 Ctrl+T 调出变换调节框，右击，在弹出的快捷菜单中选择“水平翻转”选项，调整至如图 6-3-6 所示效果。

③ 用钢笔工具绘制。新建“图层 4”，选择硬边缘画笔工具，调整其大小，在画面单击形成星星点点的效果，如图 6-3-7 所示。新建“图层 5”，同样用弯度钢笔工具勾画出如图 6-3-8 所示路径。按快捷键 Ctrl+Enter，将路径转换为选区，然后执行“选择 / 反选”命令，效果如图 6-3-9 所示。

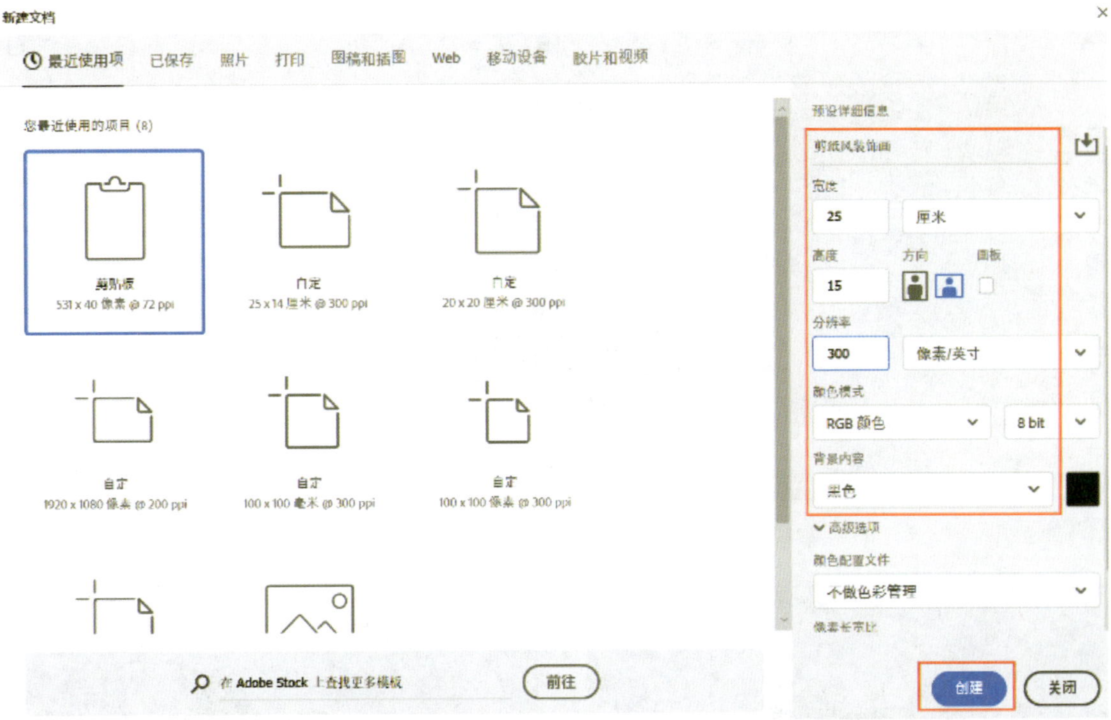

图 6-3-2

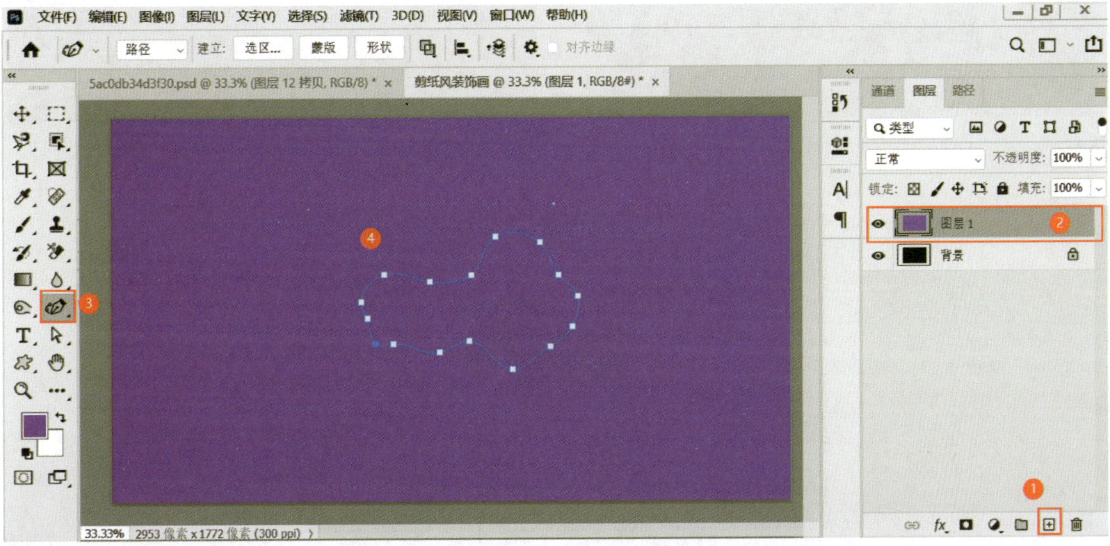

图 6-3-3

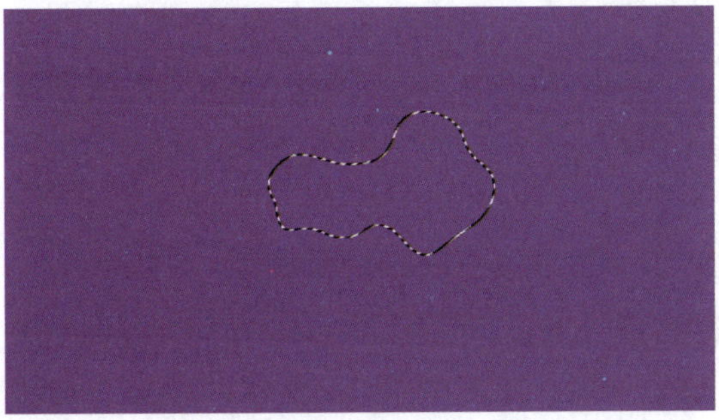
图 6-3-4

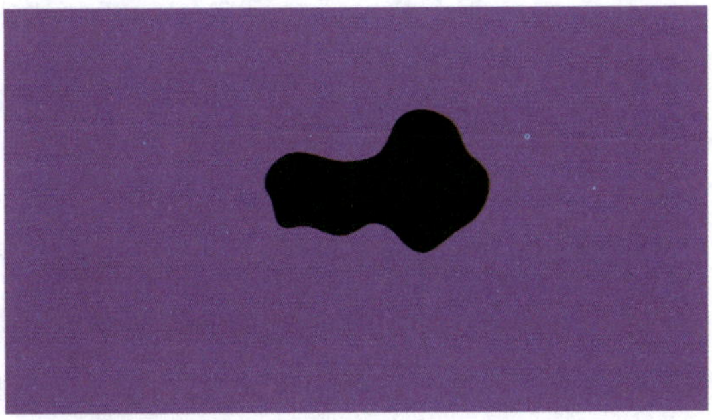
图 6-3-5

图 6-3-6

图 6-3-7

图 6-3-8

图 6-3-9

④ 填充颜色。单击“前景色”按钮，弹出拾色器对话框，使用吸管工具在画面中吸取紫色，然后选中比背景色稍亮的颜色，单击“确定”按钮，如图 6-3-10 所示。然后按快捷键 Alt+Delete 填充选区，效果如图 6-3-11 所示。按快捷键 Ctrl+D 取消选区，效果如图 6-3-12 所示。

⑤ 重复绘制。重复以上方法，再做几层，如图 6-3-13、图 6-3-14、图 6-3-15 所示。

⑥ 添加图层样式。单击图层面板底部添加图层样式按钮 *fx*，如图 6-3-16 所示，在弹出下拉列表中选择“投影”选项，弹出图层样式对话框，进行设置，如图 6-3-17 所示。单击“确定”按钮后效果如图 6-3-18 所示。

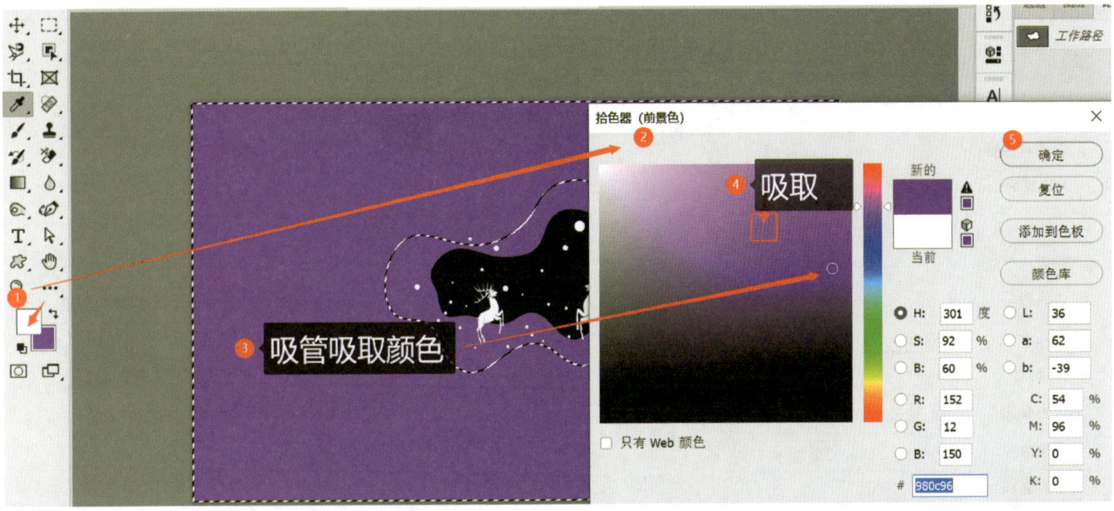

图 6-3-10

图 6-3-11

图 6-3-12

图 6-3-13

图 6-3-14

图 6-3-15

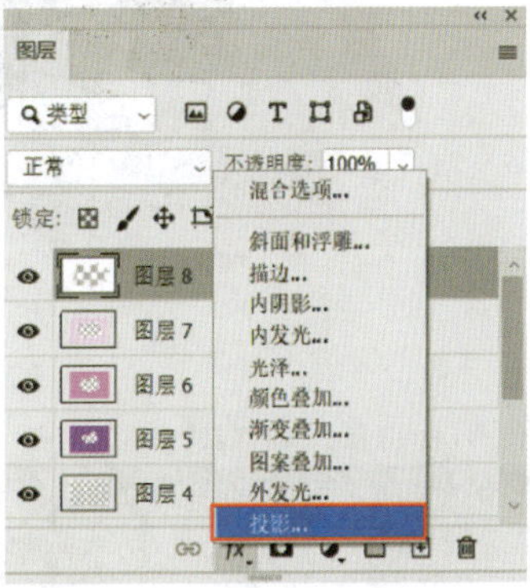

图 6-3-16

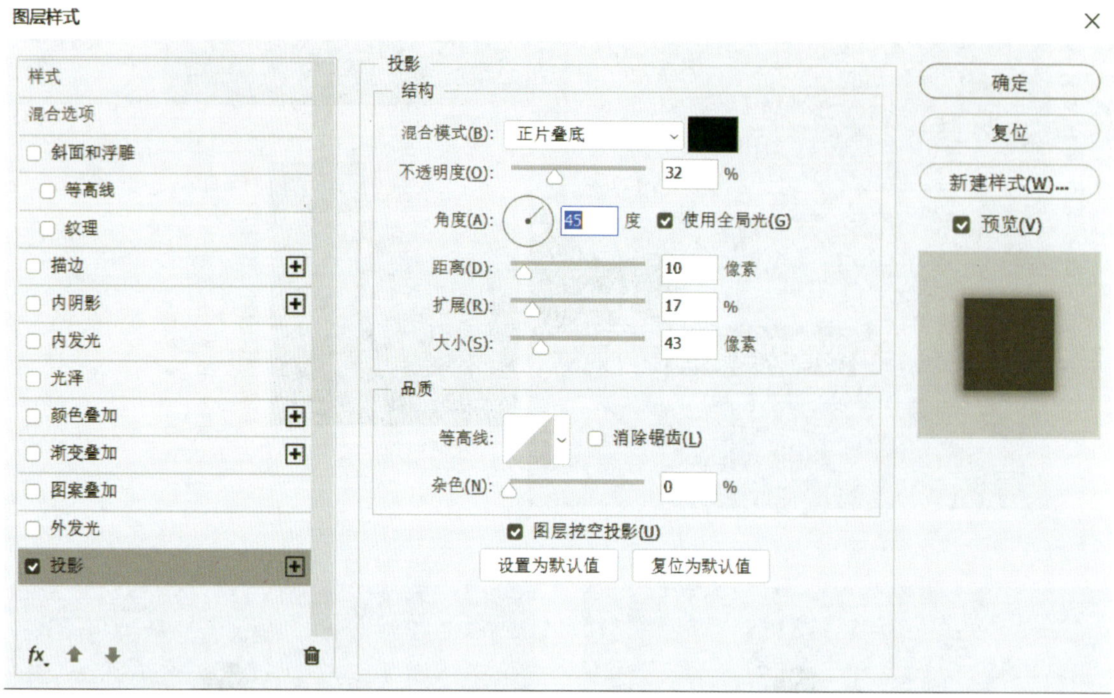

图 6-3-17

⑦ 复制图层样式。在图层面板“图层 8”位置右击，在弹出的快捷菜单中选择“拷贝图层样式”选项。之后按住 Shift 键，逐个单击“图层 1”至“图层 7”，选中除“背景”和“图层 8”以外的其他图层，然后右击，在弹出的快捷菜单中选择“粘贴图层样式”选项，如图 6-3-19 所示。图层样式复制效果如图 6-3-20 所示。可以在画面继续添加一些元素，让画面更丰富一些，最终效果如图 6-3-21 所示。

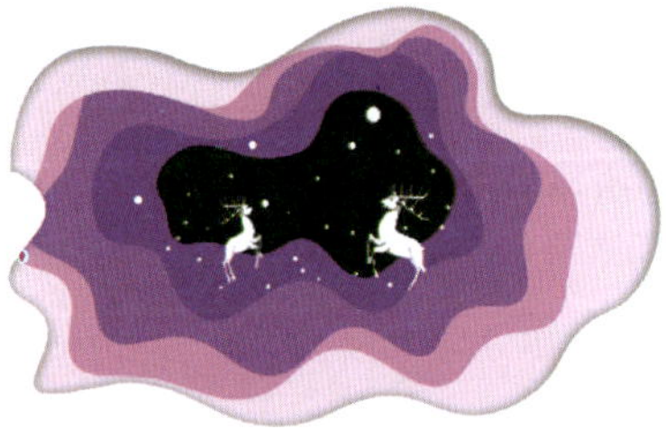

图 6-3-18

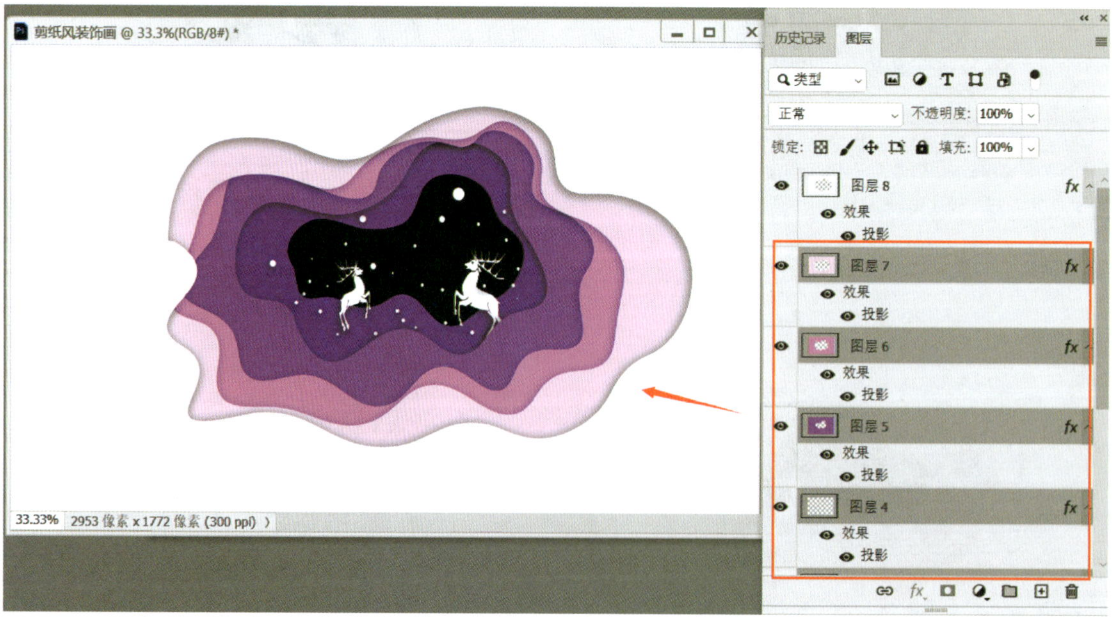

图 6-3-19

图 6-3-20

图 6-3-21

[项目拓展]

操作题：请运用钢笔工具结合图层样式绘制剪纸风格图案。

项目4

特效文字海报的制作

微课 6-3
特效标题文字设计

[项目分析]

现代设计中有许多标题文字，将文字笔画拆开并进行渐变处理，塑造的效果非常时尚、具有现代感。本项目以“空谷幽兰”文字为例，对其进行笔画拆分，再通过添加图层蒙版实现渐变效果，最终效果如图 6-4-1 所示。

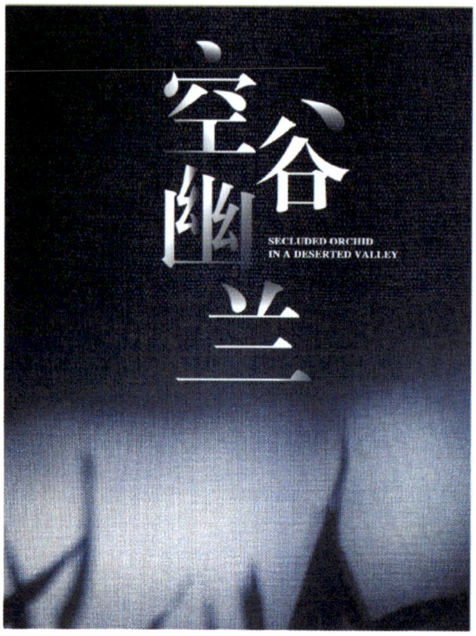

图 6-4-1

[项目实施]

① 新建文件、输入主题文字。新建文件，设置宽为“12”厘米，高为“16”厘米，颜色模式为“RGB”，分辨率为“300”像素 / 英寸，如图 6-4-2 所示。选择文本工具，在画面空白处输入文字“空谷幽兰”，再在属性栏选择切换文本方向，文字变成竖向排列，如图 6-4-3 所示。设置文字的字体为“方正小标宋”，字号为“48”，单击取色框，出现识色器，设置色彩信息

如图 6-4-4 所示，注意将 G 设置成“200”、B 设置成“170”。在图层面板选择文本图层，右击，在弹出的快捷菜单中选择“栅格化文字”选项，如图 6-4-5 所示，将文字变成可拆分的图片。

图 6-4-2

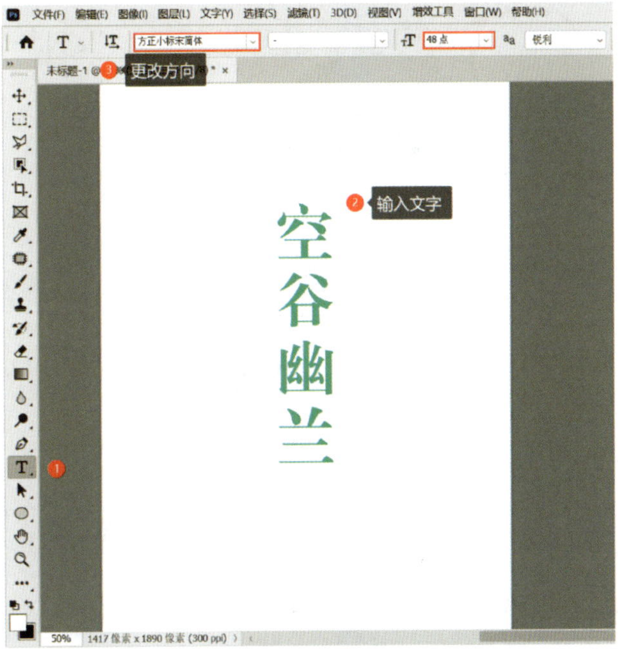

图 6-4-3

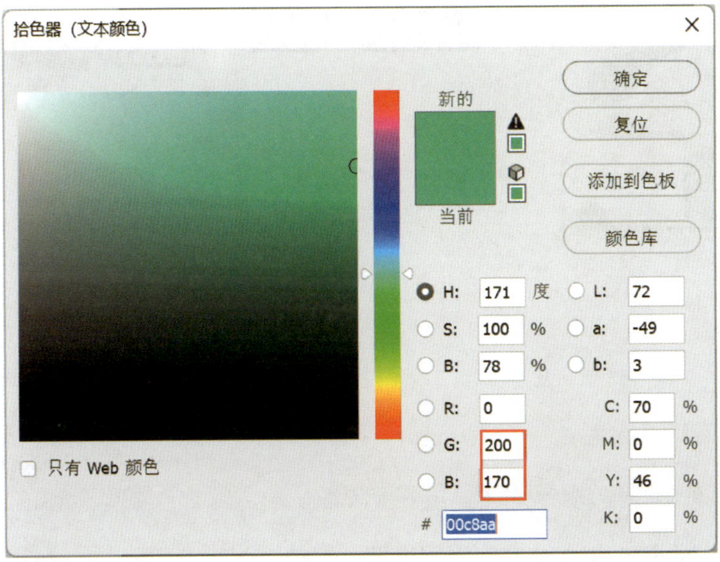

图 6-4-4

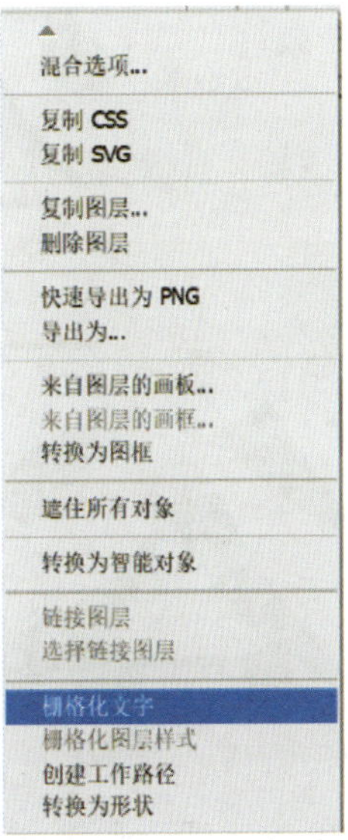

图 6-4-5

② 调整文字的位置和大小。如图 6-4-6 所示，用矩形工具框选“空”字，再选择移动工具，如图 6-4-7 所示，按快捷键 Ctrl+X 进行剪切，按快捷键 Ctrl+V 粘贴形成新图层，如图 6-4-8 所示。重复同样的步骤将其他文字进行剪切和调整，每个字一个图层，摆放效果如图 6-4-9 所示。文字标题组合稍显单调，可以加入英文标题。设置英文的字体为“方正小标宋简”，字号为“8”，行距设置为“10”，选中仿粗体 T、全部大写字母 TT 选项，设置色彩和汉字相同，按 Enter 键将英文分隔成两行，效果如图 6-4-10 所示。

图 6-4-6

图 6-4-7

图 6-4-8

③ 文字细节调整。按住 Shift 键，将 4 个文字图层选取，按快捷键 Ctrl+T 调出自由变换框，按住 Shift 键，往上拖曳顶部中间正方形白点，如图 6-4-11 所示，使 4 个文字整体变长，更舒展，按 Enter 键确认取消调整框。如图 6-4-12 所示，鼠标选择“谷”字，用多边形索套选取右边的点，剪切并粘贴形成新图层，如图 6-4-13 所示。按快捷键 Ctrl+T 调整笔画大小。用同样的方法调整其余文字，如图 6-4-14、图 6-4-15、图 6-4-16 所示，每个文字都处理一个局部，使整体更协调。

图 6-4-9

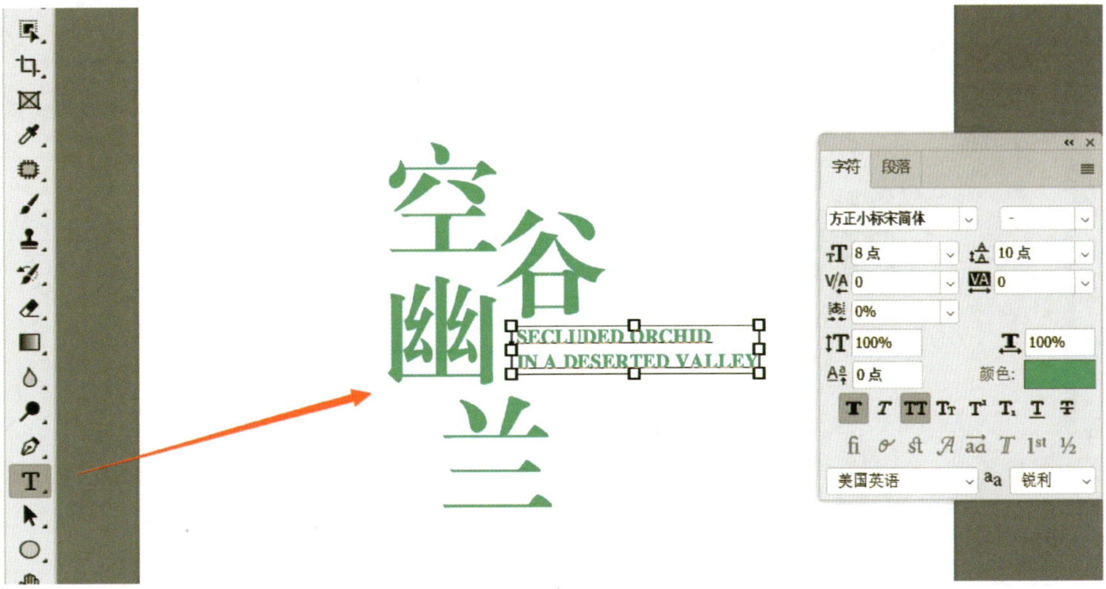

图 6-4-10

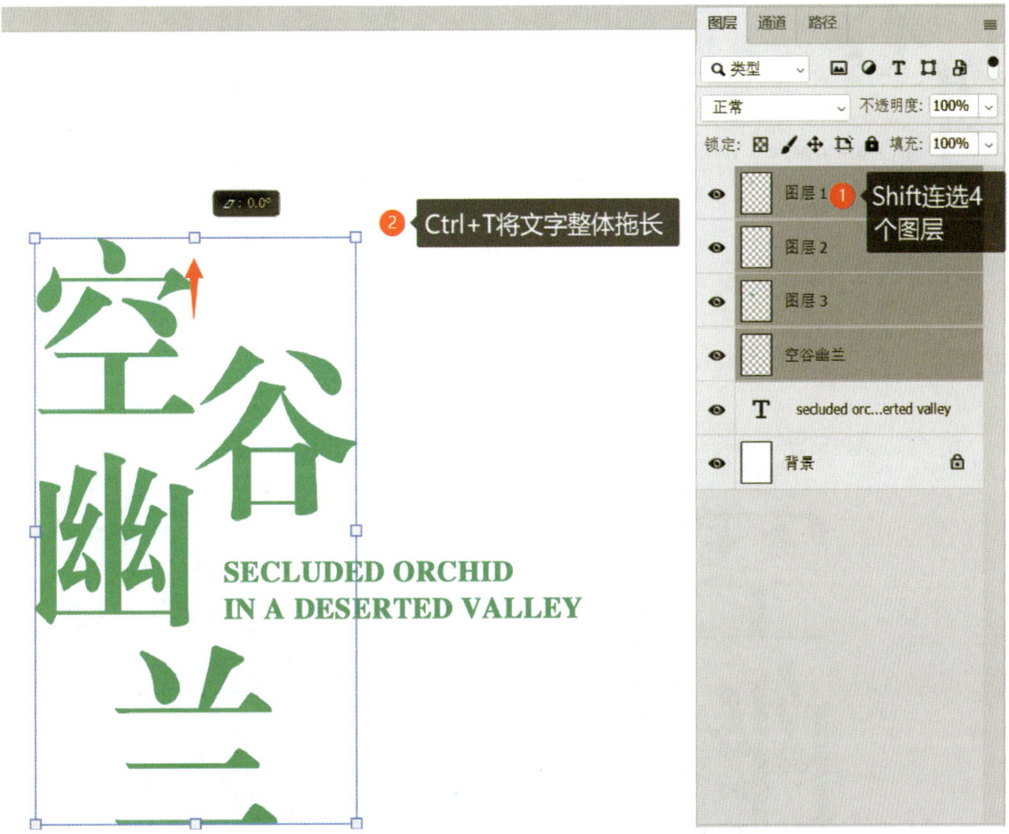

图 6-4-11

④ 文字笔画细节调整。某些文字需要拉长，比如“兰”字最底部的横。选择当前图层，用框选工具框选局部，因为如果是对“兰”字整体拖曳笔画会放大，所以可以选择局部放大。按快捷键 Ctrl+T 调出自由变换框，如图 6-4-17 所示，按住 Shift 键，往左水平拖曳左边中间正方形白点，拖曳后效果如图 6-4-18 所示。

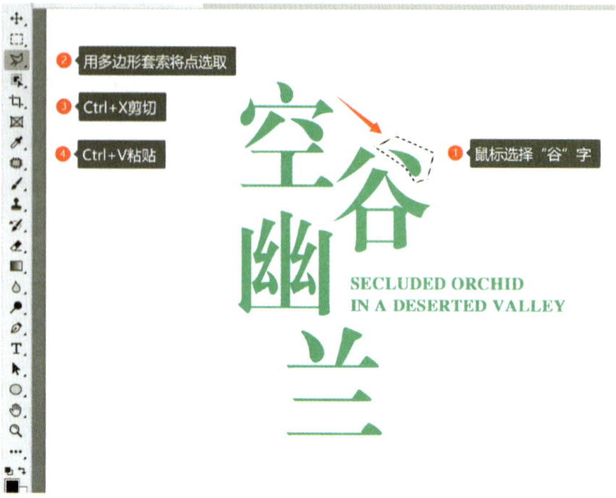

图 6-4-12

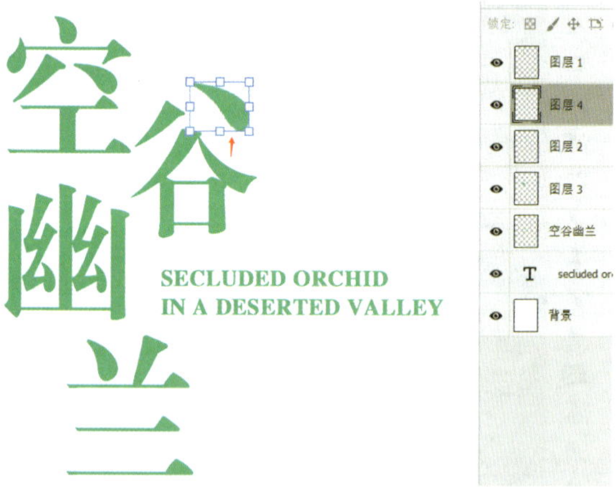

图 6-4-13

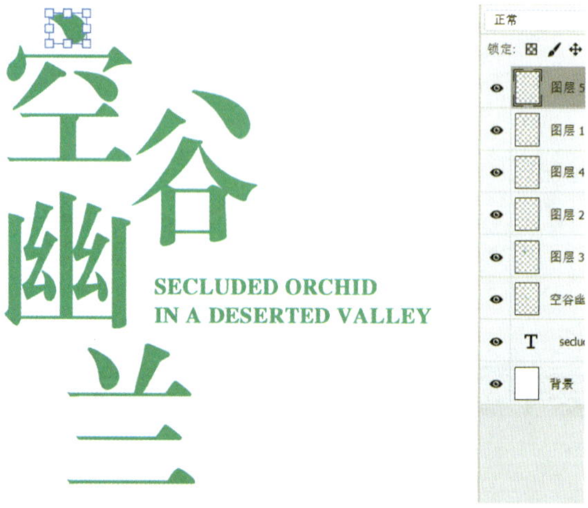

图 6-4-14

图 6-4-15

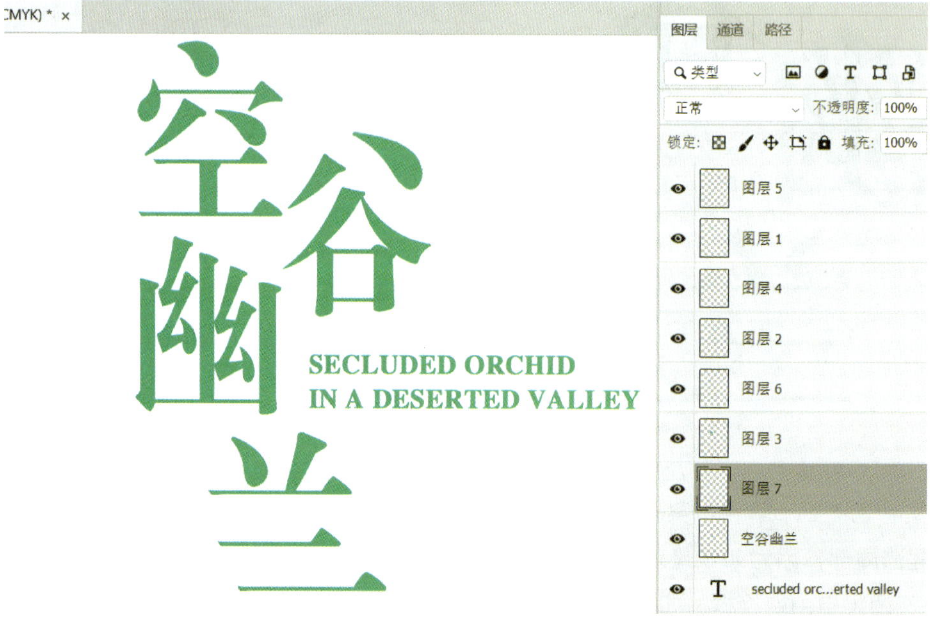

图 6-4-16

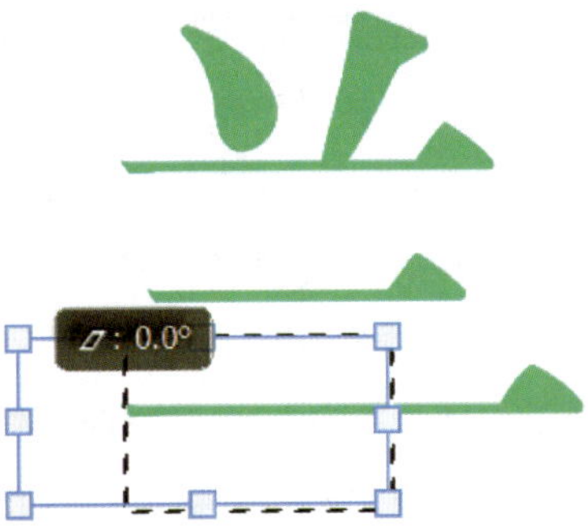

图 6-4-17

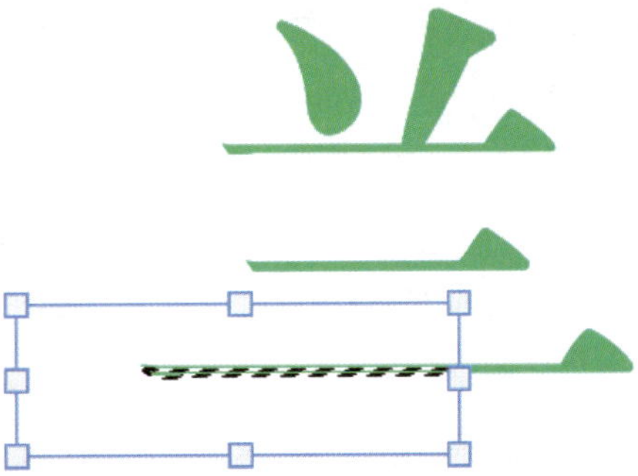

图 6-4-18

⑤ 运用图层蒙版增加文字笔画渐变效果。选择“空”字所在的图层 5，给该图层添加蒙版。在图层面板底部单击添加矢量蒙版按钮 ，图层 5 自动生成蒙版，如图 6-4-19 所示，单击工具栏渐变按钮 ，将前景色设置为黑色，背景色设置为白色。单击线性渐变图标 ，在工具属性栏单击编辑渐变条按钮。如图 6-4-20 所示，出现渐变编辑器，选择基础的黑白渐变。用鼠标在“点”字从下往上拖曳渐变条，“点”字出现渐变效果，如图 6-4-21 所示。用同样的方法给图层添加蒙版，用渐变工具拖曳，拖曳的方向可以有所区分，这样文字的效果就会非常丰富。从下往上拖曳效果如图 6-4-22 所示，从右往左拖曳效果如图 6-4-23 所示。拖曳时可以多次反复尝试，直至出现理想的渐变效果。

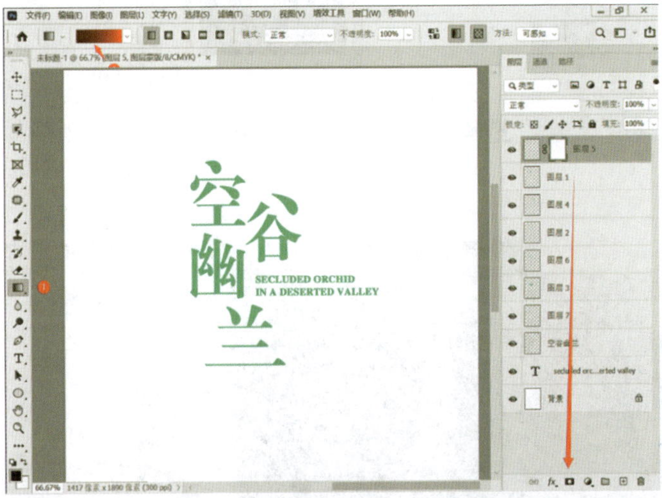

图 6-4-19

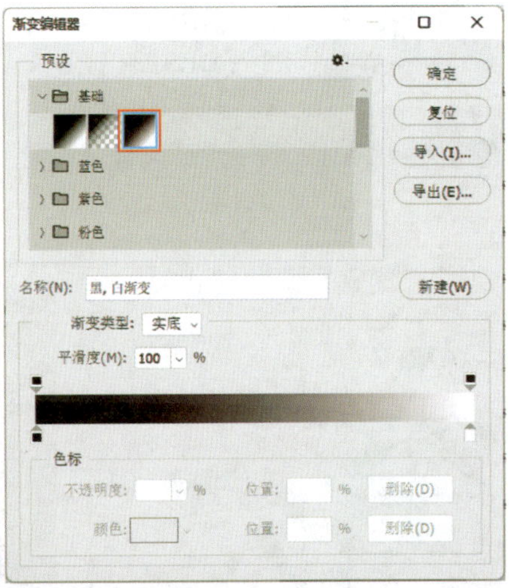

图 6-4-20

图 6-4-21

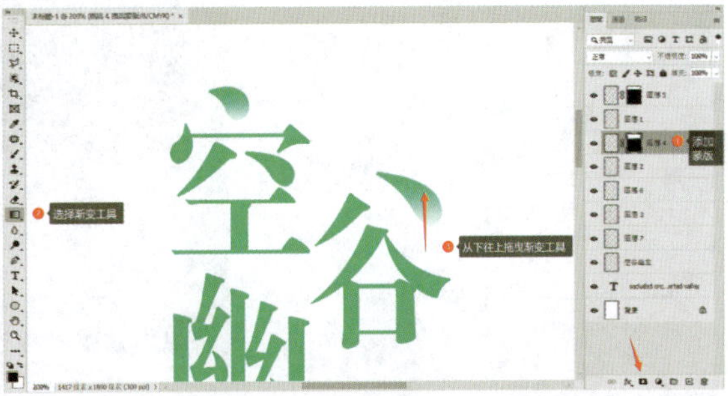

图 6-4-22

⑥ 更改英文字体色彩和添加背景。英文小标题文字大了，颜色要和汉字有所区分可以增加画面层次。如图 6-4-24 所示，用文本工具选择英文句子，将字号改成“5 点”，色彩改成灰色，色值分别是“R：164、G167、B167”，调整后效果如图 6-4-25 所示。还可以给标题添加背景增强氛围感，打开“背景”图层素材，将其拖曳进文件，文字颜色和背景色彩不协调，通过合并图层调整文字色彩使其符合背景氛围。在图层面板将其移动至文字图层下方，如图 6-4-26 所示。按 Shift 键单击除“背景”图层外的所有图层，右击，在弹出的快捷菜单中选择“合并图层”选项，如图 6-4-27 所示，图层合并成“图层 5”。执行“图像 / 调整 / 色相 / 饱和度”命令，如图 6-4-28 所示，弹出“色相 / 饱和度”对话框，将明度调整为“+100”，单击“确定”按钮，文字变成白色，效果如图 6-4-29 所示。按快捷键 Ctrl+T 弹出自由变换框，调整文字大小和位置，渐变标题文字制作完成，最终效果如图 6-4-30 所示。

图 6-4-23

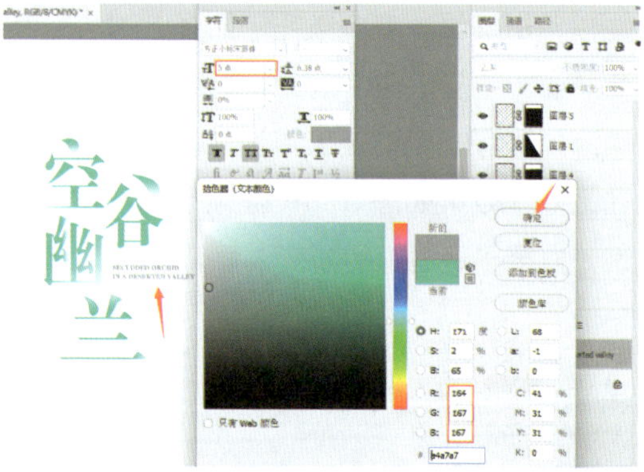
图 6-4-24

图 6-4-25

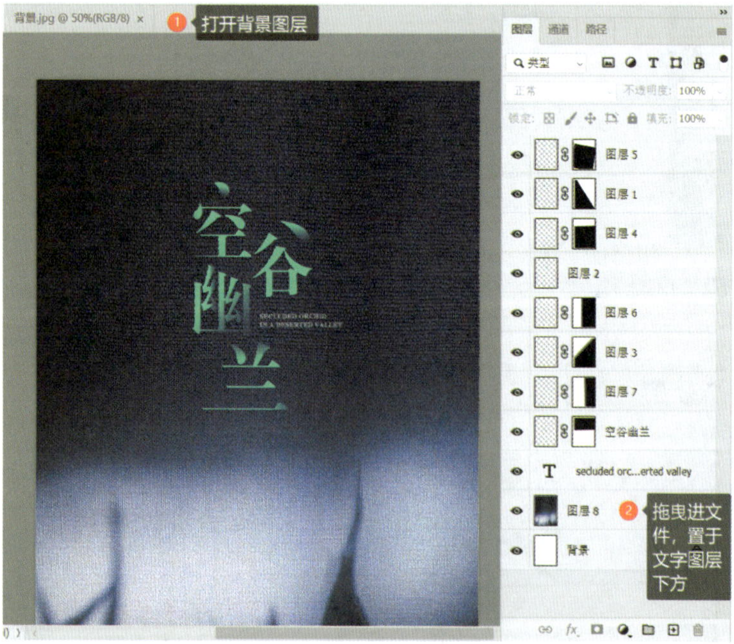

图 6-4-26

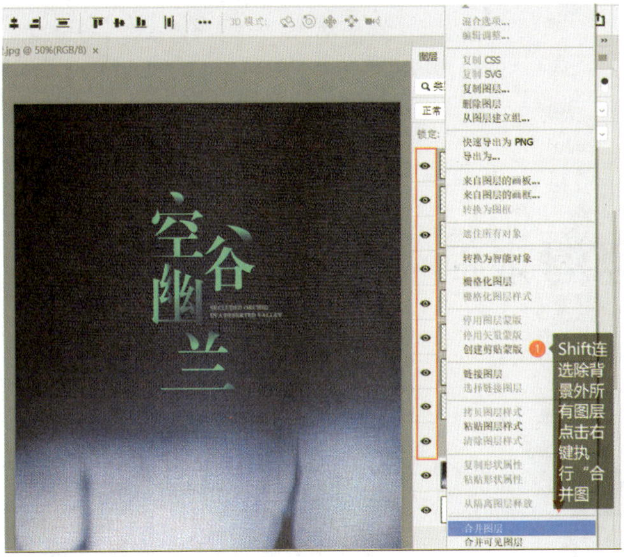

图 6-4-27

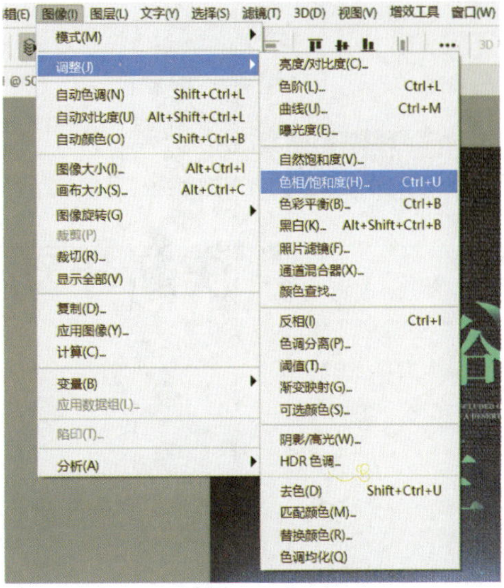

图 6-4-28

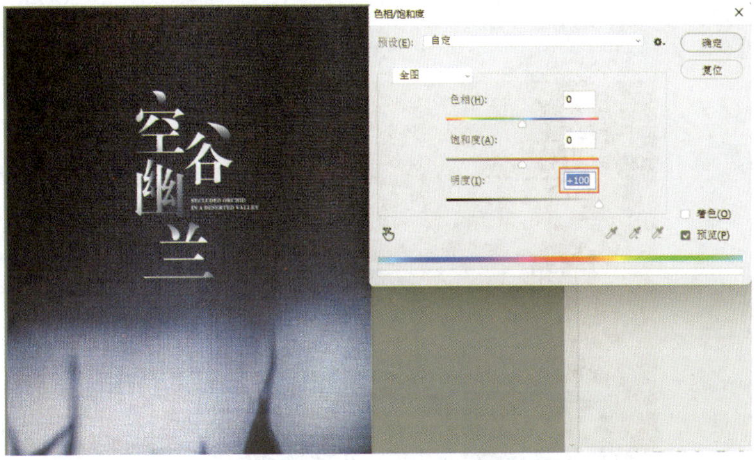

图 6-4-29

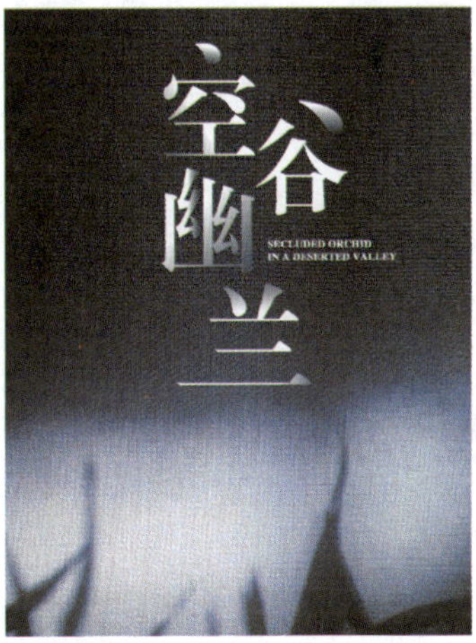

图 6-4-30

[项目拓展]

请以“紫气东来”为题设计渐变标题文字。

项目5

庆新年动态海报制作

[项目分析]

本项目以中国传统节日为主体，综合使用 Photoshop 知识与技巧，完成动态海报制作，最终效果如图 6-5-1 所示，旨在弘扬中华优秀传统文化，提升审美能力。

图 6-5-1

[项目实施]

① 新建 A4 幅面的标准文件，背景为白色，如图 6-5-2 所示。选择背景图层，按快捷键 Alt+Delete，将背景填充为红色，如图 6-5-3 所示。

② 将素材“电视机 1”“电视机 2”拖入画面，置于如图 6-5-4 所示位置，使用画笔工具绘制电视机投影，如图 6-5-5 所示。

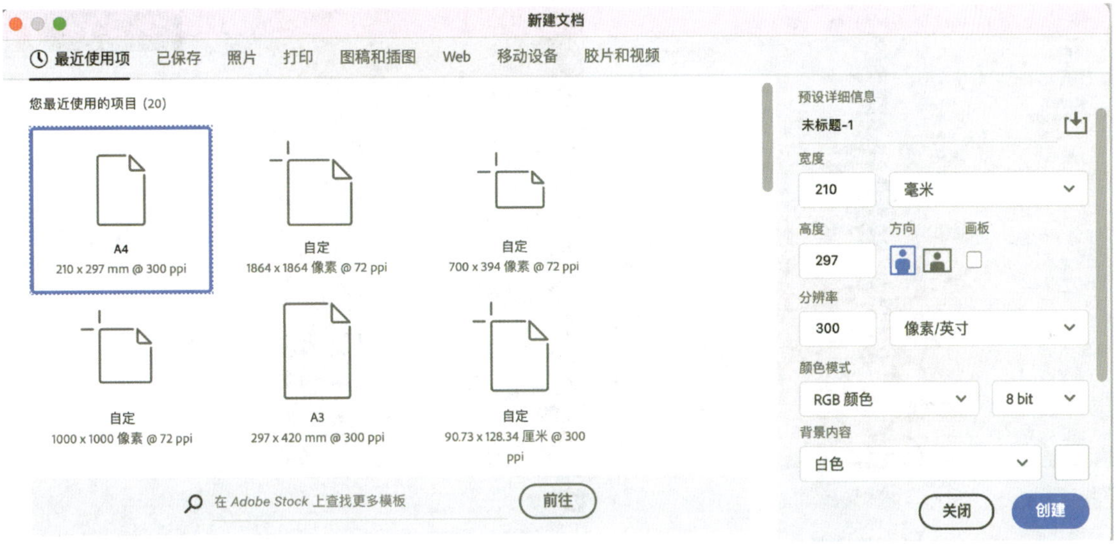

图 6-5-2

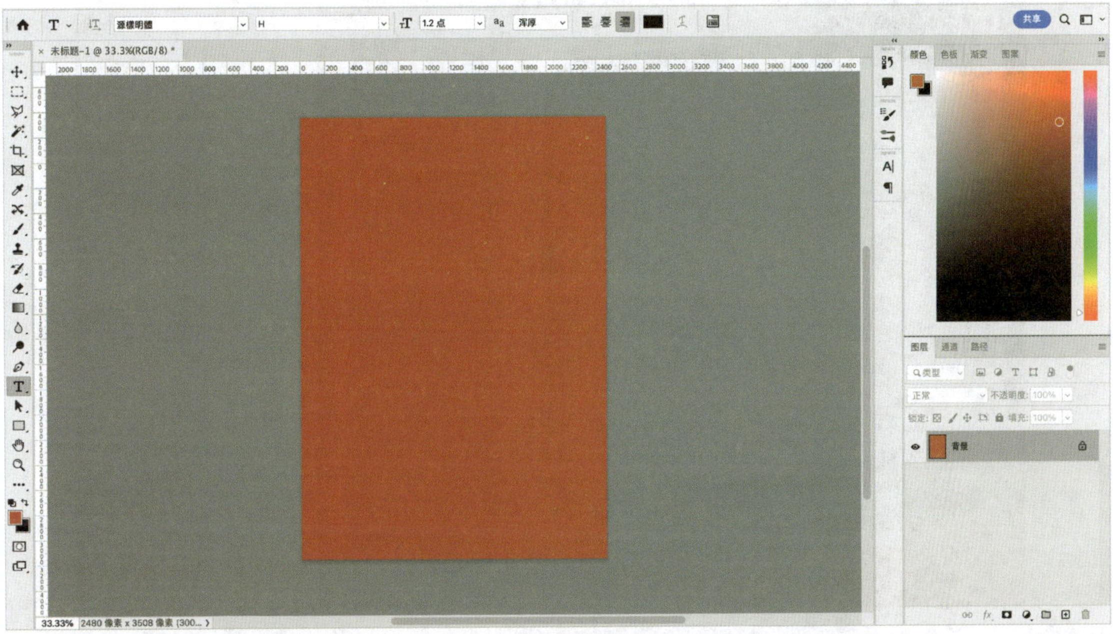

图 6-5-3

③ 选择图层“电视素材 2”，执行菜单栏“图像 / 调整 / 黑白”命令，将电视素材 2 与电视素材 1 颜色进行统一，如图 6-5-6、图 6-5-7 所示。

④ 选择钢笔工具，选中电视屏幕，如图 6-5-8 所示，按快捷键 Ctrl+D 形成选区，按快捷键 Ctrl+J 选取，并将选取图层命名为“右下屏幕”，如图 6-5-9、图 6-5-10 所示。重复以上步骤，选取其他电视屏幕，并对图层依次命名，如图 6-5-11、图 6-5-12 所示。

图 6-5-4

图 6-5-5

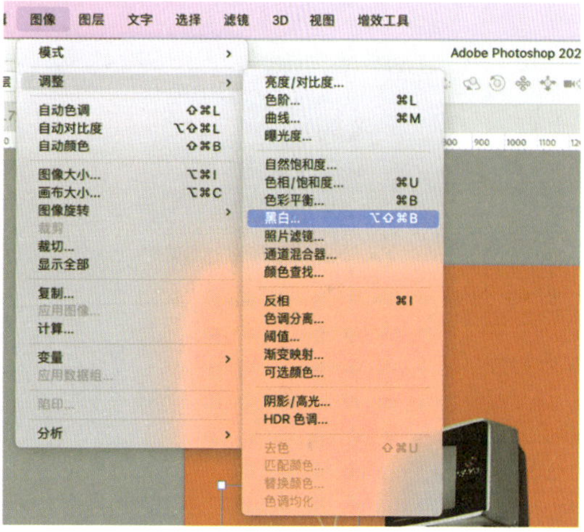

✔图 6-5-6

✔图 6-5-7

✔图 6-5-8

✔图 6-5-9

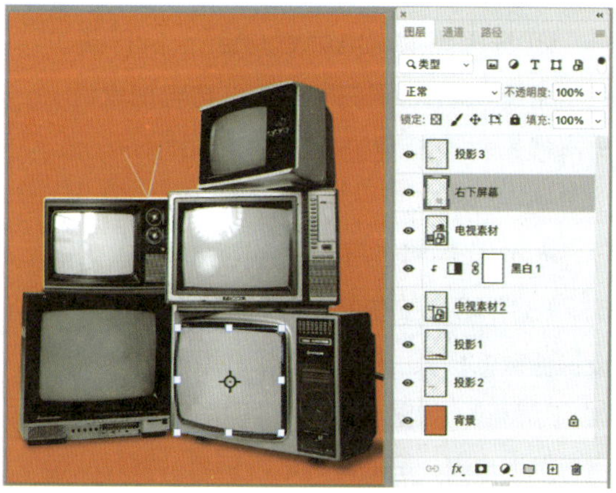

✔图 6-5-10

图 6-5-11

图 6-5-12

⑤ 选中“右下屏幕”图层，双击图层后侧空白处，打开图层样式面板，如图 6-5-13 所示。添加图层样式“内阴影”，选择混合模式为“正片叠底”，根据画面效果，合理设置颜色、不透明度、角度、距离、阻塞和大小的参数，为电视屏幕添加上方投影部分，如图 6-5-14 所示。单击“内阴影”后方“+”号，再次添加图层样式“内阴影”，更改混合模式为“滤色”，根据画面效果，合理设置颜色、不透明度、角度、距离、阻塞和大小的参数，为电视屏幕下方添加受光部分，如图 6-5-15 所示。重复以上步骤，给其他电视屏幕添加图层样式，增加画面细节，如图 6-5-16 所示。

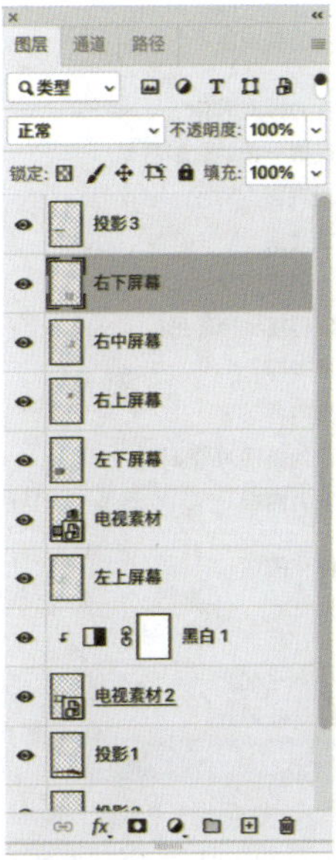

图 6-5-13

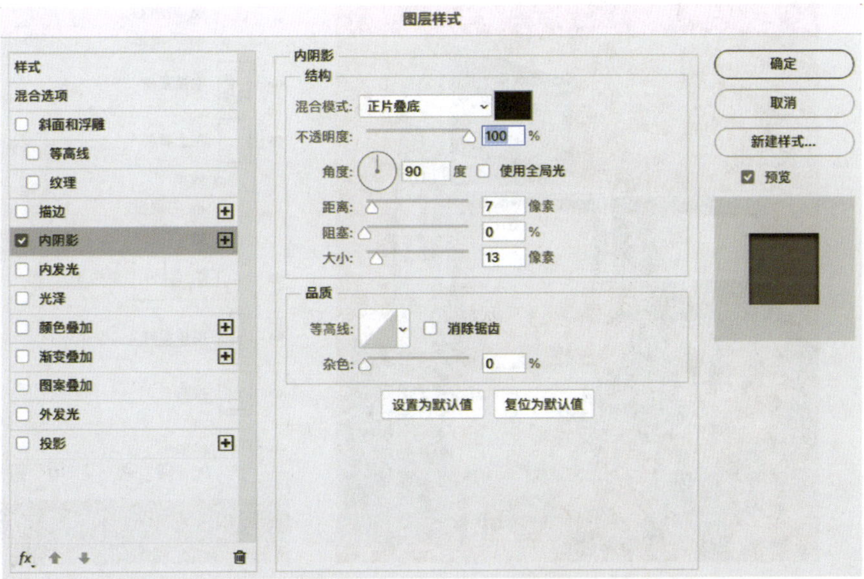

图 6-5-14

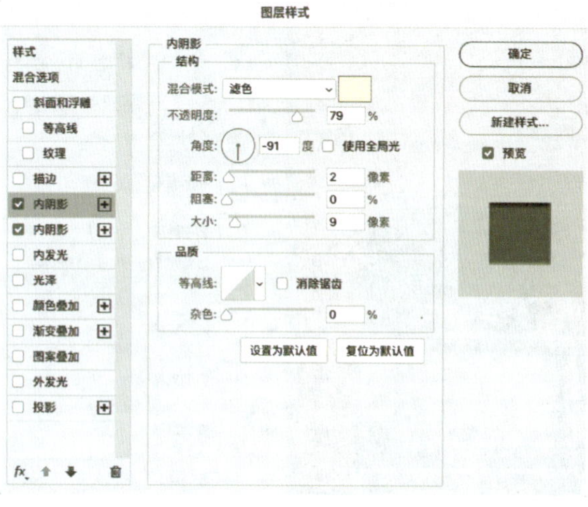

图 6-5-15

图 6-5-16

⑥ 拖入素材图片，按快捷键 Ctrl+T，合理调整图片大小及位置，如图 6-5-17 所示。选择“素材一”图层，右击，在弹出的快捷菜单中选择“创建剪贴蒙版”命令，将图片置入屏幕中，按快捷键 Ctrl+T，右击，通过透视、变形等命令调整图片效果，提升素材之间适配性，如图 6-5-18、图 6-5-19 所示。重复以上步骤，置入其他图片素材，如图 6-5-20 所示。

图 6-5-17

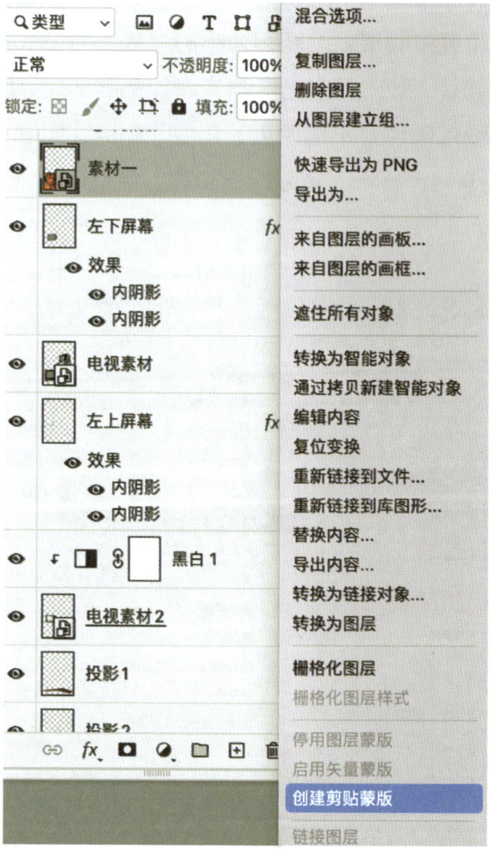

图 6-5-18

✔图 6-5-19

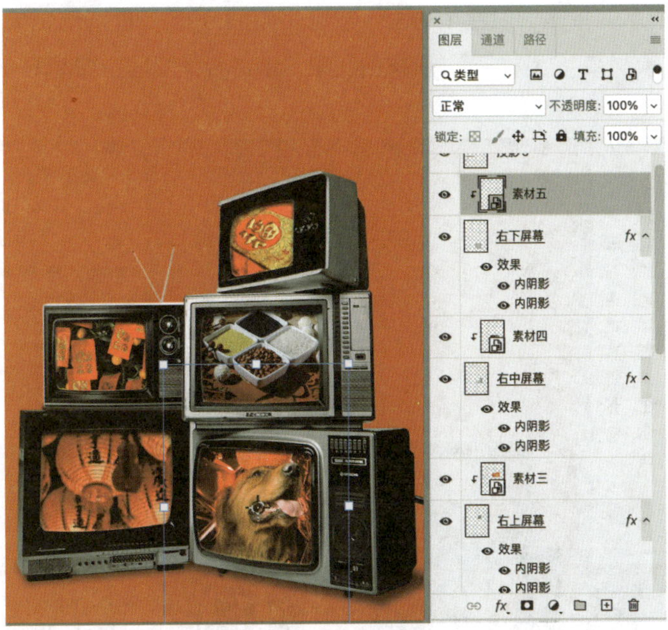

✔图 6-5-20

⑦ 使用文本工具，给画面添加文字内容，并对文字进行排版，丰富画面内容，如图 6-5-21 所示。拖入金箔材质素材，使用剪贴蒙版，赋予文字金箔肌理，如图 6-5-22 所示。

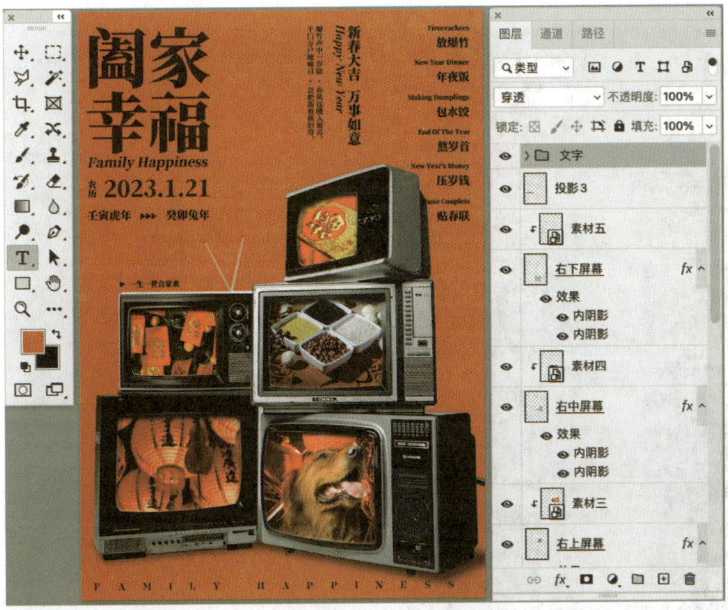

✔图 6-5-21

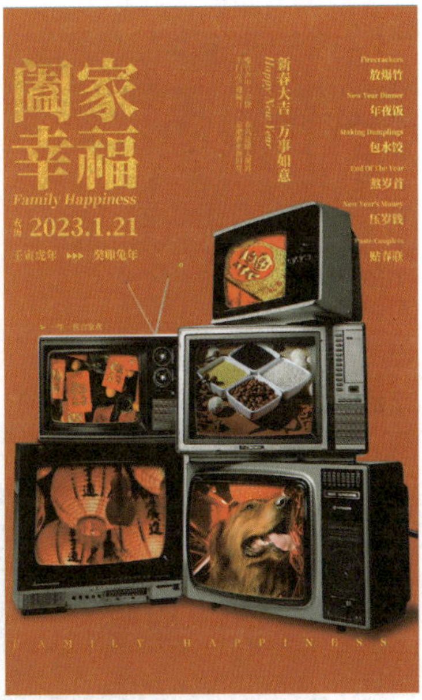

✔图 6-5-22

⑧ 在背景图层上方新建空白图层，将图层命名为“兔子”，使用钢笔工具绘制兔子图形，图层模式改为“溶解”，并适当降低不透明度，形成颗粒效果。拖入金箔材质素材，运用剪贴蒙版，给兔子部分添加金箔肌理，如图 6-5-23 所示。

⑨ 执行“窗口 / 时间轴”命令，打开时间轴面板，开始制作动态效果，如图 6-5-24、图 6-5-25

所示。单击“创建帧动画”按钮，如图 6-5-26 所示，单击图层前面眼睛图标，隐藏“素材一”“素材二”“素材三”“素材四”和“素材五”图层，如图 6-5-27 所示。

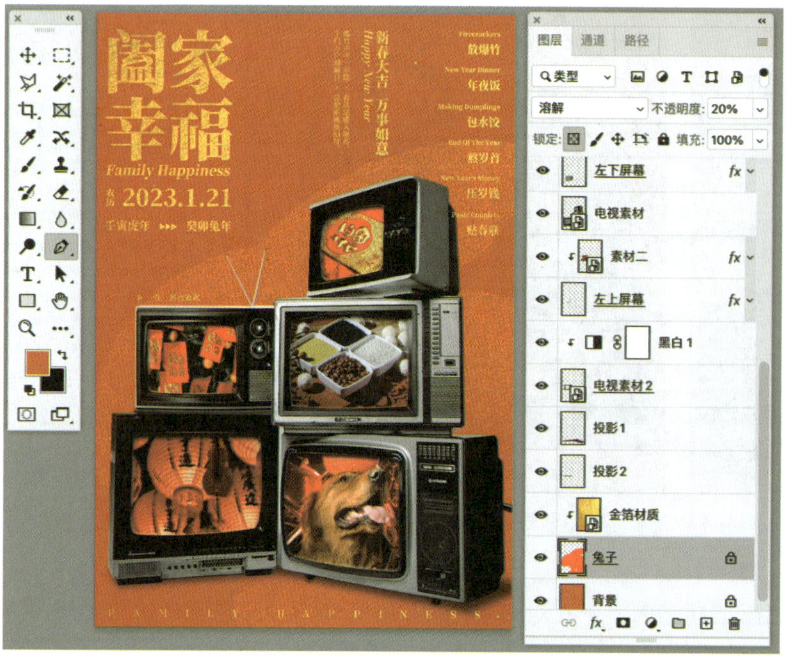

图 6-5-23

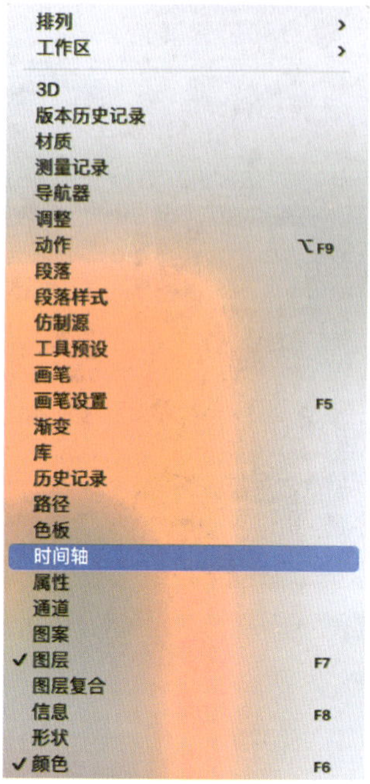

图 6-5-24

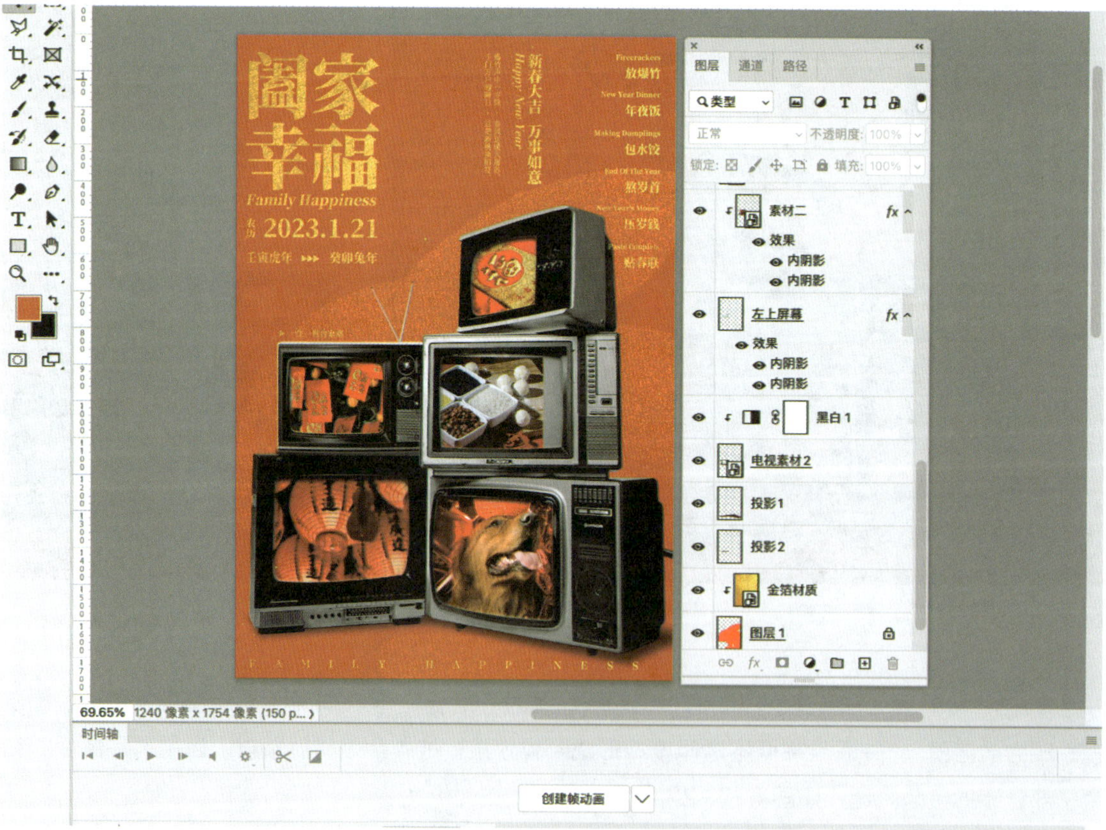

图 6-5-25

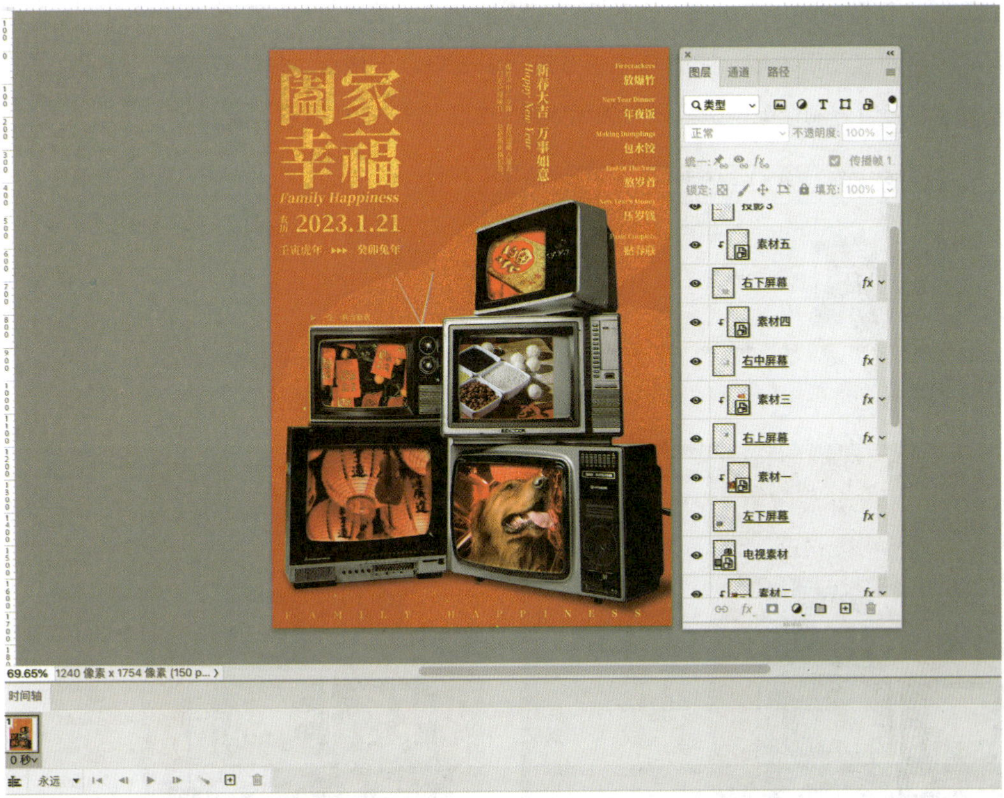

阖家
幸福
Family Happiness
农历 2023.1.21
壬寅虎年 癸卯兔年
新春大吉 万事如意
Happy New Year
Firecrackers
放爆竹
New Year Dinner
年夜饭
Making Dumplings
包水饺
熬岁首
压岁钱
贴春联
F A M I L Y H A P P I N E S S
图层
通道
路径
类型
正常
不透明度: 100%
统一:
传播帧 1
锁定:
填充: 100%
投影 3
素材五
右下屏幕
素材四
右中屏幕
素材三
右上屏幕
素材一
左下屏幕
电视素材
素材二
69.65%
1240 像素 x 1754 像素 (150 p...)
时间轴
0 秒
永远

图 6-5-26

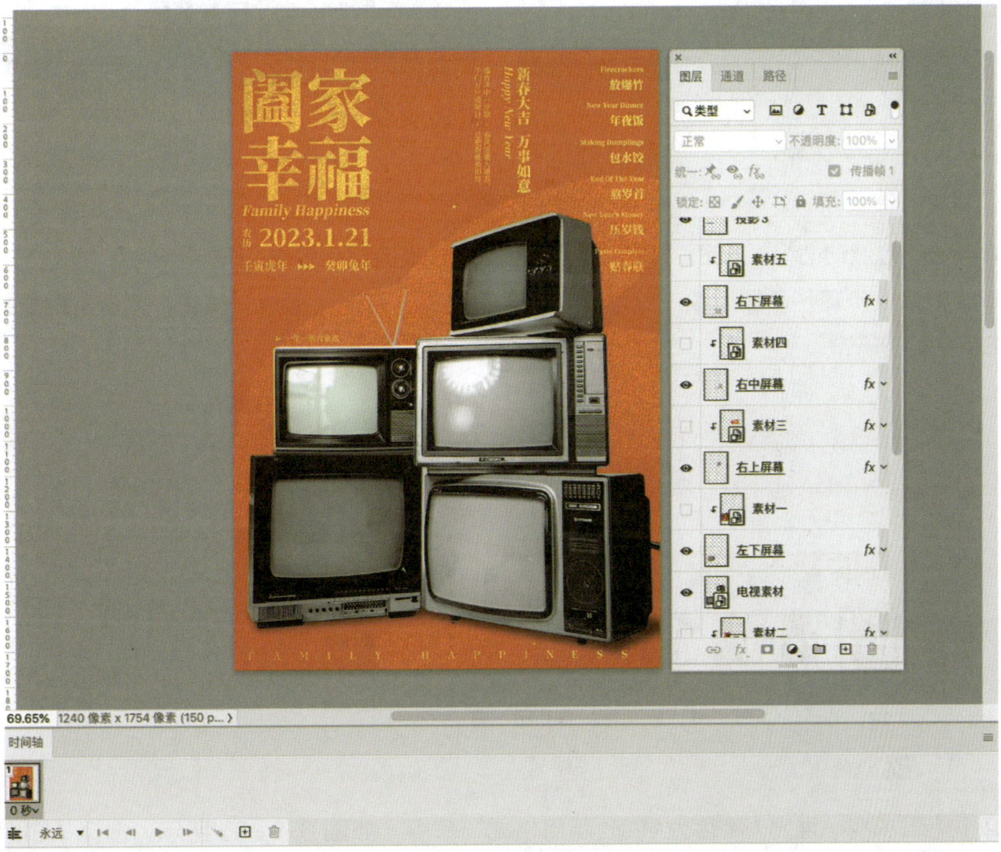

阖家
幸福
Family Happiness
农历 2023.1.21
壬寅虎年 癸卯兔年
新春大吉 万事如意
Happy New Year
Firecrackers
放爆竹
New Year Dinner
年夜饭
Making Dumplings
包水饺
熬岁首
压岁钱
贴春联
F A M I L Y H A P P I N E S S
图层
通道
路径
类型
正常
不透明度: 100%
统一:
传播帧 1
锁定:
填充: 100%
投影 3
素材五
右下屏幕
素材四
右中屏幕
素材三
右上屏幕
素材一
左下屏幕
电视素材
素材二
69.65%
1240 像素 x 1754 像素 (150 p...)
时间轴
0 秒
永远

图 6-5-27

⑩ 单击“复制所选帧”按钮，如图 6-5-28 所示，单击“素材一”和“素材三”图层前方眼睛图标，显示对应图层内容，如图 6-5-29 所示。重复以上步骤，复制所选帧，通过显示或隐藏对应帧的素材内容，制作电视机打开与关闭效果，如图 6-5-30 所示。

图 6-5-28

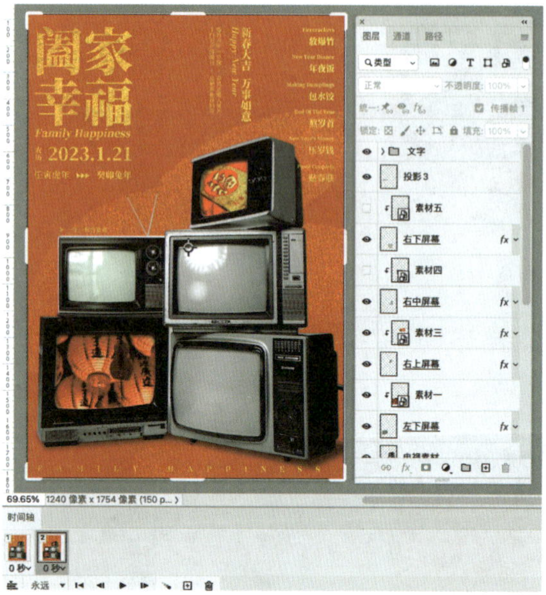

图 6-5-29

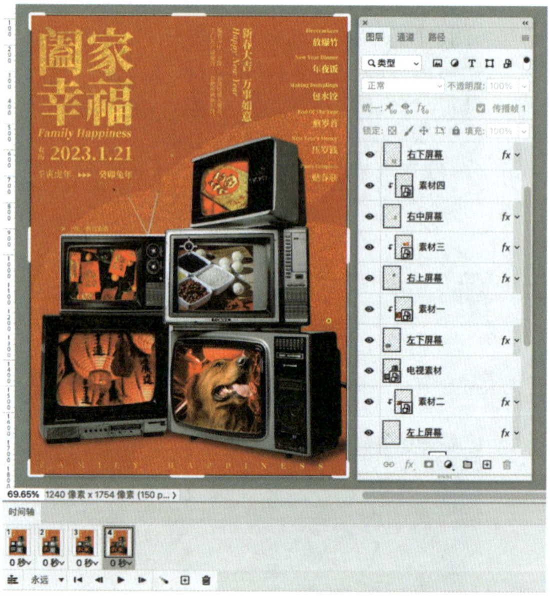

图 6-5-30

⑪ 单击“过渡动画帧”按钮，打开“过渡”面板，设置完成后单击“确定”按钮，如图 6-5-31 所示，重复以上步骤，添加后续过渡帧，完善动态效果。单击“播放”按钮，可查看制作效果，如图 6-5-32 所示。

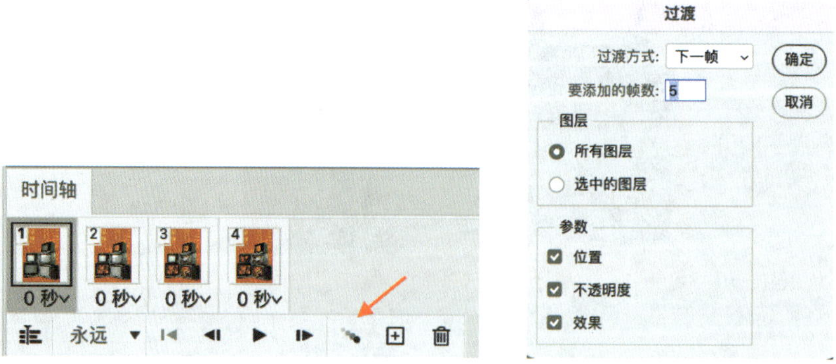

图 6-5-31

⑫ 执行“文件 / 导出 / 储存为 Web 所用格式”命令，如图 6-5-33 所示。选择“GIF”模式，单击“存储”按钮，导出文件，如图 6-5-34 所示。庆新年动态海报制作完成。

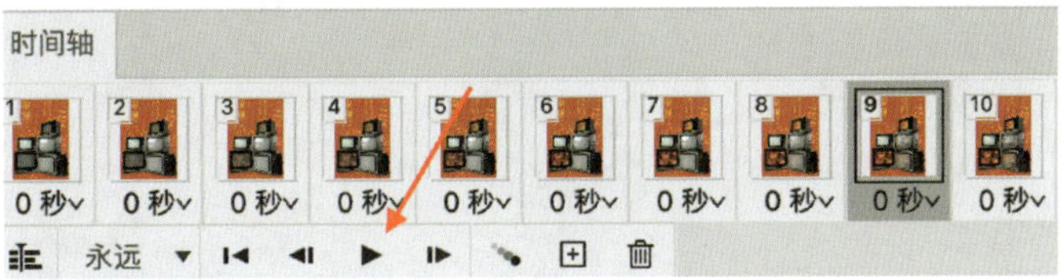

图 6-5-32

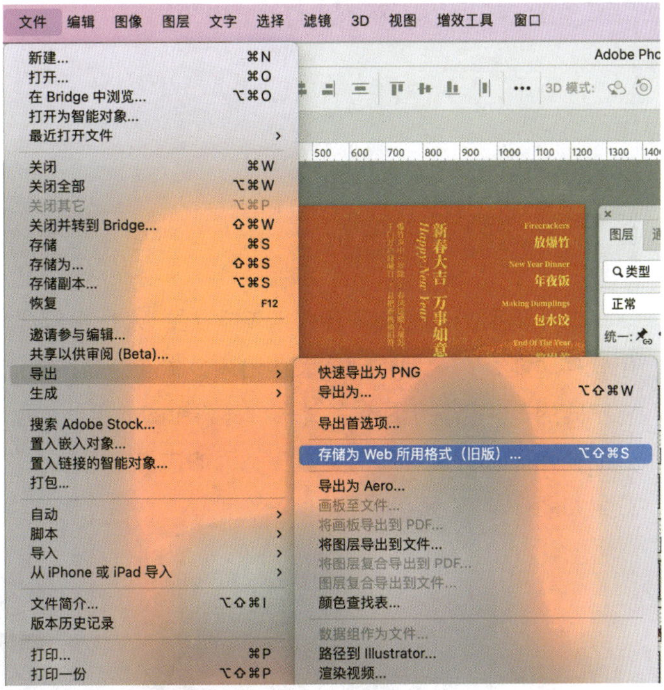

图 6-5-33

图 6-5-34

[项目拓展]

操作题：完成 1 张动态主题海报设计。

项目6

公益主题海报的制作

微课 6-4
公益主题海报的制作

[项目分析]

软件运用的最高境界是“用无定法”，是指根据要展现的创意，灵活运用软件功能，有效地将创意表达出来。本次公益广告以一个时尚包为外形，将不同的美食色块组成包的外形，再将包的把手外形抠取出来放置顶层。通过给包体添加阴影，让其更真实，添加广告主题和小广告语增加画面细节，效果如图 6-6-1 所示。

图 6-6-1

[项目实施]

① 新建文件，填充渐变底色。新建 A4 幅面的文件，设置分辨率为 300 像素 / 英寸，方向为横向，如图 6-6-2 所示，单击“创建”按钮。选择渐变工具填充渐变色。单击工具属性栏的可编辑渐变框，如图 6-6-3 所示，弹出“渐变编辑器”。选择“基础”中的第 1 个模块“从前景色至后景色”，如图 6-6-4 所示，选择左下角色彩滑块，设置前景色色值为“R：202、G：105、B：229”；再选择右下角色彩滑块，如图 6-6-5 所示，设置后景色色值为“R163、G：21、B：196”，单击“确定”按钮。如图 6-6-6

所示，选择渐变工具，渐变方向改成“径向渐变”。从画面中心向左下拉出渐变，渐变超出画布区域，浅色区域就比较多，效果如图 6-6-7 所示。

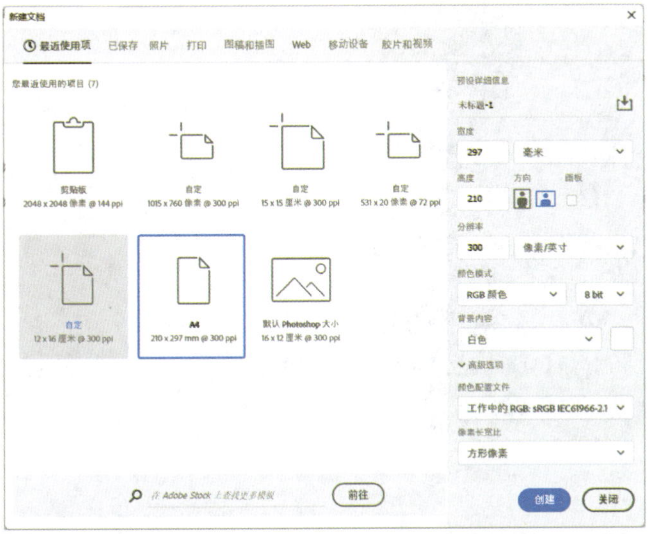

图 6-6-2

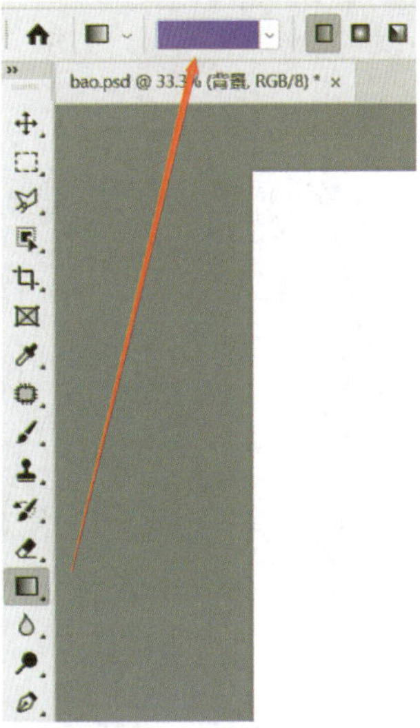

图 6-6-3

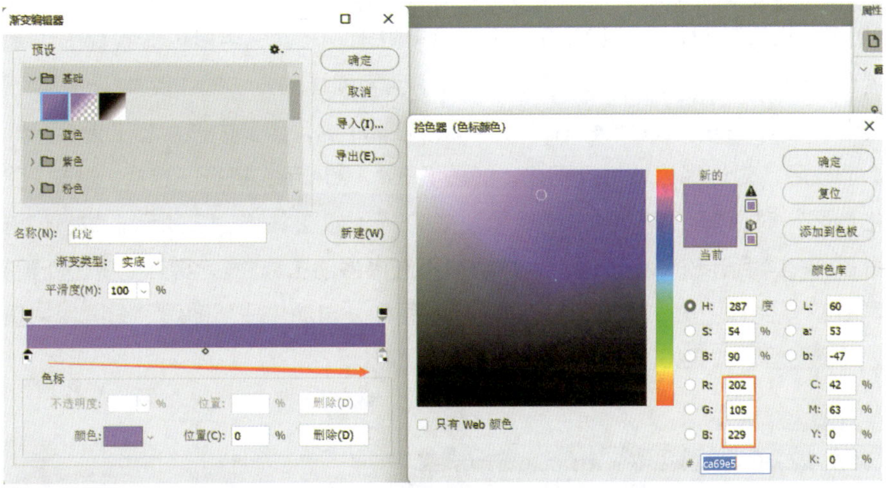

图 6-6-4

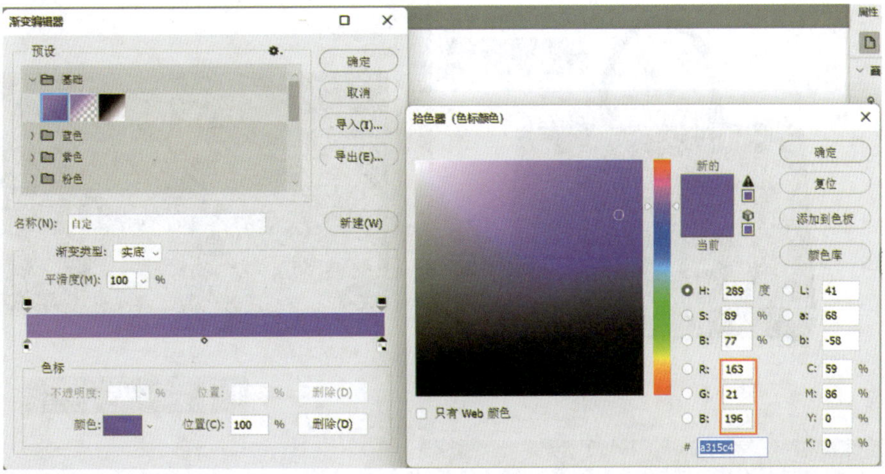

图 6-6-5

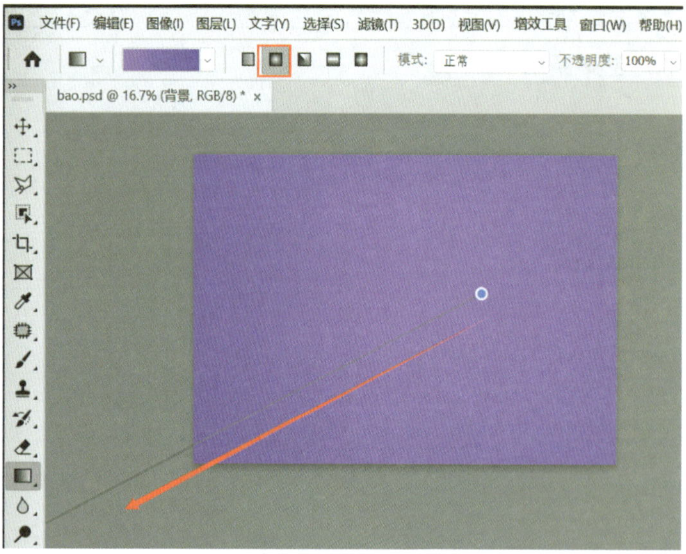

图 6-6-6

图 6-6-7

② 抠选包选区。打开素材“包 .JPG”，选择魔棒工具 选取白色区域，按 Shift 键将包手柄内等区域连选，如图 6-6-8 所示，但是底部还有部分区域未完全选取，按 Shift 键继续连选，如图 6-6-9 所示。选取后包底部的扣子区域不完整，按住 Alt 键，用多边形索套工具 选取扣子区域进行减选，如图 6-6-10 所示，将另一只扣子也用同样的方法操作完成。仔细观察画面，拉链部分区域也被选取进来，如图 6-6-11 所示，按住 Alt 键，用多边形索套工具 选取拉链区域进行减选。选取后，对选择区域进行羽化。如图 6-6-12 所示，执行“选择 / 修改 / 羽化”命令，弹出“羽化选区”对话框，将“羽化半径”改成“2”，如图 6-6-13 所示。执行“选择 / 反选”命令，如图 6-6-14 所示，单击“确定”按钮。再选择移动工具 ，将其拖曳进新建文件，自动生成“图层 1”。复制包图层，单击图层面板的 图标，自动生成新图层“图层 1 拷贝”，把眼睛图标关闭，隐藏图层，效果如图 6-6-15 所示。

图 6-6-8

图 6-6-9

图 6-6-10

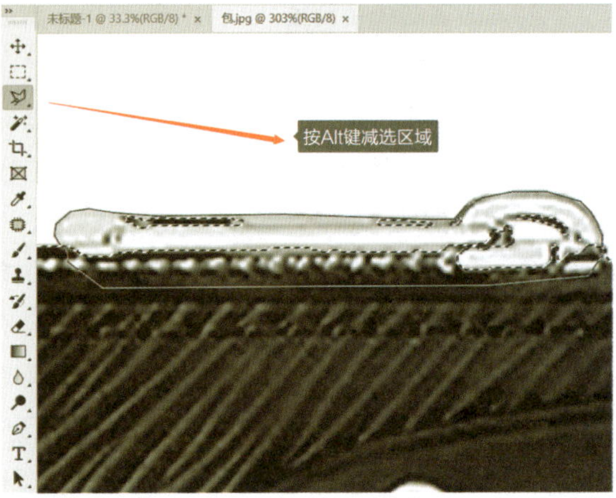

图 6-6-11

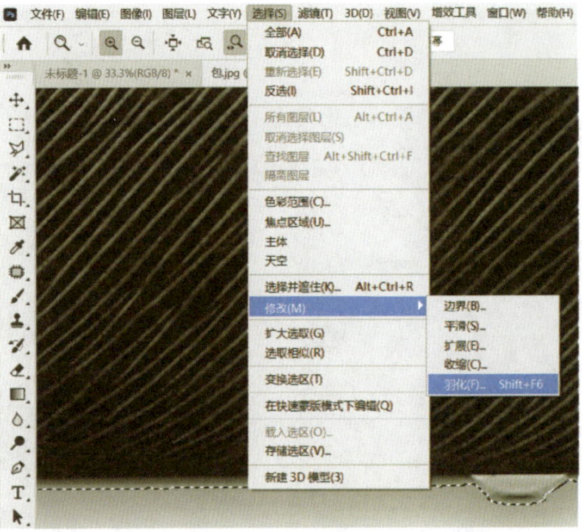

图 6-6-12

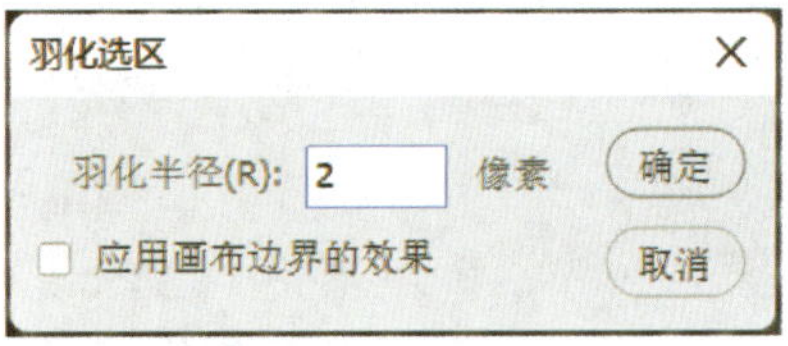

图 6-6-13

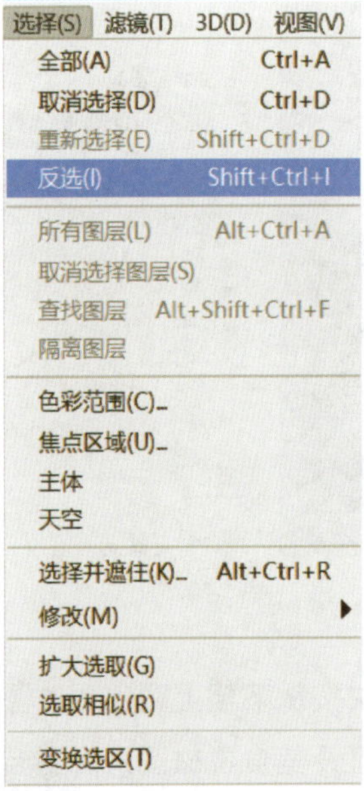

图 6-6-14

图 6-6-15

③ 借助辅助线绘制色块。用矩形选框工具沿着包上缘画矩形框，目的是测量包的宽度，如图 6-6-16 所示，矩形框宽度为 14.25 厘米。分成 6 份，每份大约 2.4 厘米宽，如图 6-6-17 所示，沿着包边缘，画一个 2.4 厘米的矩形选框，单击图层面板的 ⊞ 图标，新建“图层 2”，如图 6-6-18 所示，按快捷键 Alt+Delete 填充前景色。按快捷键 Ctrl+D 取消选择。在菜单栏选择移动工具 ✥，按住 Alt 键，光标变成黑白形状的三角形箭头，呈前后关系。光标再向右拖曳，移动到矩形框边缘，一个新的矩形复制完成，用同样的方法复制 6 次，效果如图 6-6-19 所示。按快捷键 Ctrl+R 出现标尺，如图 6-6-20 所示，将光标从灰色界面向标尺边缘拖曳，出现蓝色的辅助线，拖曳到矩形边缘，再一条一条地将所有辅助线拉好。如图 6-6-21 所示，矩形图层的辅助线都拉好了。因为包造型上小下大，两边的矩形块没有覆盖全包，选择最右边的矩形图层，按快捷键 Ctrl+T 调整，如图 6-6-22 所示，按住 Shift 键，调整锚点向右平移，直至完全覆盖。重复同样的步骤，将左边矩形图层调整好。调整后效果如图 6-6-23 所示。

图 6-6-16

图 6-6-17

图 6-6-18

图 6-6-19

④ 创建剪贴蒙版将美食图片嵌入色块中。打开图层面板，将所有色块按从下至上顺序更改图层名，双击图层面板中的文字就可以进行更改，如图 6-6-24 所示。再打开美食素材图片“蛋糕 1-6.JPG”，选择猕猴桃图片将其拖曳进来，如图 6-6-25 所示，将图片移至要嵌入的矩形 1 上

方，按快捷键 Ctrl+T 自由变换图片大小和角度，再按 Enter 键确定后，调整框去除。右击图层面板该图层，在弹出的快捷菜单中选择“创建剪贴蒙版”选项，如图 6-6-26 所示，图片嵌入矩形 1 中。再选择牛角面包、白色蛋糕、橙子、抹茶蛋糕、巧克力蛋糕图片进行重复操作，所有的图层就分别嵌入了相应矩形中，如图 6-6-27 所示。

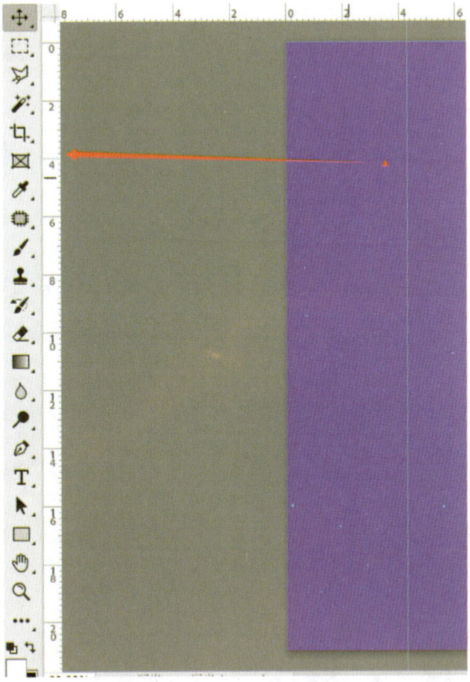

图 6-6-20

图 6-6-21

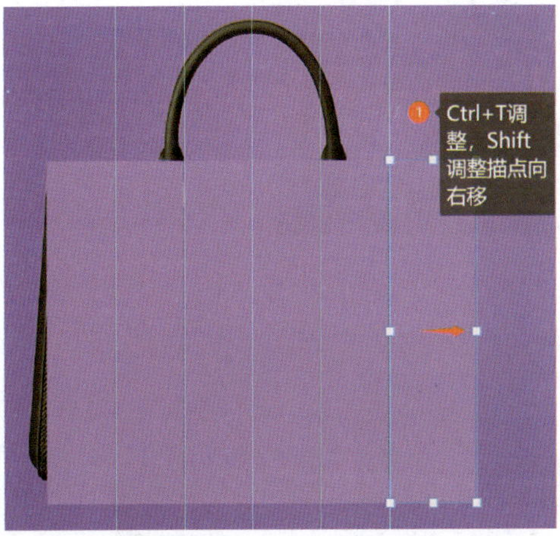

图 6-6-22

图 6-6-23

⑤ 制作手提包外形。将“图层 1”放置到面板最顶层，按住 Ctrl 键，单击图层该面板载入包选区，如图 6-6-28 所示，按快捷键 Shift+Ctrl+I 反选，将包外面的区域选取出来，方便删除 6 个矩形框多余的部分。保持选区不变，选择矩形 6，如图 6-6-29 所示，按 Delete 键，删除包外部多余部分。继续选择矩形 1 ~ 5，按 Delete 键，用同样的方法删除多余部分，如图 6-6-30 所示。

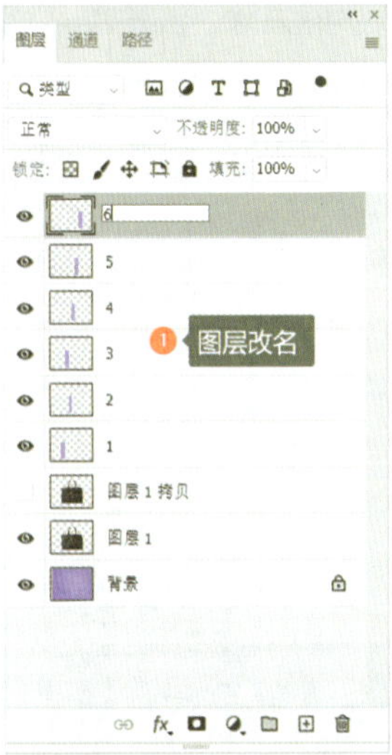

图 6-6-24

图 6-6-25

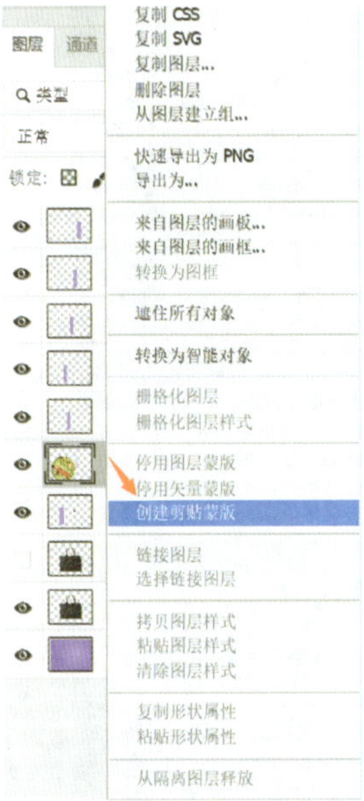

图 6-6-26

图 6-6-27

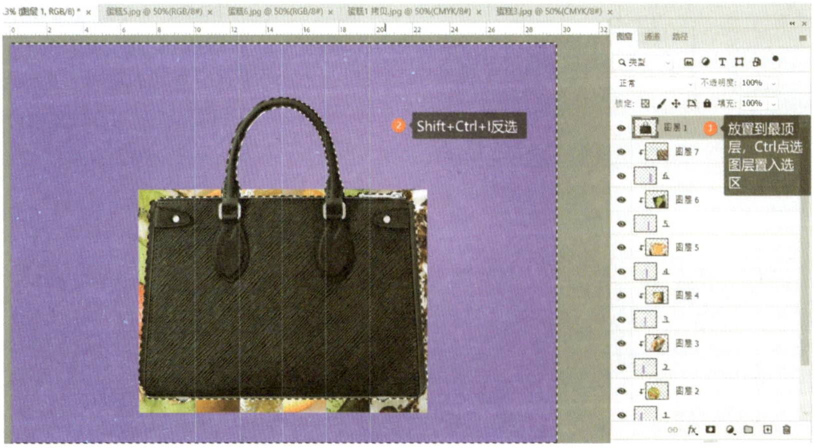

图 6-6-28

✔图 6-6-29

✔图 6-6-30

⑥ 制作手提包手柄。复制包图层，用钢笔工具将手柄抠取出来。将“图层 1 拷贝”移至面板顶层，如图 6-6-31 所示，将“图层 1”眼睛图标关闭使其隐藏。在图层面板底部单击添加图层蒙版按钮 ◘，如图 6-6-32 所示，图层蒙版添加完成。在工具栏选择钢笔工具进行路径描边，模式选择“路径”，如图 6-6-33 所示，按快捷键 Ctrl++ 放大显示页面，按快捷键 Ctrl+- 缩小显示页面，按空格键，无论是何种操作状态，即使是在钢笔工具描边中，光标也会变成一只小手形状，可以非常灵活地移动画面。在钢笔工具中选择“转换点工具”，如图 6-6-34 所示，可以将生硬的直线通过锚点的控制，变成优美的弧线。单击锚点，出现一个带上下点的操纵杆，分别拖曳操作杆，可以实现不同弧线效果，如图 6-6-35 所示。在图层面板选择路径，单击面板下部按钮 ◌，将路径作为选取载入，如图 6-6-36 所示，手柄的造型被选取进来。选择画笔工具 ✎，将前景色改成“黑色”，如图 6-6-37 所示，用鼠标选中“图层 1 拷贝”白色蒙版区域，在手柄周围涂抹，将多余背景擦除。用同样的方法将另一个手柄用钢笔工具描边路径，转换并调整曲线，载入选区，用毛笔涂抹，直至将两个手柄都擦出来。效果如图 6-6-38 所示。

✔图 6-6-31

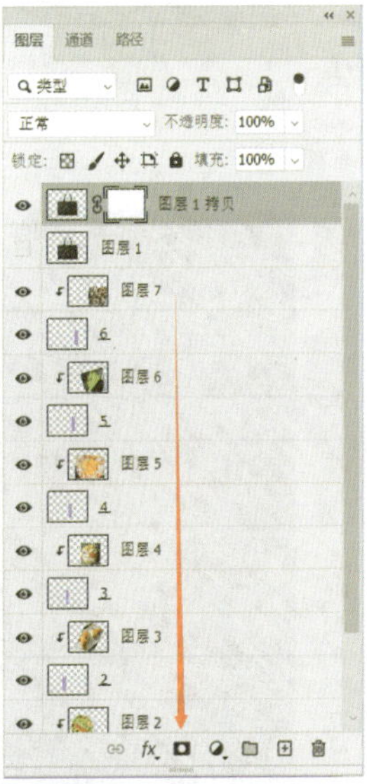

✔图 6-6-32

⑦ 添加阴影。仔细观察画面，手柄中金属扣部分没有抠除干净。选择框选工具，在画面中画矩形框，按快捷键 Shift+F6 调出“羽化选区”对话框，将羽化半径设置为“2”，如图 6-6-39

所示。选择画笔工具，选择该图层的白色蒙版继续涂抹，背景被去除，效果如6-6-40所示。右边的金属手柄中也绘制矩形框、羽化，并用画笔擦除，效果如图6-6-41所示。观察画面，包感觉不真实，给包体下部分添加阴影。新建图层，前景色吸取面包的红色，选择画笔工具，调出画笔属性框，如图6-6-42所示，将画笔选择为“柔边缘”，大小为“369”像素，硬度为“21%”，在画面上进行涂抹，涂抹效果如图6-6-43所示。再执行“滤镜/模糊/高斯模糊”命令，在“高斯模糊”对话框中，将“半径”设置为“75.5”，如图6-6-44所示。再在图层面板中将该图层属性改成“正片叠底”，不透明度为“30%”。在图层面板选中“图层1拷贝”，按住Ctrl键，单击图层缩略图载入包选区，如图6-6-45所示，按快捷键Shift+Ctrl+I反选背景区域。再选择“图层8”，保持选区不变的情况下，按Delete键删除包外的阴影部分，如图6-6-46所示。

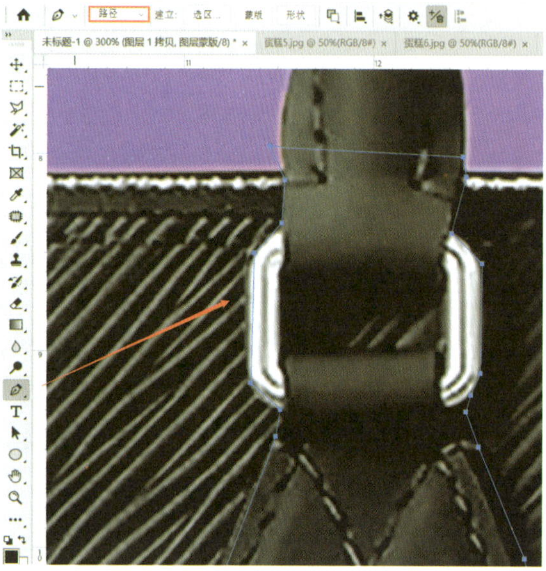

图 6-6-33

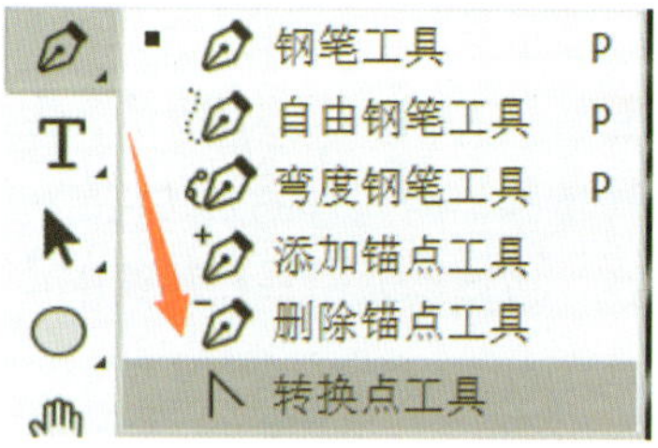

图 6-6-34

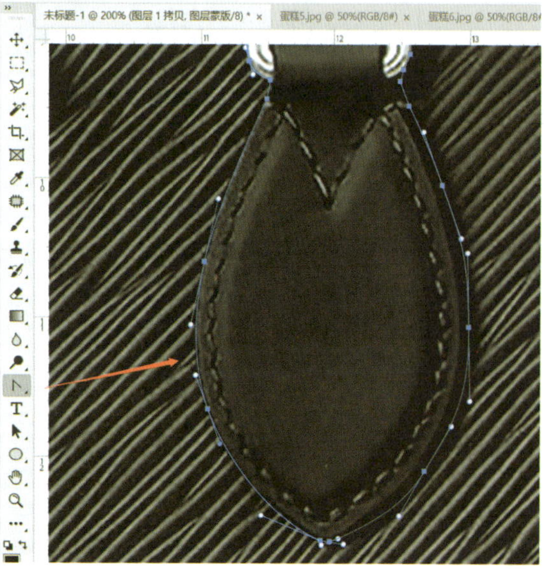

图 6-6-35

图 6-6-36

图 6-6-37

图 6-6-38

图 6-6-39

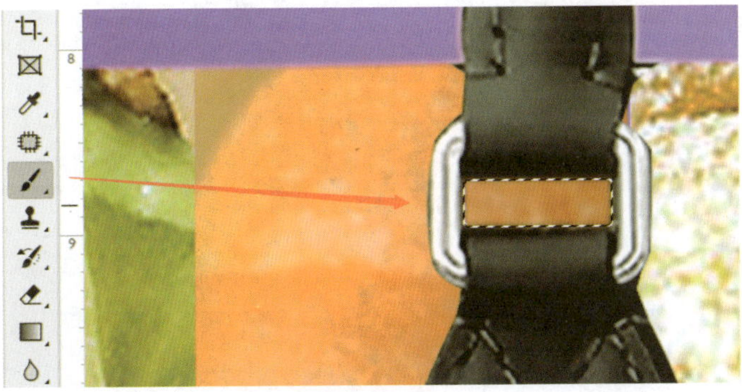
图 6-6-40

图 6-6-41

⑧ 在包体底部添加阴影。按快捷键 Ctrl+D 取消选区，观察画面，如图 6-6-47 所示，需要在包手柄、包体以及底部添加阴影增强真实感。继续选择“图层 1”添加图层样式，将其拖至图层面板“背景”图层之上，在图层面板底部单击添加图层样式图标 fx，如图 6-6-48 所示，在下拉菜单中选择“投影”选项。单击识色器，将色值更改为“R：131、G：17、B：159”，如图 6-6-49 所示，单击“确定”按钮，颜色在背景色基础上加深就可以了。将投影参数设置为不透明度“35”%、角度“90”度、距离“19”像素、扩展“19”%、大小“65”像素，效果如图 6-6-50 所示。继续添加底部阴影。在“背景”图层上方新建“图层 9”，如图 6-6-51 所示，选择贝塞尔多边形套索

工具，绘制一个下小上大的梯形阴影。将前景色设置为黑色，如图 6-6-52 所示，按快捷键 Alt+Delete 填充前景色，按快捷键 Ctrl+D 取消选区。执行“滤镜 / 模糊 / 动感模糊”命令，调出“动感模糊”对话框，如图 6-6-53 所示，将角度改成“-85”度，距离改为“141”像素。运用蒙版使阴影自然，如图 6-6-54 所示，在图层面板底部区域选择 ◘ 图标，给“图层 9”添加蒙版，前景色设置为“黑色”，背景色设置为“白色”，选择渐变工具，在渐变属性框选择“基础→从前景色到背景色”，用渐变工具从下往上拖曳，再对该图层属性进行修改，将图层不透明度改成“57%”。

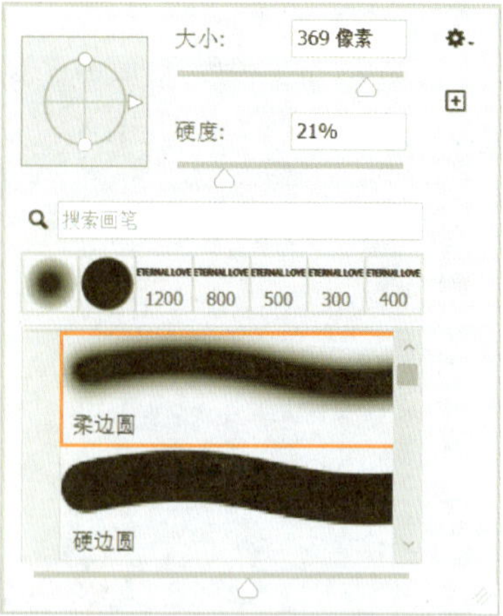

图 6-6-42

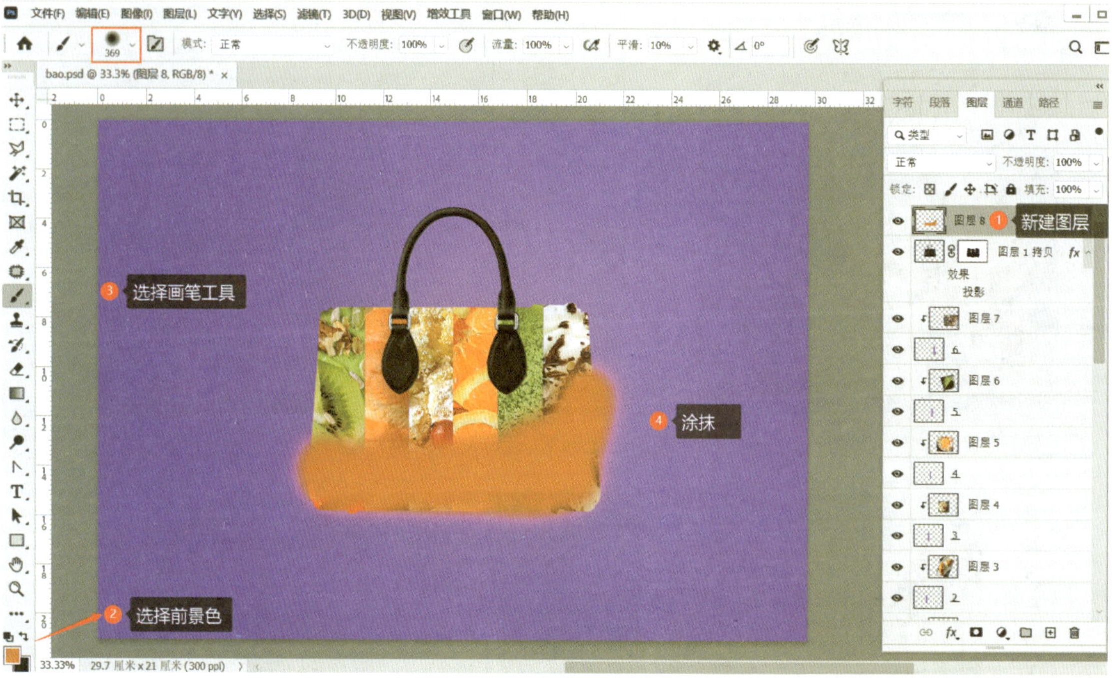

图 6-6-43

⑨ 添加广告主题文字。在画面空白处输入文字“打包也是一种时尚”，如图 6-6-55 所示，字体为“方正小标宋”，颜色选择“白色”。右击文字图层，在弹出快捷菜单中选择“栅格化文字”选项，如图 6-6-56 所示，文字就转换成图层了。按快捷键 Ctrl+T 对文字图层进行大小调整，将其放大，按 Enter 键确定。再用多边形索套工具将文字“打包”“也是一种”“时尚”分别选取。如图 6-6-57 所示，用多边形索套选择文字“时尚”，剪切并粘贴，目的是使文字产生层次感，调整后的文字如图 6-6-58 所示。按 Shift 键将 3 个文字图层全部选中，按

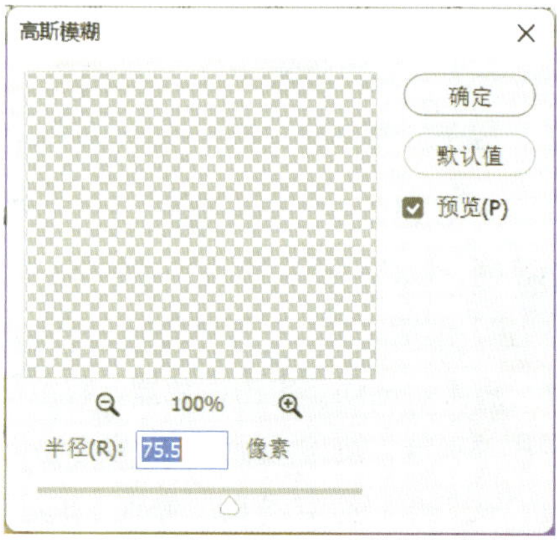

图 6-6-44

快捷键 Ctrl+T 调出文本调整框，单击右上角的图标，设置水平斜切为“-10 度”，如图 6-6-59 所示，向右出现倾斜，文字倾斜设计完成。

图 6-6-45

图 6-6-46

图 6-6-47

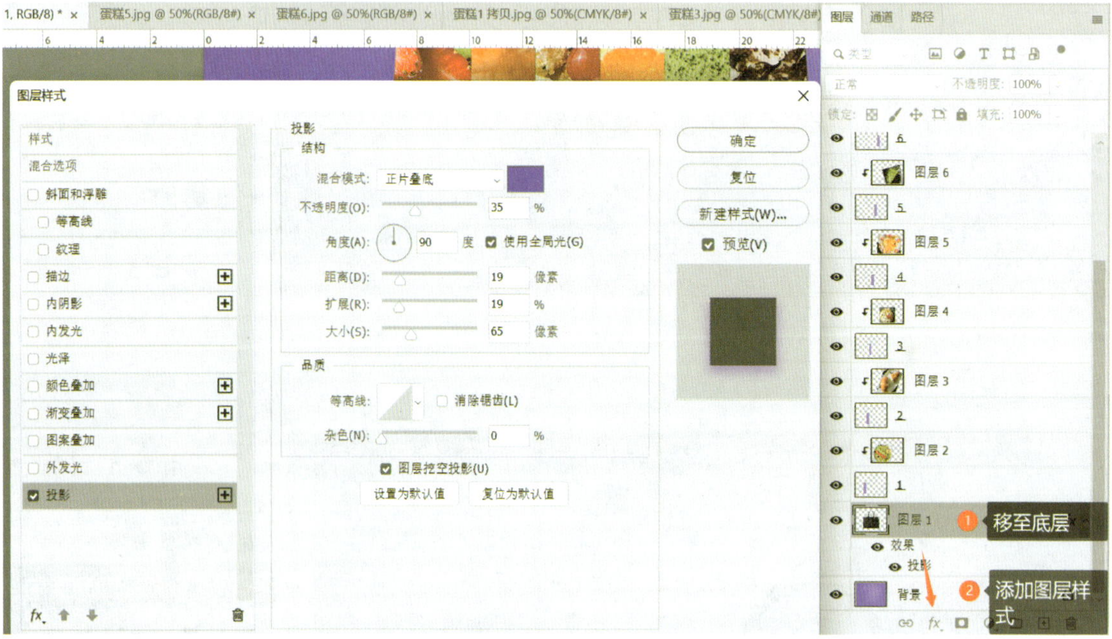

图 6-6-48

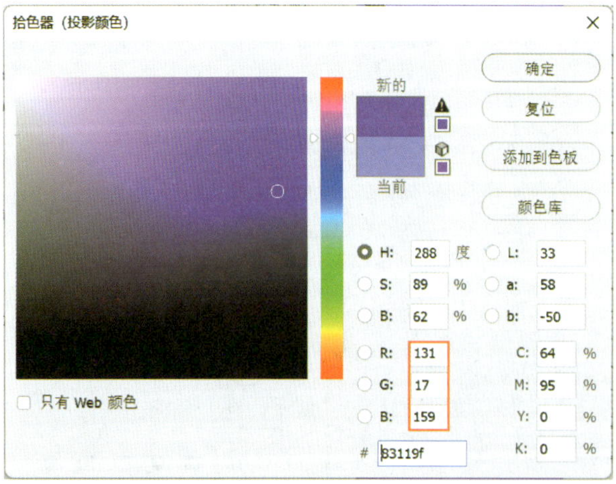

图 6-6-49

图 6-6-50

图 6-6-51

图 6-6-52

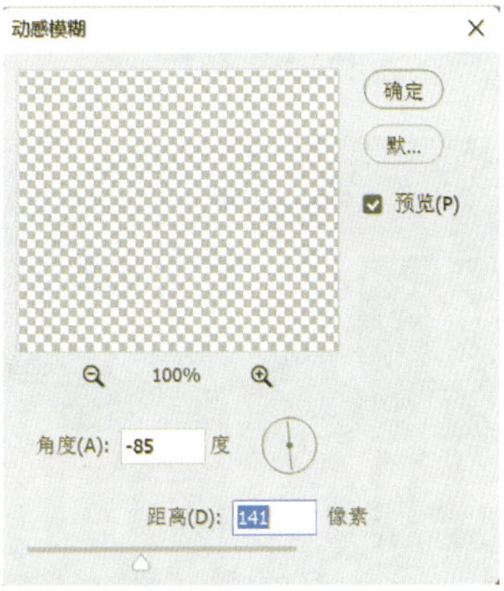

图 6-6-53

图 6-6-54

图 6-6-55

图 6-6-56

图 6-6-57

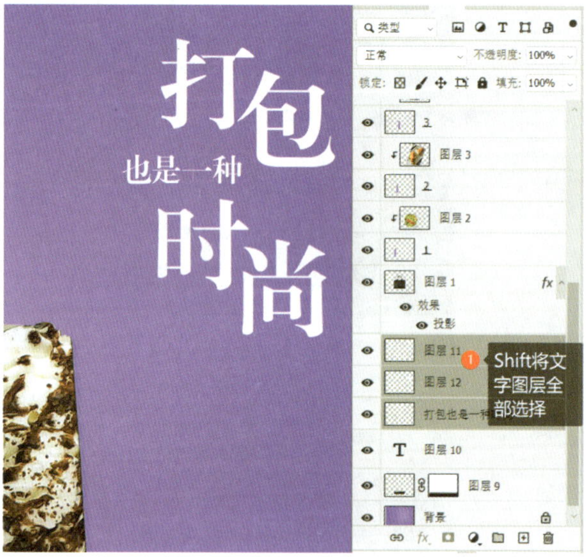

图 6-6-58

⑩ 为广告主题文字增加渐变。双击工具栏前景色图标，单击前景色，将色值改成“R：137、G：23、B：169。”，如图 6-6-60 所示。选择渐变工具，如图 6-6-61 所示，单击色块弹出“渐变编辑器”对话框，选择“基础 / 前景色至背景色”。选择“打包”文字图层，如图 6-6-62 所示，用贝塞尔曲线工具将“打”字的提手旁选取，复制并粘贴成新图层“图层 13”。按住 Ctrl 键，单击图层面板“图层 13”缩略图载入选区，再选择渐变工具从右下往左上拖曳，可以多次尝试效果，呈现文字渐变效果。按快捷键 Ctrl+D 取消选区，平移偏旁使文字产生前后层次感，效果如图 6-6-63 所示。继续单击“打包”文字，自动选择图层，用贝塞尔曲线工具将“包”字的局部选取，复制并粘贴成新图层，如图 6-6-64 所示。按住 Ctrl 键，单击新图层载入选区，

用渐变工具从下往上拖曳，效果如图 6-6-65 所示。继续选择“时尚”图层，重复同样的步骤选择“时”字的日字偏旁进行处理，效果如图 6-6-66 所示。最后处理“尚”字，最终效果如图 6-6-67 所示。

图 6-6-59

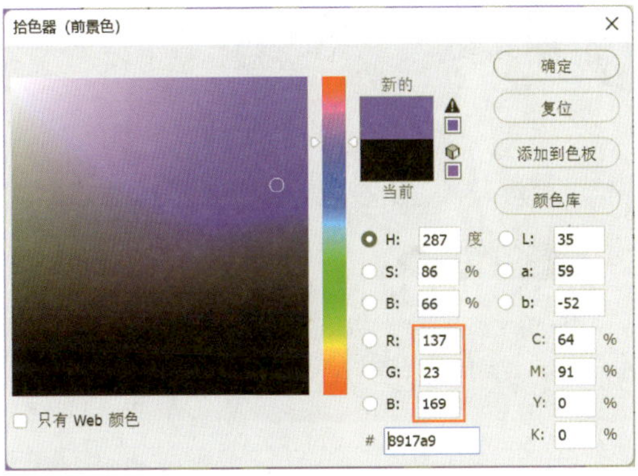

图 6-6-60

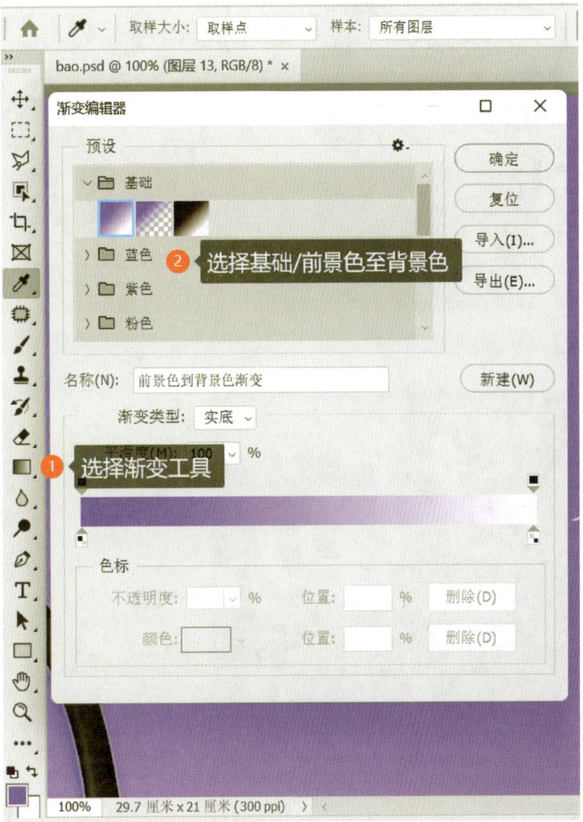

图 6-6-61

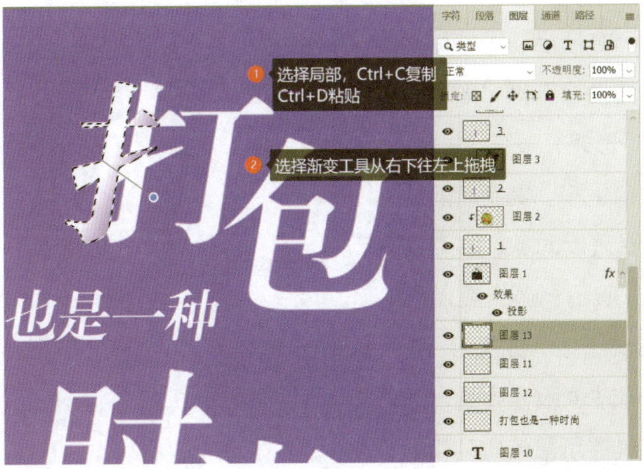

图 6-6-62

图 6-6-63

图 6-6-64

图 6-6-65

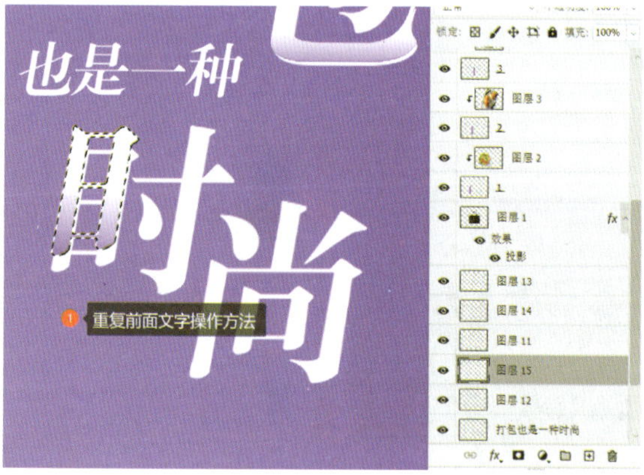

图 6-6-66

⑪ 添加广告语副标题和装饰。选择文本工具，设置字体为“方正小标宋”，字号为“18 点”，颜色为白色，输入文字“文明用餐　从我做起”。字间距输入数值“800”，文字中间用空格分开，多按几次空格键调整到最佳效果，如图 6-6-68 所示。调整后字间距有点宽，选择白色矩形框绘制矩形条，属性栏选择“形状”，颜色为“白色”，如图 6-6-69 所示。选择矩形条，按住 Alt 键，光标变成可复制移动的黑白三角形图标，直接平移，复制新的矩形移动到文字的中间。按住 Alt 键，继续选择复制对象，移动到新位置，矩形再次复制。效果如图 6-6-70 所示，最终复制完成。按 Shift 键将除背景和文字外的所有图层选取，如图 6-6-71 所示，拖曳到合适的位置。再回到 6 个剪贴蒙版，调整一下图片的大小和位置，如图 6-6-72 所示，使其展示最佳角度和画面。节约粮食的公益海报制作完成。

图 6-6-67

图 6-6-68

图 6-6-69

图 6-6-70

图 6-6-71

图 6-6-72

[项目拓展]

操作题：请展开创意和想象，结合软件技能创作一幅优秀的公益广告。

项目7

3D 文字海报的制作

微课 6-5
3D 文字海报的制作

[项目分析]

Photoshop 的 3D 功能常常用在三维字体制作和包装设计上，尤其是运用到炫酷的文字设计中能实现很多特别的效果，为人们展现创意提供了强大的支持。3D 文字海报效果如图 6-7-1 所示。

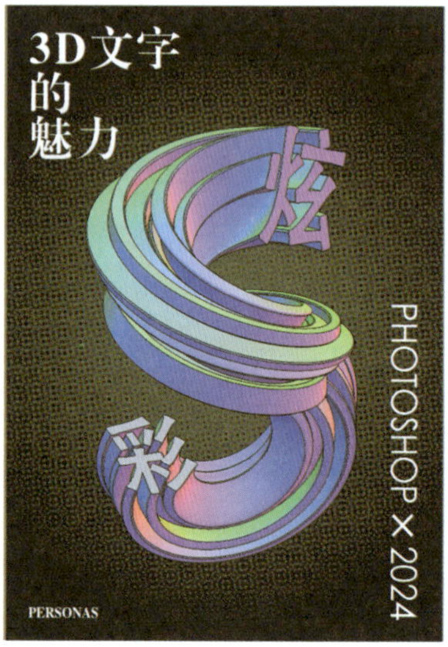

图 6-7-1

[项目实施]

① 新建文件，输入文字。新建 A4 幅面的文件，分辨率为 300 像素 / 英寸。选择文本工具，在画面中单击空白处，出现光标，自动生成文本图层，输入“炫”字。如图 6-7-2 所示，字体设为“黑体”，颜色设为“黑色”，字号设置为“120 点”。单击移动工具再选择文本工具，在画面中单击空白处，继续输入“彩”字。这两个字形成两个单独的文本图层，如图 6-7-3 所示，按住 Ctrl 键单击两个文本图层，选中后右击，在弹出的快捷菜单中选择“栅格化文字”命令，文字就转化成图层了。

② 文字 3D 模型的设计。在图层面板选择“炫”字图层，如图 6-7-4 所示，执行“3D/ 从所选图层新建 3D 模型”命令，出现 3D 面板。在面板中单击“属性”选项卡，预设选择“法线”，如图 6-7-5 和图 6-7-6 所示，给文字描边。选中“线条”复选框，线条宽度选择为“4”，角度阈值为“180”，文字变成彩色立体字。在选项栏的 3D 模式面板中有 5 种模式可以进行调整，分别为环绕相机、滚动 3D 相机、平移 3D 相机、滑动 3D 相机、变焦 3D 相机。因为这里没有具体的参数，是靠鼠标拖曳实现，就需要大家多练习几次，如图 6-7-7 和图 6-7-8 所示，不断地尝试以取得最佳效果。再重复同样的步骤处理“彩”字。

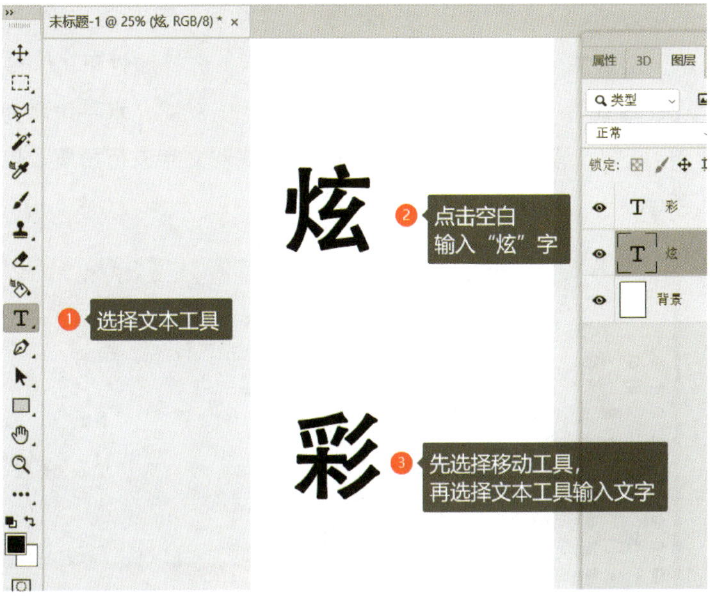

图 6-7-2

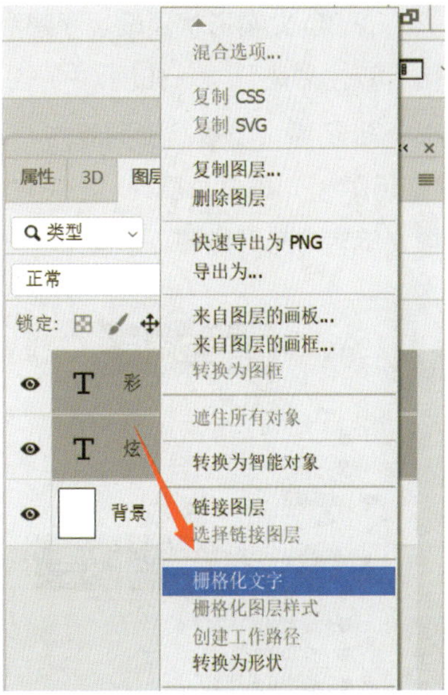

图 6-7-3

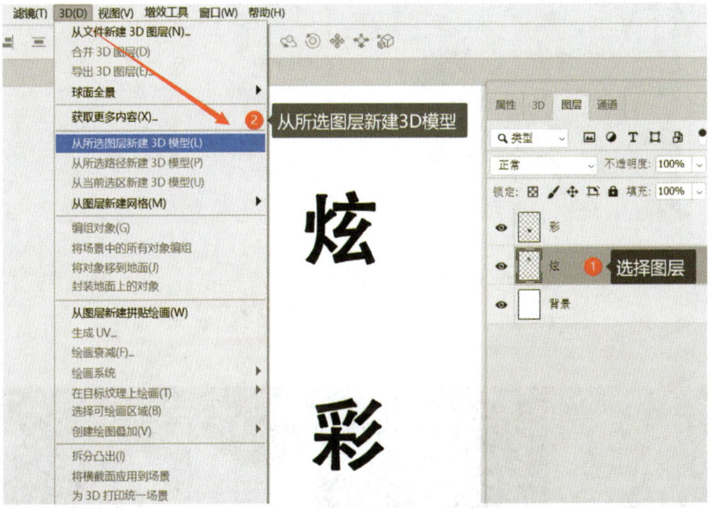

图 6-7-4

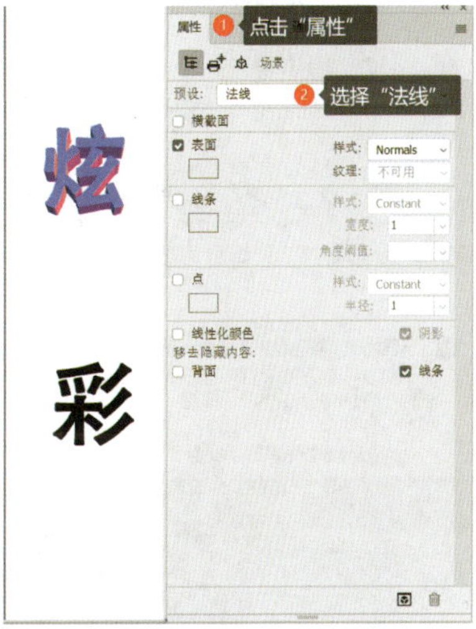

图 6-7-5

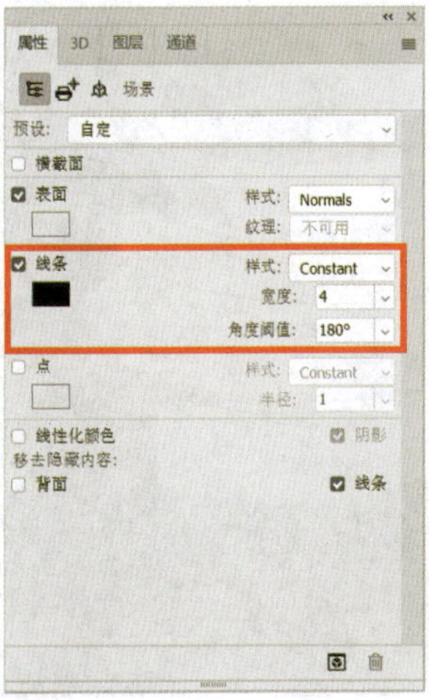

图 6-7-6

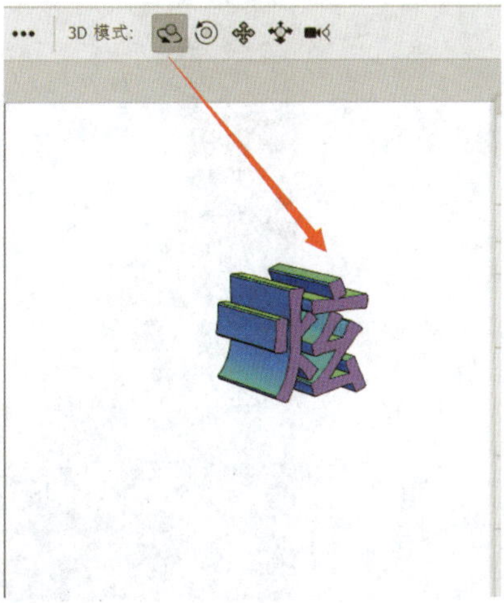

图 6-7-7

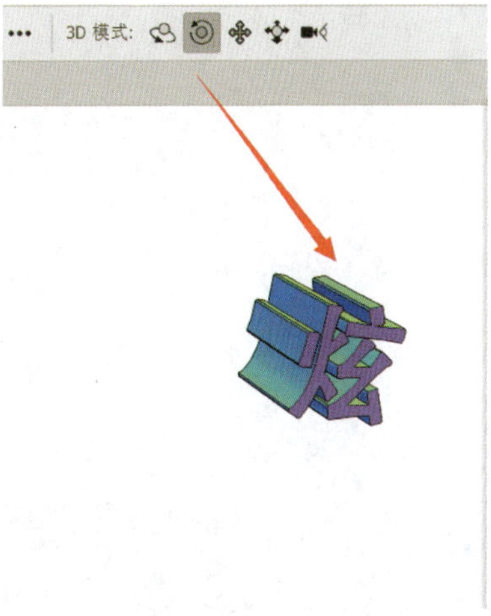

图 6-7-8

③ 3D 文字形状预设。新建黑色图层方便 3D 效果展示。选择“炫”字图层，回到 3D 属性面板，双击“炫”字，如图 6-7-9 所示，出现属性面板。如图 6-7-10 所示，选择属性下的“变形”图标，设置凸出深度为“211.66 像素”，扭转为“-90°”，锥度为“57%”，水平角度为“-360°”，垂直角度为“-104°”，再选中“弯曲”单选框。再用 3D 模式对文字进行角度、位置、旋转方向等微调，如图 6-7-11 所示。

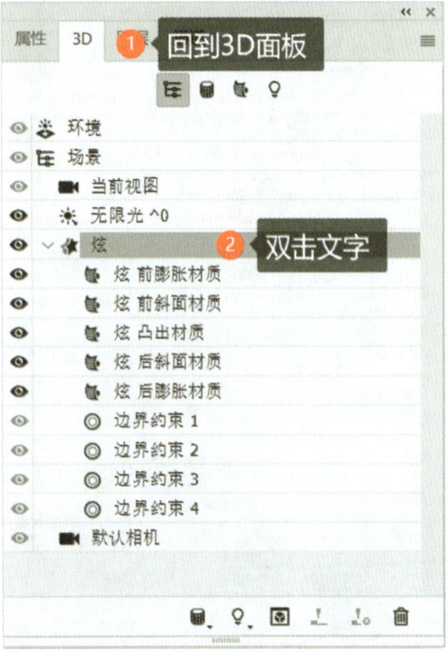

图 6-7-9

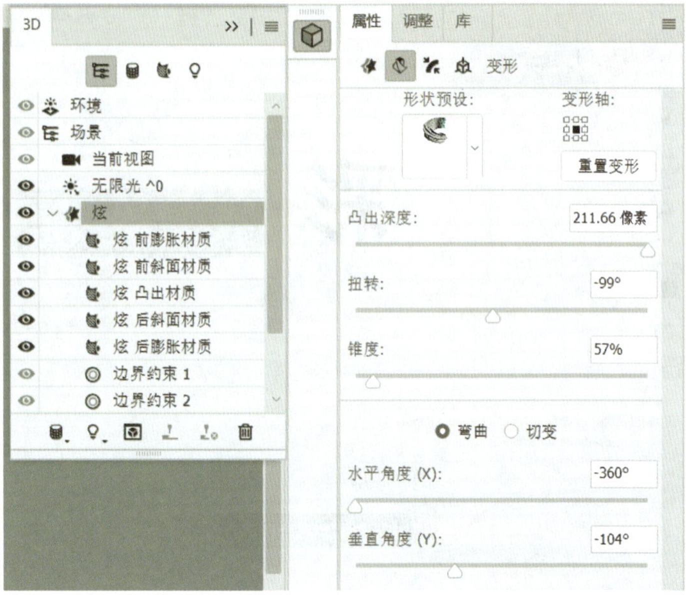

图 6-7-10

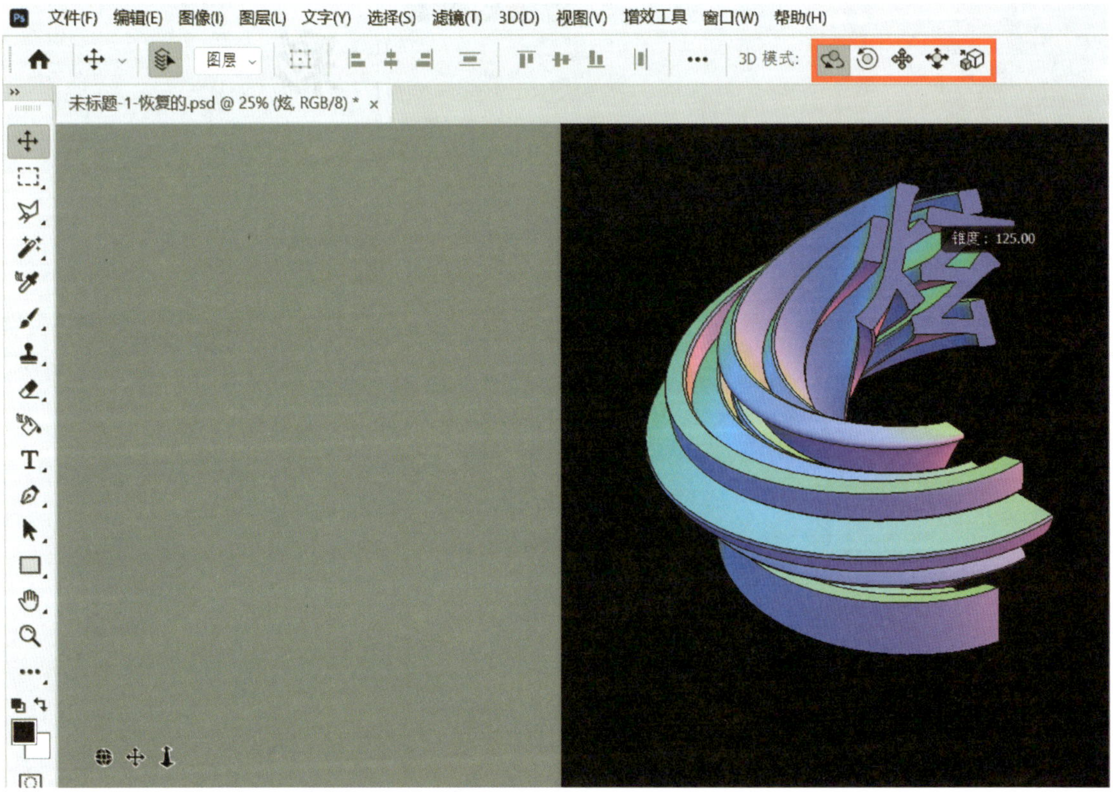

图 6-7-11

④ 3D 文字形状预设。选择“彩”字图层，单击 3D 属性面板，单击场景下拉菜单的“彩”字，双击文字，弹出属性面板，选择属性下的“变形”图标，如图 6-7-12 所示，设置凸出深度为“197.23 像素”，扭转为“-46°”，锥度为“105%”，水平角度为“249°”，垂直角度为“-83°”，并选中“弯曲”单选框。将“彩”字图层拖曳到“炫”字图层下方，如图 6-7-13 所示，实现前后关系的衔接。再用 3D 模式对文字进行角度、位置、旋转方向等微调，效果如图 6-7-14 所示。

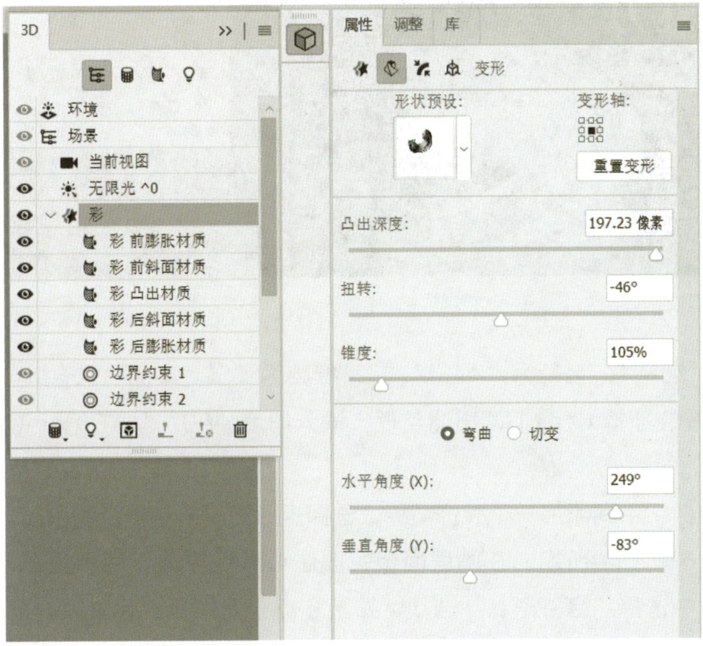

图 6-7-12

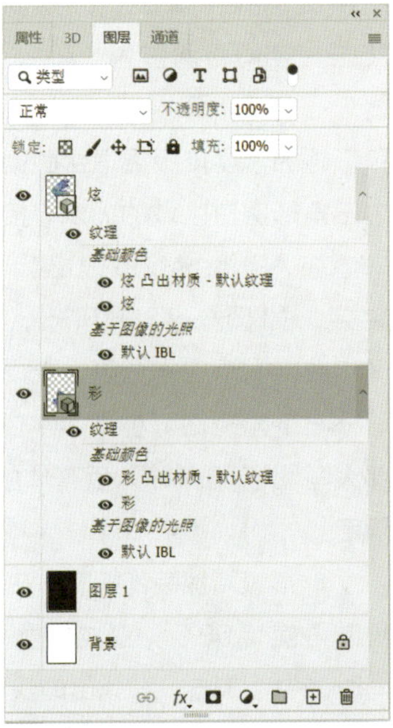

图 6-7-13

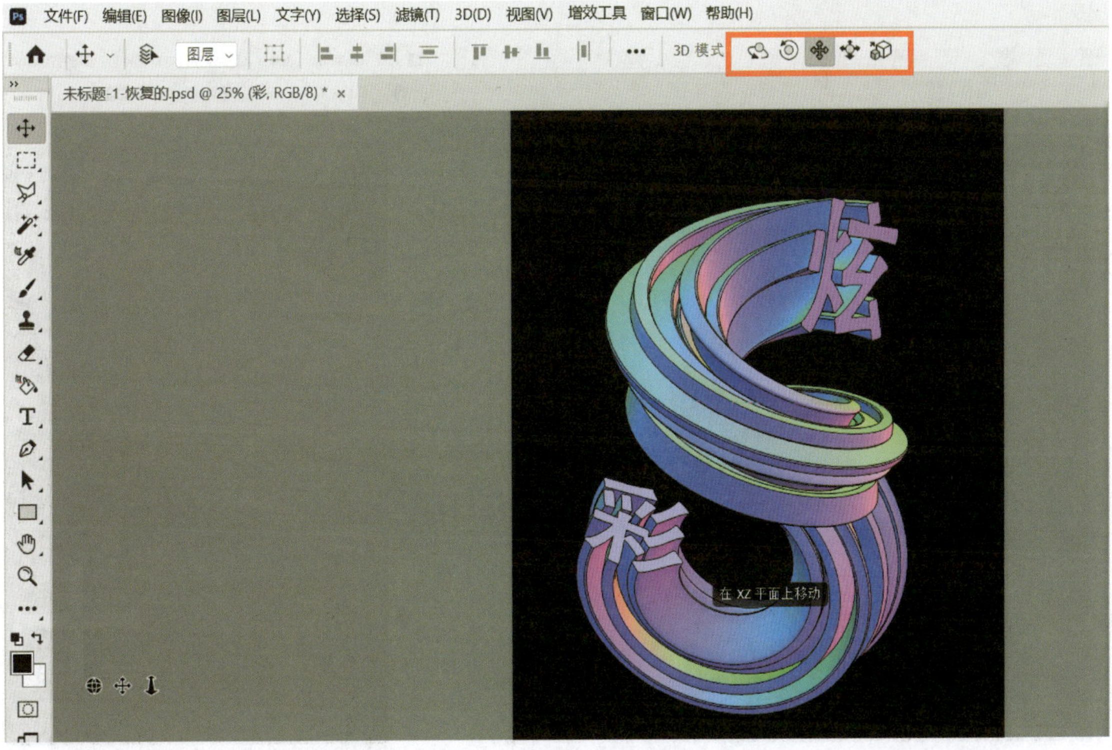

图 6-7-14

⑤ 增加文字细节。用文本工具输入文字“3D 文字的魅力”，字体设为“方正小标宋”，大小为“40 点”，用空格将文字分成 3 行，在属性栏选择齐头图标，文字实现齐头排版。行距调为“60”，字间距调整为“75”，如图 6-7-15 所示，文字字间距和行距的紧凑排版更适合画面左边三角形空白区域的需求。接下来添加“Photoshop 2022”小文字，如图 6-7-16 所示，单词和数字间用空格分隔，竖排以填补右下角空白。小文字字体设为“细黑”，字号为“44.07 点”，行距为“52.89 点”，选中全部大写图标。输入后整体旋转，按快捷键 Ctrl+T 调出调整框，输入角度“90”，按 Enter 键确定。

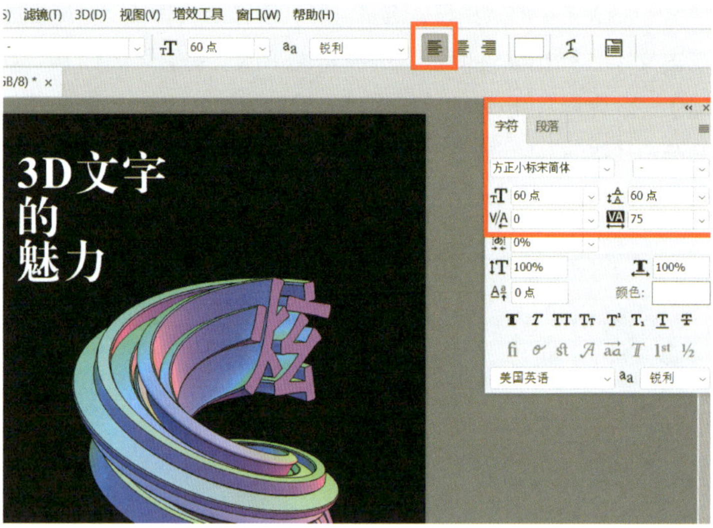

图 6-7-15

⑥ 继续增加装饰细节。在单词和数字中间添加一个装饰图标，选择矩形工具绘制一个长条形，复制再旋转 90°，变成加号，如图 6-7-17 所示。在图层面板，按住 Ctrl 键单击，两个矩形，同时选中，右击，在弹出的快捷菜单中选择“合并形状”选项，如图 6-7-18 所示。合并后，按快捷键 Ctrl+T，输入旋转角度“45.00”度，将矩形旋转。最后再将形状移动到文字和数字的中间，如图 6-7-19 所示。

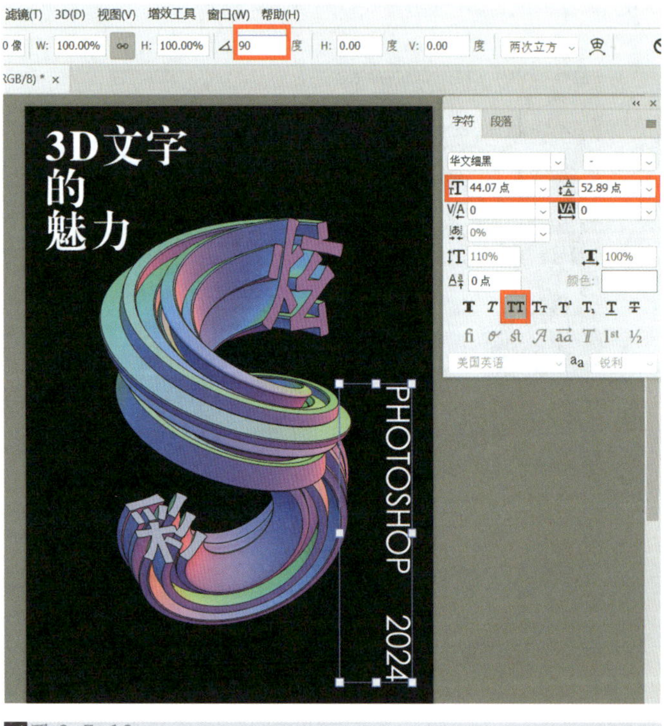

图 6-7-16

图 6-7-17

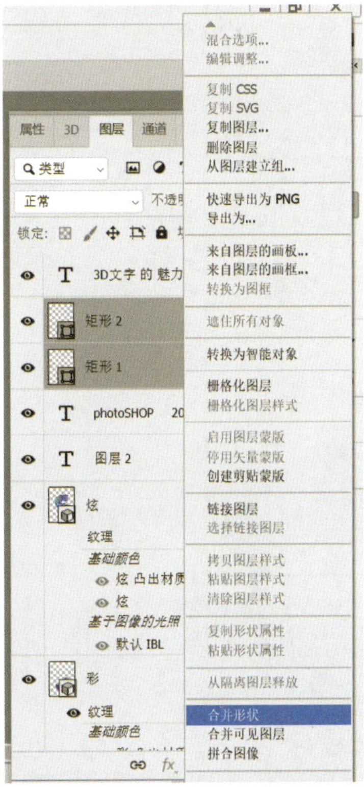

图 6-7-18

图 6-7-19

⑦ 背景装饰波点的设计。在黑色图层的上方新建“图层 2”，将前景色设置为白色，选择渐变工具选择白色到黑色，渐变方式选择“径向”，从中心向外拖曳渐变工具，效果如图 6-7-20 所示。执行“滤镜 / 像素化 / 彩色半调”命令，如图 6-7-21 所示，调出彩色半调对话框，最大半径设置为“28”，如图 6-7-22 所示。按快捷键 Ctrl+T 将“图层 2”整体放大，再将该图层不透明度调整为“36%”，效果如图 6-7-23 所示。最后在画面左下角添加小文字，如图 6-7-24 所示。3D 立体字效果制作完成。

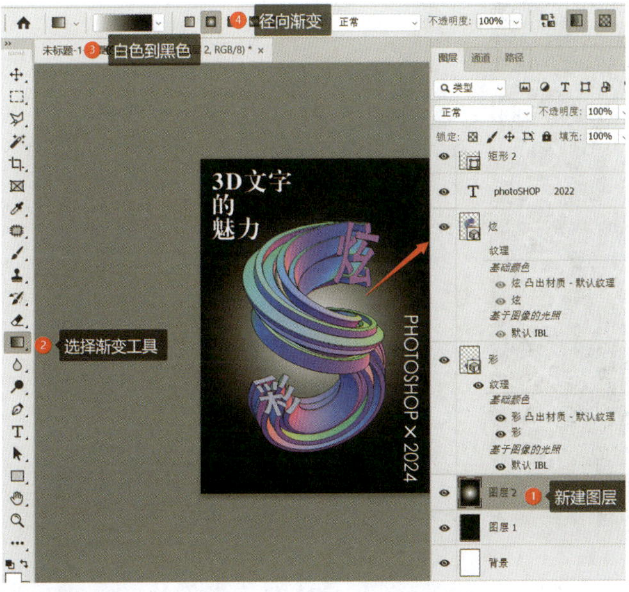

图 6-7-20

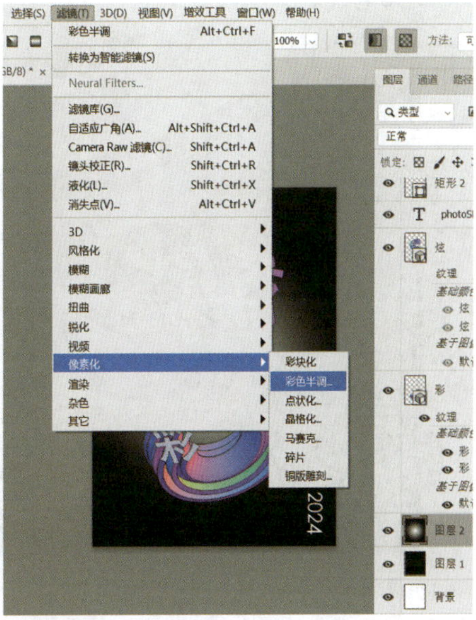

图 6-7-21

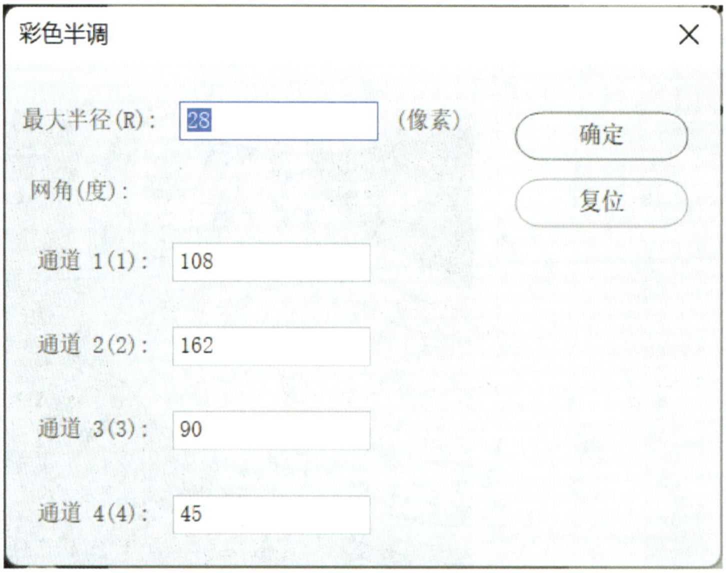
彩色半调
最大半径(R): 28 (像素)
确定
网角(度):
复位
通道 1(1): 108
通道 2(2): 162
通道 3(3): 90
通道 4(4): 45

图 6-7-22

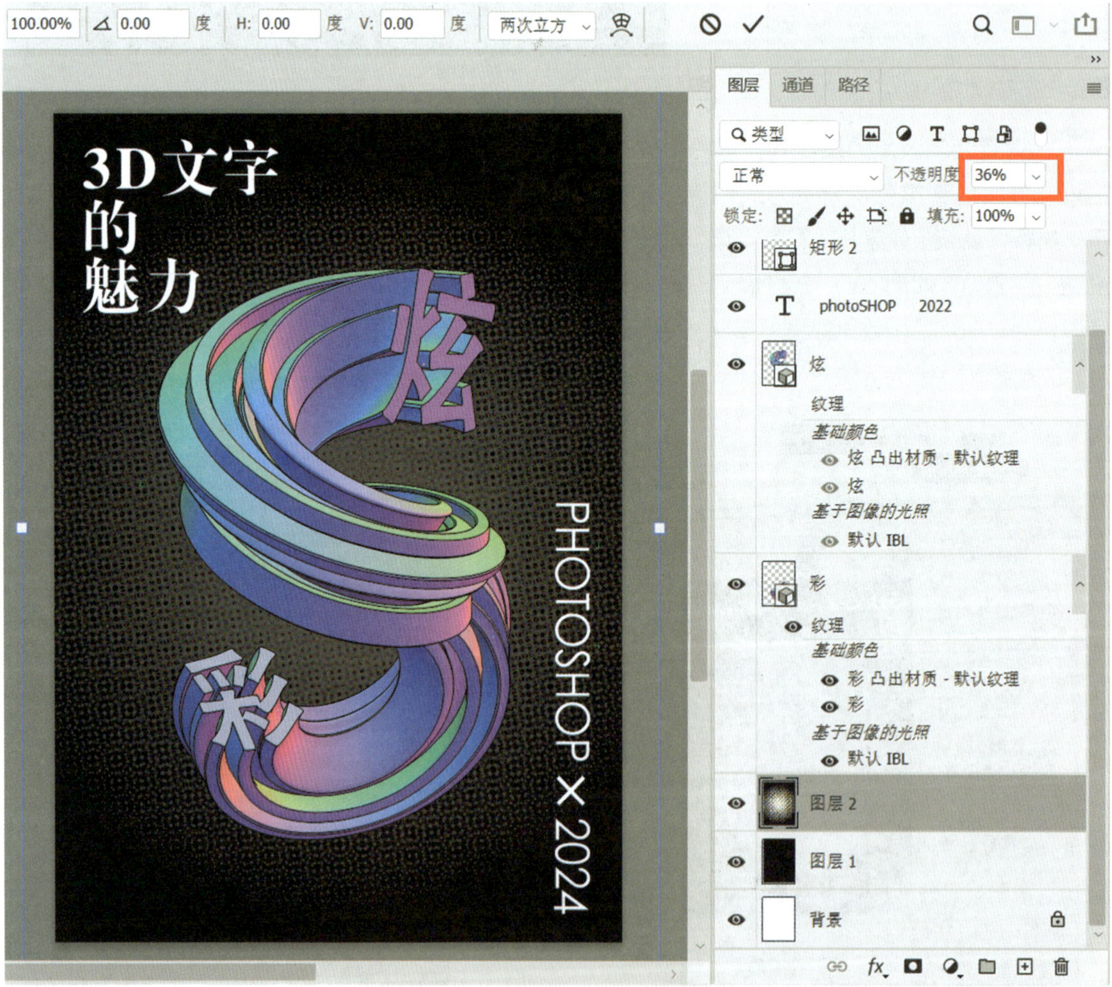
3D 文字
的
魅力
炫
彩
PHOTOSHOP X 2024
图层
通道
路径
不透明度: 36%
填充: 100%
矩形 2
photoSHOP 2022
纹理
基础颜色
炫 凸出材质 - 默认纹理
基于图像的光照
默认 IBL
彩 凸出材质 - 默认纹理
图层 2
图层 1
背景

图 6-7-23

图 6-7-24

[项目拓展]

操作题：请用文字“炫酷”绘制立体特效海报。

项目8

商业参赛广告的制作

微课 6-6
商业参赛广告的制作

[项目分析]

每年举办的全国大学生广告艺术大赛有众多创作主题供同学们选择。本项目选择汽车作为广告主题，广告创意为打破他人的成见，勇敢做自己。画面是一辆汽车冲破一面由各种负面评价组成的墙，表达出打破成见，拒绝被他人定义，勇敢做自己。墙和汽车已经初步拍摄完成，后期需要给画面调色，添加广告语，增加品牌 Logo，完善细节，最终效果如图 6-8-1 所示。

图 6-8-1

[项目实施]

① 打开素材图片，素材照片整体偏色，选择去色去除色彩信息。按快捷键 Ctrl+J 复制图片，如图 6-8-2 所示。在工具栏选择钢笔工具，围绕汽车进行路径描边，如图 6-8-3 所示。

② 选择路径面板，单击底部将路径作为选区载入图标，将路径转换成选区，如图 6-8-4 所示。选择羽化半径为 2，如图 6-8-5 所示，使选区边缘自然。按快捷键 Ctrl+J 复制选区生成新图层“图层 2”，如图 6-8-6 所示。

图 6-8-2

图 6-8-3

图 6-8-4

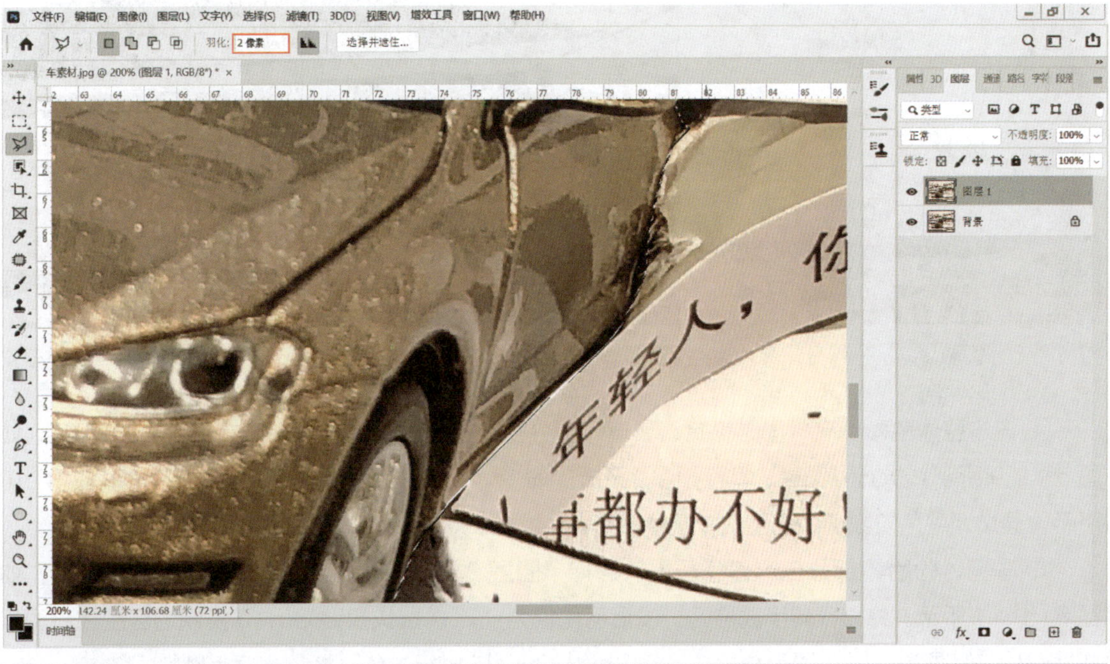

图 6-8-5

图 6-8-6

③ 单击“图层 1”，执行“图像 / 调整 / 去色”命令，如图 6-8-7 所示。去色效果如图 6-8-8 所示。

图 6-8-7

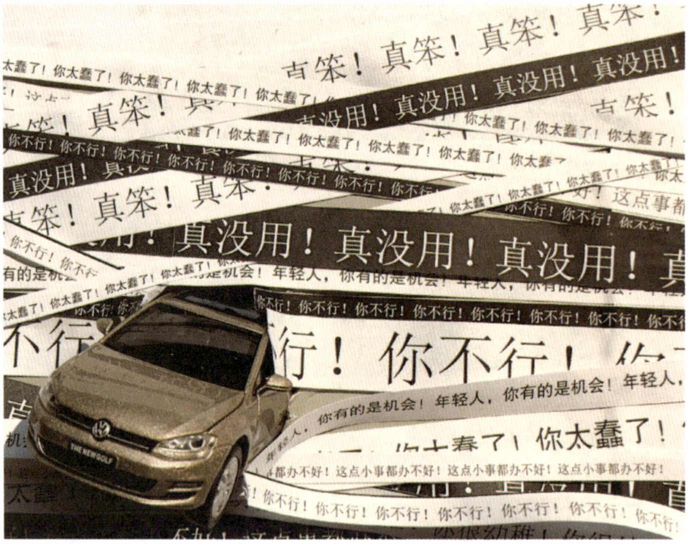

图 6-8-8

④ 汽车整体色彩偏暗，同时轮胎、玻璃等部分色彩都偏色。选择汽车所在图层“图层 2”，如图 6-8-9 所示，执行“图像 / 调整 / 色彩平衡”命令。弹出“色彩平衡”对话框，如图 6-8-10 所示，通过调整色阶数值，调整汽车整体色彩。

⑤ 车窗、轮胎等部分色彩偏色严重。选择“图层 2”，用钢笔工具将车窗造型绘制出来，如图 6-8-11 所示。将路径转换成选区，设置羽化值为“2”，按快捷键 Ctrl+J 复制选区生成新图层“图层 3”，如图 6-8-12 所示。按快捷键 Shift+Ctrl+U 执行去色，将车窗颜色删除。

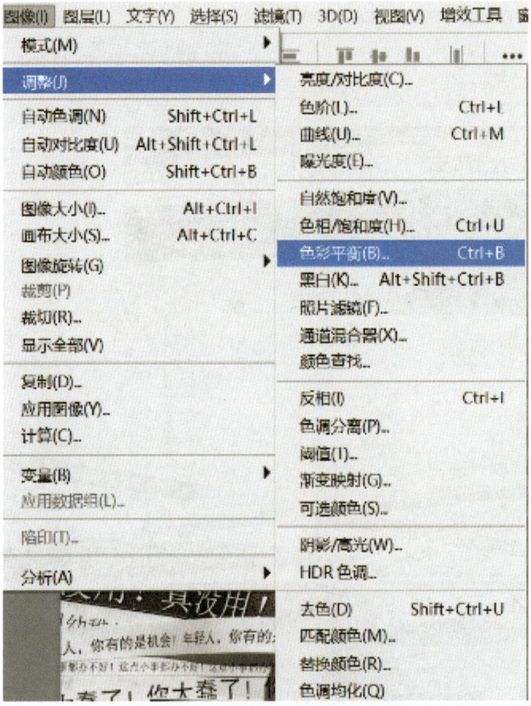

图 6-8-9

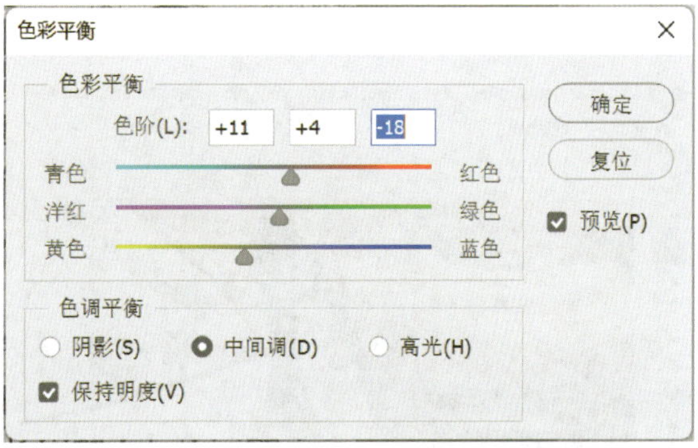

图 6-8-10

图 6-8-11

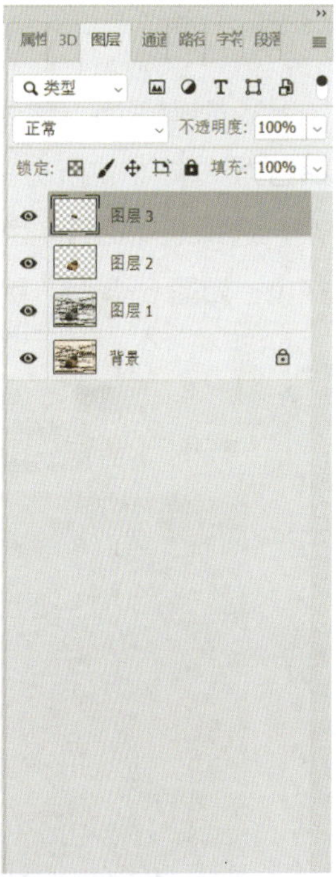

图 6-8-12

⑥ 如图 6-8-13 所示，用磁性套索工具将天窗部分选取出来，按快捷键 Ctrl+J 复制选区生成新图层“图层 4”。按快捷键 Shift+Ctrl+U 执行去色。继续用磁性套索工具选择轮胎区域，如图 6-8-14 所示，按快捷键 Ctrl+J 复制选区生成新图层“图层 5”，按快捷键 Shift+Ctrl+U 执行去色。用同样的办法处理侧窗区域，最终效果去色如图 6-8-15 所示。

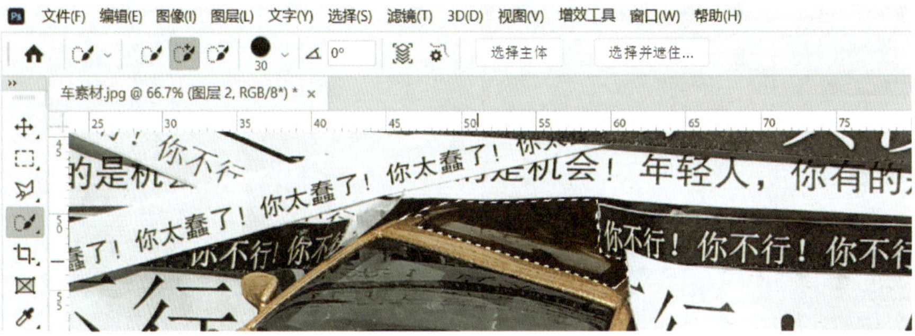

图 6-8-13

图 6-8-14

图 6-8-15

⑦ 观察画面，整体偏亮。在添加文字前，要将背景的色彩整体调暗，以突出文字。新建组，命名为“车”，将所有车的图片移至组中。如图 6-8-16 所示，在“图层 1”上方新建图层“图层 7”，选择渐变工具，色彩设置从白色到黑色，渐变方式设置为径向。用渐变工具从画面中心向外拖曳，如图 6-8-17 所示，画面出现径向渐变。

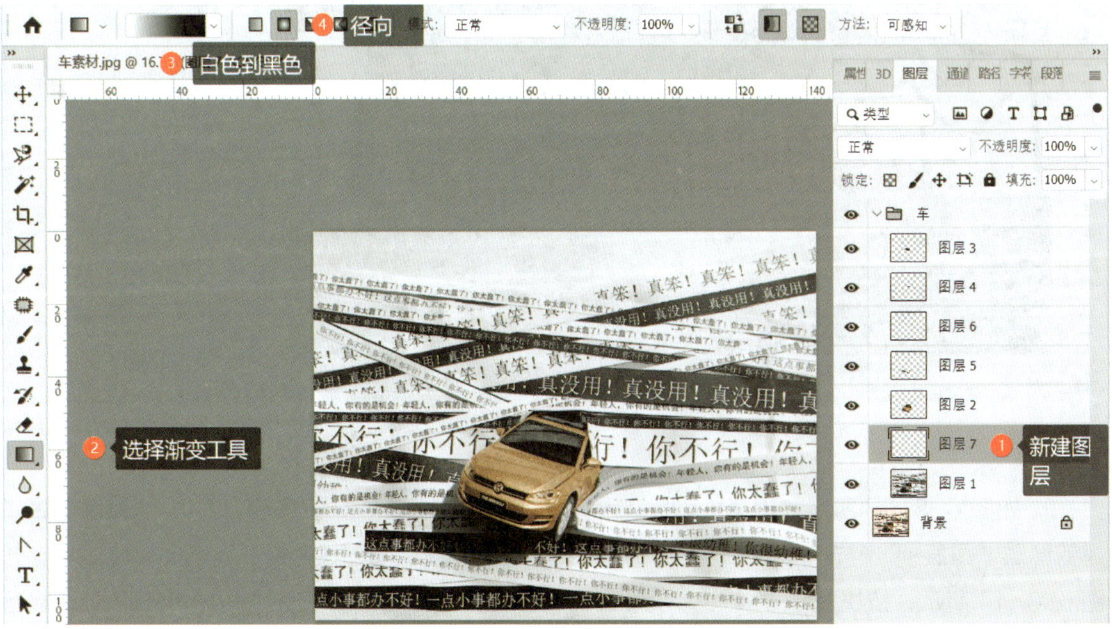

图 6-8-16

图 6-8-17

⑧ 在图层属性面板将图层更改为“正片叠底”，如图 6-8-18 所示，调整后背景整体偏暗。在组外新建图层 8，如图 6-8-19 所示。用文本工具在画面中输入文字“打破成见”，如图 6-8-20 所示，字体设置为“禹卫书法行书”，颜色为“中黄”，字号为“620 点”。文字输入完成。

图 6-8-18

图 6-8-19

⑨ 书法文字本身骨架很漂亮，只是某些笔画不够有层次、笔触感不够强烈，需要对笔画进行添加。如图 6-8-21 所示，选择文字图层，右击，在弹出的快捷菜单中选择“栅格化文字”选项，将文字转换成图层。选择多边形索套工具，将文字一个一个进行剪切，再粘贴成新图层。重复同样的步骤，将文字分成 4 个图层，上下排列效果如图 6-8-22 所示。

⑩ 打开书法笔触素材，执行“窗口 / 排列 / 双联垂直”命令，如图 6-8-23 所示。文件呈双联排列，方便观察和进行笔画添加操作。放大移动画面，从素材中选择卧钩拖曳进来，将它放到“见”字的笔画上，如图 6-8-24 所示，按快捷键 CtrL+T 放大、调整角度和变形处理笔画，使其尾锋丰富。

图 6-8-20

图 6-8-21

图 6-8-22

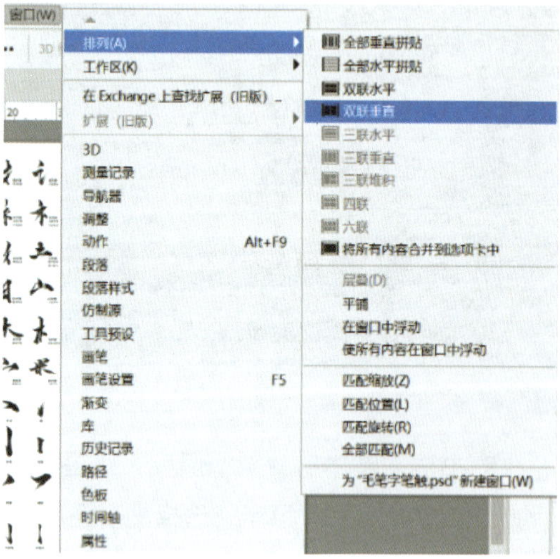

图 6-8-23

⑪ 继续用多边形套索工具将笔画多余的地方选取，如图 6-8-25 所示，按 Delete 键删除。选择右点放置于“成”字点之上，如图 6-8-26 所示，用素材点的笔触丰富“成”字的点。“成”字上部偏瘦，按快捷键 Ctrl+T，选择“斜切”选项，使文字整体向左上倾斜，如图 6-8-27 所示，使文字整体压缩。选择“撇折”丰富“打”字的竖钩。

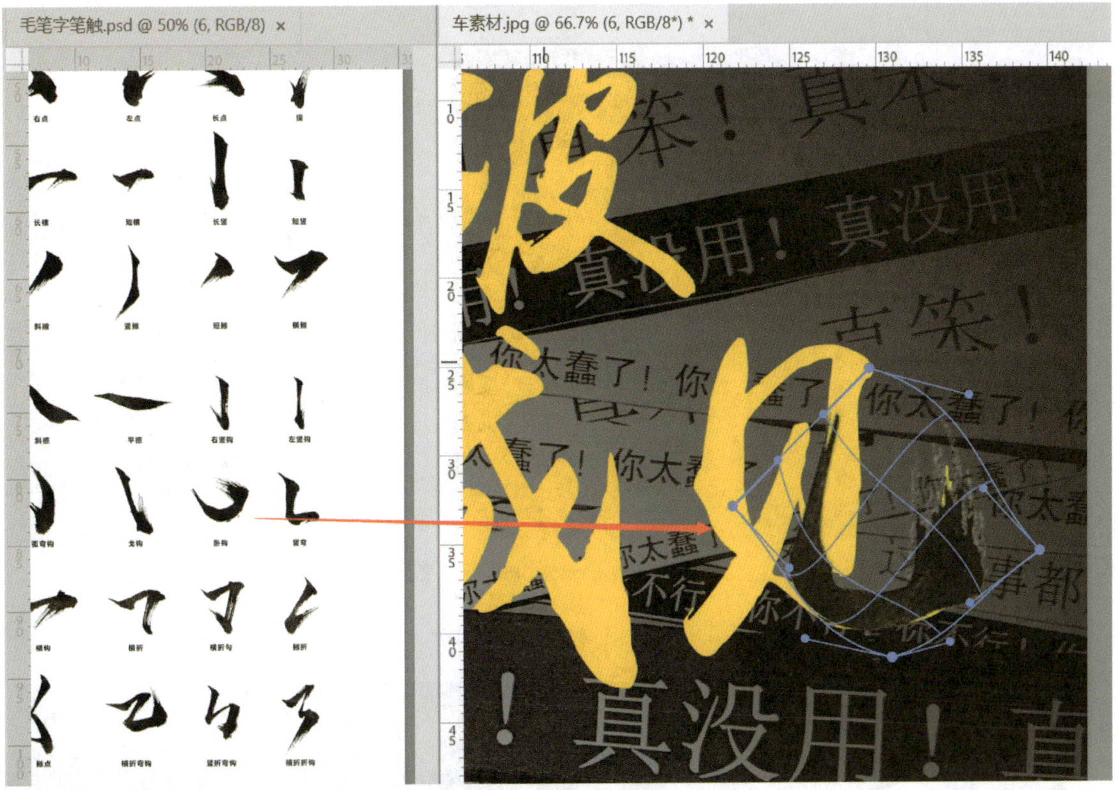

图 6-8-24

图 6-8-25

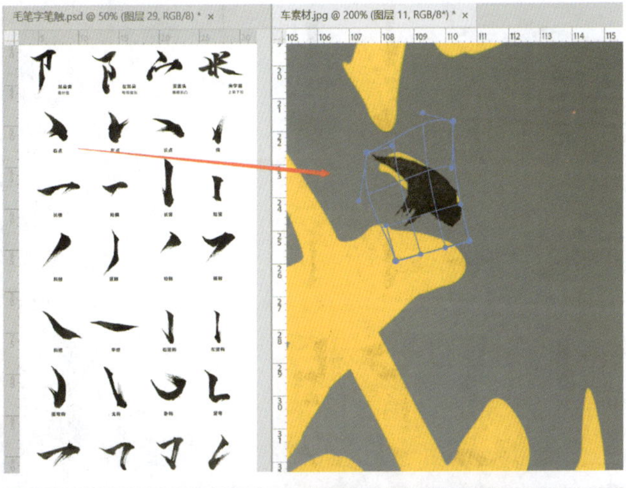

图 6-8-26

⑫ 如图 6-8-28 所示，按快捷键 CtrL+T，选择“水平翻转”使笔画翻转，再调整角度使其与原笔画竖钩贴合。再用多边形套索工具将笔画多余的地方选取，如图 6-8-29 所示，按 Delete 键删除。“破”字的捺用“斜撇”变形，如图 6-8-30 所示，按快捷键 CtrL+T，选择“垂直翻转”使笔画翻转，再“变形”使笔画变长，使其符合捺的感觉。

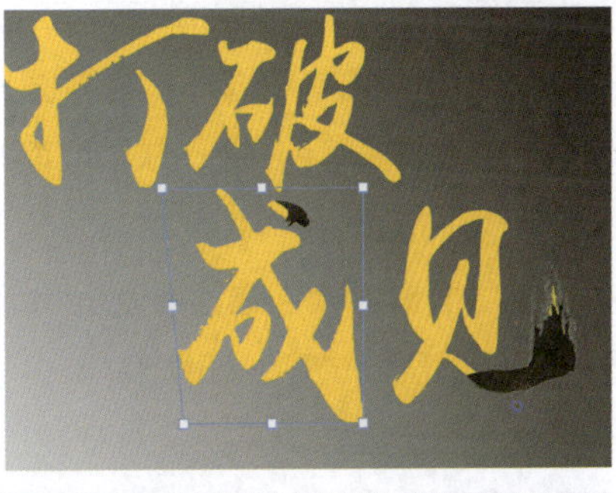

图 6-8-27

图 6-8-28

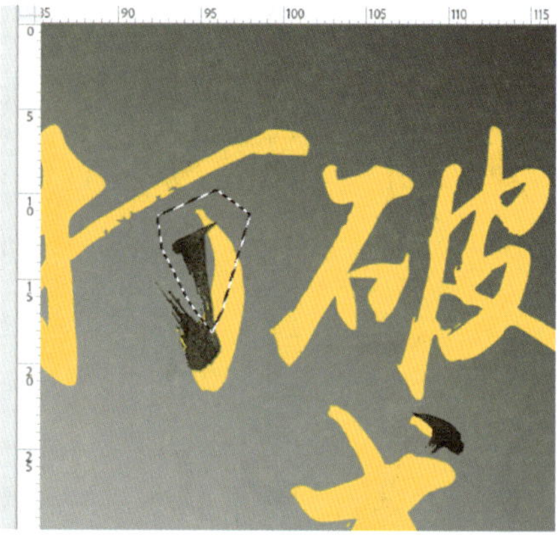

图 6-8-29

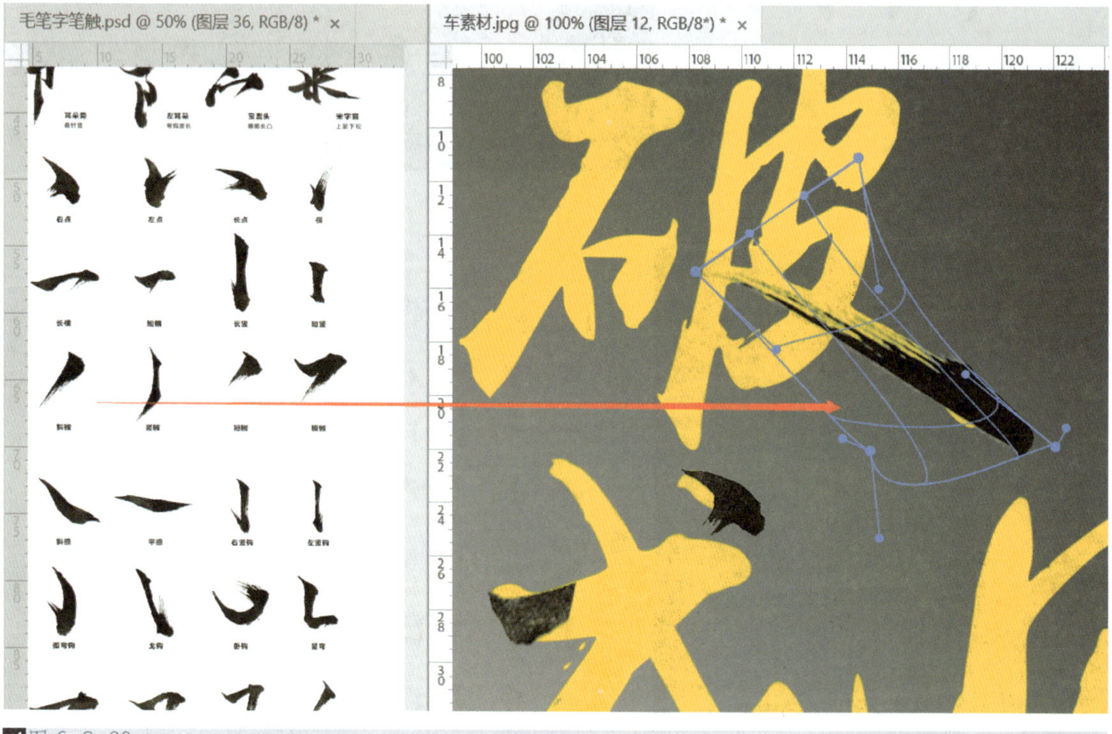

图 6-8-30

⑬ 为文字添加阴影，增加细节。在图层面板将所有添加的笔画全选，如图 6-8-31 所示，右击，在弹出的快捷菜单中选择“合并图层”选项，如图 6-8-32 所示。将添加的笔触图层合并成“图层 11”，按住 CtrL 键，在图层面板选择“图层 11”缩略图，将笔触载入选区，按快捷键 Alt+Delete 填充前景色“中黄”。如图 6-8-33 所示，黑色的笔触变成中黄色。

⑭ 在图层面板继续连选笔触图层和单独的文字图层，共 5 个图层，右击，在弹出的快捷菜单中选择“合并图层”选项，如图 6-8-34 所示，将笔触和文字图层合并成“图层 11”。仔细观察文字，有些笔画结合处没有完全对齐或造型有空缺。选择多边形套索工具将不完整的地方绘制完整，并填充前景色“中黄”，如图 6-8-35 所示，使文字细节完整。

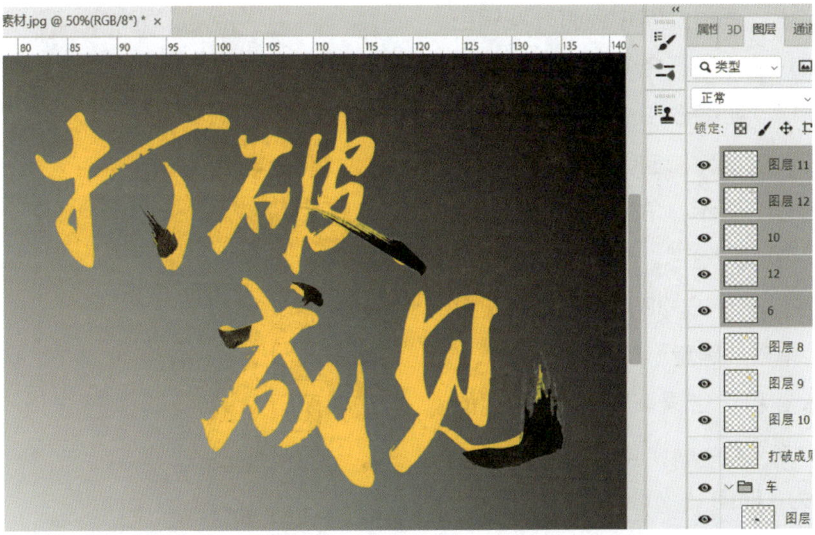

图 6-8-31

图 6-8-32

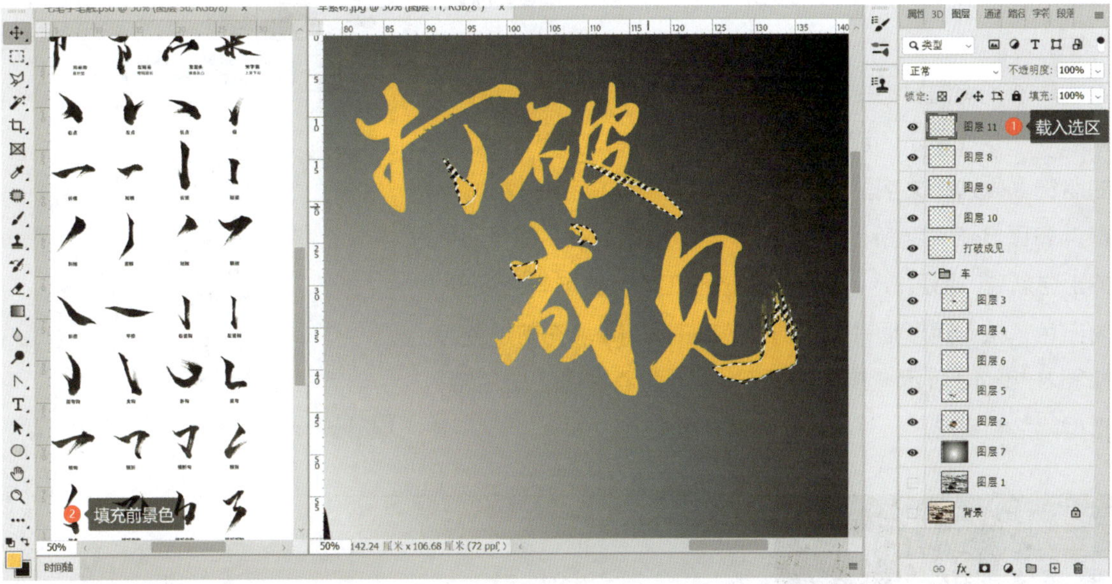

图 6-8-33

图 6-8-34

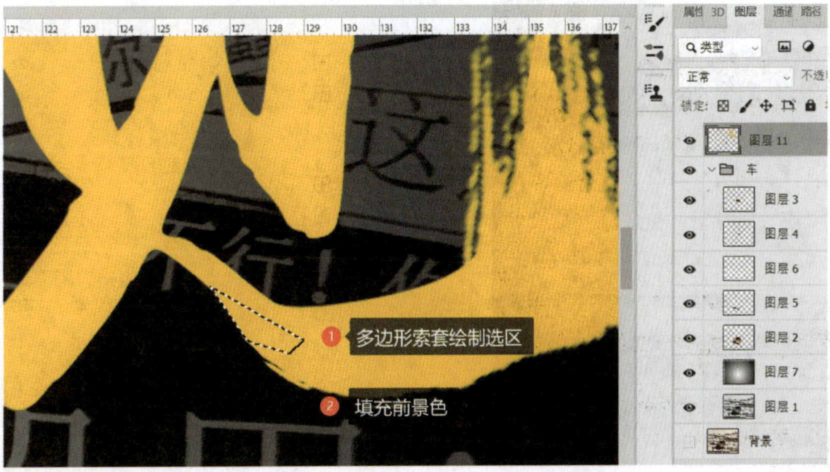

图 6-8-35

⑮ 文字在背景中不够突出，同时文字中还有一些黑色边线，要对文字添加阴影和对整体进行色彩填充。在图层面板选择文字图层“图层 11”，如图 6-8-36 所示，单击面板底部“混合”选项，在下拉菜单中选择“阴影”选项，对属性进行设置，如图 6-8-37 所示，角度为“110”，距离为“27”，扩展为“19”，大小为“27”。继续选择“填充”选项，选择中黄色，设置属性如图 6-8-38 所示，注意设置 M 为“10”、Y 为“100”，单击“确定”按钮。

⑯ 移动文件，增加 Logo 和广告语。新建 A3 幅面的文件，因为比赛规定文件为此大小。选择高为“42 厘米”，宽度为“29.7 厘米”，方向为“横向”，如图 6-8-39 所示。回到“车”素材文件，在图层面板将除背景外所有图层选取，如图 6-8-40 所示，用移动工具整体拖曳到新建的文件中。

⑰ 将所有图层都拖入新建的文件中，再进行缩放调整，如图 6-8-41 所示，注意底部预留一个长条，方便后续添加装饰。先选择文字图层，进行整体大小缩放和位置的调整，如图 6-8-42 所示，使画面整体协调。在“图层 2”的上方新建“图层 9”，选择矩形选框工具，将前景色设置为白色，绘制矩形框并按快捷键 Alt+Delete 填充前景色，如图 6-8-43 所示，按快捷键 Ctrl+D 取消选区。白色矩形框就绘制完成。

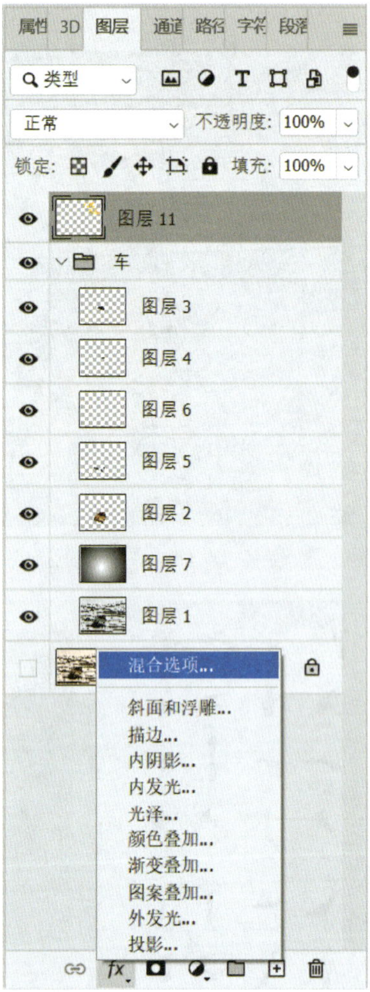

图 6-8-36

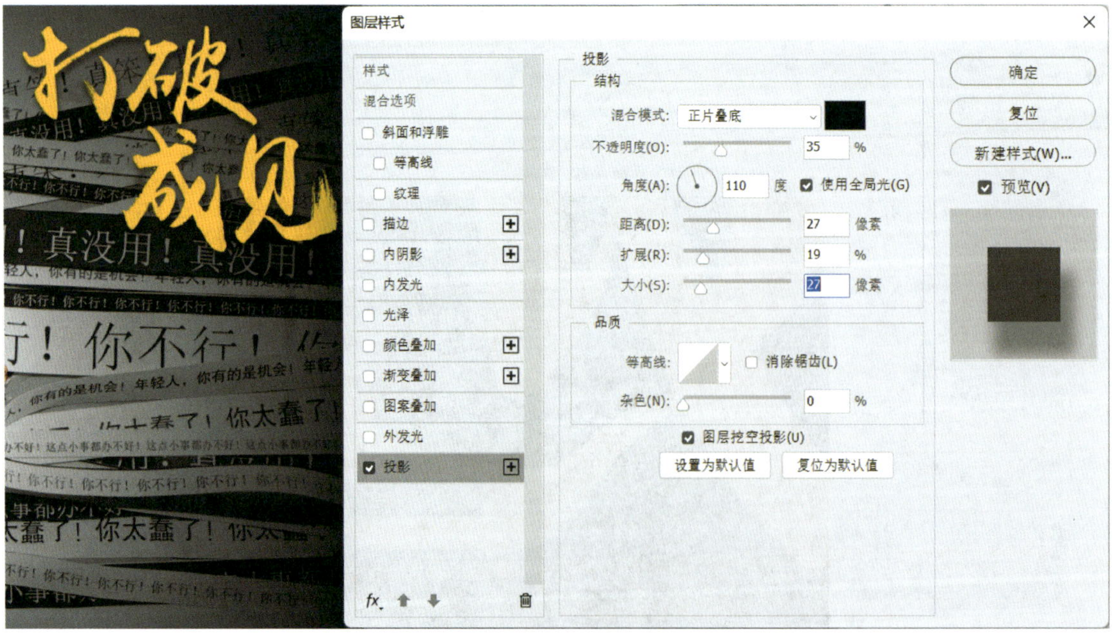

图 6-8-37

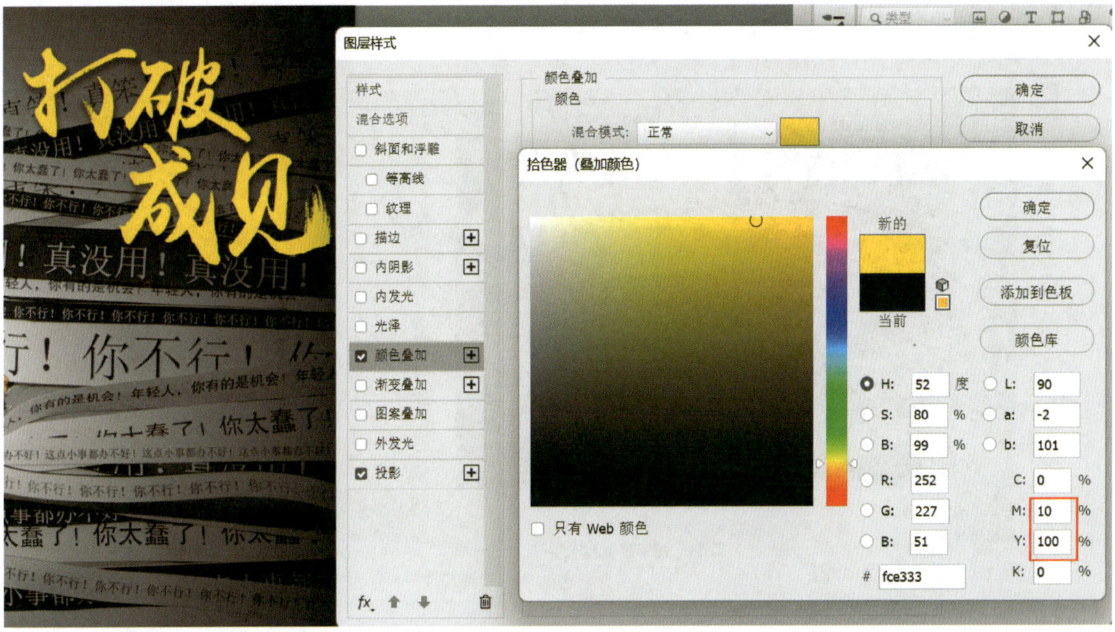

✔图 6–8–38

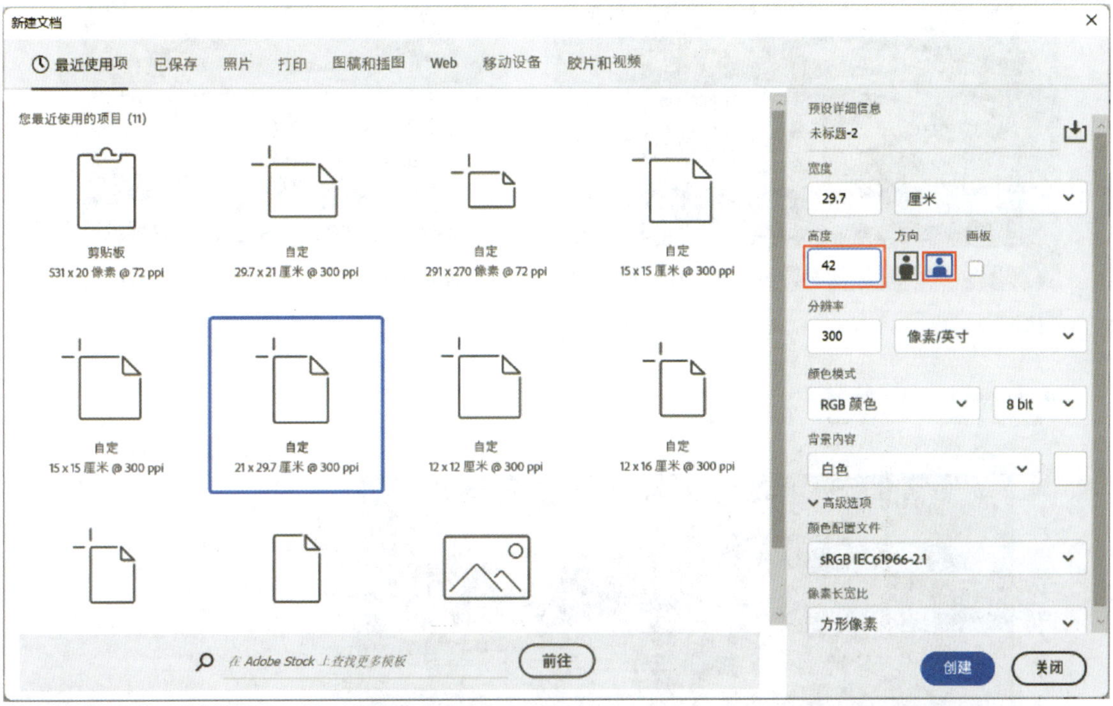

✔图 6–8–39

⑱ 打开 Logo 素材文件，将其拖曳进来放到白色装饰条的左侧，如图 6–8–44 所示。再选择文本工具，字体设置为“方正小标宋”，字号设置为“18”号，颜色吸取车体的深金色，如图 6–8–45 所示，输入文案“打破成见，做自己的英雄”。

⑲ 观察画面，黑色渐变区域过小，选择黑色渐变图层“图层 2”，如图 6–8–46 所示，按快捷键 Ctrl+T 放大调整，调整完毕后按 Enter 键确定。汽车商业广告就制作完成了。

图 6-8-40

图 6-8-41

图 6-8-42

图 6-8-43

图 6-8-44

图 6-8-45

图 6-8-46

[项目拓展]

操作题：请根据你的广告创意拍摄照片并对画面细节进行处理。

读者意见反馈

为收集对教材的意见建议，进一步完善教材编写并做好服务工作，读者可将对本教材的意见建议通过如下渠道反馈至我社。

咨询电话　400-810-0598

反馈邮箱　gjdzfwb@pub.hep.cn

通信地址　北京市朝阳区惠新东街 4 号富盛大厦 1 座
　　　　　高等教育出版社总编辑办公室

邮政编码　100029

资源服务提示

授课教师如需获取本书配套教辅资源，请登录“高等教育出版社产品信息检索系统”（xuanshu.hep.com.cn）搜索下载，首次使用本系统的用户，请先进行注册并完成教师资格认证。